chalkidikí thessaloníki

Klaus Bötig

Senkrechtstarter

Wofür steht die Chalkidikí? Keine Frage: traumhaft schöne Strände, paradiesisch klares Wasser. Das lockt die Griechen aus dem nahen Thessaloníki ebenso hierher wie Myriaden ausländischer Gäste. Trotzdem bleibt genügend Platz für alle. Wer Ruhe und Stille sucht, findet sie. Wem nach Geselligkeit ist, der chillt in einer der vielen trendigen Beachbars vor allem der Sithonia-Halbinsel. Für Abwechslung vom Strandleben und eine Sonnenpause für die Haut sorgen Besuche in antiken makedonischen Königsstädten, imposanten Klöstern und uralten Kirchen.

Überflieger

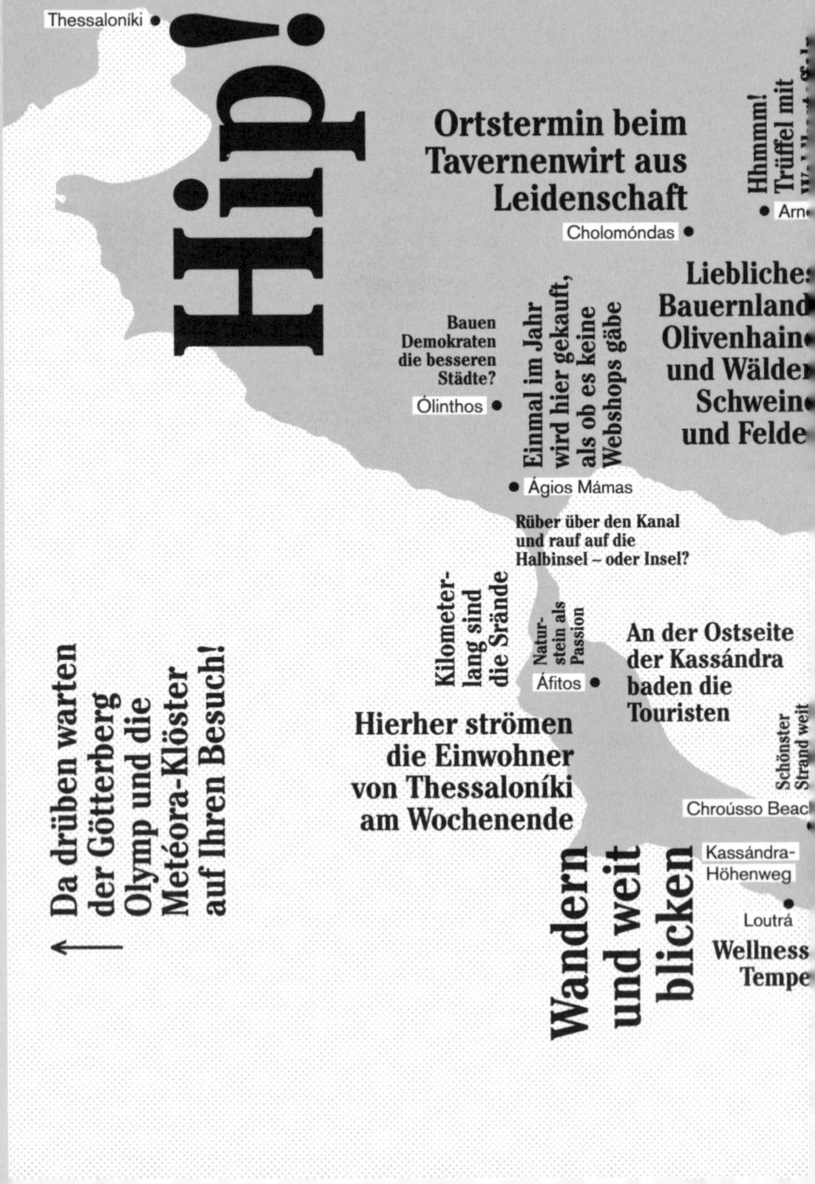

Thessaloníki

Hip!

Ortstermin beim
Tavernenwirt aus
Leidenschaft

Cholomóndas

Hhmmm!
Trüffel mit

Arn

Liebliche
Bauernland
Olivenhain
und Wälder
Schwein
und Felde

Bauen
Demokraten
die besseren
Städte?

Ólinthos

Einmal im Jahr
wird hier gekauft,
als ob es keine
Webshops gäbe

Ágios Mámas

Rüber über den Kanal
und rauf auf die
Halbinsel – oder Insel?

Kilometer-
lang sind
die Srände

Natur-
stein als
Passion

Áfitos

An der Ostseite
der Kassándra
baden die
Touristen

Hierher strömen
die Einwohner
von Thessaloníki
am Wochenende

Schönster
Strand weit

Chroússo Beac

Da drüben warten
der Götterberg
Olymp und die
Metéora-Klöster
auf Ihren Besuch!
←

Wandern
und weit
blicken

Kassándra-
Höhenweg

Loutrá

Wellness
Tempe

Thessaloníki und die Chalkidikí — eine quicklebendige Metropole und stille Strände am blauen Meer, Multikulti und Archäologie en masse. Eine Welt der Gegensätze, aber überall ganz griechisch entspannt!

Mal kurz abtauchen?

Querfeldein

Fundstücke — Hier verwandeln sich Kontraste in Synthesen: Hochgebirge und Meer, Orient und Okzident, irdische und himmlische Welt, Krise und Hoffnung. Auge, Gaumen und Ohr werden verwöhnt, alle Sinne und auch der Geist gefordert.

1001 Strände

Einsam wie der von Develíki, Party-Hotspot wie der von Tristínika: Die Chalkidikí säumen Strände für jeden Geschmack. Fast immer sandig, oft vor Steilufern, und immer sieht man Land irgendwo gegenüber; selten ohne Taverne, häufig mit Wassersportstation, Tauchschule und trendiger Beachbar.

Rauf aufs Boot

Amphibisch leben ist urlaubsgemäß. Egal, ob mit dem Ausflugsdampfer zu einem Inselzwerg, auf einer Yacht an den Áthos-Klöstern entlang oder mit der Fähre zum Inselchen Amouliani. Wenn das Schiff durch die Wellen gleitet und die Sonne das Meer zum Glitzern bringt, stellt sich wahre Entspannung schnell ein. Fürs Mieten eines Motorboots brauchen Sie keinen Bootsführerschein, so können Sie als Ihr eigener Captain abgelegene Buchten ansteuern. Besonders gut geht das ab Vourvouroú und Ouranoúpoli.

Jede Menge Klöster

Den Großteil eines Fingers der Chalkidikí nimmt die autonome Mönchsrepublik Áthos ein. Nur Männer dürfen sie besuchen. Schöne Konvente in der ganzen Region und die Metéora-Klöster, hoch auf Felsnadeln gelegen, heißen alle Besucher herzlich willkommen.

Promi-Spotting für Geschichtsbewusste: Der Apostel Paulus bekehrte auf der Chalkidikí die ersten Christen. Im heutigen Olimbiáda erblickte Aristoteles das Licht der Welt und unterrichtete in der makedonischen Königsstadt Pélla einen ganz besonderen Jüngling: Alexander den Großen. Dessen Denkmäler zeugen überall in der Region von Kritiklosigkeit.

Ganz viel Grün

Griechenland ist kahl und wasserarm? Das Vorurteil trifft auf die Chalkidikí und Makedonien überhaupt nicht zu. Auf den drei Fingern reichen Bäume oft bis an die Strände heran, die Mönchsrepublik Áthos überziehen dichte Wälder ebenso wie das Cholomóndas-Gebirge auf der Handfläche der Chalkidikí. Weite Wälder finden sich auch am Götterberg Olymp und sind dort sogar Teil eines Nationalparks. Selbst Thessaloníki hat sein Wäldchen, in dem man sogar in einem Hotel ganz stadtnah im Grünen übernachten kann. Und in der Stadt selbst wurden schon vor 100 Jahren viele Bäume an den nach dem Stadtbrand neu geplanten Alleen gepflanzt.

Der Krise auf der Spur
Wer im Urlaub die Augen nicht vor der Realität verschließen will, kann in Anarcho-Küchen essen und Reiniger aus einer besetzten Fabrik erwerben oder übers Unigelände in Thessaloníki bummeln.

Mein Saloníki, große Mutter der Bedürftigen, du bringst die besten Kinder hervor (Lied von S. Kazantzídis)

Musik überall

Vom Balkan Blues bis zu Heavy Metal, von pontischen Gesängen bis zu weltbekannten griechischen Liedern – Thessaloníki bietet täglich viele Möglichkeiten, Musik aller Richtungen live zu hören: mal in kleinen Cafés, mal in ehemaligen Fabriken oder im hochmodernen Konzerthaus, im Sommer natürlich meist open air. Auf der Chalkidikí finden im Sáni Resort und bei Síviri renommierte Musikfestivals statt. In so manchen Tavernen erklingt griechische Livemusik und im Hochsommer locken bekannte DJs massenhaft Thessaloniker in die Beachbars der Chalkidikí und in die Clubs bei Kallithéa auf der Kassándra.

BARCAROLLA
WINE GALLERY BAR

Inhalt

Vor Ort

Kassándra 14

Süßes Leben: Wenn man im Baumschatten vor der Weinbar Barcarolla in Nikíti sitzt, kann einem die Welt gestohlen bleiben – Seite 55.

Sithonía und Áthos 46

Binnenland 98

Kopfsteinpflaster, restaurierte Häuser – Arnéa wirkt wie ein herausgeputztes Museumsdorf.

Metropole am Meer: An der Uferpromenade zeigt Thessaloníki Kunstsinn – und Charme und Schirme bei jedem Wetter.

Thessaloníki 130

Ausflugsziele in Ost und West 172

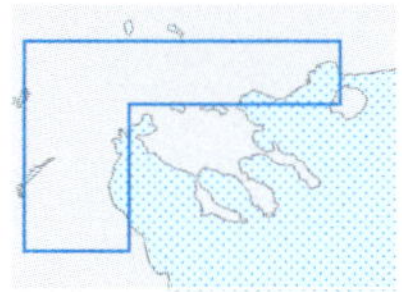

Schafe und Ziegen beleben die Landschaft der Chalkidikí

Das Kleingedruckte

Das Magazin

Vor

Áthos voraus! Wer ein Einreisevisum für die Mönchsrepublik in der Tasche hat, trifft auf dem Weg dorthin Pilger, Popen und vielleicht noch den ein oder anderen Handwerker. Frauen? Fehlanzeige. Sie müssen nach wie vor draußen bleiben.

Ort

Kassándra

Eine liebliche Landschaft — Hotels und Strände sind die Charakteristika des ersten Fingers der Chalkidikí. Die Küstenorte entstanden fast alle auf dem Reißbrett, Verlaufen und Verfahren sind fast unmöglich. Da urlaubt es sich völlig entspannt.

Seite 17

Néa Potídea

Das Dorf am Kanal, der die Kassándra zur Insel macht, weckt Urlaubslust. Fischkutter dümpeln im Hafen, urige Tavernen nutzen mittelalterliche Mauern als Kulisse, und das Meer ist doppelt vorhanden.

Seite 21

Áfitos ✪

Der schönste Ort der Kassándra liegt 80 m oberhalb des Strands. Natursteinbauten reihen sich aneinander, die Höhenpromenade ist Restaurant- und Flaniermeile zugleich. Trotz viel Tourismus fühlt man sich hier in einem echten griechischen Dorf.

Unverzichtbares Utensil auf der Kassándra: der Sonnenschirm

Seite 30

Límni Glarokávos

Umweltprobleme hin oder her – fotogen ist es hier, wo die Lagune aufs offene Meer trifft, auf jeden Fall.

Seite 33

Palioúri Beach

Fast schneeweiß zieht sich die traumhaft schöne Sandsichel vor intensivem Grün an einer weiten, völlig hotelfreien Bucht entlang. Im Beachclub frönen Hipster aus Thessaloníki dem Konsum, am anderen Buchtende schlagen Boote sanft gegen den Kai. Hier findet jeder ein ihm gemäßes Plätzchen.

Seite 35

Loutrá Agías Paraskevís

Genug vom Meer? Schwefelhaltiges Thermalwasser füllt Innen- und Außenbecken des Thermalbads Loutrá Agías Paraskevís. Hier ist Wellness für jeden erschwinglich. Deswegen trifft man auch viele einfache, zumeist ältere Griechen vom Lande beim Kuren. Ihren von keinerlei schicken Attitüden geprägten Baderitualen zuzuschauen ist ein amüsanter und aufschlussreicher Genuss.

Seite 37

Panagía Faneroméni

Wenn Griechenland ein Unrecht widerfährt, weint hier die Gottesgebärerin. Auch sonst ist die kleine Wallfahrtskirche am Meer ein wundersamer und wunderbarer Ort. Kätzchen und das typische Blau-Weiß inklusive.

Seite 41

To Stéki tou Vassilá

Der Wirt des fabelhaften Fischrestaurants Stéki tou Vassilá in Possídi ist feinsinnig und besteht darauf, dass der leichte Wellenschlag melodiöser ist als jede andere Hintergrundmusik. Scheint dabei noch der Mond über dem Thermäischen Golf, ist die Idylle perfekt.

Besonders an heißen Tagen ist Retsína – kühl serviert – köstlich.

Friedrich Schiller und Christa Wolf schrieben über Kassándra. Gemeint war aber nicht die Halbinsel, sondern die mythologische Gestalt, deren Kassandra-Rufe keiner gern vernahm.

Der sanfte Finger der Chalkidikí

Griechenland auf die sanfte Tour: Das ist die Kassándra. Berge, wie man sie aus anderen Regionen in Hellas kennt, Fehlanzeige. So hoch schwingt sich die Kassándra nirgends auf. Ein Hügel bei Kassandrinó schafft es gerade einmal auf 353 m. Schroff sind nur ein paar hübsch rötlich schimmernde Steilufer, ansonsten dominiert eine grüne Hügellandschaft. Im nördlichen Teil der 50 km langen Halbinsel wächst auf den fruchtbaren Feldern Getreide, das aber schon Anfang Juni abgeerntet ist. Hier wird auch Baumwolle angebaut. Recht junge Olivenbäume gedeihen überall, Kiefernwälder bedecken große Flächen und reichen bis ans Meer heran. Die Küste säumen auf weite Strecken kilometerlange Fein- und Grobsandstrände, die nahezu alle bequem mit dem Auto erreichbar sind. Zu einem fährt sogar eine kleine Bimmelbahn hinunter.

Den westlichen Finger der Chalkidikí steuern vorwiegend – teilweise recht große – Familien, Strandfanatiker und Pärchen, die ausspannen wollen, an. Alles hier ist ordentlich, wirkt sauber und aufgeräumt – und die Straßen entsprechen mitteleuropäischen Normen, ein Stück Autobahn inklusive. Weitläufige Badeorte, die nur während der Saison voller Leben sind, reihen sich an der Küste des Toroneischen Golfs wie an einer Perlenkette aneinander, urige Binnendörfer gibt es auf diesem Finger kaum. Der sommerliche Tourismus und die Ferienhäuser der Thessaloniker prägen die Küstenorte seit 40 Jahren. Aus Antike und Mittelalter sind nur geringe Spuren zu finden, Museen gibt es bis auf kleine heimatkundliche Sammlungen nicht. Da kann man guten Gewissens die meiste Urlaubszeit am Strand und in Tavernen verbringen.

ORIENTIERUNG **O**

Infos: http://kassandra.gr, Infos zu Freizeitaktivitäten wie Wandern oder Tauchen und zu Sehenswürdigkeiten

Verkehr: Wer an der Küste des Toroneischen Golfs Quartier bezieht, kann die anderen Orte auf dieser Seite der Halbinsel gut mit dem Linienbus erreichen. Als Auto-Rundreisende schaffen Sie eine Tour um die Kassándra gut an einem langen Tag.
Sollten Sie trotzdem ein oder zwei Nächte auf dem sanften Finger der Chalkidikí verbringen wollen, ist Áfitos (S. 21) dafür der schönste Ort.

Néa Potídea

D 5

ΝΕΑ ΠΟΤΙΔΑΙΑ, Νέα Ποτιδαια
Ein schnurgerader Kanal trennt die Kassándra vom griechischen Festland und macht sie zur Insel. Sie überqueren ihn über eine Brücke und sind schon eine Minute später im ersten kassandrischen Dorf: Néa Potídea. Von der Schnellstraßenausfahrt fährt man an der Platía vorbei geradeaus bis an den Thermäischen Golf. Dort rechts abbiegen und man landet am kleinen Fischereihafen am Ausgang des Kanals.

Brücke in den Urlaub

Der Kanal wurde schon im 4. Jh. v. Chr. angelegt. Im Mittelalter versandete und vermüllte der Wasserweg. Erst zwischen 1935 und 1937 wurde er wieder in verbreiterter Form befahrbar. Bis 1970 gelangte man vom chalkidischen Festland nur auf einer an einem Drahtseil geführten Fähre hinüber. Dann erbaute man eine erste Betonbrücke, weil die touristische Erschließung der Chalkidikí begann. Im Mai 2002 wurde unmittelbar östlich von ihr eine zweite Brücke für den Verkehr freigegeben: Kassándra hatte sich zum bedeutendsten Urlaubsgebiet Nordgriechenlands und einer Sommerhausregion der Thessaloniker entwickelt. Bis 2016 endete die Schnellstraße von Thessaloníki gleich hinter Néa Potídea. Jetzt führt sie als Autobahn sogar schon bis nach Kallithéa.

Das ist Griechenland

Síga, síga, heißt es in Griechenland, also langsam, langsam: Am besten lässt man sich am Hafen erst einmal in der **Taverne Argonáftes** nieder und bestellt einen griechischen Kaffee. Hier, im his-

Am Kanalhafen von Néa Potídea sind die Fischer bei der Arbeit. Wer das Land auch von seiner ungeschminkten Seite liebt, wird hier erleichtert aufatmen: Endlich wieder angekommen in Griechenland!

S

SOKRATES WAR AUCH SCHON HIER

Ein Recht auf Wehrdienstverweigerung gab es in der antiken griechischen Demokratie nicht. Auch Philosophen wie Sokrates mussten an die Front. Er war bei der zweijährigen Belagerung Potideas durch ein Athener Heer während des Peloponnesischen Krieges dabei. Sie endete 429 v. Chr. mit der Eroberung der Stadt und der Ansiedlung von Bürgern aus dem überbevölkerten Athen. Sokrates war aber nicht immer ganz bei der Sache. So wird berichtet, er habe einmal 24 Stunden lang völlig unbewegt mitten im Kampfgetümmel gesessen, um ein philosophisches Problem zu lösen. Angst vor dem Tod zu haben schien ihm eines Philosophen unwürdig.

torischen Ortsteil Chorió, am Thermäischen Golf, wohnen die meisten der 1600 Einheimischen von **Néa Potídea.** Und hier sind Sie im echten Griechenland angekommen, nicht in einer der touristischen Sommersiedlungen, die für die Kassándra so typisch sind. Man sitzt unter hohen Bäumen an einfachen Tischen vor einem kleinen Natursteinhaus, das früher einmal ein Lagerraum war. Ringsum wirkt alles ein wenig chaotisch. Autos parken, wo sie wollen, über Ödflächen weht etwas Papier und vielleicht auch ein paar Plastiktüten, Katzen streunen umher. Überreste einer **Stadtmauer** künden von einer schon um 600 v. Chr. von korinthischen Siedlern gegründeten Stadt, von der sonst nichts blieb. Vor ihren Kuttern sitzen Fischer am **Kanalhafen** und flicken Netze. Wenn Sie das, so wie ich, alles herrlich finden, haben Sie Ihr Urlaubsland gefunden!

Beachlife

Zu Néa Potídea gehört auch das jüngere Viertel Paralía am Toroneischen Golf, in dem sich das sommerliche Leben der Urlauber abspielt. Die Schnellstraße zwischen beiden wirkt wie ein teilendes Band. Wer einen Blick nach Paralía werfen möchte, folgt dem Wegweiser nach Thessaloníki, fährt am Kanalufer unter den Brücken hindurch und ist auch schon da.

Schlafen

Großhotels fehlen. Man wohnt überwiegend in kleinen Apartmenthäusern, die alle im neuen Viertel auf der Seite des Toroneischen Golfes liegen. In den Katalogen der Reiseveranstalter findet man auch Großhotels wie Portes Beach, Portes Palace und Potidea Palace unter der Ortsangabe Néa Potídea. Sie liegen jedoch nicht auf der Kassándra, sondern jenseits des Kanals an der Küste des Thermäischen Golfes. Bis ins Zentrum von Néa Potídea geht man von diesen Hotels aus etwa 1,5 bis 3 km weit auf einer überwiegend gehweglosen, viel befahrenen Straße.

Gute Unterhaltung

Haus María: Der deutsche Gastgeber Alexander und seine griechische Frau Betty lernten sich als Arbeitskollegen bei Saturn in Essen kennen und haben immer noch ein Faible für Elektronik: Für kleine und große Gäste halten sie viele Spielekonsolen, aber auch Brett- und Kartenspiele bereit, die Sportschau schauen sie gemeinsam mit ihren Gästen an der selbst gebastelten Hausbar. Ihnen kann man abends auf Deutsch die Fragen stellen, die sich im Laufe des Tages ergeben haben. Wer Auswandererträume hegt, hat oft Gelegenheit, sich auf der Terrasse mit Landsleuten zu unterhalten, die zumindest den Sommer über hier leben. Und die griechische Frau Mama ist der lebende

Gegenbeweis zur Behauptung, Griechen seien faul: Sie ist unentwegt am Putzen.
Ortsteil Paralía, am südlichen Rand von Paralía an einer Parallelstraße zur Uferpromenade, T 23 73 04 12 13, www.hausmaria.net, 2 Gehminuten vom Strand entfernt, auch Studios für 4 Pers., €

Essen

Die meisten Tavernen und Restaurants liegen im Ortsteil Paralía an der Strandpromenade. An der Platía im alten Dorf gibt es außerdem zwei Grillstuben, eine Pizzeria, die nachmittags auch warme *loukoumádes* serviert (in Fett ausgebackene Krapfen mit Honig und Sesam), ein gutes, sehr kinderfreundliches Restaurant und mehrere Café-Bars.

Herrlich einfach

Argonáftes: Im Schatten alter Bäume pflegen die Wirtsleute von der mittelgriechischen Pílion-Halbinsel den kulinarischen Stil ihrer Herkunftsregion. Hier bestellt man bevorzugt *rakí me mezé* und bekommt dann eine Karaffe Tresterschnaps und dazu Häppchen nach Wahl des Wirts. Man kann diese *mezédes* aber auch selbst auswählen, z. B. Zucchinibällchen mit Tzaziki, in Essig und Öl eingelegte Sepia *(soupjés ksidáto)* und scharf angebratenes Schweinegulasch *(tiganiá)*. Auch Gäste, die nur auf eine Limo oder einen Kaffee vorbeikommen wollen, sind jederzeit willkommen.
Am westlichen Anfang des Kanals, €€

Katzen, Kakteen, Kulinarisches

Ta Kástra: Auf der Suche nach einer einzigartigen Umgebung werden Sie im ›Die Burgen‹ fündig. Hier sitzen Sie fast direkt am Kanal, der die Kassándra zur Insel macht, hören griechische Musik, Katzen warten in den antiken Mauerresten auf ihren Anteil vom Mahl der Gäste, auch Wildpflanzen dürfen den Garten zieren. Auf den Tischen stehen statt Blumen Kakteen in den typischen metallenen Weinkaraffen.
Am Südufer des Kanals, tgl. ab 12.30 Uhr, €€

Fein und günstig

O Germanós: Gut, wenn man einen Freund hat, der als Sous-Chef in einem der besten Gourmet-Restaurants der Chalkidikí arbeitet. Wirt Kyriákos Miliádis und seine perfekt Deutsch sprechende Frau Anna Simopoúlou haben einen solchen Freund und der hat die kleine, aber feine Speisekarte erstellt. Außerdem unterhält er eine Kochschule und in der Küche des O Germanós dürfen seine Schüler praktische Erfahrungen sammeln. So werden exzellente Gerichte zum günstigen Preis ermöglicht: z. B. marinierte Sepia-Spieße auf reiskornförmigen Gerstennudeln oder Filets von Gávros-Fischchen in Weißweinsauce. Lecker!
An der Uferpromenade am Toroneischen Golf, T 69 48 83 86 14, Mitte Mai–Mitte Sept. tgl. 12–24, März, April, Okt. Fr–So 12–24 Uhr, €€

Infos

- **Busverbindung:** Mit Thessaloníki und Néa Moudaniá, Áfitos und Kallithéa bis zu 28 x tgl.; zahlreiche Verbindungen auch zu den anderen Orten der Kassándra. Bushaltestelle gleich südlich der Kanalbrücke an der Ampelkreuzung.

Néa Fókea D6

ΝΕΑ ΦΩΚΑΙΑ, Νέα Φώκαια
In der **Hafenbucht** von Néa Fókea liegen stets 20 bis 25 kleine Fischerboote vor Anker. Sie landen ihre Fänge in der Regel gegen 9 Uhr morgens an. Was nicht direkt am Kai ganz unaufgeregt verkauft wird, schaukelt per Lastwagen in die Fischhandlungen der Städte oder

wird an die ausgezeichneten Tavernen direkt an der Hafenbucht geliefert.

Ein paar Meter oberhalb der Bucht steht ein **Wehrturm** auf einem niedrigen Kap. Vor 1923 gehörte er wie das ganze Gemeindegebiet dem Áthos-Kloster Ágios Pávlos, das es 1407 von einem byzantinischen Kaiser zum Geschenk erhalten hatte. Aus jener Zeit stammt auch der 17 m hohe, sporadisch geöffnete Turm, in dem Heerscharen von Mauerseglern nisten. Neben dem Turm stehen eine kleine, verschlossene Kirche aus dem 19. Jh. und ein Wirtschaftsgebäude des 1930 abgerissenen klösterlichen Gutshofes. Solch eine *metochí* genannte Dependance eines Áthos-Klosters gibt es auf der Chalkidikí mehrfach: Hier schützten die Klöster ihre Ernteerträge vor Piratenüberfällen und wohl auch vor den eigenen Arbeitern bis zum Weiterverkauf oder dem Abtransport in die Mönchsrepublik – beides natürlich per Boot.

An der Hafenbucht von Néa Fókea ist der Weg des Fischs vom Boot auf den Teller kurz.

Der Dunkelheit entstiegen

Jetzt wird's etwas unheimlich, denn es geht hinab in die Unterwelt: in ein **makedonisches Grab,** das zur **Höhlenkapelle** wurde. Gegenüber vom Parkplatz am Hafen steht ein unscheinbarer gelber Wegweiser mit der Aufschrift ›Holy Water of Apostolos Pavlos‹. 20 m sind es dorthin. Auf einem zementierten Platz wächst in einem gepflegten Blumenbeet ein Olivenbaum, dahinter sieht man am niedrigen Fels eine weiß gekalkte Kapellenwand mit einer braunen Tür darin. Links davor steht ein halbrunder Tisch auf einem antiken Säulenstumpf. Kopf einziehen, die Tür ist nur brusthoch! Dahinter führen Treppen in die spärlich beleuchtete Kapelle hinab. Zu beiden Seiten der Stufen stehen auf kleinen Plattformen einfache Ikonen. Am Fuß der Treppe kann man noch etwa 15 Schritte weit gebückt durch den engen Gang gehen und gelangt so in ein antikes makedonisches Grab (vermutlich 4. Jh. v. Chr.). An einer Stelle sammelt sich Tropfwasser – manchen Gläubigen gilt es als heilsames *agíasma,* ›heiliges Wasser‹. Sie nehmen es mit nach Hause, quasi als kostenlose Medizin. Einer örtlichen Legende zufolge soll sich dem Apostel Paulus in Ierissós auf der Áthos-Halbinsel bei der Flucht vor Verfolgern die Erde geöffnet haben. Unterirdisch gelangte er bis hierher, wo er wieder der Dunkelheit entstieg. Der Apostel Paulus taufte auf seinen Missionsreisen durch Nordgriechenland die ersten Christen Europas. Darauf ist man hier noch heute stolz.

Solche legendenhafte Geschichten waren in früher christlicher Zeit überall im Mittelmeerraum beliebt, knüpften sie doch an antike Heldensagen von wundersamen Ereignissen an und zeigten sie deutlich, dass ihr Protagonist überirdische Kräfte hatte oder doch zumindest von solchen beschützt wurde.

Essen

An der kleinen Hafenbucht bieten die gleich guten Restaurants **Mános, Ta Kímata** und **Sergianí** stets frischen Fisch und einen schönen Blick aufs Meer.

Ausgehen

Cocktails unter Palmen

Thókos: In der Musikbar auf mehreren Terrassen sitzt man besonders für einen Sundowner gut. Wer Hunger verspürt, bestellt Pizza, Risotto oder Burger.

Zwischen Turm und Parkplatz am Hafen, nur in der Hauptsaison geöffnet

Feiern

- **Kirchweihfest der Apostel Petrus und Paulus:** 29./30. Juni. Musik und Tanz auf dem zementierten Platz vor der Höhlenkapelle.

Áfitos

(auch: Athítos, Áfytos)
ΑΦΥΤΟΣ, Άφυτος

In Áfitos fühlt man sich wie in einem gewachsenen, fast kleinstädtischen Dorf mit Geschichte. Selbst Neubauten fügen sich harmonisch ins Ortsbild ein, das von Natursteinbauten und -mauern geprägt wird. Die Lage am Steilhang über einem winzigen Küstenstreifen ist außergewöhnlich, der Höhenuferweg eine der schönsten Promenaden des Landes. Manchmal ist von dort aus sogar der heilige Berg Áthos zu sehen. Tavernen, Bars und Souvenirgeschäfte zeigen Niveau. Kurz: Wer nicht direkt am Strand wohnen will und auf Einsamkeit verzichten kann, ist in Áfitos auch einen ganzen Urlaub lang bestens aufgehoben.

Auch wenn man zwischen Mitte Oktober und Mitte Mai einen Städteurlaub in Thessaloníki plant und einen Hauch der Chalkidikí erleben möchte, ist man in Áfitos an einem Samstag oder Sonntag richtig. Ein lohnenderes Winterwochenendziel an der Küste gibt es in der ganzen Region nicht.

Ein echter Dorfplatz

Wer mit dem Auto unterwegs ist, lässt es am besten am Ortsrand stehen und steuert zuerst den Turm der Dorfkirche an. Die liegt nur 20 m unterhalb der wunderschönen **Platía** ❶. Der kleine Dorfplatz erfüllt mehr als jede andere Platía der Halbinsel noch die soziale Funktion eines allabendlichen Treffpunkts. Auf Bänken und Mäuerchen, in Bars und am obligatorischen Kiosk wird getratscht, diskutiert und geschaut. Überhaupt: Áfitos lohnt zwar auch tagsüber immer den Besuch, die besondere Atmosphäre aber schnappt besser auf, wer auch zumindest ein paar spätere Stunden dort verbringt!

Naturstein als Passion

Die **Dorfkirche Ágios Dimítrios** ❷ wurde 1858/59 vollständig aus Naturstein errichtet. Innen ist die hölzerne Ikonostase sehenswert, die Fenster an der äußeren Westwand zieren einfache folkloristische Steinreliefs mit symbolischen und figürlichen Darstellungen. Das Gotteshaus steht über den Grundmauern einer frühchristlichen Basilika, von der aber nur geringe Spuren unmittelbar vor der Kirchentür freigelegt werden konnten. Direkt vor der Kirche fand 1996 auf der Hauptstraße eine kleine Ausgrabung statt, bei der Urnen, Gebeine und Schädel gefunden wurden, die man ins 4. Jh. v. Chr. datierte. Man war auf die Nekropole des antiken Áfitos gestoßen. Heute ist von ihr nichts mehr zu sehen.

Áfitos

Ansehen
❶ Platía
❷ Ágios Dimítrios
❸ Höhenpromenade
❹ Wohnhaus des Ex-Bürgermeisters

Schlafen
1 Áfitis
2 White Suites Resort
3 Zeus
4 Rigas

Essen
1 Sousouráda
2 Moudounoú
3 Boyáta
4 To Stéki

Einkaufen
1 Magaménos Art Gallery

Bewegen
1 La Calcidia

Ausgehen
1 Koutsómylos
2 Ímeros
3 Sobóro Beer Bar

Der ehemalige Bürgermeister Vassílis Pavlís, 1956 geboren und 1996 in sein Amt gewählt, hatte es sich zum Ziel gesetzt, den örtlichen Kalkstein wieder zum vorherrschenden Anblick in Áfitos zu machen. Aus den Steinen abgebrochener alter Häuser meißelte der Bildhauer aus Leidenschaft eigenhändig Figuren und Reliefs, die im Dorf aufgestellt oder in neue Mauern eingefügt wurden. Alte Mühlsteine und Teile von Weinpressen standen nicht mehr achtlos in Hinterhöfen, sondern wurden dekorativ verbaut. Auch vor dem **Rathaus** zwischen Platía und Dorfkirche künden zwei steinerne Skulpturen von seiner Begeisterung. Der ›Naturstein-Bazillus‹ infizierte viele andere Dorfbewohner nachhaltig: Neubauten werden bis heute wieder aus Stein erbaut oder zumindest damit verblendet, sogar Telefonzellen aus Naturstein findet man hier. Man fragt sich: Warum funktioniert das nicht auch anderswo? Gibt es zu wenig künstlerisch begabte Bürgermeister?

Eine Natursteinmauer leitet vom Dorfplatz aus an der Steilküste entlang über die in ganz Griechenland einzigartige **Höhenpromenade** ❸ mit mehreren Restaurants zur etwa 200 m entfernten Bar Agorá. Weit geht der Blick ins chalkidische Hinterland hinein, der mittlere Finger, die Sithonía, ist in voller Länge zu sehen. Bei guter Fernsicht erkennt man hinter deren Kammlinie vielleicht sogar den über 2000 m hohen Gipfel des Bergs Áthos. Schaut man nach unten, blickt man auf den winzigen Hafen von Áfitos und den Strand. Links am Agorá vorbei geht es leicht bergan zum **Wohnhaus des kunstbeflissenen Ex-Bürgermeisters** ❹, der in seinem Garten zahlreiche seiner Werke »geparkt« hat. Wendet man sich nach links, ist nach drei Minuten die Hauptgasse von Áfitos erreicht, die abwärts zurück zu Platía und Kirche führt.

Schlafen

Im Ort gibt es nur kleine Hotels und Pensionen, selbst das einzige Strandhotel hat nur 50 Zimmer.

Tage am Meer

1 **Áfitis:** Gut für ein paar Tage echten Strandurlaub. Unauffällig in die Landschaft des Küstensaums unterhalb von Áfitos eingepasstes Hotel mit 50 Zim-

mern und gepflegtem Garten, 2 Pools und Tennisplatz.
Am Strand, T 23 74 09 12 33, www.afitis-hotel.gr, auch pauschal zu buchen, €€–€€€

Ganz in Weiß

2 **White Suites Resort:** 14 minimalistisch gestaltete, ganz in Weiß gehaltene Suiten am langen, schmalen Moudounoú Beach unterhalb von Áfitos. Ins Ortszentrum geht man ca. 5–10 Minuten. Kinder sind hier nicht erwünscht.
An der südlichen Zufahrt zum Strand, T 23 74 09 15 09, www.whitesuitesresort.com, €€

Beim Zeus, wie nett!

3 **Zeus:** Mein Lieblingshotel im Ort. Sehr freundliches Haus mit 20 klimatisierten Zimmern, kleinem Pool mit Whirlpool und nur im Hochsommer geöffneter Poolbar im Innenhof. Fünf Gehminuten vom Zentrum, zehn Gehminuten vom Strand.
An der Hauptstraße von der Schule zur Nationalstraße, T 23 74 09 11 32, www.hotel-zeus-halkidiki.gr, 25€

Hoch überm Meer

4 **Rigas:** Auf den Klippen hoch über Strand und Meer steht dieses moderne Boutiquehotel für Nichtraucher mit Pool, Poolbar und Spa-Bereich. Auch ein gutes Restaurant mit Panoramablick ist vorbehalten und liefert ohne Aufschlag auch in die 20 Zimmer und Suiten. Kleiner Parkplatz vorhanden.
Am nordöstlichen Ortsrand, T 23 74 09 11 87, www.rigas-hotel.gr, Mindestaufenthalt 5 Tage, keine Kinder unter 8 Jahre, €€

Essen

Preiswerte Gourmetküche

1 **Sousouráda:** Das schon 1989 vom einstigen Fernsehkoch Nikólaos Katsánis gegründete Restaurant wird nach seinem Tod von seinen Kindern fortgeführt. Sie setzen weiterhin auf griechische Feinschmeckerküche und Steaks sowie günstige Preise. Ein 4-Gänge-Menü mit zwei begleitenden Weinen kostet hier kaum mehr als ein gutes Essen in einer Standardtaverne. Und wenn es einmal richtig viel Fleisch sein soll, steht auch ein 700 gr schweres, 60 Tage lang gereiftes T-Bone-Steak auf der kleinen Karte. Auf eine tolle Aussicht muss man hier aber leider verzichten.
Nahe der Kirche an der Straße zum Strand, T 23 74 09 15 94, ab 18 Uhr, Tischreservierung empfehlenswert, €€

Kalispéra! Am Abend warten die Kellner in Áfitos auf Kundschaft. Zuerst kommen die ausländischen Touristen. Griechische Urlauber und Einheimische bevorzugen ein spätes Mahl.

Edel und strandnah

2 **Moudounoú:** Auf der Karte stehen auch Seeigel, Seepocken und Wildmuscheln, diverse Salate, Féta-Käse mit Honig oder Mastélo-Käse von der Insel Chíos. Das ganz in Weiß gehaltene Restaurant auf einer luftigen Terrasse gegenüber dem Meer gehört zum Hotel White Suites Resort, ist aber ein Anziehungspunkt für griechische Gäste von weit her.

Moudounoú Beach (abseits der Straße zum Strand), T 23 74 09 15 09, tgl. ab 13 Uhr, €€€

Hier spielt die wahre Musik

3 **Boyáta:** Die in Bielefeld geborene Déspina, ihr Mann Níkos und ihre drei Töchter betreiben das Lokal im hübsch dekorierten Innenhof eines traditionellen Hauses. Hier sitzt man direkt im Ortszentrum und doch abseits allen Trubels. Die Speisekarte ist handgeschrieben, Pastítsio und Moussaká sind auch in einer vegetarischen Version erhältlich.

An der Dorfkirche, T 69 37 74 36 06, tgl. ab 12 Uhr, €€

Große Auswahl

4 **To Stéki:** Das von Georgiern betriebene Restaurant ist meist gut gefüllt, die Speisekarte lang. Für den günstigen Preis sehr gut sind etwa die Miesmuscheln in Senfsauce oder das in Alufolie mit Kartoffeln und Gemüse geschmorte Lamm *(kléftiko)*. Überhaupt nicht bayerisch kommt die mit viel Knoblauch gespickte Schweinshaxe *kotsí* daher.

An der Gasse, die von der Apotheke nach unten führt, tgl. ab 12 Uhr, €

Einkaufen

Ein liebenswertes Paar

Magaménos Art Gallery: Das Wort ›Magie‹ steckt im Namen dieser kleinen Galerie: *mageménos* bedeutet so viel wie ›verzaubert‹. Die britische Inhaberin Maria Bray aus Plymouth und ihr Ehemann Zísis (Spitzname *O Aspromális* – ›der Weißhaarige‹) präsentieren in ihrem kleinen Geschäft eine handverlesene Auswahl moderner Skulpturen, Objekte und Schmuck zeitgenössischer griechischer Künstler und Kunsthandwerker. Einen Spitznamen hat übrigens fast jeder Grieche, so kann man die vielen Bekannten mit gleichem Vornamen leichter unterscheiden. Zísis hatte schon als Kind zwei weiße Haare, seit dieser Zeit hat er seinen Spitznamen weg.

Hauptgasse, 30 m oberhalb der Apotheke

Bewegen

Ausflugsinspirationen

1 La Calcidia: Das vom Italiener Lorenzo Calabretta und seiner griechischen Frau Kelly Valaroútsou geführte Reisebüro bietet zahlreiche Ausflüge an, u. a. zu den Metéora-Klöstern sowie nach Vergína und Díon.

An der Hauptgasse gegenüber der Apotheke, T 23 74 09 15 58, www.lacalcidica.com, Mai–Sep. tgl. 9–13 und 16–22 Uhr

FOTOWETTBEWERB

Von Jahr zu Jahr wächst die Zahl der von diversen Malern und Malerinnen mit Porträts mehr oder weniger bekannter Griechen geschmückten alten Olivenölkanister, die meist mit Blumen bepflanzt sind. Angefangen hat alles an der Platía. Warum also keine Foto-Rallye veranstalten und sehen, wer die meisten Kanister findet und fotografiert? Für Rückmeldungen bin ich sehr dankbar!

Ausgehen

Nur das Meer und ich

1 Koutsómylos: Romantische Bar in und vor einer alten Olivenpresse, schöner Meerblick von der Terrasse. Keine Passanten stören die Ruhe.

Am Ende der Gasse, die an der Nordseite der Kirche entlangläuft

Griechische Poesie

2 Ímeros: Welch ein Name für eine Bar! *Ímeros* ist eine altmodische Bezeichnung für einen sanften Mann und im Altgriechischen für einen mit plötzlich auftretendem zärtlichem Verlangen nach einem Partner. Und auch im Spruch an der Wand klingt Poesie an: »Fürs Boot eine Gitarre, für die Reise Musik«. Die erklingt hier ganz leise auf der wind- und blickgeschützten Terrasse, die ich als intimen Rückzugsort selbst bei Hochbetrieb im ganzen Ort schätze. Und wenn ich ein Unterhaltungsprogramm suche, setze ich mich an einen der beiden Tische in der ersten Reihe direkt an der Hauptgasse, die bis spät in die Nacht einem Catwalk gleicht.

Hauptgasse zwischen Platía und Apotheke, tgl. ab 10 Uhr

Griechisches Pub

3 Sobóro Beer Bar: Bei Familie Vogiátzis treffen sich das ganze Jahr über die jüngeren Einheimischen. Es gibt Guinness und viele andere Biere aus aller Welt, Weizenbier, mehrere griechische Biere vom Fass und sogar das alkoholfreie Clausthaler. Außerdem kann man hier auf der Dachterrasse auch gut essen, z. B. Steaks vom Angus Ribeye bis zur Picania Matabre.

An der alten Dorfschule, www.soboro.gr, €€

Feiern

- **Áfitos tis Athítou:** Mitte Juli–Mitte Aug. Je nach Finanzlage der Gemeinde Festival mit etwa 20 Veranstaltungen vom Schattenspieltheater bis zu Konzerten, Folklore und Ausstellungen, meist auf der Platía.
- **Kímesis tis Theotókou:** 14./15. Aug. Abends Kirchweihfest mit Livemusik und Tanz auf der Platía.

Infos

- **Linienbusverbindung:** Mit Thessaloníki, Kallithéa, Néa Fókea und Néa Potídea bis zu 28 x tgl. Linienbushaltestelle nicht im Dorf, sondern an der 700 m von der Kirche entfernten Hauptstraße.

Kallithéa

D6

ΚΑΛΛΙΘΕΑ, Καλλιθέα

Krasser können Gegensätze kaum sein: Auf das schon fast idyllische Áfitos folgt als nächster Ort die gesichtslose Touristenhochburg der Kassándra – Kallithéa (780 Einw.). Nur Disco-Fans werden hier richtig glücklich, denn mehr hochsommerliches Nightlife hat kein anderer Ort der Chalkidikí zu bieten – in einem eigenen Clubber-Tal zwischen Ortszentrum und Großhotels. Rundreisende können ihren Kurzaufenthalt auf zwei historische Stätten am Meeresufer beschränken.

Tempel für einen Ägypter

Unterhalb eines niedrigen Steilufers, direkt am Meer, sind die Ruinen des **Tempels des Ámon Zeus** zu einem winzigen Park gestaltet. Schon im 8. Jh. wurden hier in einer Grotte Dionysos und die Nymphen verehrt. In der ersten Hälfte des 4. Jh. v. Chr. belagerten die Spartaner Áfytos. Ihrem Feldherrn Lysander erschien jedoch der in Sparta verehrte Gott Ammon Zeus und befahl ihm, die Belagerung abzubrechen. Lysander folgte dem Befehl, ließ die Afyter aber wissen, wem sie das zu verdanken hatten. Daraufhin errichteten sie dem ihnen bis dahin fremden Gott dankbar einen Tempel, von dem vor allem noch das mehrstufige Fundament und ein paar rechteckige Statuenbasen zu sehen sind. Die Römer fügten eine Therme an, in der auch der Heilgott Äskulap verehrt wurde. Die Besichtigung des erst 1969 entdeckten Heiligtums dauert nicht länger als 15 Minuten.

Am Hotel Ámon Zeus, auf Wegweisern wird es auch als »Sanctuary of Dionysos & Amon Zeus & Asklipios« bezeichnet, Mai–Okt. Mi–Mo 8.30–15.30 Uhr, Eintritt 3 €

Nicht ganz brav

Eine Flasche Wasser sollten Sie jetzt an Bord haben. Wo die Kassándra-Rundstraße das Disco-Tal von Kallithéa erreicht, zweigt nach links ein unscheinbar beschilderter Feldweg zur **Basilika Solénos** ab. Er endet am Strand. Richtung Hotelhochhaus schaut hinter dem Schilfgürtel, in etwa 80 m Entfernung, ein vergammelndes Schutzdach hervor. Darunter liegen, brüchig eingezäunt, die Überreste des frühchristlichen Gotteshauses aus dem 5./6. Jh. Die Tür mit dem Schild »No entrance. Worksite« steht meist offen. Jetzt kommt das mitgebrachte Wasser zum Einsatz: Die zwischen den Grundmauern erhaltenen Bodenmosaike sind ausgesprochen schön, zeigen Vögel und Fische im Narthex, im Naos sogar zwei Rehe. Feuchtet man sie an, kommen sie auf Fotos besser zur Geltung.

Schlafen, Essen

Das Hotelzentrum von Kallithéa liegt 1 bis 2 km südlich außerhalb des Ortes.

Schlafen? Das muss man auf später verschieben. In Kallithéa ist die Nacht zum Feiern da, und zwar ausgiebig, bitte. Also: Unters Partyvolk mischen und tanzen, tanzen, tanzen …

Da stehen die großen AI-Hotels. Deren einziger Vorzug ist ein großes Wassersportangebot.

Etwas außerhalb

Días: Abseits des Massentreibens auf einem Steilufer gelegene Taverne mit einem schönen Garten.

Kallithéa, links oberhalb der Küstenstraße zwischen dem Zentrum und dem Disco-Tal, 600 m vom Ortszentrum, Reservierung anzuraten: T 69 87 14 48 99, tgl. ab 12 Uhr, €€

Nur fast wie im Märchen

Ouzerí Paramíthi: Klassische Ouzerí auf einer überrankten Terrasse, viele saisonale Angebote, nur griechische Musik (ab und an live). Der Name bedeutet ›Märchen‹. Dass man sich hier wie in einem fühlt, verhindert der Verkehr auf der Hauptstraße.

Kallithéa, im Zentrum an der Hauptstraße Richtung Áfitos, tgl. ab 12 Uhr, €

Ausgehen, Bewegen

Kallithéa ist das Nightlife-Zentrum der Kassándra. Die beliebtesten **Clubs** liegen rechts der Straße nach Kriopigí kurz vor den beiden Großhotels Áthos Palace und Pallíni Beach in einem Seitental. Diese Lage verhindert, dass die Bässe in den Hotelzimmern einschlagen. Ihre Namen (zurzeit Ahoy, Coral, Markiz, Pearl) wechseln sehr häufig, manche spielen internationale Musik, andere zumeist griechische. Eingestreut zwischen die Musiklokale findet man darüber hinaus den Obelix-Grill, das **Space Bowling** und eine leider wenig umweltfreundliche **Gokart-Bahn.**

Infos

- **Linienbusverbindung:** Mit Thessaloníki und Áfitos, Néa Fókea sowie Néa Potídea bis zu 28 x tgl., mit Pefkochóri bis zu 20 x tgl., mit Palioúri immerhin bis zu 13 x tgl.

Kriopigí, Políchrono, Chanióti

D/E7

ΚΡΙΟΠΗΓΗ, Κριοπηγή
ΠΟΛΥΧΡΟΝΟ, Πολύχρονο
ΧΑΝΙΩΤΗΣ, Χανιώτης
Die nächsten drei Orte an der Kassándra-Rundstraße Richtung Süden – **Kriopigí, Políchrono und Chanióti** – sind keine Knüller. Hierher wird man gern von Reisebüros gebucht, kommt einer bestimmten Hotelkette wegen oder als Schnäppchenjäger. Na ja, wohlfühlen kann man sich hier durchaus, wenn man viel unternimmt.

Treffpunkt alter Dorfplatz

Die Hotels von **Kriopigí** stehen in lockerem Abstand zwischen der Kassándra-Rundstraße und dem etwa 1 km entfernten Meer. Da ist der lange, gewundene Sandstrand Pigadákia Beach, mit idyllischer Kiefernböschung fast wie an der Ostsee, ein schöner Badeplatz. Für Kriopigí spricht das winzige alte Dorf gleich oberhalb der Kassándra-Rundstraße. Wer abends griechische Dorfatmosphäre sucht, findet sie in der großen Taverne auf der Platía.

KREATIVE NAMENSGEBER

Ein Bäckereicafé in Políchrono heißt »Bread and Breakfast«, die Grillstube gegenüber nennt sich »Doctor of Hunger«. Auf Ihrer Rundreise finden Sie sicherlich noch viele andere kreative Namensgeber fürs kleine Geschäft.

Auf gute Nachbarschaft

Políchrono wird von osteuropäischen Urlaubern dominiert. Symptomatisch für den Ort ist eine schmale Uferpromenade, die sich sehr schmale Blumenrabatte mit Autos teilen muss. Der grobsandige Strand ist mehrere Kilometer lang, bietet aber keinerlei natürlichen Schatten.

Teilweise stehen sich die Pensionen im Dorf so dicht gegenüber, dass man gut Trockenleinen von einer zur anderen spannen könnte. Wer weitgehend unverbaute Weite sucht, wandert zum sehr winzigen **Mavrobára-See,** den man freilich auch mit dem Auto oder Motorrad erreicht. Mit etwas Glück soll man Libellen, Frösche und vor allem kleine Sumpfschildkröten zu Gesicht bekommen. Bei meinem letzten Besuch war entgegen der vor Ort verbreiteten Legende nichts davon zu sehen.

Ein Hauch von Grün

Schon viel angenehmer: In **Chanióti** trennt ein 60 m breiter, parkähnlich gestalteter Grünstreifen die Uferstraße vom langen Grobsandstrand. Es gibt sogar kleine Fußgängerzonen und eine große Platía mit Cafés und Tavernen. Auch hier ist der Strand schattenlos.

Essen

Dorfatmosphäre

I Platía tis Anthoúlas: In der Taverne auf der kleinen Platía im alten Dorfwinzling Kriopigí sitzt man wie in Bilderbuch-Griechenland. Das hat das anfangs kleine Lokal zur Großtaverne anwachsen lassen, die inzwischen den gesamten Dorfplatz einnimmt. Trotzdem lautet das Motto weiterhin: »einfach und authentisch«. Und zumindest für diese Region stimmt das durchaus.

Kriopigí, altes Dorf oberhalb der Rundstraße, tgl. ab 17 Uhr, im Winter nur Sa ab 17 und So ab 13 Uhr, €€

Nicht billig, aber sehr gut

Neféli Garden: Die Geschwister Kleópatra, Jánnis und Eléni sorgen für wahre Feinschmeckerküche am Meer. Mein Lieblingsgericht: Der gefüllte Lammbraten und vorneweg geräucherte Muscheln mit Pesto, dazu zwei gute Flaschenweine (wenn wir zu viert sind …).

Im Zentrum der Uferpromenade von Políchrono, T 23 74 05 19 03, www.nefelirestaurant.gr, tgl. 9–24 Uhr, €€€

Gute Mezedákia

El Gato Negro: Vom Grundkonzept her ist das kleine Lokal ein Tsipourádiko mit richtig guten, hausgemachten Mezedákia-Tellern. Inzwischen hat es jedoch den Charakter einer kleinen Taverne. Am besten vor 19 Uhr hingehen oder vorab einen Tisch reservieren!

Im Ortszentrum von Políchrono, T 69 79 77 29 03, tgl. ab 10.30 Uhr (im Winter ab 17 Uhr), €–€€

Herzlich und gut

Archontikó: Die von den Wirten Pávlos und Ilías mit viel Enthusiasmus und großer Herzlichkeit geführte Taverne zeichnet sich durch gute Steaks und viele Angebote für Vegetarier aus.

Chanióti, in der Nordostecke der Platía, tgl. ab 10.30 Uhr, €€

Einkaufen

Tolle Früchtchen

Olive Life: Oliven, Olivenöl, Seife und Kosmetika auf Olivenölbasis und dazu

Maßnahme gegen Sonnenbrand: ein schattiges Plätzchen unter Kiefern am Pigadákia Beach

auch Honig: alles schön verpackt und als Geschenk geeignet.

An der Kassándra-Rundstraße zwischen Kriopigí und Políchrono rechts, tgl. 10.30–17 Uhr, im Hochsommer auch länger

Bewegen

Zeig dich, Schildkröte!

Zum Mavrobára-See: Der breite Feld- und Waldweg zum Mini-See, der eher ein Teich ist, beginnt in Políchrono und ist für Wanderer 5,4 km, für Motorräder und Autos 9 km lang. Ab der Ampelkreuzung von Políchrono weisen Schilder sehr gut den Weg. Erwarten Sie aber lieber nicht zu viel: Die Werbung für den sogenannten See, den manche nur als Tümpel empfinden, ist besser als das Biotop!

Pefkochóri

E7

ΠΕΥΚΟΧΩΡΙ, Πευκοχώρι
Das »Kieferndorf« (so der Name) ist ein guter Urlaubsort und lohnt auch für Rundreisende einen kurzen Stopp. Zwischen Kassándra-Rundstraße und Meer liegt das Allerwelts-Touristenviertel, auf der anderen Straßenseite jedoch auch noch ein richtiges Dorf. Und mit Auto, Moped oder zu Fuß kann man ganz in der Nähe zwei interessante Ziele ansteuern.

Herz des Dorflebens

Für Griechen selbstverständlich: Kommt man in ein fremdes Dorf, steuert man als Erstes den zentralen Platz an. Wenn überhaupt, dann ist genau dort in Tavernen und Cafés etwas los. Die **Platía** im alten Dorf Pefkochóri rechts der Kassándra-Rundstraße ist sogar zweiteilig. Wie so viele griechische Dorfplätze hat man sie (schon 1996) mit EU-Fördermitteln fein herausgeputzt, hat sich einen Springbrunnen, Pflasterung, Laternen, Bäumchen und Sträucher finanzieren lassen. Nur Nörgler fragen sich, ob man die EU-Gelder nicht besser in Krankenhäuser und Schulen investiert hätte …

An der zweiteiligen Platía stehen das alte Rathaus und die meist nur am Spätnachmittag geöffnete **Kirche Ágios Athanásios** aus der Zeit um 1850. Die nur locker an der oberen Bilderreihe der blau gestrichenen, simplen Holzikonostase befestigten Ikonen lassen erkennen, dass sie wie überall in Griechenland ursprünglich herauszunehmen waren. Die Ikone mit der Darstellung von Jesu Geburt z. B. wurde in der Weihnachtszeit auf einen besonderen Bildständer im Kirchenraum, das Ikonostas, gelegt. Gleiches geschah mit den übrigen Festtagsikonen zur jeweils passenden Zeit. Heute sind die meisten Ikonostasen so gut mit Ikonen bestückt, dass die Herausnahme einer Ikone aus der Bilderwand nicht mehr nötig ist. Am blauen Himmel der Kirchendecke strahlen goldene Sterne, die auf drei Seiten umlaufende Holzempore ist ebenfalls ganz in Blau gehalten. Als Männer und Frauen früher voneinander getrennt am Gottesdienst teilnahmen, war die Empore den Frauen vorbehalten. Damals machte man sich wohl noch keine Gedanken über den Rest der Welt.

Nahe der Kirche zeigen Wegweiser an einem Baum die Entfernung zu Großstädten und Steuerschlupflöchern an: Berlin 1968, Moskau 2543, New York 7765, Cayman Islands 9816 km.

Respektlos?

Ein leider ungastlicher Mönch und ein Kuriosum als Lektion fürs Verständnis orthodoxer Gläubigkeit warten am Ende eines 7 km langen Abstechers von Pefkochóri ins hügelige Hinterland und zum **Kloster Ósios Ioánnis Roússos.** Bis zum Hotel Atrium ist die Straße gut asphaltiert, danach immerhin noch gut befahrbar. Gleich hinter dem Hotel beginnt ein Areal 2006 abgebrannter Wälder. Vor dem Brand gerettet werden konnte das kleine, moderne Kloster Ósios Ioánnis Roússos. Ein Priester lebt dort, will aber seine Ruhe vor nichtorthodoxen Touristen haben. So kommt man nur in die außerhalb des Klosters am Rande eines Picknickplatzes gelegene Kapelle, die mit traditionellen Fresken ausgemalt ist. Vom praktischen Sinn der Griechen selbst in Gotteshäusern spricht der Kopf eines Erzengels: Sicherungskasten und Lichtschalter sind auf der Wandmalerei installiert! Der »Körperlose«, so nennen die Griechen die Engel, scheint darüber erhaben und stört sich nicht dran.

Müll statt Magie

Die **Lagune Límni Glarokávos** südöstlich von Pefkochóri unterhalb der Kassándra-Rundstraße könnte eines der schönsten

Fleckchen Erde in ganz Griechenland sein. Leider ist sie seit vielen Jahren ziemlich vermüllt. Ein kurzer, keineswegs die Gesundheit gefährdender Blick dorthin lohnt sich dennoch, denn wenn man die Kamera richtig hält, kann man schöne Fotos schießen. Die ›Möwenkap-Lagune‹ ist nur durch eine sehr schmale Öffnung mit dem Toroneischen Golf verbunden. Auf der Lagune liegen immer einige Yachten und Fischerboote, Wassersport wird hier jedoch nicht betrieben. Die beiden bewaldeten Nehrungen, die sie vom offenen Meer abschirmen, werden von Sand-Kies-Stränden gesäumt. Gegen Saisonende türmen sich hier leider so viele Müllberge, die vor allem wilde Camper hinterlassen, dass das Baden kaum noch Spaß macht. Wer schwimmen möchte, kann das vor der **Umbrellas Beachbar** am Ansatz der nördlichen Nehrung tun. Die Betreiber vermieten am Strand Liegestühle und Sonnenschirme und halten ihn deshalb sauber.

Schlafen

Die meisten Hotels des Dorfes sind kleine Einheiten an den Gassen zwischen Kassándra-Rundstraße und Meer.

Schöne Aussichten

Atrium: Sehr ruhig, 400 m vom Zentrum und 800 m vom Strand entfernt. Von der geräumigen Poolterrasse blickt man auf Ort und Meer. Mehrmals täglich fährt ein kostenloser Shuttle-Bus zum Strand.

Gut ausgeschildert, am Weg zum Kloster Ósios Ioánnis Roússos, T 23 74 06 20 00, www.atrium-hotel.gr, €€

Essen

Keine faulen Kompromisse

Klimatária: Spíros und seine Frau pflegen ein angenehmes Prinzip: Bei ihnen kommt der Fisch ausschließlich von lokalen Fischern. Ist der ausverkauft oder wegen Sturms nicht verfügbar, gibt es keinen – sonst aber ist er garantiert stets superfrisch. Beim Essen unter Weinranken schauen dem Gast griechische Schauspieler von alten Kinoplakaten zu. Frühere Gäste sind durch Signaturen auf den weiß bemalten Kürbissen präsent, die von der Decke baumeln.

Auf Höhe der Mole an der Straße, 20 m ortseinwärts, tgl. ab 17 Uhr, €€

Lamm kiloweise

Metzgereitaverne Vílla Elía: Hierher kommt man, um gegrilltes Fleisch zu essen, das man auch nach Gewicht bestellen kann. Ein Kilo Lamm kostet ca. 30 €. Wie immer in Griechenland bleibt es dabei dem Zufall überlassen, ob man Keule und Rücken oder nur Rippchen und Hals bekommt. Jeden Abend Livemusik!

Oft ist einfach am leckersten: Die Fischchen vom Grill gewürzt mit Zitronensaft schmecken nach Süden.

TOUR
Der Kamelrückenweg

22 km Staubstraßen-Einsamkeit auf dem Kassándra-Höhenweg

Infos

D/E 7

Start: Agía Paraskeví
Ziel: Kassandrinó

Weglänge: 22 km

Wegbeschaffenheit: breiter Feldweg, für Jeeps leicht befahrbar. Auch für erfahrene Motorradfahrer gut machbar. Keine Einkehrmöglichkeit unterwegs, weitgehend schattenlos!

Weil er der **Kammlinie** der Halbinsel folgt, wird der Höhenweg ›Kamelrückenweg‹ genannt. Waldbrände sind für die auf den ersten zwei Dritteln baumlose Landschaft verantwortlich. Doch der Blick über genau abgezirkelte Getreidefelder und kleine Olivenhaine auf die beiden Küsten der Halbinsel, die Badeorte und das azurblaue Meer ist immer wieder wunderbar.

Vom Kreisverkehr in **Agía Paraskeví** führt eine Straße 400 m weit zum Beginn des Feldwegs (Wegweiser Kassandrinó). Ihm folgt man 5,7 km bis zu einer Gabelung. Dort hält man sich links und lässt den Feuerturm rechts liegen. 2,5 km weiter passiert man ein einsames Haus mit schönem Garten, an der Gabelung danach hält man sich rechts. Nach 800 m folgt eine Gabelung mit Wegweiser. Geradeaus geht es nach Kassandrinó, rechts zum See von Mavrobára (s. S. 28). Nach weiteren 4,3 km hält man sich an einer T-Kreuzung rechts, 300 m weiter wieder rechts. Man passiert einen kleinen Fotovoltaik-Park.

An angeritzten Kiefern hängen Beutel, in denen Baumharz aufgefangen wird, das dem Retsína seine Würze gibt. Nach 2,7 km geht es links hinunter nach Móla Kalíva, geradeaus nach Kassandrinó. 300 m weiter folgt eine Gabelung mit Wegweiser, hier rechts abbiegen. An der Gabelung 600 m weiter hält man sich links, nach 800 m rechts. Eine letzte Gabelung folgt nach 200 m: Rechts kommt man nach **Kassandrinó.** Apropos Retsína: Die Tavernen im Ort bieten Gelegenheit, sich bei einem Glas zu erholen.

An der Kirche an der größeren Platía im alten Dorf, tgl. ab 8 Uhr, €€

Bewegen

Wellness für jeden

Alía Spa: Das Wellness-Zentrum im Hotel Alía Palace holt Urlaubsgäste, die nicht im Hotel wohnen, kostenlos von ihrer Bleibe ab.

Etwas oberhalb des alten Dorfes, dort ausgeschildert, T 23 74 06 11 66, www.alia-palace.com

Ausgehen

Ein Hauch von Exotik

Elephant Beach: Der In-Place auch noch am frühen Abend. Auf Exotik getrimmt mit Deko wie z. B. Kissen im Leopardenlook. Klagen gibt's manchmal übers unprofessionelle Personal, aber nie über Drinks, Wasserpfeife und Musik.

Östlich des Zentrums, auf Facebook

Infos

- **Linienbusverbindung:** Mit Thessaloníki und Kallithéa bis zu 20 x tgl., mit Palioúri 13 x tgl.

Palioúri Beach und der Südosten

F7

ΠΑΛΙΟΥΡΙ, Παλιούρι
Sonne, blaues Meer und ein Strand, wie man ihn sich vorstellt: Die schönste Strandsichel der ganzen Halbinsel wartet dort, wo sich die Kassándra-Rundstraße vom Toroneischen Golf abwendet. Der auch Chroússo Beach genannte Palioúri Beach ist eigentlich zu schön, um nur einen kurzen Badestopp einzulegen. Für ein paar ganz entspannte Tage kann man hier auch sehr individuell und kreativ wohnen. Vom Massentourismus ist man hier weit entfernt, von Menschenmassen allerdings nur außerhalb von Juli und August. Dann sind nämlich vor allem an Wochenenden viele Griechen hier; die kommen auch wegen der guten (und extrem teuren) Beachbars.

Jedem sein Plätzchen

Der helle, feinsandige **Palioúri Beach** ist weit über 1 km lang und zieht sich zwischen grünen Bäumen und blauem Meer am Ufer einer sanften Bucht entlang. Seine westliche Hälfte ist die lautere und vollere. Hier steht auch die kompakte Ruine eines schon 1961 vom Staat erbauten Xenia-Hotels, der ersten Urlauberunterkunft auf der Kassándra überhaupt. In ihrem Umfeld liegen Beachbars, Campingplatz, Großparkplatz und Wassersportstation. Im Südosten reicht der hier völlig unverbaute Strand bis zum Kap Chroússo mit einem kleinen Bootsanleger. Eine teure Beachbar bietet Strandmöbel, die Preise dafür sind nach der Nähe zum Meer und dem Liegekomfort gestaffelt. Bezahlt wird hier, wie bei allen Beachbars an diesem Strand, schon beim Zutritt zum Beach an einer vollcomputerisierten Kasse. Man findet aber auch noch unbewirtschaftete Strandflächen, wo man einfach sein Handtuch ausrollen kann.

Weiter geht's nicht

Die Strandsichel gehört zum 3 km von ihr entfernten Binnendorf **Palioúri,** das außer einem römischen Sarkophag vor dem Rathaus unterhalb der Kirche nichts Sehenswertes besitzt.

Neugierige können am Dorfanfang vor der *Kaoil*-Tankstelle an der Kassándra-Rundstraße dem Wegweiser mit der Aufschrift **Kánistro** nach links unten folgen. Die 8,5 km lange Fahrt ist landschaftlich reizvoll: Mal fährt man am Meer entlang, mal durch die Berge. Am Ende der Straße erwartet den Kundschafter nur eine recht neue Nikolaus-Kapelle mit Áthos-Blick. Aber wenn Sie schon einmal da sind, können Sie in der Kapelle Ihren Namen auf einen der Zettelchen mit der Aufschrift »Health« schreiben. Dann betet irgendwann ein Priester für Ihre Gesundheit …

Schlafen

Im Dorf Palioúri werden keine Zimmer angeboten, Richtung Strand stehen nur ein Hotel und einige wenige Apartmenthäuser.

Nahe am Traumstrand

Chrousso Village: Das Feriendorf mit schönem Garten liegt abseits allen großen Trubels, 400 m vom Strand. Zwei Pools, 159 Apartments und Studios mit Balkon (36–45 m^2).

An der Straße zum Kap Chroússo, T 23 74 09 21 80, www.chrousso.gr, all-inclusive, €€€

Anders als die anderen

Pórto Valítsa: s. Lieblingsort S. 38.

Essen

Besonders speisen

Thálassa Gevséon: Das Restaurant mit dem Namen ›Meer des Geschmacks‹ gilt als eines der unkonventionellsten und besten Nordgriechenlands. Zur Auswahl stehen ein täglich wechselndes Drei-Gänge-Menü (mittags günstiger als abends) und ein paar Tagesgerichte. Unbedingt vorher anrufen, nach der Speisekarte fragen und einen Tisch reservieren.

Im Pórto Valítsa, s. o., im Juli/Aug. tgl. mittags und abends, sonst nur Fr–So, €€€

Bewegen

Einfach mal abtauchen

Triton Scuba Club: Die Tauchschule wirbt damit, dass Ihr Tauchlehrer keine Probleme haben wird, Sie ins Wasser zu bekommen, nur wieder hinaus. Wenn Sie ausprobieren möchten, ob da etwas dran ist, gibt es auch eintägige Schnupperkurse.

Palioúri Beach, im Hotel Chrousso Village, T 23 74 09 20 88, mobil 69 44 77 75 75, www.tritonscuba.gr

Ausgehen

Beach Life

Cabana Beach Bar und Seazon Beach House: Die meines Wissens teuersten Beachbars Nordgriechenlands versuchen sich gegenseitig im Komfort ihrer Strandmöbel und in Bezug auf die Originalität ihrer verschiedenen Areas zu übertreffen. Hier kann man locker 100 Euro für ein Strandbett pro Tag loswerden. Die Cocktails kommen sehr bunt daher, sind aber nicht unbedingt erstklassig – und statt griechischer Kost gibt es auch japanische Snacks an den Bars. Ich gestehe: Ich war in keiner von beiden drin, habe mir die Dekadenz nur von außen angeschaut …

Am Strand beim ehemaligen Xénia-Hotel, Mitte Mai–Sept.

Infos

- **Linienbusverbindung:** Mit Thessaloníki via Kallithéa bis zu 13 x tgl.

Loutrá Agías Paraskevís

E7

ΛΟΥΤΡΑ ΑΓΙΑ ΠΑΡΑΣΚΕΥΙΣ, Λουτρά Αγία Παρασκευίς
Nach der Fahrt quer über die Halbinsel in schönster Hügellandschaft ist Wellness und Entspannung angesagt. Was bleibt, ist die Qual der Wahl: Relaxen beim Schwimmen hoch überm Meer im warmen Thermalwasser oder vielleicht doch erst mal eine Massage mit Oúzo? In einer kleinen Wallfahrtsstätte direkt am Thermäischen Golf folgt dann noch die Erkenntnis, warum es Griechenland so gut geht: Die Nation steht unter dem ganz besonderen Schutz der Gottesgebärerin, die weint, wenn das Land in Gefahr ist. In den langen Jahren der *krísis* im letzten Jahrzehnt blieben ihre Augen allerdings trocken …

Seitenwechsel

Hinter Palioúri steigt die Kassándra-Rundstraße weiter bergan. Von der Caféterrasse der gelungen in die grüne Landschaft eingepassten **Urbanisation Ef Zin** aus fällt der Blick noch einmal auf die Ostküste der Kassándra und hinüber zu Sithonía und dem Berg Áthos. Dann passiert die Straße das völlig verschlafene Binnendorf **Agía Paraskeví** (360 Einw.). Freitagvormittags findet auf der Dorfstraße meist ein winziger Wochenmarkt statt, ansonsten wirkt das Dorf tagsüber fast wie ausgestorben. Hier beginnt auch der **Kamelrückenweg** (s. S. 32), eine Spaßoption für Geländewagenfans und eine lohnende Strecke für Wanderer.

Ad fontes!

Griechenland zählt über 120 Heil- und Thermalquellen auf dem Festland und den Inseln. Von den Einheimischen der jeweiligen Region werden sie eifrig genutzt. Urig sind fast alle, für halbwegs gehobenen Kururlaub hergerichtet aber ist bestenfalls ein Dutzend davon. Die **Loutrá Agías Paraskevís** zählen dazu. Oberhalb des Küstenweilers **Ágios Nikólaos** wurde eines der modernsten Kurzentren Griechenlands geschaffen. Architektonisch gibt es sich sachlich-funktional, steht jedoch in exponierter Lage auf einem niedrigen Fels direkt über dem Meer. Vom Hallenbecken schwimmt oder watet man ins Außenbecken hinaus. Den Ausblick von der großen Außenterrasse kann man auch als badeunwilliger Gast von der Poolbar aus genießen. Nur 2 km nördlich von Ágios Nikólaos folgt an der Kassándra-Rundstraße das Wallfahrtsheiligtum Panagía Faneroméni (s. S. 37).

Schlafen

Moderne Alternative

Xénios Loutrá Village Beach: 25 moderne Zimmer in Strandnähe. Gut für alle, die das griechische Thermalbadeleben einmal ein oder zwei Tage lang ausprobieren wollen.

Ágios Nikólaos, an der Uferstraße, T 23 14 17 01 25, www.loutra-beach.gr, €

Unter griechischen Kurgästen

Aphrodite: Wäsche und Handtücher hängen auf allen 46 Balkonen. Zum Mittag- und Abendessen versammelt man sich pünktlich im Restaurant, das hier eher ein Speisesaal ist, und ins Kurzentrum schlappt man im Bademantel hinüber. Auch sonst lebt man hier wie in einem griechischen Dorf: Man redet viel miteinander und hält die Mittagsruhe strikt ein. Unter 60 Jahre ist kaum einer der Gäste. Wer hier übernachtet, wird Teil von etwas Althergebrachtem, das es sonst kaum noch irgendwo gibt. Mit Pool.

Loutrá Agías Paraskevís, gegenüber vom Kurzentrum, T 23 74 07 12 28, www.aphrodi ti-hotel.gr, €

TOUR
Doppelt, nein, dreifach hält besser

Auf Heilssuche an die Südküste der Kassándra fahren

Ob bloße Vorsorge oder schon nötig: Der Süden der Kassándra bietet sich für ein Experiment am eigenen Geist und Körper an. Hier erfährt man, was einem selbst am besten tut: in einem ganz stillen Dorf im Kafenío zu sitzen, in heilkräftigem Wasser zu baden oder in einer Kirche um ein Wunder zu bitten – oder alles in Folge.

Im menschenarmen Binnenweiler **Agía Paraskeví** ist man meist mit der Wirtin des einzigen Kafenío im Ort, Kyría Vaggelío, allein. So auch heute: An der blätterüberrankten Terrasse geht gefühlt nur jede halbe Stunde ein Dorfbewohner vorbei, ein Transporter, der über die gepflasterte Gasse rollt und neue Stühle feilbietet, ist das einzige Ereignis. Ich döse vor mich hin. So viel Ruhe löst unendliches Wohlbefinden aus. Kaum vorstellbar, dass der Defibrillator, der im Kafenío hängt – was in ganz Hellas einmalig sein dürfte – jemals benutzt werden muss. Bedienen kann die Wirtin ihn allerdings sowieso nicht.

Auf zu Teil zwei dieses Selbstexperiments: Von Agía Paraskeví fahre ich nur 4,5 km durch eine schon fast sinnlich wirkende grüne Hügellandschaft bis zu den **Loutrá Agías Paraskevís.** Das Kurmittelhaus auf einem Felsen hoch überm Meer ist eines der modernsten in Griechenland. Das schwefelhaltige Thermalwasser wird hier aus Quellen in kleinen Höhlen am Fuß der Küstenfelsen heraufgepumpt und ist im ineinander übergehenden Innen- und Außenbecken noch 35–36 Grad warm. Am Beckenrand entspanne ich mich auf einer großen Außenterrasse mit schönem Blick bis zum Pílion und denke darüber nach, ob ich mir noch eine Massage gönne: mit Honig, Olivenöl,

Infos

E7

Start: Agía Paraskeví

Ziel: Panagía Faneroméni, Kirche tagsüber geöffnet. Auf dem Kirchplatz ist das Rauchen unerwünscht, in der Kirche das Fotografieren.

Kurzentrum: s. S. 39

Aloe vera oder sogar Oúzo. Den Anisschnaps lieber im Glas als auf der Haut? Gibt's freilich auch an der Poolbar.

Ein andermal. Ich steige ins Auto und folge der Straße, die direkt am Meer entlangführt. Äußerst fotogen ruht da das kleine, weiße Kirchlein der **Panagía Faneroméni** auf einer gepflasterten Terrasse direkt am Wasser. Türrahmen und Glockenträger sind blau umrandet, die Pflanzgefäße vor der Westfassade blau bemalt. Die Landesfarben sind also präsent. Bäume spenden Schatten auf der mit Bänken bestückten Terrasse, an der in einem kleinen Häuschen auch die Küsterfamilie lebt. Sie speist oft mit Freunden im Freien, ihre Wäsche flattert zum Trocknen im Wind. Katzen schmiegen sich an meine Beine, machen die Griechenland-Idylle perfekt.

Hier erwartet mich eine völlig andere Art der Heilssuche: Die orthodoxen Pilger kommen nicht, um zu chillen. Ihr Ziel ist eine heute fast unkenntliche Marienikone, die vor unbekannter Zeit auf den Marmorsockel einer kleinen, antiken Statue gemalt worden ist. Die Vertiefungen, in denen die Füße der Statue standen, sind deutlich zu erkennen. Die Gläubigen interpretieren diese wie Fußabdrücke wirkenden Vertiefungen neu. Sie haben gläubig vernommen, dass einmal ein Türke in die Kirche kam. Er mochte nicht an die Heiligkeit der Ikone glauben und trat sie mit Füßen. Da geschah ein Wunder: Die Abdrücke seiner Füße verewigten sich im harten Marmor, als sei er weicher Lehm. Der Muslim ließ sich taufen.

Wunder hat die Ikone seitdem immer wieder vollbracht. Sie ist dabei nicht nur um die Erfüllung ihr individuell vorgetragener Wünsche bemüht, sondern kümmert sich auch um die Staatssicherheit. An der äußeren Westwand der Kirche künden Tafeln davon. Sie weint, wenn Griechenland trauert, weil dem Land Böses widerfährt.

Die Gewissheit, dass Maria sich schon an diesem Ort präsent gezeigt hat, hält die Besitzer der Nachbargrundstücke nicht davon ab, ihr auf die Pelle zu rücken: Gleich nebenan kann man in einer **Beachbar** ganz relaxt in sich hineinhorchen. Vielleicht zeigt der Selbstversuch ja schon Wirkung?

Kerzen in dem Kirchlein kann jeder entzünden, 1 € ist dafür ein angemessener Preis. Eine weitere Spende erübrigt sich dann.

Lieblingsort

Grenzüberschreitung erwünscht

»Es ist sicherlich ein gutes Rezept, für immer ein Kind zu bleiben … zwar mit einigen Fluchttendenzen, aber trotzdem mit Begeisterung für alltägliche Dinge, die wir leider alle für gegeben halten«, schreiben Mariánna und Sotíris Lagoudáki vom **Hotel Pórto Valítsa** auf ihrer Homepage. Die beiden brennen vor Leidenschaft für ihr Hotel und ihre Gäste. Von denen erwarten sie, dass sie während ihres Aufenthalts »ohne Regeln leben, noch nicht einmal nach ihren eigenen«. Loslassen und mit allen Sinnen genießen ist das Motto! Sie arrangieren Besuche bei Imkern, Köhlern, Olivenbauern und Harzsammlern und reiten gemeinsam mit ihren Gästen im eigenen Speedboat über die Wellen, hin zu entlegenen Stränden. Im Juli und August trifft man sich im privaten Freilufttheater mit einer griechischen Regisseurin zu Improvisation und Theaterspiel. In beiden Monaten sind Künstler zu Konzerten, Pantomimen und Kunstausstellungen eingeladen. Nach so viel Sinneserfahrung schmeckt auch die Ruhe auf dem weitläufigen Privatgelände oberhalb des winzigen Privatstrandes süß.

Pórto Valítsa (📍 F 7): Am Hotel Chrousso Village vorbei, dann kurz vor dem Strand letzte Straße rechts ab, ganzjährig geöffnet, T 23 74 09 20 07, http://portovalitsa.gr, alle acht Apartments haben mindestens 50 m², je nach Größe, Saison und Auslastung **€–€€€**

Essen

Panorama und Eleganz

Akrítas Ef Zin: Zu einer schönen Eigentumswohnanlage gehörendes Café und Restaurant mit Blick hinunter auf Pefkochóri und über das Meer bis zur Sithonía und weiter zum Berg Áthos. Im Restaurant sind die Tische fein eingedeckt, Küche und Weinkarte sind international.

An der Kassándra-Rundstraße zwischen Palioúri und Agía Paraskeví, T 69 76 77 05 00, tgl. ab 12 Uhr, €€

Schlicht und einfach

I Kyrá Vangélio On Grill: Sehr einfache Grilltaverne mit äußerst freundlicher älterer Wirtin, die Mittagspause macht, wann immer sie müde wird. Fast immer gibt es die *marídes* genannten kleinen, in der Pfanne gebratenen Fische.

Agia Paraskeví, im Dorfzentrum an der Dorfstraße links, tgl. ab 6 Uhr, €

Im Grünen

Víla Stása: Taverne mit sechs kleinen Terrassen unter Pinien und schönem Blick auf bizarr geformte Felsen im Wasser.

Links der Straße vom Kurzentrum zum Ort, tgl. ab 12 Uhr, €€€ (Minimum-Verzehr 20 €)

Bewegen

Für alle Sinne

Kurzentrum: Ganzjährig Mo–Fr 11–19, Sa/So 10–19 Uhr, T 23 74 07 13 58, www.halkidikispa.com, Thermalschwimmbecken 8 €, mit Hamam oder Sauna 10 €, Anwendungen 80 €/50 Min.

Infos

- **Linienbusverbindung:** Mindestens 3 x tgl. mit Néa Skióni, Foúrka, Kassandrinó, Kalándra, Kallithéa, Néa Potídea und Thessaloníki.

Thermäische Küste

C–E6–8

Wer für die Kassándra-Rundfahrt nur einen Tag eingeplant hat, kann jetzt von der Panagía Faneroméni bis Kallithéa oder Áfitos durchfahren. Must-Stopps liegen nicht mehr am Wegesrand. Die Straße ist gut ausgebaut, die Landschaft rauscht vorbei, Sie kommen schnell voran.

En passant

Wochenend- und Ferienhäuser prägen das Antlitz des erst in den 1930er-Jahren gegründeten **Néa Skióni** und des noch jüngeren **Móla Kalíva.** Hinter Móla Kalíva zeugen nahe dem Hotel Mende dem Laien nichtssagende Mauerreste unter Wellblechdächern von der antiken Siedlung **Mende.** Hunger? Wer gern Fisch isst, kann etwas später einen Abstecher nach **Possídi** unternehmen. Die dortige Fischtaverne To Stéki tou Vassilá ist für mich die beste der ganzen Kassándra.

Eine Ampel an der Kassándra-Rundstraße markiert die Kreuzung, an der es links in die Küstensiedlung **Paralía Fourkás** und rechts ins Binnendorf **Foúrka** (S. 40) abgeht. Weiter geradeaus führt die Straße zur Ferienhaus- und Apartmentsiedlung **Síviri.** Dort finden in jedem Hochsommer im 700 m außerhalb gelegenen, modernen Freilichttheater die bedeutendsten Kulturfestspiele der Chalkidikí statt.

Für Hobby-Archäologen

Immer am Strand entlang kann man von Síviri aus die gut 3 km zum **Kipsá Beach** wandern. Für Fußfaule führt eine Straße von Kassandría aus dorthin.

Direkt hinter dem Kipsá Beach liegen neben dem Hotel Simántro Beach die in den 1970er-Jahren begonnenen und noch einmal kurz wieder aufgenommenen Ausgrabungen einer antiken Stadt aus dem 5. Jh. v. Chr., die noch nicht einmal eingezäunt sind. Sie haben bislang in etwa die Größe eines Fußballfeldes, sind zurzeit aber arg von Wildgrün zugewachsen und für Laien unergiebig.

Drei Binnendörfer

In Síviri wendet sich die Kassándra-Rundstraße wieder der Küste des Toroneischen Golfs zu und streift dabei **Kassandría** (2300 Einw.), den größten Ort der ganzen Halbinsel. Nur hier wird Schülern der Halbinsel eine gymnasiale Oberstufe geboten; dienstags findet der einzige große Wochenmarkt der Kassándra statt. Dann wird die Hauptgasse auf 500 m Länge von Ständen aller Art gesäumt. An anderen Tagen wirkt der Ort ruhig und beschaulich; sehenswert ist bestenfalls die Bischofskirche im historischen Dorfzentrum, in deren Westportal ein frühchristlicher Türsturz mit reichem Reliefschmuck integriert ist.

Um nach Kassandría zu gelangen, kann man schon vor Síviri an der Ampelkreuzung rechts ins Binnendorf Foúrka abbiegen. **Foúrka** (500 Einw.) liegt am rechten Ufer eines steinigen, im Sommer ausgetrockneten Flussbetts. Nur wenige Schritte von der weithin sichtbaren Dorfkirche »der drei Kirchenväter«, Tríon Ierárchon, entfernt steht die kleine **Kirche Agía Paraskeví** aus dem 19. Jh. Zwischen den Ikonen der hl. Paraskeví, Schutzheilige aller Augenkranken, und des Propheten Elias ziert die Ikonostase eine interessante Darstellung des hl. Georg. Hinter dem Heiligen sitzt auf seinem Pferd ein kleiner Junge mit einer Teekanne und einer Trinkschale in der Hand. Diese in Griechenland weit verbreitete Variante des Georgsbildes bezieht sich auf eine nette Legende: Auf Wunsch der Mutter befreite der Heilige den Knaben aus den Händen von Piraten, denen er als Mundschenk zu dienen hatte. Weitaus älter als diese Ikonen sind die verblichenen Wandmalereien in der **Friedhofskapelle** auf der anderen Seite des Trockenbachs. Sie stammen aus dem 16. Jh. (der Zugang erfolgt über die Straße, die an der Taverne Sergianí von der Dorfstraße abzweigt).

Einen Blick wert ist in Foúrka eine moderne, fast nur auf der Chalkidikí anzutreffende Kuriosität. Während in anderen kleinen griechischen Dörfern der Briefträger die Post fürs Dorf einfach in einem Kaffeehaus deponiert, hat hier jede Familie ihr eigenes Postfach. Die große Wand mit **195 gelben Schließfächern** steht vor dem Gemeindeamt an der Dorfstraße.

Hinter Foúrka teilt sich bald die kleine Straße. Links geht es nach Kassandría, rechts führt der Weg durch das Trockenbachtal an vielen Walnussbäumen entlang in den kleinen Weiler **Kassandrinó,** der ohne Blickkontakt zum Meer und darum einst für Piraten nicht sichtbar zwischen grünen Hügeln eingebettet ist. Eine Reihe alter Natursteinhäuser lässt ihn recht urig wirken, die Tavernen hier sind ein beliebtes Ausflugsziel der Griechen.

Schlafen

Toller Garten, ruhige Lage

Méndi: Erstklassiges Hotel mit 172 Zimmern, weitläufigem Garten mit alten Olivenbäumen und Palmen zum Meer hin, Pool, Tennisplätzen und Wassersportzentrum; sehr ruhig und landschaftlich außerordentlich schön gelegen.

Zwischen Móla Kalíva und Possídi abseits der Kassándra-Rundstraße, T 23 74 04 13 23, www.mendi-hotel.gr, €€, auch pauschal buchbar

Heute Abend mal selbst den Grill anschmeißen? Fangfrischen Schwertfisch mit Olivenöl einstreichen und mit Salz und Pfeffer würzen. Kräuter und Gemüse dazu machen's perfekt.

Schön einsam

Possídi Holidays: Sehr ruhig gelegene Anlage mit zweigeschossigem Hauptbau und locker im Pinienwald verstreuten Nebengebäuden, insgesamt gibt es 130 Zimmer. Zwei Tennisplätze mit Flutlicht, Sauna, Whirlpool, Massagen, Pool und Wassersportzentrum.

Possídi-Aigiopelagítiko, landseitig an der Uferstraße Richtung Síviri, T 23 74 04 21 03, www.possidi-holidays.gr, €€, auch pauschal buchbar

Essen

Das Meer macht die Musik

To Stéki tou Vassilá: Die leichte Brandung ist hier die einzige Musik. Von der Terrasse der gepflegten kleinen Fischtaverne blickt man übers weite Blau bis hin zur Pílion-Halbinsel. Zeit seines Lebens war Seniorchef Vassíli Fischer, sein Sohn Jánnis hat zum Fischen nur noch im Winter Zeit. Die *almirá* genannten, in Salz und Öl eingelegten kleinen Fische munden hervorragend zum Tresterschnaps *tsípouro*; der hier gegrillt servierte Fisch ist garantiert immer frisch und stammt aus dem offenen Meer. Miesmuscheln liegen portionsweise abgepackt im Kühlschrank, an den Beuteln ist das Erntedatum notiert.

Possídi, am südlichen Ende der Uferstraße direkt am Meer, tgl. ab 10 Uhr, €€–€€€

Bewegen

Lust auf Wandern?

Rundwanderung ab Possídi: Zwei Stunden fast ganz ohne Steigungen und Gefälle ist man auf dem Rundwanderweg

Die Grenze zum Meer verschwimmt im Infinity-Pool des luxuriösen Sáni Resort. Die Abenddämmerung wird hier oft zum unwirklichen, traumhaften, atemberaubenden Erlebnis.

D3 unterwegs, der immer an der Küste des Thermäischen Golfs entlang durch den Pinienwald führt.

Feiern

Judas wird verbrannt

Ostern: Nach der Ostermesse in Kassandrinó. Nachdem Christi Auferstehung um Mitternacht verkündet wurde, muss Judas nun symbolisch sterben. Neben der Kirche haben Jugendliche am Samstag einen Holzhaufen aufgeschichtet und darüber eine lebensgroße Puppe, den Judas, an einem Galgen aufgehängt. Die wird jetzt entzündet.

Sommersonnenwende

Johannisfeuer: Am Abend des 23. Juni in Kassandrinó. An mehreren Stellen im Ort werden Holzfeuer entzündet. Ganz Mutige versuchen, durch die lodernden Flammen zu springen, ohne sich zu verletzen. Dabei wird kräftig gefeiert.

Darf's ein bisschen Kultur sein?

Kassándra-Festival in Síviri: Mitte Juli–Mitte Aug. Im Mittelpunkt des 1993 gegründeten Festivals stehen Theater und griechische Musik. Aufführungen antiker und zeitgenössischer Dramen, eventuell ein Musical und Livekonzerte landesweit bekannter Interpreten finden an etwa 12 Abenden jeweils um 21.30

Uhr statt. Die Tickets kosten 15–20 €. Es gibt sie an der Abendkasse und im Vorverkauf. Festival Kassándras, Síviri, www.kassandrafestival.gr. Vorverkauf im Mini-Markt Ioánnis in Sivíri, am Kiosk auf der Platía von Paralía Foúrkas und in der Buchhandlung Scrabble in Kassándria.

Infos

- **Linienbusverbindung:** Mit Kassandría und den Orten am Thermäischen Golf bis zu 19 x tgl.

Sáni Resort D6

Oft zerstören touristische Großprojekte bis dahin nahezu unberührte Naturlandschaften. Das Sáni Resort zählt sicherlich auch dazu. Andererseits gab es auch den Anstoß zur infrastrukturellen Erschließung der Chalkidikí, katapultierte die bis dahin weltvergessene Kassándra ins 20. Jh. und ist auch heute noch mit rund 1000 Arbeitsplätzen der wichtigste Arbeitgeber der gesamten Halbinsel.

Eine andere Welt

Mit dem Hafen, der zur heutigen Luxus-Marina wurde, begann 1962 die Geschichte des Resorts. Wo heute schicke Segel- und Motoryachten von Sportlichkeit und Wohlstand ihrer Besitzer zeugen, landeten ab 1962 Frachter fast alles an, was zum Bau benötigt wurde. Die Brücke über den Kanal bei Néa Potídea wurde erst 1970 fertiggestellt, bis dahin war also der Seeweg die Hauptverbindung für fast alle Transporte aus der Außenwelt. Private griechische Investoren hatten das rund 4 Mio. m² große Sumpf- und Strandgelände gekauft, um darauf ihre Vision einer modernen Freizeitsiedlung zu verwirklichen. Es gab viel zu tun: Trinkwasserbrunnen mussten gebohrt und die Sümpfe trockengelegt sowie Straßen gebaut werden.

Dann entstand zwischen 1965 und 1969 der Sáni Beach Club mit 215 Bungalows. Zehn Jahre später war das Sáni Beach Hotel mit 489 Zimmern fertiggestellt. Schließlich kamen der Campingplatz, die Sáni Villas, das Porto Sáni mit seiner großen Marina und das Boutique-Hotel Astérias hinzu. Jüngstes Produkt ist das 2017 eröffnete Sáni Dunes für Paare und Familien mit Kindern über 12 Jahre.

Wer als Ausflügler nach Sáni kommt, stellt sein Fahrzeug am besten auf dem Parkplatz vor dem Zufahrtstor zum Sáni Beach Hotel ab. Von dort aus kann man zu Fuß zur Marina und zum Wehrturm Pírgos von Stavronikíta gehen. Wer Lust hat, wandert danach dann entweder noch am Strand entlang zu den Ausgrabungen einer römischen Villa (hin und zurück ca. 2 Stunden) oder fährt mit seinem Fahrzeug auf einem Feldweg im Hinterland des Strandes dorthin.

Pírgos von Stavronikíta D6

Der noch 8 m hoch erhaltene Wehrturm auf einem Hügel nahe dem Meer diente der sicheren Zwischenlagerung von Ernteerträgen sowie als Zufluchtsort bei Piratenüberfällen. Er erinnert an den Wehrturm von Néa Fókea am Beginn der Kassándra-Rundfahrt, stammt aus dem 14./15. Jh. und gehörte noch bis 1962 dem Kloster Stavronikíta an der Ostküste der Áthos-Halbinsel, auf dessen ausgedehnten Ländereien er einst stand.

Auf dem Hotelgelände, frei zugänglich

Römische Villa D6

Im Altertum lag an der Stelle des heutigen Resorts wahrscheinlich die Stadt Sane. Von den Hoteleignern privat finanzierte Ausgrabungen Ende der 1990er-Jahre haben bisher vor allem 18 Familiengräber, eine Reihe von einfachen Kindergräbern sowie eine Art Gutsgebäude aus römischer Zeit ans Licht gebracht. Die Familiengräber sind aus Steinen älterer Bauten konstruiert und bargen Ringe und Ohrringe aus Kupfer und Silber, farbige Glasperlen, Öllampen und auch ein paar Münzen. Den Gutshof, dessen Mauern zum Teil noch stehen, muss man sich zweigeschossig und mit einem Innenhof vorstellen. In der Mitte des 3. Jh. brannte er nieder, die Funde deuten daraufhin, dass die Gebäude aber unmittelbar danach wieder neu aufgebaut worden sind.

3 km nördl. des Resorts fast direkt am Strand, löchrig eingezäunt. Mit dem Fahrzeug hält man sich dort, wo die Zufahrtsstraße von der Ostküste auf die Uferstraße trifft, rechts, fährt am Sáni Village vorbei und biegt dahinter rechts auf einen Feldweg ab. Nach 1 km an einer Weggabelung rechts und dem Seeufer folgen. Nach weiteren 800 m an Schafspferchen links vorbei. Nach nochmals 300 m links, über ein betoniertes Kanalbett und durch ein Waldgebiet in Strandnähe bis ans Ende des Feldwegs.

Schlafen, Essen

Über die verschiedenen Unterkunftsmöglichkeiten und die achtzehn Restaurants im Resort informiert die Website des Sáni Resort ausführlich: www.sani-resort.com.

Einkaufen

In der Shopping Arcade der Marina haben sich mehrere Edel-Boutiquen niedergelassen, darunter auch einige für exklusive Bademode. Mehr Infos auf www.sani-resort.com

Bewegen

Zum Fußevertreten

Rundwanderungen: Vom Hotel aus sind zwei Rundwanderwege durch weitgehend flaches Gebiet gut markiert: D1 durchs Vogelschutzgebiet (8,1 km), D2 zum Campingplatz Sáni (10,8 km).

Feiern

- **Sáni Festival:** Anfang Juli–Mitte Aug. An sieben Abenden ab 21.30 Uhr Konzerte verschiedener Musikrichtungen, immer dabei sind Jazz, World Music und Klassik. Vorverkauf: www.sani-resort.com, ab 14 Tage vor dem Termin, Tickets (20–30 €) auch im Resort und an der Abendkasse (s. S. 35).
- **Sáni Gourmetfestival:** Im Mai. Alljährlich im Frühling kochen in den vier Top-Restaurants des Sáni Beach Holiday Resort griechische und internationale Spitzenköche sowie ›aufsteigende Sterne‹ fünf Tage lang für Gourmets. Damit hat sich Griechenland auch unter Feinschmeckern einen Namen gemacht. Verwendet werden fast ausschließlich Produkte aus einem Umkreis von etwa 150 km. Die Gerichte sind vielfach von traditionellen Rezepten aller Landesteile inspiriert. Mehr: www.sanigourmet.gr

Infos

- **Linienbusverbindung:** Keine Verbindung zum Sáni Resort. Ab Néa Potídea oder Néa Fókea muss man ein Taxi nehmen. Wer mindestens 5 Nächte direkt im Sáni Resort bucht, erhält einen kostenlosen Taxitransfer vom und zum Flughafen.

Zugabe Swingin' Kassándra

Im Sinnesrausch: das Sáni Festival

Wie auf dem Vordeck eines Schiffs sitzen die Besucher des Sáni Festivals auf einem grünen Kap, an drei Seiten umgeben vom Meer. Vor dem historischen Wehrturm eines Áthos-Klosters, der – um im Bild zu bleiben – die Schiffsbrücke ersetzt, erklingt Musik vom Feinsten: Jazz, Klassik, World Music. Bizarre Scheinwerferfarben, Sterne und Mond hüllen den ganzen Event in ein unwirklich anmutendes Licht. Ein warmer Lufthauch lässt die brütende Tageshitze vergessen. Dafür wird der Abend für immer unvergesslich sein (s. S. 44). ■

Sithonía und Áthos

Unterschiedliche Welten — Die Mönchsrepublik Áthos ist ein Refugium keuscher, frommer Männer, auf der Sithonía dagegen sorgen die knisternde Stimmung in hippen Beachbars und einsame Strände eher für Nachwuchs.

Seite 62

Die Tavernen in Néos Marmarás

In den Fischtavernen von Néos Marmarás ist man dem Meer näher als fast überall sonst in Griechenland, denn Tische und Stühle stehen am Strand oder gar auf einer hölzernen Terrasse über der Brandung.

Seite 66

Parthenónas ✪

Das einzige Bergdorf der Sithonía hat sich fein herausgeputzt. In seinen beiden exzellenten Tavernen kommt auch sehr Originelles, wie z. B. Joghurt mit Maulbeersauce, auf den Tisch, was nicht zuletzt Wanderer freut.

Schön mit Kindern: Schildkröten füttern in Toróni

Eintauchen

Seite 76

Sárti

Alte Häuser, umrankt von Hibiskus und Bougainvilleen, und ein kilometerlanger Sandstrand, an dem man badet. Den über 2000 m hohen Berg Áthos hat man dabei stets vor Augen.

Seite 80

Vourvouroú

An diesen stillen Wassern werden Motorboote an Freizeitkapitäne vermietet. Die stechen hier ohne Bootsführerschein in See, zu unbewohnten Inselchen und Stränden an blauen Lagunen. Wahlweise fährt man bei einer geführten Kajak-Tour dem Sonnenuntergang entgegen.

Seite 82

Áthos-Kreuzfahrten ✪

Die Mönchsrepublik im Schnelldurchgang bieten Kurz-Kreuzfahrten, die von Ouranoúpoli aus starten. Eine andächtige Pilgerreise ist das nicht, aber die preisgünstigste Chance, die Klöster zumindest einmal aus der Entfernung zu sehen.

Seite 87

Develíki

Die kleine Streusiedlung liegt abseits aller Hauptstraßen vergessen am Strand. Weltabgeschiedener und griechisch-uriger als hier kann man keine Urlaubstage verbringen. Alles wirkt wie eine bunte, liebevoll improvisierte Mischung aus Campingplatz ohne Zelte, Galerie der Volkskunst, Hippie-Idylle. Nichts ist perfekt, alles unglaublich relaxt: Erst anschauen, dann buchen.

Seite 88

Werften bei Ierissós und Róda

Die Abwrackprämien der EU haben den Bestand an traditionellen Booten und Bootswerften überall in Griechenland stark gelichtet. Zwei kleine Werften bauen weiter Kaikis direkt am Strand – Zuschauen macht Spaß.

»In Riten fühlt die Seele sich wohl. Da sind ihre festen Gehäuse.« (Erhart Kästner: Stundentrommel vom heiligen Berg Athos)

Der wilde Finger der Chalkidikí

W

Wenige, aber schöne Dörfer. Viel Wald, schroffe Steilküsten. Lange Strände tief unterhalb der Hauptstraßen, die meisten völlig unverbaut. Nur ein Hotelklotz weit und breit, dafür viele kleine Hotels und Pensionen jeder Kategorie und jede Menge Campingplätze. Amphibische Urlaubstage auf Kajaks und Motorbooten für jedermann – und eine Natur, die den Namen noch verdient. Wer davon träumt, trifft mit der Sithonía die richtige Wahl. Der Tourismus prägt zwar auch hier im Hochsommer die Orte, aber in gemäßigter Form.

In den tieferen Regionen schillern die silbergrauen Blätter der Olivenbäume im Sonnenlicht und Weinstöcke ziehen sich über die sanften Hügel. Die bunten Bienenstöcke der Wanderimker setzen Farbtupfer. Große Schafs- und vor allem Ziegenherden weiden auf den höheren Hanglagen des bis zu 808 m hohen, oft schwer zugänglichen Inselrückgrats. Hier sagen sich Schakal und Dachs gute Nacht und auch anderes Wild findet noch einen Lebensraum. Zu Gesicht bekommt man die Wildtiere jedoch kaum. Ganz anders der über 2000 m hoch aus dem Meer aufsteigende Berg Áthos, der an der Ostküste der Sithonía immer präsent ist. Je nach Licht und Wolken bildet er dort für alle Strände eine fast unwirklich erscheinende Kulisse.

Eine Besonderheit der Sithonía sind ihre vielen, teilweise schon seit zehn Jahren etablierten Beachbars, die zwischen Juni und September viel junges, schickes Szenepublikum anlocken. Mit origineller Möblierung und Dekoration versuchen sie sich gegenseitig zu übertreffen. Dank ihrer oft völlig einsamen Lage stört es keine Nachbarn, wie laut und lange hier die Musik spielt. Das kommt beim Stammpublikum gut an, das unter dem Sternenhimmel feiert und in heißen Nächten kaum nach Hause fährt, bevor die aufgehende Sonne den Himmel färbt.

O

ORIENTIERUNG

Infos: www.sithoniagreece.com
Verkehr: 100 km und die Sithonía ist umrundet, Abstecher von der Hauptstraße exklusive. Nikíti, Néos Marmarás und Sárti sind die Urlaubszentren an den Küsten und richtige kleine Städtchen zugleich. Vourvouroú, Toróni, Kalamítsi und Eliá wirken hingegen außerhalb der Saison wie ausgestorben. Mit dem Linienbus kann man die Sithonía nicht umrunden.

Metamórfossi E5

ΜΕΤΑΜΟΡΦΩΣΣΗ, Μεταμόρφωσση
Eingefasst von kleinen Wäldchen liegt das erst 1923 gegründete Dorf (700 Einw.) an einer ganz niedrigen Steilküste, die ein wenig an die Ostsee erinnert. Der Hochuferpark ist zwar winzig, aber schön. All das verleiht dem Örtchen einen besonderen Reiz. Die meisten Hotels der Pauschalurlauber liegen am Strand nordwestlich des Ortes, sodass im Dorf selbst alles seinen beschaulichen Gang gehen kann. Metamórfossi trägt den Namen des biblischen Ereignisses, dem auch das Gotteshaus geweiht ist: der »Verklärung Christi«. Jesus erschien seinen Jüngern auf dem Berg Tabor zu Beginn der Passionsgeschichte zum ersten Mal in göttlichem Licht. Fortan konnte er Wunder wirken. Der Ort lohnt für Rundreisende nur eine kurze Kaffeepause im Park oder einen Tavernenbesuch gleich gegenüber. Interessanter sind zwei Klöster in der Nähe.

Starke Gemeinschaft

Mit über 100 Schwestern ist das **Kloster Moní Evangelismoú** einer der größten Nonnenkonvente Griechenlands. Ein schlagender Beweis dafür, dass ein Leben hinter Klostermauern vielen orthodoxen Frauen noch immer attraktiv erscheint! Es wirkt von außen wie eine kleine, von hohen Mauern umgebene Stadt. Ziegeldächer, Natursteinfassaden und dezenter Verputz passen es harmonisch in die grüne, sanft hügelige Umgebung ein. Alles hier ist neu, erst nach 1974 entstanden. Besucher dürfen nur einen Teilbereich betreten, der Wohnbereich der Nonnen ist für Nicht-Orthodoxe tabu.

Die Sithonía-Halbinsel ist eine gute Wahl für Strandsammler. Wie wär's z. B. mit dem Karidi Beach? Mit glasklarem Wasser und strahlend weißen Felsen wird die Natur zum Spielplatz.

Sieht urig und idyllisch aus, doch die Olivenernte im Herbst und Winter ist vor allem eins: harte Knochenarbeit. Um einen Baum abzuernten, brauchen zwei Leute etwa eine Stunde.

Evangelismoú wurde an der Stelle eines mittelalterlichen Vorgängerbaus, der 1821 weitgehend zerstört worden war, neu gegründet. 1923 bot die wieder notdürftig hergerichtete Klosterruine Tausenden griechischen Flüchtlingen aus Kappadokien Unterschlupf. 1930 wurden die Ländereien bis auf ein paar Hektar enteignet, um sie unter den Flüchtlingen zu verteilen, die im neuen Dorf Vatopédi in der Nähe des Klosters angesiedelt wurden. Die letzten Mönche verließen die Gegend, die Bauten verfielen.

Nonnen von den Meteóra-Klöstern gelang schließlich im Jahr 1974 der Neuanfang. Das Áthos-Kloster Vetopédi, dem es wie früher auch jetzt wieder untersteht, half tatkräftig mit, viele Spenden kamen von den Nachfahren der ehemaligen Flüchtlinge.

Die Schwestern schufen binnen Kurzem eine wohlhabende Klostergemeinschaft. In den Werkstätten malen sie Ikonen, fügen Mosaike zusammen, sticken und weben, bemalen Vasen oder schnitzen Kirchengestühl und Ikonostasen. Sie kultivieren das Land mit neuen Olivenhainen, arbeiten in Arztpraxen oder leisten soziale Dienste.

Ein im Stil alter Maultierpfade gepflasterter Weg führt am Haus der Pförtnerin vorbei auf den ersten, weiten Innenhof. Priester, Mönche und Nonnen stehen in kleinen Gruppen mit einheimischen Pilgern, Verwandten und Freunden herum, Kinder spielen – von Hektik fehlt jede Spur. Fremde nehmen an Tischen Platz, an denen sie von einer Nonne mit einem Glas Wasser, der typischen Süßspeise *loukoúmi* und einem griechischen Kaffee nach Wahl bewirtet werden.

Orthodoxe Pilger haben die Möglichkeit, hier in einem Gästehaus zu nächtigen, jeder Besucher kann im modern gestalteten Verkaufsraum verschiedene Klosterprodukte kaufen: Ikonen und Holzschnitzereien, Marmelade, Honig und manches mehr aus ökologischem Anbau.

5,7 km nordwestl. von Metamórfossi zwischen Vatopédi und Ormília, an der Nationalstraße ausgeschildert, April–Sept. Di, Do, Sa 10–16, So 10–19, Okt.–März Di, Do, Sa 10–14, So 10–16 Uhr. Keine Handys, keine Kameras, keine ärmellosen Tops, kein Zutritt für Frauen in Hosen und Männer in Shorts

Gottgeweihtes Leben

Sehr viel kleiner und beschaulicher ist das **Kloster Moní Ioánnou Prodrómou.** Wie im großen Kloster Evangelismoú arbeiten und beten auch in diesem Konvent überwiegend jüngere Nonnen, die sich vor allem mit dem Olivenanbau beschäftigen. Die Gebäude sind modern, die meist freundlichen Nonnen bitten den Besucher, wenn sie Zeit haben, zum Kaffee auf die Gästeterrasse hinaus, unter deren Dach zahlreiche Schwalben Nester gebaut haben.

Die Klosterkirche ist in den 1990er-Jahren im traditionellen Stil neu ausgemalt worden. Aus der Kuppel der Klosterkirche blickt Christus als Pantokrator (Allesbeherrscher) auf Besucher herab. In den vier Zwickeln sind die Evangelisten zu sehen, wie sie den Menschen Gottes Wort vermitteln. Die Geburt Jesu und der Kindesmord von Bethlehem sind in der Apsis des rechten Seitenschiffs dargestellt. Die mittlere Apsis nehmen Christi Himmelfahrt und das Pfingstwunder ein, die Decke des rechten Querschiffs Jesu Verklärung, mit der die Erzählung der Passionsgeschichte stets beginnt. An der Ostwand des Narthex mahnt wie üblich das Jüngste Gericht Betrachter zu einem gottgefälligen Leben. Über dem östlichen Fenster an der Südwand im Narthex sind die jüngsten Heiligen der orthodoxen Kirche präsent, die inzwischen zumindest als Ikone in jedem griechischen Gotteshaus anwesend sind (s. S. 274).

An der Kreuzung, an der man von der Nationalstraße rechts in den Ort Metamórfossi abbiegt, zeigt nach links ein Wegweiser zum Weiler Metagísti im Binnenland. Auf Griechisch wird außerdem auf das Nonnenkloster hingewiesen, das von der Nationalstraße 2,2 km entfernt ist. Mo, Di, Do, Sa 4–12 und 15–20, So 4–8 und 15–20 Uhr

Schlafen

Ganz schön sportlich

Blue Dolphin-Sargáni: Das architektonisch ansprechende Hotel mit 183 Zimmern in mehreren zweigeschossigen Gebäuden ist gut in die Landschaft in unmittelbarer Strandnähe eingefügt. Für ein paar Badetage während einer längeren Rundreise ist es bestens geeignet. Im Pool und auf dem Tennisplatz, im Tauch- und Wassersportzentrum sowie in der Bogenschieß- und Minigolfanlage kann sich die ganze Familie nach Herzenslust austoben. Es gibt auch einen Spa-Bereich und Zimmer mit eigenem Pool.

1,5 km nordwestl. des Zentrums, T 23 75 06 13 34, www.bluedolphinhotel.eu, €€–€€€, auch pauschal zu buchen

Essen

Gastarbeiter vom Olymp

Vasílis: Die kleine Taverne ist wieder einmal ein Beispiel dafür, dass es Griechen nicht stört, beim Essen direkt an der Straße und vor parkenden Autos zu sitzen. Was zählt, sind Qualität und ein guter Preis. Beides bietet die Taverne, deren Inhaber in einem kleinen Dorf am Olymp zu Hause sind, in dem sie auch ihre Winter verbringen. Von dort bringt Vasílis den Tresterschnaps *tsípouro* mit, den er und sein Sohn Chrístos nach einem typisch griechischen Essen gern den Gästen kredenzen. *Jammás!*

An der Platía direkt gegenüber vom kleinen Stadtpark, tgl. ab 9 Uhr, €

Nikíti

F5

NIKHTH, Νικήτη
Seit der Verwaltungsreform 2011 ist Nikíti der Verwaltungsort für den ganzen Dímos Sithonía. Die Einheimischen freut's, denn erfahrungsgemäß kümmern sich Bürgermeister vor allem um ihren eigenen Heimatort und um den Ort, in dem das Rathaus steht, und weniger um Gemeinden, zu denen sie keine persönliche Beziehung haben. Außerdem schuf die Verlagerung des Verwaltungssitzes von Néos Marmarás hierher auch ein paar zusätzliche Arbeitsplätze.

Hier wirft man gerne den Anker

Das nach seinem Schutzheiligen auch »Nikítas« genannte Dorf wird durch die Nationalstraße deutlich zweigeteilt. Zum Meer hin breitet sich die ehemalige Flüchtlingsneugründung aus, in der auch die meisten kleinen Hotels stehen. Vorsicht auf den Straßen dort: Jeder Kanaldeckel ist eine Reifenfalle! Ein schmaler Strand säumt das Ufer, eine moderne Marina bietet Fischer- und Ausflugsbooten und vor allem Yachten einen sicheren Liegeplatz. Hotelklötze fehlen, man wohnt in kleinen Häusern und gut in die Umgebung eingepassten Anlagen im weiteren Umkreis des Ortes.

Zur bettheißen Hure

Landseitig erstreckt sich von der Nationalstraße aus das für Rundreisende sehr viel besuchenswertere **historische Dorf** mit mehreren Dutzend Häusern aus dem 19. Jh. Viele von ihnen wurden von ausländischen Neubürgern – überwiegend Deutsche und Österreicher – restauriert. Besonders auffällig sind die vielen ganz unterschiedlichen Schornsteine der Häuser. Der Weg durchs historische Dorf beginnt direkt an der großen Ampelkreuzung und endet am Dorffriedhof. Man kann die ca. 1,6 km dorthin fahren, geht aber besser zu Fuß. So kann man einen Blick in die kleinen Cafés und Bars am Wegesrand werfen und auch einmal an den vielen Blumen schnuppern, die die Straße säumen.

Am oberen Dorfrand liegt dann der **Dorffriedhof** mit der Dorfkirche von 1867 und einer **Kapelle aus dem 16. Jh.** gleich daneben. An deren Außenwand haben sich einige Wandmalereien aus dem 16. Jh. gerade noch erkennbar erhalten. Eine zeigt eine in der Orthodoxie weit verbreitete Darstellungsform der heiligen Dreifaltigkeit: Abraham und seine Frau Sarah bewirten drei Engel, die auf Gottvater, Gottsohn und Heiligen Geist als himmlische Trinität hinweisen. Eine zweite Malerei zeigt die hagere Gestalt der hl. Maria von Ägypten und den hl. Zósimas. Maria war eine ägyptische Prostituierte, die gern auf Reisen war. Sie verband das Angenehme mit dem Nützlichen und ›jobbte‹ auf einem Pilgerschiff, das ins Heilige Land fuhr. Als sie in Jerusalem neugierig die Grabeskirche Christi betreten wollte, wurde sie daran immer wieder wie von unsichtbarer Hand gehindert. Daraufhin erkannte sie ihre Sündhaftigkeit und verbrachte den Rest ihres Lebens als Einsiedlerin in der Wüste. Kurz vor ihrem Tod reichte ihr ein anderer Eremit, eben der hl. Zósimas, die Kommunion, sodass sie in Frieden sterben konnte.

In der alten Schule direkt unterhalb der Kirche lernt man heute im kleinen **Volkskundlichen Museum** anhand von historischen Objekten und vielen Fotografien allerhand vom Leben in dieser

Region im 19. und frühen 20. Jh. (Mo–Sa 11–13 und 18–21 Uhr, www.visit-halkidiki.gr > Culture, Eintritt 2 €).

Frühchristliche Spuren

Wer großes Interesse an historischen Spuren hat, möchte vielleicht die Überreste zweier frühchristlicher Basiliken anschauen. Um hinzukommen, folgt man der Straße Richtung Néos Marmarás. 800 m hinter der Ampelkreuzung biegt man auf Höhe des Supermarkts Masoútis (μασούτις) nach rechts auf das mit »Agios Georgios 1000 m« ausgeschilderte Sträßlein ab und ist dann nach tatsächlichen 1300 m da.

DIE ÄGYPTISCHE MARIA

Seit sie damals, bettheiß, als die Hure/übern Jordan floh und, wie ein Grab/gebend, stark und unvermischt das pure/Herz der Ewigkeit zu trinken gab,

wuchs ihr frühes Hingegebensein/ unaufhaltsam an zu solcher Größe,/ dass sie endlich, wie die ewige Blöße/Aller, aus vergilbtem Elfenbein

dalag in der dürren Haare Schelfe./ Und ein Löwe kreiste; und ein Alter/ rief ihn winkend an, daß er ihm helfe:/
(und so gruben sie zu zwein.)

Und der Alte neigte sie hinein./ Und der Löwe, wie ein Wappenhalter,/saß dabei und hielt den Stein.

Rainer Maria Rilke schrieb dieses kurze Gedicht 1908. Das Bild von der »bettheißen Hure«, die »vom puren Herz der Ewigkeit« trank, hatte auch den deutschen Dichter fasziniert.

In die Ruine der einen der beiden Basiliken wurde eine kleine Kapelle hineingebaut. Von der **frühchristlichen Kirche Ágios Geórgios** sind noch ein paar hüfthohe Mauerreste erhalten, ein paar Schritte weiter hat irgendjemand die Dachziegel der alten Kirche säuberlich aufgeschichtet. Etwa 3,5 m südlich der heutigen Kapelle sind im Boden zwei frühchristliche Gräber zu erkennen. Die Verschlusssteine liegen davor, man kann hineinschauen. Geht man nun auf dem Feldweg einige Schritte zurück, sieht man links die eingezäunten Grundmauern einer zweiten Basilika. Der Grundriss ist nachvollziehbar, einige Säulen liegen verstreut auf dem Boden herum.

Schlafen

Eine andere Urlaubswelt

Danái Beach Resort: Lottogewinner und anderweitig vom Glück Bedachte zieht es gern weg vom Volk in ihre eigene, geschlossene Welt. Die finden sie in diesem Luxusresort der griechischen Familie Riefenstahl, die sich höchstpersönlich um das Interieur und die Gäste kümmert, wenn die das denn wollen. Stolz ist man darauf, dass nicht nur die Neureichen aus der Londoner City gern kommen, sondern auch der britische Hochadel. Namen erfährt man zwar nicht, aber auch Prinzessinnen sollen zur Kundschaft gehören. Nicht-Hotelgäste werden nur eingelassen, wenn sie einen Tisch im hoteleigenen Feinschmecker-Restaurant Squirrel gebucht haben. Alle anderen müssen ihre Neugier durch das Studium der Homepage des Hotels stillen oder tief in die eigene Tasche greifen, um eine der 78 Wohneinheiten vom Doppelzimmer bis zur Villa mit Pool zu buchen.

4 km außerhalb Richtung Metamórfossi, an der Nationalstraße sehr dezent ausgeschildert, T 23 75 02 23 10, www.danairesort.com, €€€

TOUR
Zwischen den Golfen wandern

Zu Fuß von Nikíti nach Ágios Nikólaos und wieder zurück

Eine Wanderung kann auch schön sein, wenn am Wegesrand keinerlei Highlights zu erwarten sind. Das Gefühl, allein mit der Natur zu sein, und die immer wieder etwas anderen Perspektiven auf die drei Finger der Chalkidikí und den heiligen Berg Áthos in der Ferne machen ganz klar den Reiz dieser Tour aus.

Sie beginnt an der Ampelkreuzung in **Nikíti** und führt zunächst durchs alte Dorf bis zum Dorffriedhof hinauf. Von hier folgt man dem Wegweiser nach Ágios Nikólaos auf dem breiten Feldweg und überwindet gleich den steilsten Anstieg des Tages. Nach gut 600 m führt die eigentliche Wanderung auf dem Hauptweg links weiter. Doch ein kleiner Abstecher nach rechts zur **Kirche Profítis Ilías** lohnt sich: Die Aussicht auf den Singitischen Golf und das Dorf Nikíti ist traumhaft.

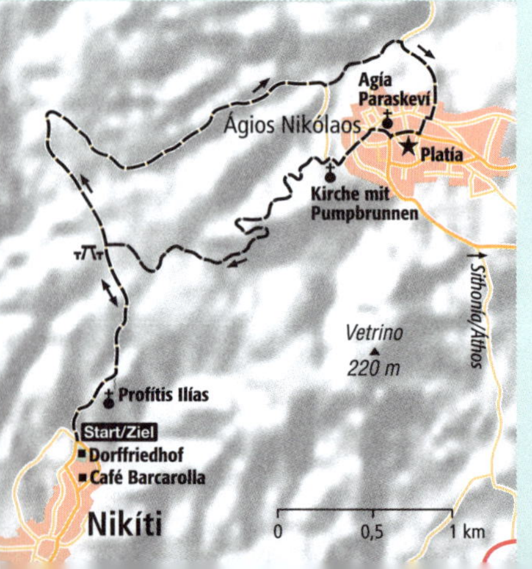

Zurück auf dem eigentlichen Wanderweg, kommt man nach gut 500 m an einem relativ großen, von vielen wild bellenden Hunden bewachten Ziegenpferch vorbei. Getreu dem Motto »Hunde, die bellen, beißen nicht« setzt man seinen Weg mutig auf diesem breiten, landwirtschaftlich genutzten Weg geradeaus fort.

Nach einer Rechtskurve folgt nach wenigen Metern eine moderne, kleine verschlossene Kirche, auf deren Kirchhof zwei große Eichen Schatten spenden. Da bietet sich eine Rast an. Hinter dem Kirchhof liegt ein kleines Waldgebiet, es geht nun bergab an Olivenhainen vorbei.

Infos

F5

Start/Ziel:
Ampelkreuzung in Nikíti (ersatzweise Dorffriedhof)

Länge:
15 km

Höhenmeter:
490 m

In einer Rechtskurve liegt ein Rastplatz mit Quelle. Der eigentliche Hauptweg wendet sich nach rechts, doch man wählt den kleinen Weg geradeaus. In den Schrebergärten am Wegrand bauen Bewohner von Ágios Nikólaos ihr Gemüse an.

Dort, wo der Feldweg wieder auf Asphalt trifft, hält man sich rechts und erreicht das Dorf **Ágios Nikólaos.** Vertraut mit griechischen Gepflogenheiten, steuert man natürlich den Dorfplatz mit seinen Kafenía und Tavernen an. Wer an einem Donnerstag im Ort ist, sollte auch noch einen Schlenker über den Wochenmarkt machen.

Genug von Kaffee- und Esskultur? Dann geht man von der Platía, das Postamt rechts liegen lassend, geradeaus an der Kirche Agía Paraskeví vorbei. Wenn sie geöffnet ist, sollte man einen Blick hineinwerfen. Im Halbdunkel sind Ikonen zu entdecken, auf denen die hl. Paraskeví ihre Augen nicht nur am üblichen Platz trägt, sondern auch in einer Schale, die sie in Händen hält. Sie sind das Symbol ihres Martyriums, zu dem auch das Ausstechen ihrer Augen gehörte.

Hinter der Kirche hält man sich links und lässt das Dorf hinter sich. Kurz nach den letzten Häusern macht der Weg eine Rechtskurve. Hier steht eine kleine Kirche mit einem Pumpbrunnen. Etwa 100 m weiter machen ein gelbes Schild sowie ein roter Punkt auf einen schmalen Ziegenpfad aufmerksam, der links vom Weg abgeht. Jetzt wird's abenteuerlich: Der anfänglich relativ steile, aber gut begehbare Ziegenpfad ist bald stark zugewachsen. Nach gut zehn Metern Dschungelerfahrung wird er jedoch wieder deutlich sichtbar und gut begehbar. Er schlängelt sich durch ein kleines Waldgebiet zu einem Olivenhain, den man auf seiner linken Seite passiert. An der Gabelung hält man sich links. Der Ziegenpfad wird immer breiter. Bei der nächsten Möglichkeit biegt man rechts ab. Nach 300 m stößt der Pfad auf den landwirtschaftlich genutzten Weg, auf dem die Wanderung begonnen hat. Dort hält man sich links und nach gut 1,2 km ist man wieder am Friedhof von **Nikíti** angekommen. Jetzt sind wahrscheinlich alle Cafés und Bars an der Dorfstraße geöffnet, sodass man dort erst einmal verschnaufen kann.

Mein Tipp: das Barcarolla in Nikíti gleich am oberen Anfang der Dorfstraße. Wenn die Zeit dafür schon reif ist, sollte man einen der von Wirt Alex kreierten Cocktails probieren. Keine Frage, er ist ein Meister seines Fachs.

In Nikíti geht das Urlaubsleben einen gemächlichen Gang. Nach dem Sonnenbad am Strand oder einer Wanderung nimmt man im historischen Dorf gerne Platz und lässt den Tag Revue passieren.

Schlafen, Essen

Einfach herzlich

Marína: Bei Julie und Thomás kann man sich ganz wie Zuhause fühlen. Die gebürtige Engländerin von der Isle of Wight und der Nordgrieche sprechen perfekt Deutsch. Thomás und sein erwachsener Sohn Curt sind Köche aus Leidenschaft, die die griechische Küche um gute hausgemachte Saucen bereichern. Julie ist eine Gastgeberin mit viel Witz und Humor. Die schattige Restaurantterrasse direkt an der Marina ist von morgens bis spät in die Nacht hinein auch für die vielen Ausländer, die in und um Nikíti wohnen, geselliger Anlaufpunkt. Gäste sind selbstverständlich auch nur auf ein Glas Wein oder einen Kaffee willkommen. Die 14 Zimmer sind schlicht und funktional, die drei neuen Studios recht schick und komfortabel.

An der Marina, T 23 75 02 21 23, www.marina-nikiti.com, Restaurant tgl. ab 8 Uhr, Restaurant und Zimmer €–€€

Essen

Für besondere Anlässe

Squirrel: Unter Pinien wie vor einer italienischen Villa dinieren die Gäste auf der kleinen Restaurantterrasse. Meisterkoch Vassílis Mouratídes hat sich der mediterran-französischen Küche verschrieben. Die Weinkarte wurde mehrfach als beste ganz Griechenlands ausgezeichnet. Sie umfasst 1600 griechische und internationale Weine, darunter edle Tropfen, die schon 60 Jahre lagern. Empfehlenswert ist das 7-Gänge-Degustationsmenü, auch

Vegetarier und Veganer finden etwas, das ihnen mundet.

T 23 75 02 23 10, Ende April–Anf. Okt. tgl. ab 19 Uhr, €€€, Reservierung erforderlich

Nostalgie pur

Plátanos: Auf einem ganz kleinen Platz im oberen Teil des alten Dorfes sitzt man auf mehreren Ebenen unter schattigen Bäumen, zwischen sehr viel Naturstein und fast unbehelligt von jeglichem Autoverkehr. Ob Kaffee, Ouzo, Säfte oder griechisches Mahl: Idyllischer kann man in Nikíti die Zeit nicht verbringen.

T 23 75 02 26 64, tgl. ab 11 Uhr, €–€€

Einkaufen

Großer Bazar

Wochenmarkt: Jeden Freitagvormittag findet ein großer Wochenmarkt statt, den auch viele in der Region lebende Ausländer nutzen. Man trifft sich in den Cafés zu Klatsch und Tratsch und erledigt an den vollgeladenen Ständen seine Einkäufe. Das Warenspektrum reicht von Obst und Gemüse bis zu Kleidung und Kriegsspielzeug.

Bewegen

Ein Tag auf dem Wasser

Daily Cruises Sotíris: In der Marina liegt das traditionelle Kaiki von Kapetánio Sotíris. Mit dem sticht er während der Saison täglich in See und nimmt Kurs auf das unbewohnte Inselchen Kelífos im Toroneischen Golf, wo gebadet werden kann. Mittags wird an Bord der Grill angeworfen.

Marina, T 69 87 11 74 94

Feiern

- **Kirchweihfest:** 14./15. Sept. Zu Ehren des hl. Nikítas wird im alten Dorf nach dem Gottesdienst mit Musik und Tanz am Abend des 14. gefeiert. Am 15. findet morgens ein weiterer Gottesdienst statt.

Eliá

F6

ΕΛΙΑ, Ελιά

Kurz hinter Nikíti teilt sich die Nationalstraße. Links geht es weiter an die Ostküste der Sithonía und auf die Áthos-Halbinsel, rechts an die Westküste nach Néos Marmarás. Wir folgen ihr nach rechts und umrunden die Sithonía gegen den Uhrzeigersinn.

Das Landschaftsbild ändert sich sogleich hinter der Straßengabelung. Kleine Felsen, die wie im Vorübergehen von Riesen verstreut wirken, und Pinien prägen zunächst den Anblick. Statt kilometerlanger Strände überwiegen jetzt kleine, von Felsen eingerahmte Buchten wie der **Kalógria Beach,** der **Ágios Ioánnis Beach,** der **Kochýli Beach** und der **Paránga Beach.** An jeder Bucht wartet eine Beachbar auf Gäste, Wegweiser an der Straße machen auf sie aufmerksam. Vor allem an Sommerwochenenden ist hier auch abends sehr viel los.

NONNENFISCHE FÜR SCHNORCHLER

Der Kalógria Beach heißt nicht etwa »Nonnenstrand«, weil hier gerne fromme Schwestern baden gehen, sondern weil sich zumeist Tausende kleiner, schwarz-weißer Fischlein im Wasser tummeln. Sie gehören zur Familie der Riffbarsche und heißen, wie mir Kenner versichern (mir selbst ist die Welt über Wasser genug), international eigentlich Demoiselle-Fische.

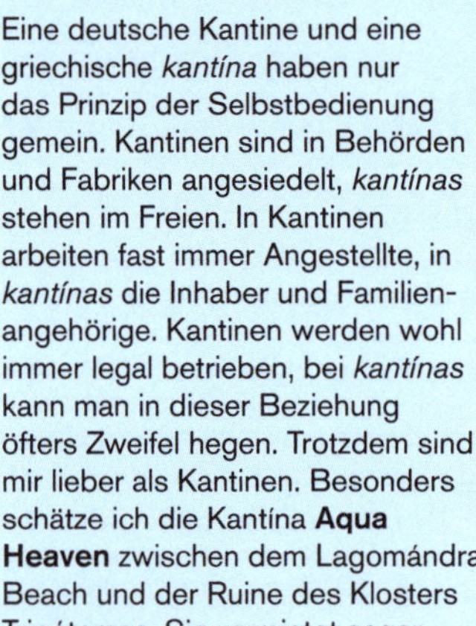

U

EIN BUCHSTABE MACHT DEN UNTERSCHIED

Eine deutsche Kantine und eine griechische *kantína* haben nur das Prinzip der Selbstbedienung gemein. Kantinen sind in Behörden und Fabriken angesiedelt, *kantínas* stehen im Freien. In Kantinen arbeiten fast immer Angestellte, in *kantínas* die Inhaber und Familienangehörige. Kantinen werden wohl immer legal betrieben, bei *kantínas* kann man in dieser Beziehung öfters Zweifel hegen. Trotzdem sind mir lieber als Kantinen. Besonders schätze ich die Kantína **Aqua Heaven** zwischen dem Lagomándra Beach und der Ruine des Klosters Tripótamos. Sie vermietet sogar Liegen am Strand.

Bei Kilometertafel 45 zweigt eine schmale, nur auf Griechisch mit ΑΓΙΟΣ ΠΑΥΛΟΣ (**Ágios Pávlos**) ausgeschilderte Asphaltstraße ab. Der Abstecher dorthin lohnt sich unbedingt – ob mit dem Auto oder zu Fuß (s. S. 60). Kurz hinter der Kilometertafel erreicht die Sithonía-Rundstraße das locker bebaute Eliá mit mehreren Hotels in einem dichten Kiefernwald unmittelbar an der Steilküste. Hier kann man gut das ganze Jahr über Ruhe und Erholung finden, sollte allerdings genügend Lektüre mitnehmen.

Hinter Eliá senkt sich die Rundstraße zum **Lagomándra Beach** hinunter. Von hohen Kiefern gesäumt, gibt es am Strand eine gute Wassersportstation. Die Straße führt weiter nach Néos Marmarás, dem touristischen Zentrum und größten Ort auf der gesamten Halbinsel. Am Weg dorthin liegt 2 km hinter der Zufahrt zum Lagomándra Beach die wildromantische Ruine des **Klosters Tripótamos,** das einst zum Áthos-Kloster Konstamonítou gehörte. Bis vor wenigen Jahren war sie noch so sehr mit Rankgewächsen überwuchert, dass sie von der Straße aus gar nicht zu sehen war. Inzwischen hat man sie freigelegt und mehr schlecht als recht eingezäunt. Irgendwie fühlt man sich beim Blick durch Tore und hohle Fenster wie in einem Harry-Potter-Film und kommt in Versuchung, den Zaun zu überwinden – doch Achtung: Die Einsturzgefahr ist hoch. Gute Fotos kann man auch von außen schießen.

Schlafen

Ziemlich idyllisch

Athena Pallas: Hinter der Rezeption des sehr kinderfreundlichen Hotels prangt eine große Kopie des Löwenjagd-Mosaiks aus der antiken makedonischen Stadt Pélla und über dem Kamin in der Lobby die Kopie der Hirschjagd von ebenda. Das stimmungsvolle Feriendorf punktet mit alten Bäumen im Garten, einem eigenen volkskundlichen Museum, einer Kirche (auch für Trauungen zu nutzen), drei Pools, einem beheizten Hallenbad und dem Spa-Bereich. Es wurde im Landesstil unter Verwendung vieler Naturmaterialien erbaut. Zum Strand unter der niedrigen Steilküste sind es nur 30 m. Mountainbike-Verleih, 170 unterschiedliche Zimmer, 3 Restaurants, 5 Bars. Eines der wenigen Urlaubshotels auf der Chalkidikí, das ganzjährig geöffnet hat!

In Eliá, an der Sithonía-Rundstraße ausgeschildert, T 23 75 02 30 00, www.acrotel.gr, €€–€€€

Let's go to the beach

Lagomándra Beach: Viele sportliche Gäste bevorzugen dieses Hotel wegen der guten Wassersportstation gleich nebenan. Die steht auch Nicht-Hotelgästen offen. Man kann Kanus und Tretboote leihen, Wasserski fahren und führerscheinfreie

Motorboote mieten. Das Hotel am Strand bietet 120 Zimmer, Pool und ein von einem Bademeister betreutes Planschbecken. Auch den kleinen Gästen wird es hier nicht langweilig. Für die Unterhaltung und Bespaßung von 4- bis 10-jährigen Kindern sorgt der Kird's Club.

An der Sithonía-Rundstraße, T 23 75 07 22 17, www.lagomandrabeach.com, €€

Traumhaft gelegen

Hotel Virgínia: Das kleine Hotel mit nur 25 Zimmern versteckt sich in einem Pinienwäldchen am Steilufer. Es wurde 1991 erbaut, 2016–2018 vollständig modernisiert. Stufen führen hinunter zum schmalen, über 5 km langen Kiesstrand, an dem Pinien Naturschatten bieten. Er lädt von Herbst bis Frühjahr zu langen Spaziergängen ein. Das Haus wurde als erstes Hotel Griechenlands überhaupt 1998 von der EU als umweltfreundlich anerkannt. Die Besitzer sprechen Deutsch.

In Eliá, an der gleichen Straße wie das ausgeschilderte Athena Pallas, T 23 75 02 20 22, über diverse Portale buchbar, €–€€

Essen

Pope oder Seeräuber?

Der Pirat: Wirt Geórgios sieht aus wie eine Mischung aus Pope und Pirat. Zusammen mit seiner Frau Ánna betreibt er die urige, preiswerte Taverne auf einer kleinen Anhöhe zwischen Sithonía-Rundstraße und Meer. Von der Terrasse aus schweift der Blick über intensives Grün bis zum Toroneischen Golf und zur Kassándra. Wer Appetit darauf hat: Hier gibt es eine gute Hühner- oder Fleischsuppe. Gängiger ist es freilich, frischen Fisch oder vielseitige *mezedákia* zu bestellen.

Ausgeschildert an der Sithonía-Rundstraße, je 1 km von der südlichen Eliá-Ausfahrt und der Zufahrt zum Lagomándra Beach, tgl. ab 12 Uhr, €€

Néos Marmarás

F6

ΝΕΟΣ ΜΑΡΜΑΡΑΣ, Νέος Μαρμαράς
Die Lage macht's. Néos Marmarás (3000 Einw.) ist trotz viel Tourismus und ausschließlich moderner Bebauung der wohl schönste Küstenort der Sithonía. Seine Häuser wurden nicht nur auf dem schmalen Küstenstreifen erbaut, sondern klettern auch die niedrigen Hänge empor. Sie stehen auf einer felsigen Halbinsel und entlang des großen Hafenbeckens mit mehreren kleinen Buchten. An diesen Buchten verläuft die Küstenstraße. Sie ist nicht wie so oft schnurgerade, sondern kurvt in Auf und Abs und weitet sich zweimal zu kleinen Plätzen. An ihr liegen ausreichend Cafés und Tavernen, ohne dass sie zur reinen »Fressmeile« verkommt. Sehenswürdigkeiten gibt es nicht. Wer nicht

Der riesige Fisch spricht dafür, dass Geórgios eher Pirat ist als Pope und Pate für den Namen der Taverne stand.

TOUR
Wo wilde Riesen mit Steinen kegeln

Kurzwanderung durch bizarre Felslandschaften

Infos

F6

Start/Ziel: Sithonía-Rundstraße bei Eliá zwischen Nikíti und Néos Marmarás

Länge: 3,5 km ab Kapelle, 7,5 km ab Rundstraße
Höhenmeter: ab Kapelle 140 m, ab Rundstraße 250 m

Ob hier wirklich Riesenbabys mit Steinen gespielt und geworfen haben? Wer weiß. Der Eindruck stellt sich in dieser Landschaft voller Felsbrocken und -schollen zwischen duftenden Kiefern jedenfalls leicht ein.

Bei **Km 45** zweigt ein kleines Sträßlein von der **Sithonía-Rundstraße** ab. Bis zur Kapelle **Ágios Pávlos** könnte man zwar auch noch mit dem Auto fahren, doch dafür sind die 2 km zu Fuß viel zu schön. Fotomotive bieten die Felsbrocken zuhauf, der Duft der Kiefern betört. Nadelbäumchen wachsen aus Felsspalten, an Erdbeerbäumen hängen im Herbst und Winter weiße und rote Früchte, aus denen man früher Schnaps brannte und Marmelade kochte. Auch der sonst eher seltene, stark aromatische und lila blühende Schopflavendel gedeiht hier prächtig.

Direkt oberhalb der Kapelle, in deren Umgebung einige moderne Sommerhäuser stehen, beginnt an einer

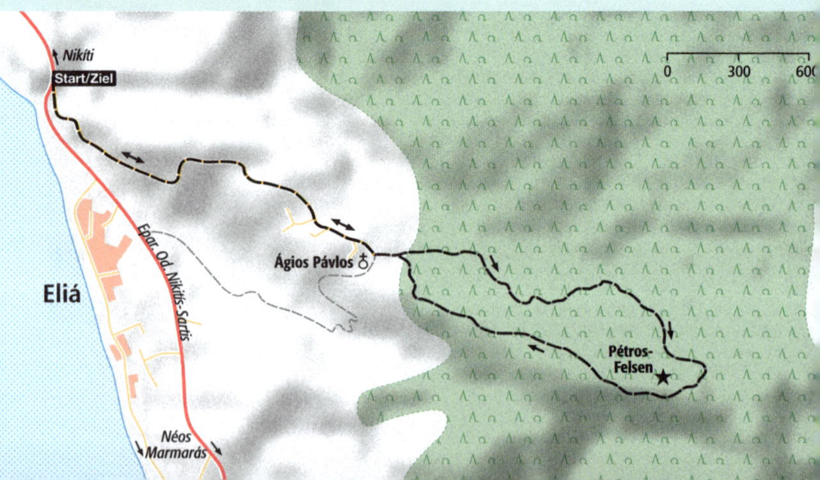

Gabelung, an der man sich links hält, der eigentliche Rundwanderweg zum Pétros-Felsen. Rote Pfeile und der Dreizack des Meeresgotts Poseidon markieren die Strecke durch den lichten Wald.

An einer Stelle mit besonders bizarren Felsformationen verliert sich der Weg. Steinmännchen sowie rote Punkte verhindern auch hier jedes Verlaufen. Man folgt ihnen einfach. Nach gut 10 m ist man schon wieder auf dem Ziegenpfad. Dort, wo er auf einen Feldweg mündet, biegt man rechts ab und nach wenigen Metern an der Gabelung ebenfalls wieder rechts.

Das Schöne am Rückweg sind die traumhaften Blicke zum Meer.

Nur 150 m weiter biegt rechts vom Feldweg ein schmaler Pfad ab. Er führt auf den **Pétros-Felsen.** Und wer gern etwas kraxelt, hat nun, am Wendepunkt des Rundwegs, Gelegenheit dazu. Die Besteigung des Felsens erfordert jedoch einige Kletterkünste. Gutes Schuhwerk, Schwindelfreiheit und Klettererfahrung sind Voraussetzungen. Zum Trost: Wer die Kletterpartie auslässt und dem Feldweg folgt, wird ebenfalls mit einer fantastischen Aussicht auf die Küste des Toroneischen Golfs belohnt.

Der Feldweg führt nach gut 1,5 km zur Kapelle **Ágios Pávlos** zurück. Jetzt ist die Zeit gekommen, die Legende zu lesen, die sich um die kleine Kapelle rankt: Der hl. Paulus war im Rahmen seiner Missionsreise durch Nordgriechenland wieder einmal auf der Chalkidikí unterwegs. Durstig gelangte er an die Stelle der heutigen Kapelle und bat seinen Arbeitgeber um Hilfe. Der ließ einen Quell aus einem Fels entspringen, der bis heute sprudelt. Inzwischen hat man ihn als Brunnen gefasst und in der Nähe sogar einen kleinen Kinderspielplatz angelegt. Glücklich, wer vorgesorgt und Proviant im Rucksack hat. An den aufgestellten Tischen packt man ein kleines Picknick aus und das Wasser gegen den Durst kommt aus dem Brunnen. Auch Schafe und Ziegen kommen häufig zum Trinken hierher – und manchmal waschen sparsame Griechen aus der Region am Brunnen ihr Auto.

ganz ohne Geschichte auskommt, wird jedoch im Ortskern stellenweise noch die niedrigen kleinen Häuser erkennen, die sich kleinasiatische Flüchtlinge in den 1920er-Jahren erbauten.

Lange Strände

Der Mini-Strand am Hafenbecken ist mit den Tischen und Stühlen von drei Fischtavernen vollgestellt. Zum Baden geht man vom Zentrum aus in 15 Minuten zum **Parádissos Beach** im Norden, an dem mehrere kleine Hotels stehen. Als Alternative bietet sich im Süden der breitere, feinere und ebenfalls 2 km lange Sandstrand **Main Beach** an, der bis zu den architektonisch auffälligen Hoteltürmen des Pórto Carrás Resort reicht.

Schlafen

Ich geh mal eben schwimmen

1 **Sun Set:** Wer sich nicht erst anziehen will, bevor er sich am Strand wieder auszieht, wohnt hier richtig: Zwischen Hotel und Strand liegt nur die wenig befahrene, schmale Uferstraße. Wer an der Poolbar gleich am Übergang zum Strand etwas verzehrt, kann die Liegen und Sonnenschirme am Strand kostenlos nutzen. Das Hotel ist familiär geführt und vermietet auch Apartments für bis zu 4 Personen.

Ortsteil Parádissos, 1,3 km vom Ortszentrum, T 23 75 07 17 28, www.sunsethotel-chalkidiki.com, €

Aussichtsreich

2 **Koráli House:** Der viergeschossige Bau wirkt wie das größte Wohnhaus der Stadt, zumal er erhöht frei über dem Hafen steht. Die in diesem Haus lebende Familie vermietet hier 14 sehr geräumige, schlicht, aber neu eingerichtete Studios mit Blick aufs Meer und/oder die grünen Hügel der Sithonía. Die Wirtsfamilie kümmert sich engagiert um ihre Gäste, wenn die es möchten.

Oberhalb des langen Hafenkais, T 23 75 07 23 71, www.koralihouse.gr, €

Mitten im Leben

3 **G Mare:** Die Leuchtreklame vor dem kleinen Hotel gibt jede Minute die Lufttemperatur aufs Zehntelgrad genau an. Drinnen sorgen Air Condition und Zentralheizung für die Wunschtemperatur – das Hotel ist als eines von wenigen auf der Sithonía ganzjährig geöffnet und eignet sich auch im Winter für alle die, die auf der Flucht vor dem mitteleuropäischen Klima sind. Die werden auch die ausnehmend guten Leselampen über den Betten zu schätzen wissen – und den Meerblick vom Balkon sowieso. Rundreisenden ist das Hotel zu empfehlen, weil direkt gegenüber ein kleiner gebührenfreier Parkplatz liegt, auf dem man am ehesten zwischen 16 und 18 Uhr einen Platz ergattert. Die Café-Bar im Erdgeschoss ist ein Treffpunkt einheimischer Familien: Während die Kinder sich bis in den späten Abend hinein im Kinderspielzimmer vergnügen, können die Großen in der gut bestückten Bar mit Freunden und Verwandten klönen oder im Hinterzimmer zwei verschiedene Sportevents auf Flachbildschirmen verfolgen.

Uferstraße nahe der Kirche, T 23 75 02 00 14, www.gmarehotel.gr, €€

Essen

Mit den Füßen (fast) im Wasser

1 **Chrístos:** Acht Vierertische auf einer hölzernen Terrasse über dem Wasser sind das auffälligste Markenzeichen der urigen Fischtaverne. Wer dort keinen Platz ergattert, sitzt auch bei Nacht unter blauem Himmel mit Schäfchenwolken, denn der Wirt hat solch eine Markise angebracht. Während seine Frau Parthéna am liebsten ein langes schwarzes Kleid trägt, kommen so manche Fischer am späten Nachmittag in Arbeitskleidung in die Taverne, setzen sich mit einer Karaf-

Néos Marmarás

Schlafen

1 Sun Set
2 Koráli House
3 G Mare

Essen

1 Chrístos
2 Ta Kymáta
3 Pános Fish Tavern

Einkaufen

1 Romeo & Juliet

Ausgehen

1 Nótos

---

fe Oúzo an einen Tisch und ziehen ihre Köder auf Haken. Auf den Tischen liegen Decken in den Nationalfarben Weiß-Blau, die einzelnen Steinplatten der Terrassen sind wie auf kykladischen Gassen weiß umkringelt. Aus den Lautsprechern erklingt ausschließlich griechische Musik – und auf dem Schreibtisch mit der Kasse im Innenraum bewachen diverse Ikonen die Tageseinnahmen.

Uferstraße, T 23 75 07 12 11, tgl. ab 12 Uhr, €€

Barfuß im Restaurant

2 **Ta Kýmata:** »Die Brandung« ist eine von drei gleich guten Fischtavernen mit Tischen und Stühlen direkt auf dem Strand. Da zieht man zum Essen besser die Schuhe aus, damit sie nicht nass werden, wenn ein vorbeifahrendes Boot etwas Brandung erzeugt. Wirt Thomás spricht gut Deutsch, seine Mitarbeiter bemühen sich darum.

In der kleinen Strandbucht des großen Hafens, tgl. ab 12 Uhr, €€–€€€

Abseits des Städtchens

3 **Pános Fish Tavern:** Nüchtern-modern möbliertes Restaurant mit großer Terrasse nahe, aber nicht direkt am Wasser. Hier kommen große Portionen auf den Tisch. Sogar Räucheraal gibt es, auch Fleisch- und Nudelgerichte. Süßmäulchen schätzen den Cheesecake als Dessert.

12 km südlich des Ortszentrums abseits der Straße nach Azápikio, T 23 75 07 23 81, tgl. ab 13 Uhr, €€€

Einkaufen

Schicke Fummel

1 **Romeo & Juliet:** Weltbekannte Designerklamotten wie die von John Galliano und Roberto Cavalli sind hier ebenso zu finden wie die neuesten Kollektionen des in Griechenland entworfenen Labels John P.

Odós 25is Martíou, tgl. 10–16 und 17–24 Uhr, www.romeojuliet.eu

TOUR
Ins Bilderbuch-Bergdorf

Durch Olivenhaine und Wald von Néos Marmarás nach Parthenónas

Einmal Vergangenheit und zurück, bitte: Diese Wanderung führt durch friedliche Natur ins Bilderbuch-Bergdorf der chalkidischen Finger. Man kann sich vorstellen, wie das Leben hier früher war, und in Parthenónas die Chalkidikí schmecken, wie das an den Küsten kaum möglich ist.

Startpunkt ist die **Taverne Drossiá** an der Sithonía-Rundstraße. Ein großes gelb-grünes Schild weist hier auf den Wanderweg S1. Los geht's. Den Weg säumen Zistrosen. Sie blühen im späten Frühjahr. Berühren Sie einmal ihre Blätter: Sie sondern ein klebriges Harz ab, das man früher sammelte, um daraus Labdanum zu gewinnen, einen wohlduftenden Räucherstoff. Man ging dafür entweder mit Lederrechen durch die Zistrosen oder trieb Ziegen hindurch, deren Beinhaare man dann später auskochte. Hier wachsen vor allem Ölbäume, Pinien und Steineichen. Olivenbäume und Pinien sind leicht zu erkennen. Steineichen hingegen sehen ganz anders aus als unsere heimischen Eichen: Doch sie können leicht identifiziert werden, wenn man auf die unter den Bäumen liegenden Eicheln achtet. Vielleicht erkennen Sie auch das überall am Wegesrand wachsende Schierlingskraut, mit dessen Saft der Philosoph Sokrates Selbstmord beging.

Nach 2,7 km zweigt ein schmaler Weg nach links ab. Er führt auf besonders schöner Route nach Parthenónas hinauf, ist jedoch nur sporadisch markiert: Wie so oft in Hellas werden die Markierungen immer wieder

Infos

F/G 6

Start: Taverne Drossiá an der Sithonía-Rundstraße bei Néos Marmarás

Ziel: EKO-Tankstelle an der Sithonía-Rundstraße bei Néos Marmarás

Länge: 13 km
Höhenmeter: 490 m

von Bauern und Imkern zerstört, die Wanderer für Störenfriede halten. Wer auf Nummer sicher gehen will, bleibt auf dem Hauptweg. Der mündet nach 700 m auf die Straße, die dann in einem Kilometer nach Parthenónas hineinführt.

In **Parthenónas** wird die Einkehr in der Taverne To Stéki tou Meniоú (S. 67) zum Erlebnis. Wirtin María kredenzt nicht nur ungewöhnliche flüssige und feste Spezialitäten, die es sonst kaum irgendwo gibt, sondern weiß in fließendem Deutsch auch vieles vom Leben im Dorf zu erzählen.

Anschließend geht man durch den Ort zu Paul's Taverna hinauf. Fast am Ende des Dorfes, dort, wo der Asphalt aufhört, steht ein kleiner gelber Wegweiser nach rechts mit der Aufschrift Kamini Tourles. Dieser Feldweg geht nach gut 1 km in einen Ziegenpfad über, ist jedoch bestens mit einem Dreizack sowie roten Pfeilen beschildert. Vorsicht, Rutschgefahr: An einer Stelle durchquert man ein Flussbett, und diese Stelle ist um ein Vielfaches rutschiger, als sie aussieht. Eichhörnchen huschen über den Weg, die schönsten Exemplare von Königskerzen recken sich der Sonne entgegen. Nach 1,5 km wieder auf einem Feldweg angekommen, biegt man nach rechts ab, dort steht auch schon ein Wegweiser in Richtung Mylos. Nach 280 m biegt man wieder links auf einen Ziegenpfad in Richtung Mylos ab. Auch dort steht ein Hinweisschild zur Mühle, die jetzt noch 1,5 km entfernt ist.

Nach einem nur 70 m langen Abstecher zur **Ruine der alten Wassermühle,** die seit 1960 zerfällt, kehrt man auf den Ziegenpfad zurück, der nach 350 m in einen Feldweg übergeht. Zweimal muss nun der Mühlbach überquert werden. Ein zwischen Bäumen gespanntes Seil und Trittsteine im Wasser helfen dabei. Nach der zweiten Bachüberquerung wird der Ziegenpfad ziemlich schnell zu einem breiten Feldweg, der auf die Rundstraße mündet. Geht man dort nach rechts, kommt man nach gut 200 m zu einer **Tankstelle.** Dort kann man sich ein Taxi rufen lassen, wenn man nicht 4 km über Asphalt zur Taverne Drossiá zurück oder etwa 1 km weit nach Néos Marmarás hinein laufen möchte.

Néos Marmarás ist ohne Frage das touristische Zentrum auf der Sithonía-Halbinsel, aber erfreulicherweise mit familiärem und gemütlichem Flair.

Bewegen

Hinaus aufs Meer

Vom Hauptkai starten tgl. Ausflugsschiffe zum vorgelagerten Inselchen Kélifos, nach Pefkochóri und Palioúri auf der Kassándra-Halbinsel. Kleine Motorboote fahren außerdem mindestens stdl. zum Hotelresort Porto Carrás.

s. Tour S. 64

Ausgehen

Unterm funkelnden Himmelszelt

1 Nótos: Die Cocktailbar mit kleinen Terrassen am Meer ist der Fokus des bescheidenen Nachtlebens im Städtchen.
Uferstraße, tgl. ab 20 Uhr

Infos

- **Gutes Reisebüro:** Méli Tours 1, gegenüber der Hauptkirche an der Uferstraße, T 23 75 07 21 13, www.melitours.gr.
- **Verkehr:** Linienbusverbindung mit Thessaloníki, Polígiros, Néa Moudaniá, Nikíti, Metamórfossi, Gerakiní bis zu 8 x tgl.

Parthenónas ✪ G6

ΠΑΡΘΕΝΩΝΑΣ, Παρθενώνας
Bergbauern gibt es in Parthenónas (20 Einw.) nicht mehr. Doch ist es das einzige Bergdorf der Sithonía – und in dieser Kategorie das schönste aller drei Finger. Es war einige Jahrzehnte lang scheintot –

und ist dann als Ausflugsziel für Urlauber und Thessaloniker zu neuem Leben erwacht. Authentisch ist es beileibe nicht mehr, aber es vermittelt eine Ahnung davon, wie es sich vor 100 Jahren hier lebte.

Seit der Neugründung von Néos Marmarás im Jahr 1923 war das Dorf immer stärker vernachlässigt worden. 1970 verließ die letzte Familie den Ort, zurück blieb ein Geisterdorf. Sieben Jahre später kehrte eine Familie zurück, setzte ein Haus instand und betrieb es als bald allseits bekannte Taverne. In den 1990er-Jahren eröffnete eine griechische Familie aus Berlin auch eine kleine Pension, erste Wohnhäuser wurden restauriert. Inzwischen werden immer mehr Häuser total erneuert und sogar erweitert oder aufgestockt. Da die Bauvorschriften leider nur vorschreiben, dass das Erdgeschoss aus unverputztem Naturstein bestehen muss, toben sich manche Häuslebauer beim Verputz für die oberen Geschosse hemmungslos aus – als Ruinendorf nur aus Naturstein und Dachziegeln war Parthenónas vielleicht noch schöner. Trotzdem lohnt sich ein Ausflug vor allem an lauen Sommerabenden, denn vom hochsommerlichen Trubel der Küstenorte ist hier nichts zu spüren. Außerdem ist das Dorf Zwischenziel einer Wanderung von Néos Marmarás aus und Ausgangspunkt einer langen Wanderung oder Jeeptour über das Rückgrat der Sithonía.

Mehr sitzen als laufen

Einen Rundgang durchs Dorf schafft man in 30 Minuten. Die architektonisch belanglose **Dorfkirche** ist meist verschlossen und auch das kleine **Volkskundliche Museum** nur sporadisch geöffnet.

Schlafen

Ruhige Nächte

Parthenónas: Einer griechischen Familie, die in Berlin-Friedenau seit 1982 das griechische Restaurant Medousa betreibt, gehört die älteste und stimmungsvollste Pension im Dorf. Auch im Winter kann man hier wohnen, dann kümmern sich Verwandte um Haus und Gäste.

An der Dorfstraße, T 69 44 38 23 84, www.parthenonas-chalkidiki.com, €

Essen

Der Pionier

Parthenónas: Die Eltern der heutigen Wirtin Anna waren 1977 die Ersten, die sich wieder im Dorf ansiedelten. Von der Terrasse aus genießt man einen schönen Meerblick; Wirtin Anna bringt gut gelaunten Besuchern auch gern zu Livemusik an jedem Freitag- und Samstagabend die ersten griechischen Tanzschritte bei.

Am oberen Ende der Dorfstraße, tgl. ab 12 Uhr, €–€€

Maulbeerspezialitäten

To Stéki tou Méniou: Die sehr gesprächige, gut Deutsch sprechende Wirtin María hat sich 1999 als zweites Tavernen-Start-up mit ihrem Mann Dimítris ins Bergdorf gewagt. Hier wird überwiegend mit Produkten aus der Region gearbeitet. Die Renner sind die Lammkoteletts, die gebratene Bauernwurst und *fafoúti,* mit Käse und Tomaten gefüllte Aubergine. Zur Tasse Kaffee passen Marías Löffelsüßigkeiten, in Zuckersirup eingelegte Früchte. Dazu gehören ungewöhnlicherweise auch Maulbeeren. Die geben, ebenso wie Lorbeer, auch manchen ihrer selbst mit Brandy angesetzten Liköre das Aroma. Sogar Joghurt mit Maulbeersauce kann man probieren.

Am unteren Anfang der Dorfstraße, schräg gegenüber der Kirche, tgl. 10–18 Uhr, im Sommer auch abends, €

Bewegen

s. Tour S. 68

TOUR
Allein durch die Wildnis

Auf Du und Du mit der Natur: Wanderung durch die Bergeinsamkeit

Keine Einkehrmöglichkeiten unterwegs – mindestens 2 l Wasser/Person mitnehmen!

Der Duft von würzigen Kräutern und das leise Summen der Insekten liegt in der Luft. Bäume und Moose, Farne und Thymian säumen den Weg, der Blick fällt immer wieder hinunter zum Toroneischen oder Singitischen Golf. Kleine, grüne Hochebenen erinnern an nördlichere Gefilde, riesige Felsbrocken setzen Akzente. Vor mir liegen 26 km Bergeinsamkeit und Natur pur.

Ein besonderes Erlebnis: im Hochsommer mit der Isomatte im Gepäck unterwegs im Freien übernachten. Der Sternenhimmel wiegt jede Unbequemlichkeit auf!

In **Parthenónas** folgt man an der Taverne Paul's Parthenónas (letzte Chance, Wasser zu kaufen) dem Wegweiser Richtung Livádia/Ítanos. Nach 100 m geht die Straße in einen breiten Feldweg über, der oberhalb am Dorf entlang und die meiste Zeit durch Wald führt. Nach 2,7 km kommt erstmals der Golf von Áthos in Sicht. 500 m weiter hält man sich nach Überquerung eines meist trockenen Bachs links. 500 m weiter weist ein Schild Richtung Profítis Ilías den weiteren Wegverlauf. Wiederum 2,5 km weiter geht man nicht links abwärts, sondern rechts aufwärts. 400 m steht links in einer Kurve die gleichnamige **Kapelle.** Zeit zu verschnaufen und den Blick weit bis zu den Hotels von Kallithéa auf der Kassándra und Vourvouroú mit seinen Inselchen im Nordosten der Sithonía schweifen zu lassen.

Infos

G/H 6

Start: Parthenónas
Ziel: Sárti

Weglänge: 26 km, 6,5 Std.
Höhenmeter: ca. 700 m

Rückkehr nach Parthenónas: mit dem Taxi, rund 60 km, ca. 80 €

Nun geht es wieder die 400 m zurück bis zum Wegweiser und man folgt dem Weg nach scharf unten rechts. Er ist jetzt schmal und führt durch dichten Wald. 3,3 km nach der Kapelle Profítis Ilías mündet er auf einen breiteren Weg, dem man nach rechts oben folgt. Schon 100 m weiter biegt man nach links ab (geradeaus geht es zum Pyrofylakeio, einer nur im Hochsommer besetzten Feuerwache). Über einem kleinen Bauernhaus, etwa 400 m weiter, weht die griechische Flagge. In seiner Umgebung wachsen viele Nussbäume und um bunte Bienenstöcke herrscht ein emsiges Treiben. Hier erfüllt sich wohl jemand einen Traum.

2,1 km weiter folgt man dem kleinen Wegweiser nach links auf den schmalen Weg Richtung Kentrikós Sithonías. Wenig später liegen die ersten riesigen Felsbrocken am Wegesrand, die eine kleine **Hochebene unterhalb des Ítamos** prägen, dem höchsten Gipfel der Sithonía. Zeit für eine Pause? Bald erreicht man einen Rastplatz neben imposanten Felsbrocken. Hier könnten Wanderer mit Isomatte und/oder Zelt auch gut übernachten.

500 m weiter liegt dann zum ersten Mal der beeindruckende Berg Áthos frontal voraus. Eine Lichtung mit Felsen, die ein blaues Schild als **Manolakoúdi** bezeichnet, ist nach 2,7 km erreicht. 300 m nach dem Schild hält man sich an einer Gabelung links, 1300 m weiter an einer erneuten Gabelung wählt man dann den Weg rechts abwärts.

Wenn man nach 500 m an dem modernen Steingrill neben einem Brunnen und einer Tränke steht, hat man Sicht auf Sárti. Jetzt geht es auf sehr holprigem Weg stetig und manchmal auch steil bergab, vorbei an Schafspferchen und -tränken. Nach 6,7 km erreicht man die Sithonía-Rundstraße. Noch 300 m, dann lockt im hübschen Badeort **Sárti** (S. 76) ein erfrischendes Bad im Meer – eine verdiente Abkühlung! In einem der netten Cafés im Ort lässt es sich anschließend ebenfalls gut aushalten. Zur Erinnerung an die Tour vielleicht noch ein kleines Schmuckstück bei Plethóra (S. 79) kaufen? Er ist der individuellste Schmuckgestalter der Sithonía.

Man kann die Strecke auch mit einem Geländewagen zurücklegen, wenn es an den Tagen zuvor nicht kräftig geregnet hat. Die Wald- und Feldwege sind meist gut, nur stellenweise gibt es Auswaschungen.

Aus dem Dornröschenschlaf erwacht: Das Bergdorf Parthenónas hat sich schick herausgeputzt.

Feiern

- **Kirchweihfest:** 27. Juli. Am Patronatstag des hl. Panteleímonas strömen viele nach Parthenónas. Abends wird mit Musik und Tanz zu seinen Ehren gefeiert.

Infos

- Keine Linienbusverbindung. Taxi ab Néos Marmarás ca. 15 €.

Pórto Carrás F6

ΠΟΡΤΟ ΚΑΡΡΑΣ, Πορτο Καρράς
Ein stärkerer Gegensatz als der zwischen Parthenónas und Pórto Carrás ist kaum vorstellbar. Ende der 1960er-Jahre erwarb der griechische Reeder und Multimillionär John Carrás hier 1736 ha Land direkt am Meer und auf den angrenzenden Hügeln. Er ließ 475 ha mit Wein bepflanzen, etwa 45 000 Ölbäume setzen, einen Golfplatz anlegen – und drei Großhotels erbauen. Die mögen für den damaligen Geschmack futuristisch und vielleicht sogar schön gewesen sein, deuteten auf jeden Fall den Aufbruch der weltfernen Sithonía in ein neues Zeitalter an.

Inzwischen haben die Carrás-Erben den Komplex an ein griechisches Großunternehmen verkauft. Das betreibt weiterhin die drei Hotels. Die einstige Luxusvilla des Reeders im Stil eines Áthos-Klosters wurde in ein VIP-Hotel mit 18 Suiten und zwei Heliports umgewandelt. Zum Komplex gehören der einzige Golfplatz Nordgriechenlands, ein Reitstall, eine große Marina sowie ein Spielcasino.

Die Weinkellerei der Domäne Carrás wurde modernisiert und 170 ha Weinanbaufläche erneuert. Ihre Erzeugnisse werden zu den besten Weinen Griechenlands gerechnet. Die Kellerei steht an der Sithonía-Rundstraße kurz hinter der Zufahrt zum Pórto Carrás Resort. Besichtigen kann man sie nicht, wohl aber im Besucherzentrum die Weine verkosten und kaufen.

Schlafen

Zentrale Reservierung für alle vier Hotels (€€–€€€) unter: T 23 75 07 70 00, www.portocarras.com, ganzjährig geöffnet. Alle Hotels sind auch pauschal buchbar.

Bewegen

- **Rundwanderweg D11:** Ein 9,8 km langer Rundwanderweg führt in leichtem Auf und Ab durch die grüne Umgebung.

Infos

- **Bootspendelverkehr:** mit Néos Marmarás im Sommerhalbjahr mindestens stdl. 9.30–24 Uhr, einfach 3 €.

Tristiníka

G7

ΤΡΙΣΤΙΝΙΚΑ, Τριστινίκα
Sie haben die Wahl: Um von Néos Marmarás/Pórto Carrás weiter nach Süden zu fahren, gibt es zwei Möglichkeiten. Die Sithonía-Rundstraße verläuft hoch oben am grünen Hang. Eine nicht durchgehend auf den gesamten 20 km asphaltierte, landschaftlich aber besonders reizvolle Strecke verläuft unmittelbar an der Küste und führt an vielen kleinen Stränden und Badestellen vorbei.

Überzeugt? Dann also weiter auf der Küstenstrecke: Kurz hinter der Zufahrt zur Weinkellerei der Domäne Carrás folgt man dem Wegweiser zum Campingplatz Stavrós. So kommt man zur Küstenstraße, die durch weithin unverbaute Landschaft direkt nach Tristiníka hineinführt. Wer doch die Sithonía-Rundstraße wählt, erreicht das Dorf über eine ausgeschilderte Stichstraße.

Tristiníka ist ein winziger Weiler, in dem in den Wintermonaten nur zwei Familien leben. Hier wohnt man fernab von jeglichem Massentourismus. Wer sich nicht selbst genug ist, wird leicht unglücklich, Hobby-Eremiten hingegen fühlen sich wie im Paradies. Ein Mietwagen sollte auf jeden Fall vor der Tür stehen.

Zum langen, wenig besuchten Sandstrand gelangt man, wenn man an der exzellenten Pension Villa Sithonía in Richtung Küste abbiegt.

Schlafen

Mitten im Grünen

Despótiko: Ein alter, üppiger Garten mit Pools zwischen knorrigen Olivenbäumen ist der große Trumpf dieses völlig einsam gelegenen, hervorragend in die Landschaft eingepassten Hotels, das außerdem fast direkt am Strand liegt.
Zwischen Küstenstraße (dort ausgeschildert) und Meer, T 23 75 05 11 50, www.hoteldespotiko.gr, €

Weltentrückt

Villa Sithonía: Eine griechische Familie aus Deutschland betreibt im Sommer diese völlig ruhig gelegene Pension mit 9 Zimmern und Apartments, die in zwei Gebäuden untergebracht sind. Für Haus-

OLIVEN

Einig sind sich alle Chalkidiker bei einem typischen Produkt ihrer Region: der Olive. Ihrer Meinung nach produzieren sie einige der besten Olivenöle und die besten grünen Tafeloliven des Landes. Uralte Olivenhaine, die schon Urwäldern gleichen, gibt es anders als auf Kreta und Korfu auf der Chalkidikí nicht. Dort haben die Venezianer schon in der frühen Neuzeit für einen intensiven Olivenanbau gesorgt, weil sie Öl für die Festbeleuchtung der Serenissima brauchten. Auf der Chalkidikí dagegen sind die meisten Olivenhaine noch keine 100 Jahre alt, stehen die Bäume erntefreundlich in Reih und Glied. Das nimmt ihnen zwar die Romantik, macht sie aber höchst produktiv. Die genaue Zahl von Bäumen wird von keiner Statistik erfasst, dürfte aber bei über einer Million liegen.

Wie soll eine Beachbar sein? Gechillte Atmosphäre, nette Leute, gute Musik – und das Meer als prächtige Kulisse. Die Ethnik Beach Bar in Tristiníka erfüllt alle Kriterien.

gäste wird auch gekocht, das Essen anschließend im schönen Garten serviert. Der Strand ist 400 m entfernt.

An der Küstenstraße an der Abzweigung zum Strand, T 23 75 05 11 18, in Deutschland 07121/2 33 75, www.villasithonia.gr, €

Ausgehen

Legendär

Ethnik Beach Bar: Farbige Glühlampen, Hängematten und ein wenig ethnisches Dekor sorgen in dieser Beachbar auf einer niedrigen Düne für einen Hauch karibischer Exotik, jeden Sonntag zwischen Anfang Juli und Mitte August lösen Live Acts die Musikkonserven ab. Hier trifft man sich, um zu relaxen – im Hochsommer rund um die Uhr.

Am nördlichen Strandabschnitt (Zufahrt von der Villa Sithonía aus), nur Juni–Sept., im Hochsommer 24 Std. tgl. geöffnet, Cola 3 €, kleine Flasche Bier 5–6,50 €, Cocktails 7,50–9 €, Joghurt mit Honig 4 €, Souvláki im Fladenbrot 2,50 €, Liegestühle und Sonnenschirme am Strand kostenlos

Infos

- Kein Linienbusverkehr.

Toróni

G7

ΤΟΡΩΝΗ, Τορώνη

In Toróni (250 Einw.) fühlt man sich ein bisschen wie am Ende der Welt. Der Ort scheint für nichts anderes als Schwimmen, Sonnen, Essen und Trinken geschaffen zu sein. Und so ziehen sich Tavernen, Beachbars und kleine Pensionen des Straßendorfs einen hellen, kilometerlangen, sichelförmigen Sandstrandes entlang.

Antikes auf Schritt und Tritt

Zwischen den Ruinen einer kleinen **Burg** auf dem niedrigen **Kap Likíthos** sonnen sich viele kleine Eidechsen zwischen den alten Steinen. Hier stößt man auf die Ruinen zweier Türme und einer Zisterne. In antiker Zeit soll hier ein Tempel der Göttin Athena gestanden haben. Später wurde die winzige Halbinsel wiederholt befestigt, zuletzt wohl von Römern und Byzantinern. Wer gern in unwegsamem Gelände herumstreunt, kann von hier aus den Hügel im Süden der Bucht erklimmen, wo an mehreren Stellen noch **antike Stadtmauerreste,** Zisternen und Spuren einer frühchristlichen Basilika erhalten sind.

Vom südlichen Ende der Uferstraße sind es nur wenige Schritte zur Burgruine. Auf dem Weg dorthin liegen im Wasser einige Steinblöcke antiker Kaianlagen und unmittelbar an der Wasserkante sind Grundmauern eines antiken Lagerhauses auszumachen.

THUKYDIDES ÜBER TORÓNI

Kaum zu glauben: In der Antike war das heute so unscheinbare Toróni eine der reichsten Städte der Chalkidikí, die sogar ihre eigenen Münzen prägte. Woher man das weiß? Weil die Stadt ab 479 v. Chr. 12 Talente jährlich als Tributzahlung an den Attisch-Delischen Seebund und damit an Athen leistete, das damit nicht nur seine Akropolis finanzierte, sondern auch seine Kriege gegen griechische Nachbarn. Der Reichtum resultierte wohl vor allem aus Torónis günstiger Lage als Umschlagplatz für Schiffsfracht zwischen dem Schwarzen und dem Mittelmeer. Einen kleinen Einblick in das Leben in Toróni im Jahr 423 v. Chr. gewährt uns der griechische Geschichtsschreiber Thukydides in seinem Werk »Der Peloponnesische Krieg« (Buch 4, 110–116), das heute noch gut lesbar ist.

Schlafen

Legerer Strandurlaub

Georgiádis House: Die kleine Apartmentanlage am langen Sandstrand von Toróni besteht aus 14 geschmackvoll eingerichteten Studios in zwei kleinen zweigeschossigen Bauten, die durch keine Straße von Strand und Meer getrennt werden. Am mittelgroßen Pool mit Bar stehen 12 Rattanliegen, auf der Liegewiese mit Palmen und Außengrill sowie am Strand, an dem alte Bäume Schatten spenden, können die Gäste ebenso kostenlos Kunststoffliegen nutzen. Gleich neben dem Haus parken Gäste das Auto unterm Sonnendach, ein kleiner Supermarkt ist nur 50 m entfernt. Bettwäsche- und Handtuchwechsel erfolgen einmal wöchentlich.

Meerseitig an der Uferstraße am nördlichen Ortsanfang, T 23 75 05 10 80, im Winter 23 10 43 26 33, www.georgiadis-house.com, €–€€

Ganz schön stylisch

Aktí Toróni: Die Sonnenschirme am Hotelstrand sind natürlich cremeweiß, denn schließlich gehören sie zum einzigen Boutique-Hotel im Ort. Wer für den Hauch von »Style« bereit ist, in der Hauptsaison viel zu zahlen, wohnt hier gut und modern. Alle 39 Studios verfügen über eine gute Kitchenette und einen Balkon mit zumindest seitlichem Meerblick. Buchen muss man allerdings mindestens fünf Nächte, sonst kommt man hier nicht unter.

Landseitig an der Uferstraße, T 23 75 05 11 00, www.aktitoroni-hotel.gr, €–€€

Essen

Häppchen für Schildkröten

Ángelos Garden: Die Natur macht die Strandtaverne attraktiv. Gleich an einer Bachmündung stehen Tische auf dem Rasen unter schattigen Bäumen. Bei gutem Wetter sonnen sich gerne kleine Bachschildkröten auf den Steinen im Wasser. Bei schlechtem Wetter lassen sie sich durch Brotbrocken anlocken. Für Menschen gibt's an diesem angenehmen Ort eine gute Auswahl an täglich frisch gekochten Gerichten. Wirt Ángelos Vassilikós spricht Deutsch. Erfreulich: Statt Limonaden des Coca-Cola- oder Pepsi-Konzerns wird Épsa-Limonade von einer kleinen Fabrik auf der Pílion-Halbinsel serviert!

An der Hauptstraße, tgl. ab 9 Uhr, €

Bewegen

Ganz ohne Motoren

Kontiki Paddlers: Eftychia ist Outdoor- und Öko-Fan mit Leib und Seele. Deswegen vermietet sie nur Kajaks und SUPs. Neben den üblichen aufblasbaren SUPs hat sie auch selbst an der Entwicklung von hölzernen SUPs mitgewirkt und vermietet sie hier. Kein Grund zum Kneifen: Wer noch keine Vorerfahrung hat, bekommt von ihr auch alles Wesentliche in einen kurzen Anfängerunterricht vermittelt, und es kann losgehen.

Neben der Ethnik Beach Bar

Tauchen für alle

Azure Diving Centre: Inhaber Dimítris bietet neben Tauchkursen und Tauchgängen zu den Überresten des versunkenen Hafens der antiken Stadt auch spezielle Tauchkurse und -gänge für Interessenten mit Behinderung an.

An der Uferstraße, T 23 75 05 10 06, www.azuredivingcenter.com

Pórto Koufó

G7

ΠΟΡΤΟ ΚΟΥΦΟ, Πόρτο Κουφό

Am »Verborgenen Hafen« kann man getrost vorbeifahren, wenn man nicht gerade Appetit auf frischen Fisch hat oder Fischern beim Netzflicken zusehen will. Der südöstlichste Ort der Sithonía besteht nur aus einigen wenigen Häusern am Nordostufer einer Meeresbucht, die fast ganz von Bergen umschlossen zu sein scheint. Sie ist etwa 1600 m lang, 550 m breit und bis zu 33 m tief. Ihre nur 300 m breite Verbindung zum Meer sieht man erst, wenn man im südlichen Teil der Bucht steht. So sitzt man also in den einfachen, guten Fischtavernen von Pórto Koufó wie an einem Binnensee und blickt auf Fischerboote und Segelyachten. Der Strand ist wenig einladend, das erklärt, warum es an der Bucht nur ein einziges kleines Hotel gibt.

Einzige Sehenswürdigkeit ist ein **Denkmal** an der Uferstraße, neben dem ein kleiner Hubschrauber steht. Hier stürzte 2004 ein griechischer Militärhubschrauber ab. Alle 17 Insassen, die auf dem Weg in die Mönchsrepublik Áthos waren, kamen ums Leben. Unter den Opfern war auch der orthodoxe Patriarch von Alexandria, der für den gesamten afrikanischen Kontinent zuständig ist: Vor allem in Ägypten und im südlichen Afrika leben zahlreiche orthodoxe Christen griechischer Abstammung.

Weiter ans andere Ufer

Hinter Pórto Koufó wendet sich die Sithonía-Rundstraße der Ostküste zu. Sie steigt durch Phrigana und für Wiederaufforstungen terrassierte Hänge bergan. Bei der **Kilometertafel 88** staunt jeder Fotograf: Hier gibt es tatsächlich eine griechische Landschaft, in der kein einziges Strom- oder Telegrafenkabel und noch nicht einmal ein Haus zu sehen ist. Wie Elefantenköpfe samt Rüsseln geformte Bergzungen streben tief unten dem Meer entgegen, das hier an steile Felsküsten brandet; für einige Zeit ist weit und breit kein einziger Strand zu entdecken. Bei **Kilometertafel 86** gleicht die Landschaft einem Felsgarten; überall sind ganz unterschiedliche Steinblöcke über die stacheligen Hänge verteilt. Bei Kalamítsi erreicht die Passstraße dann wieder die Küste.

Himmlisch

Hätte der Himmel Balkone, wäre die Terrasse der **Taverne Panorama** sicherlich einer davon. Geórgios, der Senior-Wirt des überreich mit Statuen antiker Göttinnen und Götter dekorierten Restaurants, ist Viehzüchter. Seine etwa 100 Ziegen lieben ihn – oder zumindest seine Blumen nahe der Tavernenterrasse, weshalb er sie immer wieder lautstark und theatralisch verscheucht. Irgendwann nimmt er dann Rache und serviert die jüngeren von ihnen als leckeres Zicklein mit *kritharákia,* reiskornförmigen Gerstennudeln (10 €). Sein Sohn Dimítris kümmert sich hauptsächlich um die Taverne, öffnet zusätzlich aber noch jeden Morgen zwischen 8 und 9 Uhr sein Büro für Kfz-Versicherungen im Dorf Sikiá.

Gäste sind hier auch willkommen, wenn sie nur ein Getränk zu sich nehmen und dabei den Ausblick auf die grandiosen Steilufer der menschenleeren Landschaft zwischen Kalamítsi und dem Südkap der Sithonía genießen. Meist ganz deutlich sichtbar steigt auf der anderen Seite des Singitischen Golfes der über 2000 m hohe Berg Áthos aus der Ägäis auf – zu jeder Tages- und Jahreszeit immer wieder in ein anderes Licht getaucht. Solch spektakuläre Kulissen kann selbst Hollywood nicht bauen …

An der Sithonía-Rundstraße zwischen Passhöhe und Kalamítsi, tgl. ab ca. 9.30 Uhr, €

W

WIE BITTE?

»The boat is fully equipped«, wirbt der Kapitän in seinem Prospekt für Tagesausflüge ab Pórto Koufós. In deutscher Übersetzung liest sich das anders – da steht: »Der schiff hat voll bewaffnung.« Keine Sorge, auf den Fahrten geht es ganz friedlich zu … Ausflugsziele sind entweder die Küste des Berges Áthos, Pefkochóri oder die unbewohnte Insel Kélifos vor Néos Marmarás (T 69 73 59 03 37, ca. 50 € inkl. Lunch).

Bewegen

- **Rundwanderweg:** In Pórto Koufó ist eine 6,2 km lange Wanderung nach Kaprós im Süden der Halbinsel ausgeschildert.

Kalamítsi

H7

ΚΑΛΑΜΙΤΣΙ, Καλαμίτσι

Kalamítsi einen Ort zu nennen wäre etwas übertrieben. Im Küstenweiler wohnen im Winter nur noch fünf Familien, in den Sommermonaten schlafen die meisten seiner vielen Gäste auf Campingplätzen. Reizvoll auch für einen Badestopp während einer Sithonía-Rundfahrt ist der sandige Ortsstrand, vor dem ein kleiner Fels im Meer auch für schlechte Schwimmer gut erreichbar ist. Weiter südlich schließen sich daran noch weitere, halbkreisförmig geschwungene Buchten an, wo weder Liegestühle noch Sonnenschirme, geschweige denn Hotels von Tourismus zeugen. Auf dem Campingplatz Pórto hat sich eine Tauchschule etabliert, kein Wunder, denn die felsige Südspitze der Sithonía ist ein ideales Tauchrevier.

Schlafen, Bewegen

Einfach mal abtauchen

Dolphin Diving & Porto Kalamítsi: Cheftaucher Vasílis Pargas ist im Ruhrgebiet aufgewachsen und spricht gut Deutsch, seine Frau Silvia stammt aus München und auch die meisten seiner Mitarbeiter kommen aus deutschsprachigen Landen. Getaucht wird von Mitte April bis Mitte Oktober. Wohnen kann man in 10 Studios oder 5 Apartments mit Platz für bis zu 6 Personen. Alle Wohneinheiten sind modern und geschmackvoll eingerichtet.
Am Strand, nördlicher Abschnitt, T 23 75 04 15 65, www.kalamitsi.com

Sikiá

G7

ΣΥΚΙΑ, Συκιά
Hinter Kalamítsi wendet sich die Rundstraße wieder von der Küste ab. Ausgeschilderte Stichstraßen führen zu den langen Sandstränden Klimatária Beach und Kri Kri Beach, an denen viele Griechen den ganzen Sommer über ihre Wohnwagen stationiert haben. Für sie mag das angenehm sein, der Anblick der Wohnwagenreihen stört das Landschaftserlebnis aber ganz erheblich. 6 km hinter Kalamítsi durchquert die Rundstraße die Küstenebene von Sikiá mit Windmühlenstümpfen aus dem 19. Jh. und einem weiteren langen Sandstrand.

Tourismus spielt keine Rolle

Im historischen Ortskern von Sikiá stehen noch mehrere alte Häuser aus dem 19. Jh. Manche Läden wie die des Schneiders und des Schusters wirken museumsreif. Die Schulgebäude stammen aus den Jahren 1870 und 1920, die auf einem niedrigen Hügel thronende Dorfkirche Ágios Athanássios aus der Zeit um 1865. Mit 2450 Einwohnern ist Sikiá der größte Ort der südlichen Sithonía. Seine Bewohner leben überwiegend von der Viehzucht, einige Familien auch von Fischfang und Imkerei. Der Tourismus spielt im Ort keine Rolle, denn Sikiá liegt 3 km vom Meer entfernt.

Rundreisende können getrost auf einen Besuch im Ort verzichten. Wer in Sárti oder Kalamítsi Urlaub macht, fährt am besten an einem Samstagvormittag hin: Dann findet in Sikiá ein großer, gut besuchter **Wochenmarkt** statt. Den nehmen viele deutschsprachige Dauerurlauber in der Region zum Anlass für einen wöchentlichen Stammtisch in der Taverne Mimósa am Eingang zum Marktgelände, bei dem auch Neulinge immer willkommen sind. Da kann man viele aktuelle Tavernentipps für die ganze Umgebung erhalten.

Bewegen

- **Rundwanderweg D13:** Von Sikiá führt ein Rundwanderweg auf den Höhenzug hinterm Ort, Höhenunterschied 345 m, Länge 12,5 km.

Sárti

H6

ΣΑΡΤΗ, Σάρτη
Der Blick vom breiten, kilometerlangen Sandstrand übers Meer auf den Berg Áthos ist immer wieder toll! Dahinter erstreckt sich ein Dorf mit rechtwinkligem Straßennetz, das deutlich seine Gründungszeit um 1930 verrät. An den Gassen stehen noch einige alte Flücht-

Ohne Zweifel, jeder Strand auf der Sithonía-Halbinsel hat seinen eigenen Charakter, schön sind sie alle. Dieser bei Sárti nennt sich selbstbewusst Goa Beach.

lingshäuser, oft überrankt von Hibiskus und Bougainvilleen. Die kleine Platía mit Bänken, Blumen, Bäumen und Lokalen wirkt sehr nett, die vielen Café-Bars und Tavernen an der kurzen Uferpromenade und eine Kneipe an der kurzen Stichstraße vom Dorf zur Sithonía-Rundstraße sorgen für abendliche Unterhaltung ohne zu viel Trubel. In Sárti geht es noch relativ urgriechisch zu: Die Einheimischen sitzen vormittags und abends vor ihren Häusern und Geschäften, unterhalten sich, spielen Távli und trinken Kaffee. Ein echter Lieblingsort an der Küste Sithonías.

Gýros statt Hummer

Sárti war bis etwa 1995 der Treffpunkt junger Individualtouristen auf der Chalkidikí. Jetzt machen hier vor allem junge Urlauber aus Ungarn, der Tschechien und der Slowakei Urlaub, das Preisniveau in Sárti ist das niedrigste der ganzen Region. Man genießt Gýros statt Hummer. Das gibt Sárti ein wenig das Flair des Rucksacktourismus-Zeitalters zurück, zumal viele junge Osteuropäer mit dem Bus anreisen.

Schlafen

Relaxen an Pool- und Beachbar

Póntos: Das Strandhotel mit 42 Zimmern und Studios ist vor allem bei jüngeren Urlaubern beliebt. Am Strand ist viel Platz, kommunikationsfördernd sind das Beachvolleyballfeld, die Poolbar und die hoteleigene Beachbar. Und abends ist man in 10 Minuten im Ortszentrum.
Am Strand südlich des Ortszentrums, T 23 75 09 43 01, www.hotel-pontos.gr, €–€€

Für Frühaufsteher

House Theodóra: Morgens um 6 kommt die Müllabfuhr, um 7.30 Uhr läuten unerbitt-

Lieblingsort

Hallo Welt!

Manche können nicht genug kriegen vom Blick aufs unendlich weite Meer. Mir ist das auf Dauer zu langweilig. Darum liebe ich den breiten Sandstrand von **Sárti** (📍 H 6). Im Vordergrund steigen fast immer lässige Surfer auf ihre Bretter, im Hintergrund gipfelt die Mönchsrepublik Áthos in ihrem 2053 m hohen namensgebenden Berg. Der ferne Riese bietet eine prächtige Kulisse für das lebensfrohe Strandleben. Während ich Pärchen beim Flirten, Kleinkindern beim Buddeln und coolen Jungs beim Schaulauf zusehe, denke ich darüber nach, wie anders das mönchische Leben in den Klöstern auf der anderen Seite des Golfs abläuft – und bin froh darüber, hier zu sein und das im Sommer sehr geschäftige Dorf gleich im Rücken zu haben, wo ich lieber bei Wein und Souvláki über Gott und die Welt nachsinne.

lich die Kirchenglocken. Wem davor nicht graut, der fühlt sich in dem familiär geführten Haus an der Uferstraße und nur 150 m von der Platía entfernt sicher wohl. Für Gäste sind die Liegen vor der Beachbar des Hauses kostenlos. Die Kitchenette ist so bestückt, dass man sich ein Frühstück oder ein leichtes Mahl zubereiten kann.

Uferpromenade im Ortszentrum, T 69 77 71 44 78, www.sarti-theodora.gr, €–€€

Gut betreut, rundum verwöhnt

Maistráli: Bei Jenni Kechidis und ihrer deutsch-griechischen Familie wohnt man nur 5 Min. vom Ortskern und Strand entfernt. Ihr kleines Hotel mit 26 sehr geräumigen Zimmern steht auf einem niedrigen Hügel und bietet einen fantastischen Blick übers Meer zum Heiligen Berg. Die Familie baut Oliven, Gemüse, Wein und Kräuter an und verwendet die Produkte in der Hotelküche.

Nördl. Ortsrand, T 23 75 09 45 71, www.maistrali-sarti.com, Halbpension mgl., €–€€

Essen

Mit Áthos-Blick

Kivótos/Arche Noah: Den kostenlosen Begrüßungs-Oúzo gibt es auf der Chalkidikí sonst fast nirgends, hier ist er üblich. Das Essen ist guter Durchschnitt, der Blick auf den heiligen Berg einfach himmlisch.

An der Uferpromenade im Ortszentrum, tgl. ab 10 Uhr, €€

Macht gute Laune

To Peponáki ke to Karpouzáki: Das »Honig- und Wassermelönchen« ist ein Hingucker im Ethno-Look. Stühle und Tische sind so kunterbunt, dass sie bestimmt auch Pippi Langstrumpf gefallen würden; die Atmosphäre ist ebenfalls Pippi-gemäß ganz entspannt und man kommt gerne mit den anderen Gästen ins Gespräch. Spezialität der Café-Bar ist ein Wassermelonen-Cocktail.

Im Dorf gegenüber der zentralen Bushaltestelle, tgl. ab 10 Uhr, €

Kleine Leckereien

Der Kindergarden: Pávlos Papadópoulos, bis dahin Miteigentümer der Arche Noah, hat sich 2018 von seinem Partner getrennt und abseits der Uferpromenade nahe der Platía ein Mezedopolío eröffnet. Wo heute die Gäste drinnen und draußen sitzen, spielte einst der Nachwuchs des Ortes. Die Küche ist die beste in ganz Sárti, man bestellt *mezedákia* statt Menüs. Der alte Teil ist sehr viel anheimelnder als die Erweiterung, darum sollte man abends eher früh oder erst ganz spät kommen bzw. vorab reservieren, um dort einen Platz zu bekommen!

20 m von der Platía an der Parallelstraße zur Uferstraße, tgl. ab 12 Uhr, €

Einkaufen

Made in Greece

Plethóra: Chrístos und Georgía fertigen zwar selbst keinen Schmuck an, haben aber einen exzellenten Geschmack und präsentieren in ihrem Laden überwiegend Objekte griechischer Juweliere und Schmuckdesigner in ganz verschiedenen Preisklassen.

Am meerseitigen Rand der Platía

Bewegen

Übers Meer paddeln

Sithon Travel: Donnerstags um 10 Uhr werden Seekajak-Touren angeboten, die u. a. zur Goa Beach Bar und zu einer Fledermaushöhle führen.

Ins Hinterland

Maultierritte: Täglich um 9 und um 14 Uhr starten von Sárti aus Maultierritte ins hügelige Hinterland. Auskunft in den Reisebüros.

Ausgehen

Die Szene ist ständig im Umbruch, mit Veränderungen ist jedes Jahr zu rechnen. Bisher lockt an der Stichstraße zur Sithonía-Rundstraße das **George Dancing Pub** eher ältere Gäste, gespielt wird meist Latin. An der Sithonía-Rundstraße ist der **Club Fact** als Disco nur sporadisch geöffnet. Alternativen sind das **Macedonian Spirit** (internationale Musik) und das **View** (griechische Musik), beide am Ortsrand.

Infos

- **Síthon Travel:** An der Hauptstraße, T 23 75 02 02 11, mobil 69 86 37 46 17, www.sarti.gr. Reisebüro mit gutem Ausflugs- und Unterkunftsangebot.

WER IST DER HIPSTE?

Die Drinks sind teuer, die Musik ist laut, wer etwas auf sich hält, kommt mit Sportwagen oder Speedboat. Zwischen Kalamítsi und Vourvouroú führen immer wieder Stichstraßen hinunter zu hippen Beachbars am Meer, die von Ende Juni bis Mitte September das auf der Chalkidikí urlaubende Szenepublikum aus Thessaloníki anlocken. Hier kann man vor lauter Social Spotting glatt den Drink vergessen. Originelles Mobiliar ist ein Muss, Live Acts im Hochsommer werden gesondert plakatiert. Kultstatus hat die legendäre **Goa Bar.** Konkurrenz machen ihr das **Talgo,** das **Orange Beach,** das **Hawaii,** das **Bahia,** die **Manassú Beach Bar** und die **Cielo Beach Bar.**

Vourvouroú

F5

ΒΟΥΡΒΟΥΡΟΥ, Βουρβουρού

Entspannter als Vourvouroú wirkt kein anderer Badeort auf der Chalkidikí. Nur locker bebaut, zieht er sich über mehrere Kilometer an einer Küste entlang, vor der mehrere Inselchen aus dem Wasser ragen. Sie sorgen dafür, dass dieser Teil des Singitischen Golfes wie eine große Lagune wirkt. Die See ist fast immer glatt, macht die Lagune zum idealen Revier auch für unerfahrene Motorbootmieter. Die legen vagabundierend an den grandiosen Stränden der Inselchen und des Festlands bis hinauf nach Órmos Panagías an, springen vom Boot aus ins erfrischende Blau, picknicken an Land oder auf dem Meer. An Tagen ohne Motorboot kann man sich einer geführten Seekajak-Tour anschließen oder sich am Traumstrand Karídi Beach in der Sonne aalen – und kleine Abendspaziergänge werden schon deshalb notwendig, weil die Tavernen über den ganzen langgestreckten Ort verteilt sind. Der schmale Kiesstrand ist dabei die schöne Alternative zur Straße.

Schlafen

Massentourismus gibt es in Vourvouroú nicht. Man wohnt in kleinen Hotels und Apartmenthäusern meist direkt am Strand.

Mit allen Sinnen

Ekiés Senses Resort: Ein bisschen Design, ein bisschen Feng-Shui. Das ökologisch orientierte Hotel ist ein idealer Ort für komfortable Urlaubstage, an denen man in den Hängematten im Garten, im Spa, am Pool oder am Strand mit Hotelservice entspannen möchte. Der Hotelstil fügt sich gut in die sanfte Landschaft ein. 64 Zimmer/Suiten, zehn Gehminuten vom Karídi Beach entfernt.

Auf der Karídi-Halbinsel, dem Ort zugewandt, T 23 75 09 10 00, www.ekies.gr, €€–€€€, über Veranstalter buchbar

Im Südstaatenlook

Diáporos: Fährt man vorbei, wähnt man sich vielleicht in New Orleans oder Alabama. Das Hotel ist architektonisch in ganz Hellas einzigartig. Gäste sind überwiegend griechische Familien, auch Suiten mit 6 Betten sind buchbar.

An der Uferstraße meerseitig im Ortszentrum, T 23 75 09 14 84, www.hotel-diaporos.com, €–€€

Old-fashioned

Hotel Vourvouroú: Griechenland wie vor 40 Jahren: Dieses einfache, liebenswert altmodisch geführte Haus mit 38 Zimmern bietet direkten Zugang zum Strand. Hier wohnt man überwiegend unter Griechen.

Zwischen Dorfstraße und Meer, T 23 75 09 12 61, €

Essen

Vourvouroú ist die inoffizielle Pizzahauptstadt der Chalkidikí. Nirgends sonst gibt es pro Einwohner so viele Lokale, die überwiegend wirklich gute Pizza servieren.

Der Allrounder

Gorgóna I Poulmán: Fisch, Fleisch, Gemüse, Gegrilltes und Gekochtes. Die älteste Taverne im Ort liegt direkt am Meer und ist fast das ganze Jahr über geöffnet.

Zwischen Dorfstraße und Meer, €

Am Anfang war die Pizza

Pizzeria Río: Mit dieser Pizzeria fing die Pizzamanie im Ort an. Hier genießt man eine leckere Steinofenpizze mit bis zu 60 cm Durchmesser und hausgemachte Nudeln auf einer Terrasse mit traumhaftem Blick über das Blau des Singitischen Golfs bis hinüber zur Áthos-Halbinsel.

An der Sithonía-Rundstraße, tgl. ab 18 Uhr, €

Wenn man vom gecharterten Boot in das kristallklare Blautürkis der Lagune bei Vourvouroú springt, hüpfen auch die Glückshormone. Danke, Poseidon, Gott des Meeres!

Bewegen

Ein Boot für mich

Get Wet: Sei dein eigener Kapitän!

Neben dem Hotel Ekies Senses, T 23 75 09 12 50, www.getwet.gr, Boote ab 100–120 € plus Sprit.

Surfen und schnorcheln

Surf Vourvouroú: Die Alternative für alle, die keinen Motor zur Fortbewegung auf dem Wasser brauchen. Bei Stéfanos und Kóstas kann man surfen, windsurfen und wingfoilen, aber auch Tret- und Segelboote mieten. Schnorchelausrüstung wird verliehen, auch Mountainbikes gibt es hier.

An der Spitze der Karídi-Halbinsel, T 69 09 82 10 98, www.surfvourvourou.com

Der Kajak-Spezialist

Sea Kayak Halkidiki: Ob allein, zu zweit oder auch zu viert: Für jede Konstellation gibt es hier das passende Kajak. Zum Programm gehören nicht nur 3- bis 8-stündige geführte Touren, sondern auch eine Sonnenuntergangstour – jeden Samstag um 17 Uhr sogar mit Weinprobe am Strand. Wer will, kann mit den Kajak-Profis außerdem zu speziellen Zeiten wandern: am Hang des Ítanos zwischen 17.30 und 21.30 Uhr. Da ist die Chance am größten, auch Wild zu sehen.

An der Uferstraße gegenüber dem Hotel Vourvouroú, T 69 45 23 56 86, www.seakayakhalkidiki.gr

Ausgehen

Einer bleibt nüchtern

Talgo Beach Bar: Die meisten griechischen Urlauber auf der Chalkidikí sind mit Auto oder Motorrad da. Trotzdem ist die entlegene Strandbar auch abends bestens besucht. An Wochenenden performen hier wechselnde DJs aus Thessaloníki und hauen einem die Beats um die Ohren.

6 km nördlich von Vourvouroú, an der Hauptstraße ausgeschildert

Órmos Panagías

F5

ΟΡΜΟΣ ΠΑΝΑΓΙΑΣ, Ορμος Παναγίας

Zur »Bucht der Allheiligen« fährt man, um weiterzufahren: Hier starten im Sommerhalbjahr täglich mehrere Schiffe zu Áthos-Kreuzfahrten. Órmos (500 Einw.) ist der Hafenort des 4 km entfernten Binnendorfs Ágios Nikólaos (2300 Einw.), das den Abstecher dorthin donnerstags lohnt, wenn sich auf dem Wochenmarkt die Tische unter frischem Obst und Gemüse und allerlei anderem biegen.

Áthos-Kreuzfahrten 

Mönchsrepublik für alle

Will man der Mönchsrepublik Áthos visafrei so nahe wie möglich kommen, gibt es dafür nur eine einzige Möglichkeit: eine **Tageskreuzfahrt** entlang der Westküste des heiligen Berges. Dabei nähert man sich dem Tabu-Ufer bis auf maximal 500 m, bekommt aber einen Eindruck von Architektur und Größe der Konvente. Man bewundert den Blick auf den über 2000 m hohen Berg an der Spitze der Halbinsel, den oft Wölkchen umspielen, aus immer neuen Perspektiven und wird mit viel Glück auch ein Stück weit von Delfinen begleitet.

Solche Tageskreuzfahrten werden zwar auch täglich von Ouranoúpoli (S. 90) und bei entsprechender Nachfrage von Urlaubsorten auf der Kassándra aus angeboten, doch ab Órmos finden sie täglich statt und geben zum Teil auch noch die Möglichkeit, die Insel Amouliani (S. 93) ein wenig kennenzulernen.

Die Reiseveranstalter propagieren vor allem eine Kreuzfahrt mit der ›**Menia Maria**‹ ab Órmos Panagías. Das eingesetzte Schiff ist im Stil eines Piratenschiffes gestaltet und bietet bis zu 600 Passagieren auf drei Decks Platz. Reiseleiter erklären, welche Klöster gerade zu sehen sind. Kleiner und eher wie ein traditionelles griechisches Boot aussehend sind die ›**Agios Georgios**‹ und die ›**Profitis Ilias**‹, aber auch sie fassen immerhin noch 150 Passagiere. Nur knapp 20 Prozent teurer (55 statt 45 €) sind Áthos-Kreuzfahrten an Bord des 2005 auf der Áthos-Halbinsel neu erbauten Holzschiffes ›**Freedom**‹, das nur 23 Gäste aufnimmt (s. auch S. 84).

Infos zu allen Kreuzfahrten: Friedrich Travel, (deutschsprachig) am Hafen von Órmos Panagías, T 23 75 03 14 80, www.friedrich-travel.com

Schlafen

Zimmer mit Aussicht

Barbagiánnis House: Sowohl vom Hafen als auch vom langen Sandstrand Traní Ámmos nur 150 m entfernt, ganz ruhig auf einem Hügel gelegen mit Áthos-Blick, Pool, Außengrill und Kinderspielplatz. Nur 8 Zimmer und 2 Bungalows. Nicht nur gut für Zwischenübernachtungen vor und nach der Áthos-Kreuzfahrt, sondern auch für mehrere Urlaubstage.

Vom Hafen dem Wegweiser 150 m folgen, T 23 75 03 15 78, www.barbagiannis.com, €

Infos

- **Linienbusverbindung:** Zwischen Ágios Nikólaos und Thessaloníki, Gerakiní, Metamórfossi, Nikíti 3 x tgl. Nach Órmos Panagías fährt der Bus nur während der griechischen Schulferien von Mitte Juni bis Mitte September – und das auch nur am Nachmittag. Busreisende müssen also ein Taxi von Ágios Nikólaos nach Órmos Panagías nehmen, wenn sie das Boot erreichen wollen.

Pirgadikía

F4

ΠΥΡΓΑΔΙΚΙΑ, Πυργαδικία

Hat ein einzelner Architekt das ganze Dorf geplant? Sieht man das völlig untouristische Pirgadikía (330 Einw.), könnte man auf den Gedanken kommen. Seine so einheitlich aussehenden schmucken Häuser liegen an und auf einem felsigen Kap. Das rechtwinklige Straßennetz lässt wieder ein typisches Flüchtlingsdorf der 1920er-Jahre erkennen, die Häuser selbst aber sind alle viel neueren Datums und relativ stattlich. Lohnenswert ist ein Päuschen auf der kleinen Platía direkt am Hafen. Hier legen ganzjährig viele arbeitende und im Sommer auch viele urlaubende Griechen gern eine Rast auf ihrer Fahrt zwischen Sithonía und der Áthos-Halbinsel ein. Die Preise in den Tavernen sind günstig, die überall angebotenen Miesmuscheln stammen aus Zuchtbetrieben der Chalkidikí.

Schöne Sandstrände liegen im **Kámbos** genannten Flachland nördlich des Dorfes. Dort ragt auch die Ruine eines Wehrturms auf, wie er für die alten Besitzungen von Áthos-Klöstern auf der Chalkidikí typisch ist.

Essen

Wie es mir gefällt

I Afthóni: Mein Stammlokal im Ort. Frische Muscheln, wenig Touristen und mit Déspina und Stratís Stratigáki besonders freundliche Wirtsleute.

Platía, tgl. ab 8 Uhr, €

TOUR
Áthos ahoi!

Mit der »Freedom« entlang der Mönchsrepublik

Der Weg ist das Ziel und die »Freedom« tuckert dem Sightseeing-Programm ganz angemessen gemächlich an den Klöstern der Mönchsrepublik entlang. Manchmal spielen Delfine mit der ›Freiheit‹ und springen übermütig durch die Wellen, mit etwas Glück sieht man am Ufer auch einen fischenden Mönch.

Das Boot ließ sich Captain Stylianós auf einer Werft in Ierissós auf der Áthos-Hauptinsel bauen. Er selbst hat das Holz dafür an den Hängen des Olymp ausgesucht. Weil er ein schweigsamer Mann ist, gibt er während der Fahrt so gut wie keine Erläuterungen; stattdessen liegt reichlich Informationsmaterial an Bord aus. Ferngläser stehen den höchstens 23 Passagieren zur Verfügung, um die Klöster weiter heranholen zu können. Näher als 500 m darf das mit Frauen und ›Ungläubigen‹ beladene Boot der heiligen Küste nämlich ebenso wenig kommen wie alle anderen Ausflugsdampfer.

In **Órmos Panagías** geht's an Bord. Leinen los, dann schippert die »Freedom« quer über den Golf bis auf Höhe des Klosters **Ágios Dionysios,** dessen Bau von besonders großem Gottvertrauen zeugt. Zahlreiche Balkone des achtgeschossigen Baus ragen über den Abgrund, viele Zellen ruhen nur auf hölzernen Spreizbalken in schwindelnder Höhe. An der Áthos-Küste

Infos

F-J 4-6

Start/Ziel: Órmos Panagías

Dauer: ca. 8 Std.

Veranstalter: Friedrich-Travel, Órmos Panagías, Büro am Hafen, T 23 75 03 14 80 (deutschsprachig), www.friedrich-travel.com. Unbedingt telefonisch reservieren!

entlang fährt das Boot wieder gen Norden. Immer im Blick hat man den über 2000 m hohen Berg Áthos, dessen Gipfel zwischen Ende Oktober und Ende April fast immer schneebedeckt ist. Besonders aufregend ist sein Anblick, wenn Sturmwolken heranziehen oder ein Gewitter ausbricht. In einer solch dramatischen Kulisse ist dann die Lage des Klosters **Símona Pétras,** das auf einem über 200 m hohen Felsplateau thront, noch grandioser. 1284 gegründet, wurde es nach einem Großbrand 1981 nach alten Plänen wieder aufgebaut. Von der Architektur her erinnert es fast an ein tibetisches Kloster. Danach zieht **Dáfni** vorbei, der Hafenort der Mönchsrepublik und offizieller Einreiseort für Pilger. Hier legen die Fähren aus Ouranoúpoli an, hier findet bei Einreise die Kontrolle des Visums und bei Ausreise eine Gepäckkontrolle statt: Man fürchtet vor allem Kunstdiebe.

Das nächste Kloster an der Westküste, **Ágios Panteleímonas,** ist nicht griechisch-, sondern russisch-orthodox. Auch Wladimir Putin ließ sich dort schon mehrmals blicken: Der Mann versteht was von populistischer Öffentlichkeitsarbeit. Um 1900 lebten in diesem Konvent über 2000 Mönche. Ganz so viele sind es noch nicht wieder, aber nach dem Ende der kommunistischen Ära erlebte es einen neuen Aufschwung und kennt trotz reiner Männerwirtschaft überhaupt keine Nachwuchssorgen.

Unmittelbar am Ufer folgen nun noch die Klöster **Xenofóntos** und **Dochiaríou,** bald darauf ist die Grenze der Mönchsrepublik erreicht und Ausflugsboote dürfen sich wieder dem Ufer nähern. Die »Freedom« passiert **Ouranoúpoli** mit seinem von Bord aus gut zu erkennenden Wehrturm und nimmt dann Kurs an den Dreniá-Inseln vorbei auf den Hafen des Inselstädtchens **Amoulianí.** Dort bleibt Zeit für einen Ortsbummel und ein Mittagessen, bevor ein letztes Highlight auf die Passagiere wartet: ein Bad in einer grün umrandeten Bucht auf der Südwestseite der Insel. Man springt ins kristallklare Wasser und klettert nach ein paar Runden über die Leiter wieder an Deck. Danach hat man noch 20 Minuten Gelegenheit, sich auf den Planken zu sonnen und den Tag Revue passieren zu lassen.

Áthos – der heilige Finger der Chalkidikí

Eine Welt ohne Frauen – selbst ohne weibliche Tiere, Katzen mal ausgenommen –, wo gibt's denn so was? Auf einem Großteil des östlichsten Fingers der Chalkidikí existiert eine solche Welt tatsächlich, und das schon seit über 1000 Jahren, ein Ende ist nicht in Sicht. In der Mönchsrepublik Áthos pfeift man auf Gleichberechtigung. Sie gehört zwar nominell einer Frau, doch die ist rein virtuell: die allheilige Maria, die den Gottessohn gebar. In diesem ihrem irdischen Reich sind über 2200 Männer in 20 recht riesigen Klöstern völlig darauf konzentriert, ihr zu huldigen. Und seit dem Untergang der Sowjetunion werden es immer mehr.

Wer orthodox und Mann ist, darf immerhin die Klöster und Einsiedeleien im Schatten des über 2000 m hoch fast senkrecht aus der Ägäis aufsteigenden Berges Áthos besuchen. Männer mit dem »falschen« Glauben brauchen eines der streng limitierten Visa für einen Kurzbesuch. Die müssen lange im Voraus beantragt werden. Mönche sieht man aber auch in Ouranoúpoli, der »Himmelsstadt«, kurz vor der Grenze zwischen den beiden Welten. Einen Blick aus 500 m Entfernung auf einige der Konvente gewährt allen Geschlechtern und jedem Alter die Teilnahme an einer sogenannten Áthos-Kreuzfahrt (s. S. 82). Näher heranfahren ist verboten.

An ihrem Ansatz zeigt sich die etwa 50 km lange Áthos-Halbinsel noch ganz weltlich. Die Küste zwischen Ouranoúpoli und Tripití ist mit Badehotels gespickt, meist All-inclusive-Anlagen. Auf der anderen Seite geht das Leben in Néa Róda und Ierissós seinen ganz normalen einheimischen Gang. Uriger ist Develíki. Die Kirche hat nichts gegen das weltliche Treiben. Zu Áthos gehört auch die einzige ständig bewohnte Insel der Chalkidikí: Amouliani. Da verbringen vor allem Thessaloniker ihre Sommerferien.

O

ORIENTIERUNG

Infos: www.ouranoupoli.gr
Verkehr: Wer nicht auf der Halbinsel wohnt, fährt mit dem Auto oder Linienbus über Ierissós und Néa Róda nach Ouranoúpoli. **Kurz-Kreuzfahrten** entlang der Áthos-Küste sind dort auch spontan noch buchbar. Wer Zeit genug hat, kann von Tripití zwischen Néa Róda und Ouranoúpoli aus etwa halbstündlich mit der **Fähre zur Insel Amouliani** übersetzen.

Develíki

📍G4

ΔΕΒΕΛΙΚΙ, δεβελίκι

Develíki bietet urgriechische Strandidylle wie in längst untergegangen gewähnten Zeiten. Der Ort liegt eindeutig im Abseits und ist gerade deswegen ein Volltreffer - wenn man sich an seiner Schlichtheit nicht stört.

Total reduziert

Eine 7 km lange Straße führt von Gomáti zwischen Sithonía und der Áthos-Halbinsel hinunter. Wo sie die Küste erreicht, stehen die Tische der **Taverne Dionisos** (www.develiki.com) unter dem schattigen Blätterdach niedriger Bäume auf dem nackten Boden. Wegweiser geben die Entfernung nach Los Angeles (18 739 km), Rio de Janeiro (13 225 km) und Barcelona (2178 km) an. Bunte Bänder flattern an den Ästen und verbreiten einen Hauch von Buddhismus, ausgediente Hüte dienen als Lampenschirme. Weit draußen vor dem kilometerlangen, meist menschenleeren Sandstrand (im Wasser steinig, Badeschuhe angebracht!) ziehen als Piratenschiffe aufgemachte Áthos-Dampfer der Großveranstalter vorbei, pendelt die Amouliani-Fähre hin und her.

Schlafen, Essen

Das einfache Leben

Eleni: Ein Zimmer findet sich 200 m entfernt in der ebenfalls direkt am Strand gelegenen **Fischtaverne Eleni.** Die Fliegenklatsche liegt auf dem Tisch, unterm Vordach der sieben ebenerdigen Zimmer

It's a man's world. Nicht nur Frauen ist der Zugang zur Mönchsrepublik verwehrt, auch weibliche Haus- und Nutztiere sind verboten. Ausnahme: Katzen, die sollen Mäuse jeglichen Geschlechts jagen.

Bei einem Kaíki werden die hölzernen Planken Kante an Kante befestigt. In griechischen Häfen sind sie vor allem als Fischerboote weit verbreitet.

nisten Schwalben. Gebäude, Mäuerchen und der Garten mit Tamarisken, Kiefern, Bananenstauden, Eukalyptus und Wein zeugen von der großen Leidenschaft des Senior-Wirts: Zement in jeder Form, ob zwei- oder dreidimensional, mit Kieselsteinen zu verzieren. Seine liebsten Objekte: Variationen des Weißen Turms von Thessaloníki und Amphoren.

T 69 46 53 53 15, www.develiki.com.gr, Familienzimmer, €

Ierissós

G4

ΙΕΡΙΣΣΟΣ, Ιερισσός

Ierissós (3100 Einw.) ist keine Schönheit. Manche Straßen in der großen Flüchtlingssiedlung sind noch nicht einmal asphaltiert, immer wieder liegen Brachen zwischen hässlichen Betonneubauten. Alte Häuser gibt es nicht: Ierissós ist erst seit 1932 neu entstanden, nachdem ein 151 Menschenopfer forderndes Erdbeben die alte Siedlung zerstört hatte. Trotzdem lohnt es sich vor allem für Urlauber mit Sinn für Skurriles, in Ierissós zwei Stündchen zu verbringen.

Ierissós und die EU

Symptomatisch für den der Gemeindeverwaltung völlig abgehenden Schönheitssinn (und den griechischen Umgang mit EU-Fördermitteln) ist das 2005 eingeweihte **Aquarium** in einer ausbetonierten Vertiefung in der EU-finanzierten Strandpromenade: ein Becken, neun selten geputzte Scheiben, gegenüber eine lange Bank, flankiert von zwei Standaschenbechern: Wer sich hier niederlässt, sieht ein paar Fische, wie sie auch in der Taverne Áthos hinter dem Aquarium an weiß gedeckten Tischen serviert werden. Da sehen sie auf dem Teller weitaus appetitlicher aus als hier im trüben Wasser.

EU-Hilfen gerade noch überlebt haben drei der traditionellen **Bootswerften** von Ierissós. Sie reihen sich am südlichen Ortsende direkt unterhalb der Straße nach Néa Róda direkt auf dem Strand aneinander. Abwrackprämien der EU in den 90er-Jahren des 20. Jh. haben manche Fischer dazu gebracht, ihren anstrengenden Beruf vorzeitig an den Nagel zu hängen. Andere wiederum haben abgewrackt und vom damit verdienten Geld einen Verwandten ein nagelneues Boot bauen lassen. Wieder andere haben sich umorientiert und hölzerne kleine Ausflugsboote in Auftrag gegeben. Auf diese Weise konnten die kleinen Werften hier überleben. Die Helgen liegen unter offenem Himmel oder unter Schutzdächern, sodass man den Bootsbauern gut bei der Arbeit zuschauen kann. Wer die Arbeiter höflich fragt, wird meist auch gern zum Fotografieren ganz nah ans Motiv herangelassen.

Zweimal Antikes

Wie unterschiedlich die Präsentation antiker Funde ausfallen kann, zeigen die beiden archäologischen Stätten von Ierissós. Folgt man von den Bootswerften aus der Straße Richtung Norden, weist schon nach ca. 200 m ein brauner Wegweiser auf die »**Ancient Akanthos**« hin. Folgt man dem Hinweis, lässt man sein Auto schon nach 30 m an einem kleinen Brunnen stehen und geht den gepflasterten Weg links hügelan. Nach 40 m zeugen rechts ein paar Säulenreste und Steinblöcke unter einem hässlichen Schutzdach von einem Tempel, der zur Akrópolis der antiken Stadt Akanthos gehörte (ständig frei zugänglich). Für den eher frustrierenden Anblick entschädigt der Ausblick, wenn man noch 20 m weiter auf die Hügelkuppe ansteigt.

Ein archäologisches Highlight ist hingegen die **antike Nekropolis** von Akanthos in einer Parallelstraße zur Uferpromenade gleich neben der Feuerwache und der Hauptkirche des Dorfes (Mo–Fr 8–14.30 Uhr, Eintritt frei). Auf einer Fläche von der Größe eines Tennisfeldes sieht man die verschiedensten Formen von Urnen, von denen manche die Asche des Verstorbenen, manche aber auch den ganzen Leichnam aufnahmen. Variantenreich sind auch die Sarkophage aus Stein und Ton mit und ohne Deckel. Einige Gräber sind so hergerichtet, dass man die Fundsituation nachvollziehen kann: Neben dem Skelett liegen noch die einstigen Grabbeigaben. Tafeln erläutern auf Griechisch und Englisch, was man sieht und was die Archäologen aus den Funden geschlossen haben. So aufgearbeitet akzeptiert man gern, dass die Archäologie viele Steuergelder verschlingt.

Fokus Ampelkreuzung

An der großen Ampelkreuzung von Ierissós kommt es immer wieder zu Zusammenstößen – nicht zwischen Autos, sondern zwischen Befürwortern und Gegnern des Goldabbaus (S. 240) auf der Chalkidikí und manchmal auch mit der Polizei. Ganzjährig hier aufgespannte **Banner** manifestieren die Argumente von Umweltschützern und Arbeitssuchenden. Wer sie fotografiert, wird kritisch beäugt.

Film ab

Im kleinen Park an der Kreuzung verfolgt ein **3D-Kulturtheater** hehre Ziele. Ein Film über die Mönchsrepublik Áthos läuft da auf Griechisch, Russisch, Serbisch, Bulgarisch und einmal wöchentlich sogar auf Deutsch. Die Unterwasserwelt der Chalkidikí zeigt ein weiterer Film auf Griechisch und Russisch, während die Fabeln des Äsop und die Taten des Herakles nur auf Griechisch erzählt werden (Eintritt 6 €, Programm auf www.axtada.gr).

Néa Róda G4

Bevor die Hauptstraße die Ostküste der Áthos-Halbinsel verlässt, passiert sie noch Néa Róda (1200 Einw.). Das ist auch nicht schöner als Ierissós. Ein Plus ist jedoch die unverbaute **Sandstrandbucht Aktí Voúlitsas** 600 m südlich des Hafens. Hinter Néa Róda wendet sich die Straße landeinwärts und verläuft durch eine Talsenke zur Westküste. Durch diese Senke ließ der Perserkönig Xerxes 483–480 v. Chr. einen 2,2 km langen und 30 m breiten Kanal graben, um seiner Flotte die gefahrvolle Umfahrung des Bergs Áthos zu ersparen. Heute ist er am besten auf Satellitenaufnahmen zu erkennen, vor Ort ist er kaum noch aufzuspüren.

STURE MÖNCHE

Auf dem Berg Áthos setzen die Mönche der Kalenderverwirrung das i-Tüpfelchen auf. Sie weigern sich, zumindest die an ein festes Datum gebundenen kirchlichen Feiertage wie Weihnachten nach dem Gregorianischen Kalender zu feiern, so wie es die übrige Orthodoxie tut. Deswegen werden in der Mönchsrepublik alle festen Feiertage zurzeit 14 Tage später begangen als im Rest der orthodoxen Welt. In noch einmal 1000 Jahren werden sie diese Feste sogar drei Wochen später feiern – und erst in 49 000 Jahren wieder zeitgleich mit allen anderen.

Ouranoúpoli H4

ΟΥΡΑΝΟΥΠΟΛΙ, Ουρανούπολι

»Himmelsstadt« heißt der letzte weltliche Ort auf der Chalkidikí. Himmlisch ruhig ist er nicht, denn von hier aus bringen konventionelle Fähren und zu charternde Schnellboote täglich Dutzende von Mönchen und Hunderte von Pilgern in die Mönchsrepublik. Hinzu kommen Tagesausflügler aus aller Welt und die Urlauber aus den nahen Badehotels. So sind die geparkten Autos in der »Himmelsstadt« sehr viel zahlreicher als die Häuser und Herbergen. Reizvoll ist Ouranoúpoli (950 Einw.) vor allem, weil hier so viele Mönche und Priester ihre Wartezeit ganz weltlich in Cafés und Tavernen verbringen. So viele Männer mit Bärten auf einem Fleck sind sonst wohl nirgends zu finden.

Sakrales Shopping

Das Zentrum des Dorfes gleicht einem sakralen Shopping Centre. Zahlreiche Geschäfte bieten **Ikonen** in jeder Preislage an, angeblich fast alle von Áthos-Mönchen gemalt. In Supermärkten versorgen sich Pilger, die karger Klosterkost entgehen wollen, mit Proviant. Postkarten mit Áthos-Klöstern darauf verkaufen sich bestens, denn wer nicht hinkommt, will sie zumindest als Foto absorbieren. Zum Essen und Trinken trifft man sich zumeist auf der nur etwa 200 m langen, autofreien **Uferpromenade** mit gutem Blick auf die Fähren, die vorgelagerten Inselchen und die Sithonía. An ihrem südlichen Ende erhebt sich direkt über dem Fähranleger die einzige historische Sehenswürdigkeit des Ortes: der **Wehrturm Prosphórion.** Die Mönche des Áthos-Klosters Vatopédi erbauten ihn im Jahr 1344. Im Turm sind heute zwei – nur sehr sporadisch zugängliche – Ausstellungen untergebracht: Eine präsentiert vor allem Ikonen und Fotos vom Áthos, eine andere erzählt von der Tradition der Teppichweberei in Ouranoúpoli.

Bis hierhin und nicht weiter

Durchfährt man den Ort auf der von Geschäften gesäumten Hauptstraße und passiert den Wehrturm, wendet sich die Straße nach links. Noch mehrere (gebührenpflichtige) Parkplätze, dann hört die Bebauung auf. Es folgen noch eine Taverne, ein paar private Villen und das Hotel Skítes. Schließlich erreicht man die **Ausgrabungen des Klosters Zygoú** direkt an der Grenze zur Mönchsrepublik, die auf dem Landweg nicht passiert werden kann. Sie wird von griechischen Soldaten streng bewacht, keiner darf sie überqueren. Hier, am Ende der Uferpiste, legen griechische Archäologen seit den späten 1990er-Jahren die Ruinen des früheren Áthos-Klosters frei (Mo–Fr 8.30–15.30 Uhr, Eintritt 3 €). Nur von 996 bis 1199 lebten hier griechisch-orthodoxe Mönche. Dann wurde es von römisch-katholischen Kreuzrittern geplündert. Sie errichteten über den Ruinen eine kleine Festung mit Burgmauer und elf Türmen, deren Reste deutlich erkennbar sind. Später wohnten nur noch Bauern darin, wovon u. a. eine alte Olivenpresse zeugt.

Schlafen

Traditionsreiche Luxusherberge

Eagle's Palace: Hier hat schon viel Prominenz genächtigt. Von der Straße aus kaum einsehbar, steht das architektonisch an die Áthos-Klöster erinnernde Haupthaus zwischen viel Grün über dem Meer. 170 Zimmer und Bungalows haben Platz im üppigen Garten, ein erstklassiger Service auf internationalem Niveau wird geboten. Pool, Hallenbad, Spa, Tennisplätze und Wassersportzentrum sorgen außerdem dafür, dass es keinem langweilig wird.

DEM HIMMEL SO NAH?

Desillusionierung: Seinen klangvollen Namen »Himmelsstadt« verdankt Ouranoúpoli keineswegs der Nähe zu den Klöstern. Bereits die antike, vom makedonischen Prinzen Aléxarchos 316 v. Chr. an gleicher Stelle gegründete Stadt trug diesen Namen. Das heutige Ouranoúpoli entstand erst 1922/23 neu, wirkt aber weniger am Reißbrett geplant als die meisten anderen Flüchtlingssiedlungen der Chalkidikí.

An der Straße zwischen Tripití und Ouranoúpoli, knapp 5 km vor Ouranoúpoli, T 23 77 03 10 70, www.eaglespalace.gr, €€–€€€, auch pauschal buchbar

Klösterliche Ruhe

Skítes: Das kleine, in einen naturnahen Garten eingebettete, sehr umweltbewusst geführte Bungalow-Hotel mit 21 je 21 m2 großen, geräumigen Zimmern und 4 Suiten ermöglicht noch wahres Áthos-Feeling. Inhaberin Karin Bohn pflegt den Stil eines unkomplizierten Individualhotels ohne Reisegruppen. Der Hotelpool liegt direkt am Felsufer, ins Meer gelangt man über eine Badeleiter. Am Pool werden jeden Sommer drei bis vier (zumeist klassische) Konzerte gegeben, die auch Nicht-Hotelgäste besuchen können. Auch das kleine Restaurant mit seinen frisch zubereiteten mediterranen Gerichten steht allen offen.

An der Uferpiste zur Klosterruine Zygoú, T 23 77 07 11 40, www.skites.gr, €€

Der Garten ist ein Traum

Xénia: Knorrige Ölbäume, ein paar Palmen, Pinien, Zitronen-, Granatapfel- und Mandarinenbäumchen stehen auf saftig grünem Rasen; Rosen, Oleander und Geranien setzen Farbtupfer. Dazwischen stehen zwei langgestreckte, aber nur zweigeschossige Zimmertrakte, gedeckt mit traditionellen Schieferschindeln, und mehrere Bungalows mit jeweils zwei bis vier Wohneinheiten. Bis zur Uferpromenade von Ouranoúpoli sind es 300 m, eine Linienbushaltestelle und ein Parkplatz für Hotelgäste liegen direkt vor der Tür. Spa und Pool sind vorhanden, nur die Qualität des Halbpensionsbüffets ist eher enttäuschend. Wenn möglich, bucht man besser nur Zimmer mit Frühstück.

Ortseingang aus Richtung Ierissós, T 23 77 07 14 12, www.paphotels.gr, €€

Essen

Fisch und Krustentiere

Kritikós und Kokkinós: Die meisten Restaurants in Ouranoúpoli haben nur Zufallsgäste, die einmal und dann wahrscheinlich nie wieder kommen. Viele Stammgäste aus der ganzen Region zählen hingegen diese beiden benachbarten, modernen Fischtavernen. Mönche sitzen hier relativ selten, denn das Preisniveau ist recht hoch. Fisch gibt's außerdem in den Klöstern genug, Fleisch hingegen nur selten.

An der zentralen, kurzen Gasse zwischen Hauptstraße und Uferpromenade, tgl. ab 12 Uhr, €€–€€€

Süße Welt

Lila Pause: Das Café an der Uferpromenade ist auch bei Mönchen ein beliebter Platz, um Eis oder die Teigbällchen *loukoumádes* zu essen. Schokoladenriegel gibt es hier allerdings nicht – die muss man sich im Laden gleich nebenan holen.

An der kurzen Uferpromenade, tgl. ab 8 Uhr, €

Bewegen

Nimm mich mit, Kapitän …

Rent a Boat Lampoú: Zu den Ouranoúpoli dicht vorgelagerten Dreniá-Inseln fährt man am besten im gemieteten Motorboot. Einen Bootsführerschein braucht man nicht, um sich ans Steuer der maximal 30 PS starken Boote zu setzen. Unterm Sonnensegel und mit Notfallausrüstung an Bord tuckert man damit ganz gemächlich hinüber zu den Inseln, legt an oder ankert in einer menschenleeren Bucht. Auch Amoulianí kann man ansteuern. Wer sich die Kapitänsrolle nicht zutraut, kann sich stattdessen von einem Taxi-Boot zu den Dreniá-Inseln hinüberbringen lassen.

An der Uferpromenade, T 69 48 11 99 60, www.rentaboatlampou.gr

Neue Wanderwege

D17 und D18: Spätestens 2024 soll ein gut ausgeschilderter Wanderweg (D 17, 6 km) eine Rundwanderung bei Ouranoúpouli ermöglichen, ein zweiter Wanderweg (D17, 12,2 km) soll von Ouranoúpoli nach Tripití führen.

Ausgehen

Auf ein Schwätzchen

Bratserá: In Ouranoúpoli will nicht jeder wie ein Mönch oder eine Nonne leben. Bekanntschaften schließt man am ehesten auf der Holzterrasse des Bratserá mit seinem langen Bartresen direkt am Wasser. Gespielt wird überwiegend griechische Musik.

Am anlegerfernen Ende der kurzen Uferpromenade, tgl. ab 10 Uhr

Infos

- **Linienbusse:** Über Arnéa nach Thessaloníki, Winter 5 x, Sommer 8 x tgl. Der erste Bus verlässt Thessaloníki um 5.30 (Sa/So 6.15) Uhr, damit Áthos-Pilger die Fähre dorthin erreichen. Auch der letzte Bus nach Thessaloníki hat Anschluss an die Fähre.
- **Parkplätze:** Gebührenpflichtige Parkplätze rechts unterhalb der Straße am

Auf der ›Reise nach Tripití‹ fieberten schon Generationen mit ihren Biilderbuchhelden mit. Vielleicht fühlt sich manch einer, wenn die Fähre von Tripití auf Amouliani anlegt, in einen Kindheitstraum versetzt.

Ortsanfang (ca. 8 €/Tag) und an der Uferstraße jenseits des Wehrturms (6 €/Tag).
• **Agioreítikes Grammés:** An der Uferpromenade nahe dem Anleger, T 23 77 07 11 49. Das Reisebüro im Ort, auch für Schiffstickets und Áthos-Kreuzfahrten.

Amouliani G4

ΑΜΟΥΛΙΑΝΗ, Αμουλιανή
Von Mitte September bis Ende Juni ist die nur 12 Quadratkilometer kleine Insel zwei Seemeilen vor der Küste der Áthos-Halbinsel für erholsame Strandferien wie geschaffen. Dann leben auf der einzigen bewohnten Insel der Chalkidikí nur 600 Menschen. Im Hochsommer hingegen schwillt die Zahl der Menschen auf bis zu 10000 Köpfe an. Viele Thessaloniker besitzen hier Ferienwohnungen, andere bevölkern Hotels und Pensionen, (legale und halblegale) Campingplätze. Viele nehmen das geliebte eigene Auto mit – obwohl man das hier ebenso wenig braucht wie auf den Nordseeinseln Borkum oder Norderney. Möchtegern-Cowboys und -girls bringen zudem häufig ihre Mopeds und Motorräder mit herüber, die nicht nur bei den üblichen Vorderrad-in-die-Luft-Starts unerschöpfliche Lärmquellen sind. Trinkwasser wurde bis vor wenigen Jahren im Hochsommer extrem knapp. Jetzt ist das Problem gelöst: Es wird durch eine Unterwasserleitung vom Festland her auf die Insel gepumpt.

Kutschenromantik

Im Hochsommer pendeln **Pferdekutschen** in zwölf Minuten zwischen dem **Fähranleger** und dem sandigen Hauptbadestrand **Alikés.** Am Strand werden

Lieblingsort

Im Rausch der Farben

Manchmal schätze ich ruhige Strände. Der **Karagátsia Beach** (📍 G 4) auf der Insel Amoulianí im Singitischen Golf ist einer davon. Flach fällt der feinsandige, goldgelbe Strand ab. Das ganze Hinterland bildet ein prächtiges Rahmenprogramm: üppig grüne Bäume, deren Zweige bis an das Wasser heranreichen. Die beiden kurzen Felszungen, die die Bucht einfassen, machen sie zum idealen Schnorchelrevier. Hotels und Orte sind weit und breit nicht zu sehen, nur eine kleine Kantína sorgt für Drinks und Snacks, ansonsten: Ruhe. Nur manchmal läuft ein Motorboot oder eine Segelyacht in die Bucht ein, wirft den Anker und lässt Passagiere von Deck aus in die blau und türkis schimmernden Fluten springen. Ich bade im flachen, kristallklaren Wasser, in Licht und Farben.

Kanus und Tretboote vermietet, ein großer Campingplatz liegt unter schattigen Bäumen. Ansonsten ist der Strand völlig naturbelassen. Weitere kleine Sand- und Kiesstrände erstrecken sich bis zu vier Kilometer vom Ort entfernt an der Nordostküste der Insel und sind zu Fuß oder per Fahrrad leicht zu erreichen. Außer dem ehemaligen **Wehrturm** aus dem 19. Jh. am Hafen, in dem heute der Nescafé-Frappé in einer Café-Bar angerührt wird, gibt es auf der Insel keinerlei historische Gebäude. Amoulianí gehörte bis 1925 einem der Áthos-Klöster, war bis dahin nur von zwei Mönchen und etwa 30 Arbeitern bewohnt. Dann kamen Flüchtlinge aus Dörfern nahe Istanbul, die zuvor überwiegend Fischer gewesen waren.

Schlafen

Das Beste auf der Insel

Agioníssi Resort: Aus mehreren Gebäuden bestehende, isoliert am Hang gelegene Anlage mit Pool, Tennisplatz, Beauty-Spa, Ponyreiten für Kinder, Motorbootvermietung, Tanz- und Kochkursen. 68 Zimmer, 300 m vom nächsten Strand entfernt. Mountainbikes gibt es kostenlos für die Gäste, wenn die Räder denn funktionstüchtig sind.

2 km östlich vom Dorf, T 23 77 05 11 02, www.paphotels.gr, €–€€

Zentral auf einem Hügel

Sun Rise: 46 Zimmer in zwei unmittelbar benachbarten Gebäuden mit Aussicht, gut geeignet für eine preisgünstige Zwischenübernachtung.

Auf dem Hügel, an dem das Inseldorf liegt, weithin sichtbare Leuchtreklame, T 23 77 05 12 73, www.ammouliani-sunrise.gr, €

Zentral im Ort

Archontaríki: Sehr sparsam möbliert, zentral, relativ ruhig, für eine Zwischenübernachtung okay.

In einer Seitengasse der Hauptverkehrsstraße, T 23 77 05 12 07, ganzjährig, €

Essen

Hier schmeckt's

O Jánis: Durch gleichbleibend hohe Qualität von Angebot und Service hat sich Wirt Jánis eine treue Stammkundschaft erworben. Auf der großen Terrasse sitzt man ruhig und größtenteils mit Meerblick. Wer mit einem gemieteten Boot unterwegs ist, kann hier auch am nahen Kai anlegen.

Über dem Stadtstrand, 10 Gehminuten vom Hafen, tgl. ab 10 Uhr, €

Bewegen

- **D16:** Ein nahezu ebener Wanderweg (4,4 km) ist vom Hafen zum Strand von Alikés ausgeschildert und markiert.

Infos

- **Fährverkehr mit Tripití:** Im Hochsommer verkehren von 7.15 bis 19.45 Uhr etwa halbstündlich Autofähren sowie um 21 und 23 Uhr Personen-Schnellboote. Einfache Fahrt für Personen 3,50 €, für Pkw 10 €, für Motorräder 4–6 €.
- **Linienbusse:** Alle Busse zwischen Thessaloníki und Ouranoúpoli halten in Tripití.

INSELLEBEN

118 bewohnte Inseln zählt ganz Griechenland laut Volkszählung 2021. Sechs davon haben nur einen einzigen Bewohner – und der ist meist nicht da. Amoulianí nimmt bevölkerungsmäßig den 60. Rang unter den Inseln ein.

Zugabe

Menschen auf der Chalkidikí

Viele zog es in die Welt hinaus, manche kehrten zurück in die alte Heimat.

Nicht das Gen des Odysseus, sondern Kriege, Diktatoren, Armut oder Gewinnstreben führten die Griechen schon immer weit in die Welt hinaus. Doch manch einer kommt zurück, – so wie Thomás Gounáris in Nikíti.

Drei Länder haben die Familie Gounáris geprägt. Vater Thomás, Jahrgang 1958, wurde in einem makedonischen Dorf geboren. Schon als Baby kam er mit den Eltern in den Ruhrpott. Mutter Julie von der Isle of Wight reiste in den Sommerferien nach Deutschland und jobbte in einem Steakhaus in Erkrath, in dem Thomás als Koch arbeitete. Da war es um beide geschehen. Sie heirateten 1987 im Standesamt in Erkrath und ließen sich gleich anschließend in Düsseldorf-Stockum griechisch-orthodox trauen. Julie brachte beide Söhne in Gerresheim und Grevenbroich zur Welt, ihr Geld verdienten die beiden mittlerweile mit einer eigenen Frittenbude in Grevenbroich. 1991 siedelten sie dann nach Griechenland über und eröffneten hier 1989 nach einem Vorspiel in Gerakiní ihre Taverne in Nikíti.

Auch heute noch unterhält sich das Paar untereinander auf Deutsch. Thomás ist selbst nach Jahrzehnten auf der Chalkidikí Fan von Borussia Mönchengladbach geblieben. Wenn die Fohlenelf in der Champions League spielt, fliegt er hin und ist so zwei- bis dreimal jährlich live im Stadion dabei. Fußballliebe hält ewig …

Julie zieht es in die weite Welt und so verwendet sie ihr Urlaubsbudget lieber auf zumeist winterliche Reisen in ferne Länder – oft zusammen mit ihrer urbritischen Mutter. Wenn Thomás Entspannung sucht, fährt er in die Mönchsrepublik Áthos. Er ist dort immer Gast in einer Einsiedelei, nicht in einem Kloster. Was er dort liebt, ist die Ruhe in seinem persönlichen Retreat. Er scheint auch der einzige Grieche auf der Chalkidikí zu sein, der ohne Smartphone leben kann. Das kann bei Bankgeschäften manchmal hinderlich sein: Wer keines hat, gilt unter Bankern als nicht kreditwürdig. Aber Kredite braucht Thomás nicht mehr.

Julie und vor allem Thomás ziehen sich nämlich langsam aus dem Tagesgeschäft zurück. Sohn Curt hat in der Küche die Regentschaft übernommen. Er ist genauso Koch aus Leidenschaft wie sein Vater, bringt freilich auch neue Ideen ein. Dabei setzt er auf Regionalität: So zieht er zum Beispiel in den Herbstmonaten zum Pilzesammeln los. Aris, der zweite Sohn, hat mit der Kochkunst weniger am Hut:

Ganz im Sinne der Familiengschichte geht es auch hinter den Kulissen international zu.

Er arbeitet im Service. 80 Prozent der Gäste im Restaurant Marina sind Griechen. Sie schätzen, dass sie hier bodenständig schlemmen, aber auch einen Hauch von – zum Beispiel deutscher – Exotik am Gaumen spüren können, wenn sie es möchten.

Ganz im Sinne der Familiengeschichte geht es auch hinter den Kulissen international zu. Als Nachtwächter arbeitet ein Albaner. Er ist froh über die 20 Euro, die er pro Einsatz erhält. Ein Lkw hat ihm schon vor neun Jahren Teile des Gesichts abrasiert, seitdem prozessiert er vor griechischen Gerichten gegen die Unfallversicherung des Schuldigen. Seine Frau arbeitet schon seit 18 Jahren als Küchenhilfe bei Julie und Thomás. Den Bau des neuen Kellers fürs Haus 2015 hat ein Architekt aus der Ost-Ukraine geleitet. Als er dabei auf Grundwasser stieß, hat er der Familie Gounáris die Installation einer Wärmepumpe empfohlen. Die wurde dann zur ersten in ganz Nikíti. Auch privat geht es international weiter: Sohn Curt hat eine Libanesin als Braut. Am allermeisten hält Thomás aber weiterhin von den Deutschen und stellt eine ungewöhnliche Behauptung auf: »Als komplette Männer sind die Deutschen die besten.« Welche Einzelaspekte er dabei ausnimmt, verrät er nicht … ■

Ein bisschen griechisch, ein bisschen deutsch, ein bisschen britisch: Julie und Thomás Gounáris lassen sich nicht auf eine Nationalität festlegen.

Binnenland

Wälder und Felder — sie prägen das Binnenland der Chalkidikí. Hier lässt es sich besonders gut aushalten, wenn an den Küsten alle schon beim bloßen Nichtstun schwitzen.

Seite 106

Archéa Ólinthos

Wie ideale Städteplanung in einer Demokratie aussehen könnte, dafür fänden unsere Politiker in den Ausgrabungen von Ólinthos ein Lehrstück. Ein schönes Landschaftserlebnis bekämen sie gratis dazu.

Seite 108

Gerakiní

Magnesium mal nicht in Tablettenform. Rechts der Straße von Gerakiní hinauf nach Polígiros liegt es auf weißen Halden in der grünen Landschaft, denn hier wird es bis heute abgebaut. Auf der Mole des ruhigen Badeortes Gerakiní wurde es früher auf Schiffe verladen.

Dichte Wälder: das Kontrastprogramm zur Küste

Eintauchen

Seite 116

Taverne Sógambros

Der berühmteste Tavernenwirt der Chalkidikí serviert am liebsten Schwiegermutterkoteletts. Schwergewichtige Damen nimmt er auch gern einmal auf den Arm. Und das alles in schönster Waldeinsamkeit nahe dem Gipfel des Cholomóndas.

Seite 116

Arnéa ✪

Makedonische Bilderbuch-Architektur wird im Städtchen Arnéa hinter den Bergen aufwendig gepflegt. Wer möchte kann hier sogar in traditionellen Herrenhäusern übernachten.

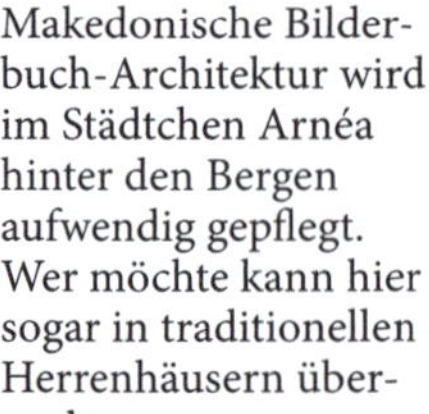

Seite 119

Agía Paraskeví

In einem kleinen Wäldchen bei Arnéa steht ein makedonischer Meisterkoch am Herd, der einst in Brüssel auf Sterneniveau kochte. Alle Zutaten sind regional, Trüffel und Waldkartoffeln stammen von den Hängen des Cholomóndas. Man ruft besser an, bevor man hinfährt, denn oft reservieren griechische Tauf- und Hochzeitsgesellschaften das wohl beste Waldrestaurant Nordgriechenlands ganz für sich.

Seite 123

Wildschweine bei Varvára

Kein Witz: Wildschweine mit Ziegenglocken trotten hier durch die Landschaft und sind ein ebenso gängiger Anblick wie Waldarbeiter mit ihren Maultieren. Von den touristischen Küsten ist man hier mehr als meilenweit entfernt.

Seite 124

Olimbiáda

Schwimmen, wo einst der Philosoph Aristoteles im Wasser plantschte, kann man bei Olimbiáda. Da haben Archäologen erst vor Kurzem seine Geburtsstadt freigelegt und als archäologische Stätte in wilder Natur hergerichtet.

Das sanftmütige Langohr gehört zum romantischen Griechenlandbild.

›Lachen ist eine körperliche Übung von größtem Wert für die Gesundheit.« (Aristoteles)

erleben

Wildschweine und Weihnachtsbäume

Abseits der Küsten ist die Chalkidikí ein bäuerliches Land mit weiten Getreidefeldern, riesigen Wäldern, jungen Olivenhainen, zahllosen bunten Bienenstöcken und nur ganz wenigen, dafür meist großen Dörfern. Tourismus? Der ist hier absolute Nebensache. Viel wichtiger ist die Waldwirtschaft. Auch ein Großteil der Weihnachtsbäume, die alljährlich in Griechenlands Wohnzimmern stehen, wächst hier. Durch die Wälder streifen domestizierte Schweineherden, deren Säue, Eber und Ferkel Wildschweinen ähneln, aber keine Scheu zeigen. Das Leitschwein trägt sogar eine große Ziegenglocke. Gefällte Stämme werden von Pferden zu den Sammelstellen gezogen, die Waldarbeiter scheinen aus einer längst vergangenen Epoche zu stammen. Genug Arbeit für alle ist freilich nicht da. Junge Leute wandern zu Sommerjobs in die Küstenorte ab oder ziehen ganz nach Thessaloníki. Darum sind die meisten Bewohner des Binnenlands auch für die Goldgewinnung (S. 240) in der Region, der sich die Küstenbewohner widersetzen.

Am Rand des Binnenlands, quasi der Handfläche der dreifingrigen Chalkidikí, liegen mehrere Küstenorte, die nur bedingt für Badeurlaub geeignet sind. Stratóni an der Ostküste fällt wegen seiner Bergbaubetriebe aus dem Raster, die Orte zwischen Flogitá und Néa Iráklia an der Westküste sind schon zu stark von der nahen Metropole Thessaloníki geprägt. Bleiben auf der Handfläche als Urlaubsorte in Küstennähe nur noch die geschäftige Kleinstadt Néa Moudianá im Westen, Gerakiní und Olimbiáda im Osten übrig.

Ein Tagesausflug durchs Binnenland beschert vor allem schöne Landschaftserlebnisse und mit den Ausgrabungen von Ólinthos und Stágira die beiden bedeutendsten archäologischen Stätten der gesamten Chalkidikí.

O

ORIENTIERUNG

Infos: www.dimosaristoteli.gr
Verkehr: Zur Erkundung des Binnenlands benötigt man ein eigenes Fahrzeug. Der vorgezeichnete Verlauf in diesem Kapitel ähnelt einer Kette, an der die drei Finger aufgehängt sind. Von Néa Moudianá kann man eine Kassándra-Rundfahrt einschieben, von Gerakiní eine Sithonía-Rundfahrt. Und wer möchte, kann zum Schluss an Olimbiáda noch die Áthos-Halbinsel anhängen.

Petrálona

C4

ΠΕΤΡΑΛΟΝΑ, Πετράλονα
12 km leicht hügelige Ländlichkeit liegen auf dem Weg zur **Tropfsteinhöhle von Petrálona.** An der Schnellstraße zwischen dem Flughafen von Thessaloníki und den Fingern der Chalkidikí machen braune Wegweiser auf die **Cave of Petrálona** aufmerksam.

Ein Schädel und die Wahrheit

Wer noch nie in einer **Tropfsteinhöhle** war, wird die touristisch gut erschlossene Höhle von Petrálona als Sehenswürdigkeit einstufen. Ausflugsveranstalter tun es auch. Vom Parkplatz aus geht es an etlichen Souvenirhütten vorbei zum Mini-Zug auf Gummirädern, der die Besucher hügelan zum Höhlenvorplatz bringt. 30 Minuten dauert die Führung durch die Unterwelt mit Stalagmiten und Stalaktiten, die aber nur optisch die Hauptsache sind. Mit Puppen nachgestellte Szenen zeigen, dass hier schon vor Urzeiten Menschen lebten. Von einem von ihnen hat man 1960 einen Schädel gefunden. Der ist in seiner Bedeutung und in seinem Alter äußerst umstritten. Die meisten Paläontologen schätzen sein Alter auf 160 000–240 000 Jahre. Áris Poulianós aber, der dem Fund seit 1965 sein Forscherleben widmete, datierte ihn in die Zeit um 700 000 v. Chr. Damit war seiner Meinung nach bewiesen, dass die ersten Menschen aus Griechenland stammen und nicht etwa aus Afrika. Wie denn auch anders?

Doch Áris Poulianós war in Kriegs- und Bürgerkriegszeiten linker Kämpfer und hat in Moskau studiert. Im akademischen Establishment hatte er nur wenige Freunde. 1965 war er zwar mit der wissenschaftlichen Betreuung des

Stalagmiten und Stalaktiten formten in der Höhle von Petrálona über Tausende von Jahren eine bizarre Landschaft.

Schädelfunds betraut worden, doch später entzog ihm das Kultusministerium diese Aufgabe, verbot ihm den Zutritt zur Höhle und jede weitere Untersuchung des uralten Schädels. Erst durch höchstrichterlichen Beschluss erhielt er wieder Zugang. Die Kontroverse blieb und wird jetzt durch seinen Sohn fortgeführt. Der ist, wie in der großen griechischen Politik auch üblich, Nachfolger seines Vaters als geistiger Herr über den Fund und auch als Vorsitzender der Anthropologischen Vereinigung von Griechenland, die der 1924 auf der Insel Ikaría geborene Áris Poulianós 1971 gegründet hatte.

Offiziell unterstand die Höhle immer dem Kultusministerium. Áris Poulianós drückte dem angeschlossenen **Museum** jedoch seinen ganz persönlichen, arg eigenwilligen Stempel auf. 2019 hat man offiziell mit der Restaurierung von Höhle und Museum begonnen. Manche hielten das nur für einen Schachzug im Kampf um die geistige Oberhoheit über den Schädel und seine Interpretation, doch inzwischen ist die Höhle wieder für Gäste zugänglich – das Museum harrt weiterhin seiner Wiedereröffnung.

https://petralonacave.gr, April–Okt. tgl. 8–20 Uhr, Nov.–März tgl. 8.30–15 Uhr, Eintritt 8 €

Wein für den Abend

Wer sich über die ganze Problematik nicht weiter den Kopf zerbrechen will, besucht nach der Höhle am besten noch die kleine Weinkellerei Oinopoieío Petralónou und verkostet ein paar der dort seit 2003 auf 3 ha ökologisch angebauten Weine. Dafür genutzt werden die Rebsorten Merlot, Sauvignon blanc und die autochthone griechische Traube Xinomávro.

Am Ortsausgang an der Hauptstraße, T 23 73 07 14 93, www.petrawine.gr, Di–Fr 9–17 Uhr, Weinprobe kostenlos

Im Hafen von Néa Moudaniá wird nicht nur Magnesit verschifft, sondern auch der Fang der Fischer angelandet. Wenn ein Boot anlegt, heißt es anpacken.

Néa Moudaniá C5

NEA ΜΟΥΔΑΝΙΑ, Νέα Μουδανιά

Besonders schön ist der Anblick der Frachter an der Mole von Néa Moudaniá zwischen November und April, wenn dahinter der schneebedeckte Olymp aufragt. Hier wird auch das in Gerakiní abgebaute Magnesit verschifft. Die Kreishauptstadt ist das Shopping- und Dienstleistungszentrum für die Bewohner der Kassándra und der bedeutendste Hafenort der Chalkidikí.

An der Uferpromenade reihen sich Restaurants aneinander, die an der Platía Vasmatzídi durch schicke Lounge-Cafés abgelöst werden. In den Gassen dahinter bieten Läden und Supermärkte alles an, was man zum Leben braucht. Aufregend ist das Städtchen mit seinen 6500 Einwohnern nicht, dafür typisch griechisch und noch recht untouristisch. Wer mehr als nur Atmosphäre schnuppern will, kann im Sommer zwei Museen aufsuchen und sich die Hauptkirche des Städtchens anschauen.

Zwei winzige Museen

Zu den Baukosten für das **Fischerei-Museum** (Museum of Fishing Boats and Equipments) hat der europäische Steuerzahler 45 Prozent beigetragen, was sich auf ca. 450 000 Euro belief. Néa Moudaniá bringt diese Investition ein paar zusätzliche Touristen, denen allerdings nur wenige Erkenntnisse. Die ausgestellten Objekte beschränken sich auf einen Taucheranzug, ein kleines Boot, viele Muscheln und einige wenige andere Kleinigkeiten. Dafür sind die englischen und griechischen Texte auf den Wandtafeln umso länger. Wirklich interessant sind für den Besucher eigentlich nur die Modelle, die verschiedene Arten des Fischens zeigen.

Das **Volkskundliche Museum** (Folklore Museum) direkt nebenan hält Erinnerungen an das kleinasiatische Moudaniá wach, aus dem die Griechen 1923 vertrieben wurden, und zeigt, wie sie in den folgenden Jahrzehnten im von ihnen gegründeten Néa Moudaniá lebten. Vor dem Museum hat man sogar ein typisches Flüchtlingshaus wieder neu aufgebaut.

Beide Museen am Stadtrand, Uferstraße zum Hotel Oceania Club, tgl. 8–16 Uhr, Eintritt frei

Eine wuchtige Kirche

Der äußerlich mehrgeschossig gegliederte, 2004 geweihte Prachtbau der Kirche Ágios Geórgios beeindruckt nicht nur durch seine Größe. Ziegelbänder und -dekors schmücken das Mauerwerk ebenso wie großflächig gemalte Heiligenfiguren und Mosaike auf Goldgrund. Bau und Ausschmückung wurden allein über Spenden finanziert, die größten »Wohltäter« sind auf Inschriftentafeln auf Höhe des äußeren Umgangs namentlich aufgeführt. Im Unterbau der Kirche hat ein Gastheiliger Aufnahme gefunden: Ágios Raffaíl. Seine Kapelle ist ständig mit Gläubigen gefüllt, denn er ist der Wunderheiler für moderne Krankheitsgeißeln der Menschheit, vor allem Krebs.

Odós Kassándras, meist nur zu Gottesdiensten geöffnet

Schlafen

Direkt im Städtchen gibt es nur zwei kleine Hotels und eine Pension. Doch etwa ein Kilometer nördlich bietet das Hotel Oceania Club bis zu 650 Urlaubern Platz. Um zu den Hotels zu kommen, biegt man von der Schnellstraße Thessaloníki-Kassándra/Sithonía kommend an der Ampelkreuzung mit AVIN-Tankstelle nach rechts in die mehrspurige Straße mit Mittelstreifen ab (Hinweisschild Hotel Oceania Club). Das Hotel Moudianá Mare ist dann nach Passieren des Supermarkts Masoútis (μασούτης) ausgeschildert (Wegweiser nach links).

Einfach und zentral

Moudianá Mare: Zweigeschossiger Bau mit 25 kleinen Zimmern. Das sehr freundlich geführte, kürzlich renovierte und neu eingerichtete Hotel bietet sich für eine preisgünstige Zwischenübernachtung an.

Odós G. Kariotáki i 10/Ecke Odós Filíppou, T 23 73 02 58 46, www.moudiana.business.site, ganzjährig geöffnet, €

Ganz schön schick

Sokratis La Bambola: Das kleine, zweigeschossige Hotel in der Nähe von Zentrum und Strand eignet sich gut für Winterurlauber, auch ohne eigenes Fahrzeug. Von hier aus ist man an schönen Tagen schnell in den Küstenorten der Kassándra und der übrigen Chalkidikí, an Tagen mit schlechterem Wetter kommt man gut mit dem Linienbus nach Thessaloníki oder Polígiros – und auch der Ort selbst ist im Winter keinesfalls ausgestorben. Die 16 Zimmer sind modern und geschmackvoll möbliert, viele auch für Familien geeignet, im Winter sind selbst die beiden geräumigen Suites noch erschwinglich. Ein auch bei Einheimischen beliebtes Café-Restaurant befindet sich unmittelbar im Hotel.

Leofóros Eleftherías 22, T 23 73 02 14 61, www.sokratishotel.gr, €

Ein Hundeleben – Streuner auf der Chalkidíki fristen ein trostloses Dasein. Hilfe kommt von privaten Initiativen.

Essen

Eine Taverne, wie sie sein soll

Ároma Kuzína: Das Lieblingslokal der Einheimischen liegt etwa 30 m vom Meer entfernt. Karierte Tischdecken, Holzstühle mit Korbgeflecht, alte Fotografien, Musikinstrumente und gemalte griechische Dörfer an den Wänden, ein sehr freundlicher und flinker Service, üppige Portionen, leckeres Brot, jede Menge Zitronen zu Fleisch, Fisch, Salaten und Gemüse. Der offene Rotwein, eisgekühlt und halbtrocken, ist Geschmacksache, der gedämpfte Blumenkohl *kounoupídi* ein Gedicht.

Im nördlichen Teil der Odós Ag. Georgíou 19, die vom Museumsplatz ufernah in die Stadtmitte führt, ganzjährig tgl. ab ca. 12 Uhr, €

Einkaufen

Nur für Schnäppchenjäger

Großer Wochenmarkt: Als Halbtagesausflug immer mittwochs von den Reisebüros angeboten, jedoch von der Lage her wenig attraktiv, und auch das Angebot lässt zu wünschen übrig: viel Ramsch und Plunder. Da nutzt man die Zeit besser für einen Ortsbummel.

Am Busbahnhof, mittwochvormittags

Bewegen

Malen und singen

Agiografía kai Spoudí: Frau Vasilikís Melíssi und ihr Mann Dimítris sind ungewöhnliche Menschen. Sie malt Ikonen und Landschaften im byzantinischen Stil, legt auch kleine Mosaike. Ihr Gatte beschäftigt sich intensiv mit der byzantinischen Notenschrift, die fast der arabischen Schrift gleicht. Beide sprechen gut Deutsch, denn sie haben längere Zeit in Hamburg gelebt. Sie geben individuellen Unterricht in ihren Spezialgebieten von der kurzen Einführung bis zu einem vollen Urlaubsprogramm.

Odós Kassándras 17 (nahe der Hauptkirche), T 23 73 02 64 82

Infos

- **Linienbusse:** Néa Moudaniá ist Knotenpunkt vieler Buslinien nach Thessaloníki, auf die Kassándra und die Sithonía.

Ágios Mámas D5

ΑΓΙΟΣ ΜΑΜΑΣ, Άγιος Μάμας

Anfang September ist das kleine Dorf für viele Nordgriechen das attraktivste Ausflugsziel weit und breit. Fahrende Händler aus dem ganzen Land strömen herbei, bieten ihre Waren feil. Dann findet hier zu Ehren des hl. Mamás, Schutzpatron vor allem der Viehzüchter, ein riesiger Jahrmarkt unter freiem Himmel statt. Außer in der Jahrmarktswoche liegt das riesige Marktgelände mit seinen Vorrichtungen für viele Hundert Stände brach. Der Anblick ist im übrigen Jahr zwar trostlos, aber immer noch eindrucksvoll. Sehr viel mehr Leben herrscht dann auch nicht am langen Strand, der fast nur von Wochenendgästen aus Thessaloníki belebt wird.

S

STEUERSÜNDER AUFGEHORCHT

Auf manchen seiner Ikonen reitet der hl. Mámas einen Löwen. Nach einer Legende wollte der römische Statthalter Zyperns, wo Mámas lebte, ihm nicht glauben, dass er als frommer Eremit keine Einnahmen hatte. Zwecks Steuerprüfung wurde er zum Statthalter zitiert. Auf seinem Weg dorthin begegnete ihm ein Löwe. Mámas bat ihn, ihn zum Statthalter zu tragen. Als Mámas auf dem Löwen sitzend in dessen Palast eintraf, war der Heide bass erstaunt und schickte die beiden sofort zurück in die Wildnis. Damit war die Steuerprüfung erledigt – und der hl. Mámas errang fortan einen guten Ruf auch als Schutzheiliger von Steuersündern.

Feiern

- **Jahrmarkt (emborikí panijíri):** Findet um den Patronatstag des Heiligen am 1./2. Sept. herum statt. Der Eintritt ist frei.

Néa Ólinthos D5

ΝΕΑ ΟΛΥΝΘΟΣ, Νέα Όλυνθος

An Néa Ólinthos (1150 Einw.) reizt mich als Großstädter immer wieder das echte, schön langweilige Bauerndorf-Feeling. Auf der eigentlich zu breiten Dorfstraße sind fast nur Trecker und Pick-ups unterwegs, zu Fuß geht man nur die paar Schritte vom Fahrzeug

TOUR
Schöner wohnen

Spazieren in antikem Städtebau in Ólinthos

Die Ausgrabungen von Archéa Ólinthos gleichen einem barocken Landschaftsgarten, in den ja bekanntlich gern künstliche Ruinen eingestreut wurden. Im Angesicht von Bergen, Meer und Getreidefeldern spaziert man über zwei Hügel und bekommt einen visuellen Eindruck von gelebter Demokratie.

Vom **Kassenhäuschen** ❶ direkt an der Straße führt ein etwa 700 m langer, schattenloser Weg an Oleanderhecken und am Ausstellungsgebäude vorbei (das man besser erst zum Schluss besichtigt) auf einen zweigeteilten Hügel. Der **Südhügel** ❷ trägt die äußerst spärlichen Reste einer älteren Siedlung aus dem 7./6. Jh. v. Chr. Die Perser ließen 479 v. Chr. nicht viel davon übrig. Erkennbar sind tiefe Löcher im Graben, die in der Antike als kühle Lagerräume dienten. Eine längere gerade Fundamentlinie im Boden kennzeichnet den Rand eines Marktplatzes, einer Agorá.

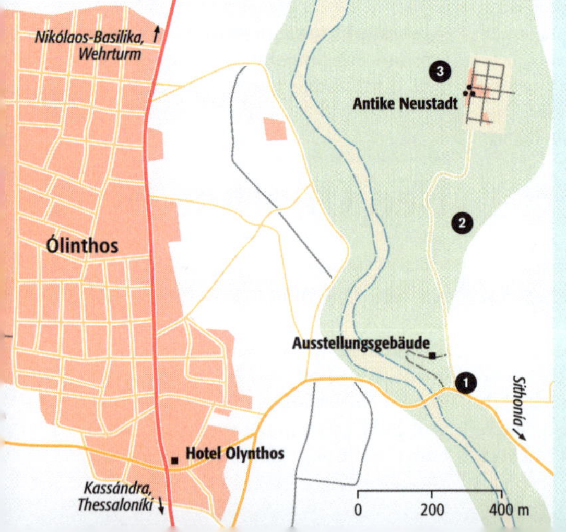

Schließlich endet der Hauptweg auf dem weiten **Plateau** des Nordhügels ❸, das über und über mit den Grundmauern der von der um 432 v. Chr. für »Emigranten« aus anderen chalkidischen Städten angelegten ›**Neustadt**‹ bedeckt ist. Eine große Tafel unter einem Schattendach zwischen zwei Sitzbänken lohnt ein genaueres Studium. Deutlich wird der schachbrettartige Grundriss der Siedlung. Sie wird von fünf von Nord nach Süd verlaufenden, jeweils 5 bis 7 m breiten Straßen durchzogen, die von etwa 20 etwas

Infos

D5

Anfahrt: keine Linienbusanbindung. Entfernung von Néa Ólinthos 1,5 km

Öffnungszeiten: Mi–Mo 8.30–15.30 Uhr

Eintritt: 4 €

Kopfbedeckung und Wasser mitnehmen. Das Gelände ist vollkommen schattenlos! WC im Ausstellungsgebäude

schmaleren Straßen geschnitten wurden. Dazwischen lagen die *insulae*, die Wohnhausblöcke oder -reihen. Jedes Wohnhaus stand auf einer Grundfläche von etwa 50 m². Per Losentscheid wurden diese Grundstücke den Neusiedlern zugeteilt – ganz fair, ganz einfach. Die Raumaufteilung konnte jede Familie leicht variieren, die innere Ausgestaltung blieb jedem selbst überlassen. Vom an der Straße gelegenen Hauseingang führte in der Regel ein kurzer Flur auf einen nicht überdachten Innenhof. An ihm lagen hinter einem Säulengang mit Holzpfosten das Wohnzimmer der Familie, das Speisezimmer zur Bewirtung von Gästen und die Küche, das an die Kanalisation angeschlossene Bad (in einem Haus steht noch eine tönerne Badewanne) sowie Abstellräume und Werkstätten. Eine Holztreppe führte vom Hof in das Obergeschoss mit den Privatgemächern hinauf. Die Wände des Hauses bestanden aus Lehmziegeln auf einem steinernen Fundament. Tonziegel deckten die schräge, hölzerne Dachkonstruktion. Von ihnen liegen noch viele Bruchstücke auf dem Boden herum. Farbige Zeichnungen vermitteln an mehreren Punkten ein anschauliches Bild vom Aussehen der Häuser. Da wird manch einer, der schon lange nach ausreichendem und bezahlbarem Wohnraum sucht, blass vor Neid.

Die Böden vieler Häuser waren mit Mosaiken bedeckt. Heute sind die meisten wieder unter schützendem Sand verborgen. Nur drei liegen frei und erzählen von antiker Wohnkultur. Zwei Hausbesitzer bevorzugten geometrische Motive, ein dritter wählte als Bodenbelag eine Szene mit zwei Greifen, die einen Hirsch schlagen, sowie eine Jagdszene mit einem Reiter, der gerade ein Tier erlegt. Zu diesen drei Häusern sollte man gehen, bevor man den Rückweg antritt. Dabei kann man nun dem **Ausstellungsgebäude** einen Kurzbesuch abstatten. Im einzigen Ausstellungsraum werden historische Fotos von den Ausgrabungen gezeigt. Am interessantesten ist noch das Foto unterirdisch verlegter antiker, jeweils etwa 1 m langer Wasserröhren, die Trinkwasser aus einer ca. 8 km entfernten Quelle in die Stadt führten. Vor der Tür steht eine alte **Platane,** die man als ›eineiige Zwillingsplatane‹ bezeichnen könnte. In ihrem Schatten lässt es sich gut picknicken und über modernen Städtebau nachdenken.

zu Laden, Taverne oder Wohnhaus. Am frühen Nachmittag ist der Ort wie ausgestorben, *xekoúrassi,* die griechische Variante der Siesta, ist angesagt. Abends sitzen in den Grillstuben und Kafetérias vor allem Männer zusammen, diskutieren über Fußball, Politik und Erzeugerpreise. Diese Themen bewegen die Bauernwelt.

Pistazien und Wellblech-Kapelle

Fährt man auf der breiten Hauptstraße einmal durchs Dorf, das in den 1920er-Jahren als Flüchtlingssiedlung startete, erreicht man 1900 m hinter dem Ortsende den **Wehrturm** des Áthos-Klosters Dochiaríou, der 15 m hoch auf einem kleinen Hügel thront. Er wurde um 1375 aus Marmorblöcken errichtet, die aus der Ruine der 200 m entfernten **Nikólaos-Basilika** stammen. Von der Basilika stehen heute nur noch die knapp 5 m hohen Mauern der Apsis aufrecht, die wie ein hohler Zahn wirkt. In die Ruine haben Bauern eine neue, durchaus fotogen mit Wellblech gedeckte Nikolaus-Kapelle hineingebaut. Wehrturm und Basilika sind in eine ungemein friedvolle, sanft hügelige Landschaft mit Getreidefeldern und Ölbäumen eingebettet, direkt am Straßenrand stehen **Pistazienhaine.**

Schlafen

Landluft schnuppern

Ólynthos: Ausländische Gäste sind in diesem vollständig modernisierten Haus mit Cafeteria/Restaurant im Erdgeschoss selten. Die klimatisierten Zimmer sind sehr geräumig, modern eingerichtet und haben alle einen Balkon und einen Kühlschrank. Für motorisierte Urlauber, die abends unter Einheimischen sein wollen, ist das Hotel durchaus empfehlenswert, zumal gute, wenig besuchte Sandstrände nur wenige Kilometer entfernt sind. An der Hauptstraße, T 23 73 09 16 66, https://hotelolynthos.com, €

Feiern

- **Olivenfest:** Ein langes Wochenende im Juli. Ein Hoch auf die grüne Frucht! Oliven und was man daraus macht, zum Verkosten, Tsípouro auf Kosten der Gemeinde, Livemusik und viel Folklore bringen Leben ins Dorf.

Gerakiní

D5

ΓΕΡΑΚΙΝΗ, Γερακινί

Gerakiní ist ein seltsamer Ort. Eigentlich ist es gar keiner. Lange stand hier am Wasser nur eine Verladeanlage für das zwei Kilometer landeinwärts gewonnene Magnesit. Über Förderbänder wurde das weiße Pulver auf Schuten geschüttet, die es zu vor dem Ufer ankernden Frachtern brachten. Als dann in den 1970er-Jahren die ersten kleinen Hotels am Strand entstanden, warben die Wirte im Scherz sogar damit: »Warum teuer Magnesium in der Apotheke kaufen, wenn du es hier kostenlos einatmen und sogar darin schwimmen kannst?«

Renaturierung? Geht doch!

Der Magnesit wird bei Gerakiní (420 Einw.) immer noch abgebaut. Eine in der Region verwurzelte Familie betreibt die Mine schon in dritter Generation. 340 Mitarbeiter sind hier beschäftigt, darunter auch viele junge Leute, die den Einsatz modernster Technologie im Werk besonders schätzen. Jährlich werden etwa 50 000 Magnesiumkarbonat gebrannt. Es wird u. a. im Flugzeug- und Hochofenbau benötigt, aber auch für elektrische Wasserkocher. Als vorbildlich gelten die Umweltbemühungen der Eigentümer. Abgewirtschaftete Flächen werden schon seit fast 40 Jahren mit Ölbäumen und Pinien aufgeforstet, ein bis zu 6 m tiefer See als Biotop gepflegt.

Wenig los

Die Strandsiedlung von Gerakiní ist ganz ruhig geworden, seit die Verladeanlage am Hafen 2015 stillgelegt wurde. Lkws bringen das weiße Pulver jetzt zur Verschiffung nach Néa Moudaniá. Das Großhotel am östlichen Ortsrand ist all-inclusive, seine Gäste kommen kaum in den »Unort«. Außer ein paar kleinen Hotels, wenigen Tavernen, Mini-Markt und Schmuckgeschäft gibt's da ja auch nichts. Wer hier ein paar Nächte bleibt, will vor allem baden und relaxen – oder nutzt die zentrale Lage zwischen zwei Fingern zu Ausflügen auf alle drei Halbinseln und ins bergige Hinterland.

Schlafen

Herzlich willkommen

Olympíon Beach: Der etwas Deutsch sprechende Wirt Apóstolos Xiromerítis, seine Frau Stavroúla und ihr Sohn Manólis kümmern sich in ihrem zweigeschossigen Privathotel noch persönlich und sehr bemüht um ihre Gäste und erfüllen länger Bleibenden auch so manchen Sonderwunsch. Alle Zimmer haben Balkon und Meerblick, Liegen und Sonnenschirme am Strand sind kostenlos. Im Hotel sind manchmal griechische Gruppen des panhellenischen Seniorenvereins KAPI untergebracht. Für sie wird dann mindestens einmal wöchentlich ein Abend mit Livemusik veranstaltet, zu dem auch Nicht-Hotelgäste willkommen sind. Da kann man einmal sehen, wie ältere Griechen zu feiern verstehen und fleißig auf die Tanzfläche gehen, um alte Volkstänze aufs Parkett zu legen.

VOM BAUM INS GLAS

Die Ernte von Tafeloliven beginnt schon zwei Monate vor der eigentlichen Olivenernte in der ersten Septemberhälfte und erfolgt in der Regel per Hand. Jeder Baum trägt durchschnittlich 80–100 kg; zwei Männer haben ihn binnen einer Stunde abgeerntet. Zunächst werden die Früchte nach Größe vorsortiert, dann kommen sie in große Tanks. Da wird zunächst einmal durch ein Bad in einer Salz- oder Sodalake jeder weitere Reifungs- und Gärprozess gestoppt. Anschließend werden die Tafeloliven mit klarem Wasser gespült und dann in Meersalzlake konserviert. Nach etwa vier Monaten müssen sie noch einmal per Auge und Hand auf Fehler geprüft und erneut nach Größe sortiert werden. Danach werden sie in die Abfüllfabriken transportiert, die zum Teil gar nicht auf der Chalkidikí, sondern in Vólos auf dem Pílion stehen. Von da wurden 1912 erstmals grüne Tafeloliven aus der Chalkidikí in Holzfässern ins Ausland exportiert. Übrigens: Bevor man sie genießt, sollte man sie ein paar Minuten wässern – dann schmecken sie so, wie man sie auch in ihrer Heimat schätzt.

An der Uferstraße westlich der Platía, T 23 71 05 27 00, www.olympionbeach.gr, €

Abseits allen Trubels

Martha's Haus: Das zweigeschossige Strandhotel mit seinem großen subtropischen Garten zählt zwar 51 Zimmer und wird viel pauschal gebucht, eignet sich aber für einen Individualurlaub abseits des Massentourismus. Die Besitzer führen die Anlage persönlich und tischen auch Regionales auf. Felder umgeben das Hotel.

500 m nordwestlich von Gerakiní, T 23 71 05 22 13, www.marthashaus.gr, €–€€

Chic, preiswert und modern

Le Grand Rêve: 70 m vom Strand entfernt betreiben Elefthérios Kougióni und seine Frau Kelly ihr kleines, modernes und gut gestyltes Apartmenthaus mit nur 8 Wohneinheiten. Sie sind zwischen 28 und 58 m^2 groß. Zum ›Großen Traum‹ gehören ein Pool mit Kinderbecken und eine Pool-Bar mit Bistro-Charakter. Da werden von 8–23 Uhr auch kleine typisch griechische Gerichte serviert, die Profikoch Manólis Strátos extra für dieses Haus entwickelt hat.

Nahe am Hauptplatz, T 69 72 43 73 88, www.legrandreve.gr, €

Essen

Es ist serviert – am Strand

Oásis: Abends sitzt man sehr romantisch an Tischen auf dem Strand, für Kinder gibt's nebenan eine Rutsche und Schaukeln zum Spielen. Der Deutsch sprechende Wirt Vassílis Lambrídis bietet gute griechische Küche – mit vielen hausgemachten Spezialitäten auch für Vegetarier.

Strandpromenade, tgl. ab 12 Uhr, €–€€

Stilechte Ouzeri

Mourágio: Hier trinkt man Ouzo oder den Tresterschnaps Tsípouro zum Essen. 12 verschiedene Ouza und 11 unterschiedliche Tsípoura stehen zur Auswahl, serviert in 0,2 l-Fläschchen. Die sehr umfangreiche Speisekarte stellt auch Vegetarier vor die Qual der Wahl. Am besten bestellt man diverse Vorspeisen und Salate und teilt sie mit seiner Tischgemeinschaft.

Dorfstraße nahe dem Hauptplatz, T 23 71 05 40 60, www.gerakini-mouragio.gr, tgl. ab 11 Uhr, €€

Infos

- **Linienbusverbindung:** Mit Thessaloníki und der Sithonía 12 x tgl. Haltestelle an der ca. 1 km vom Strand entfernten Hauptstraße.

Polígiros

D4

ΠΟΛΥΓΥΡΟΣ, Πολύγυρος

Wie es sich in einem griechischen Provinzstädtchen abseits des Meeres und fast ganz ohne Tourismus lebt, zeigt die äußerst beschauliche Hauptstadt (5000 Einw.) des Regierungsbezirks Chalkidikí. Sie liegt in 400 bis 600 m Höhe am Südwesthang des bewaldeten Cholomóndas-Gebirges. Die seit 1869 bestehende Verwaltungsfunktion von Polígiros unterstreichen ein paar große, moderne Gebäude wie das Gericht, die *nomarchía* als Sitz des Regierungspräsidenten, verschiedene Schulen und vor allem ein modernes Krankenhaus am oberen Stadtrand. Im Zentrum sind nur noch wenige alte Häuser gut bewohnbar; die meisten älteren Gebäude werden abgerissen und durch neue, nicht sonderlich schöne ersetzt. Ohnehin musste Polígiros im 19. Jh. völlig neu erbaut werden, nachdem der alte Ort 1821 von den Truppen des Osmanischen Reiches in Brand gesteckt worden war.

Antiker Alltag

Die ausgestellten Objekte im **Archäologischen Museum von Polígiros** ❶ stammen alle von der Chalkidikí und sind nach Fundorten gruppiert. Schon im Kassenraum sind in der langen Wandvitrine links neuere Funde aus Áfitos (s. S. 21) ausgestellt. Ein fast 7 m hoher Kouros aus dem 6. Jh. v. Chr. wurde aus dem Meer

Das Archäologische Museum von Polígiros ist zwar nicht groß, aber durchaus gut mit sehr interessanten Kleinfunden bestückt, die den Weg von der Küste hier herauf sicher lohnen.

vor der Küste von Olimbiáda geborgen. Solche nackten Jünglingsstatuen, die auch mal bis zu 10 m groß sein konnten, wurden in archaischer Zeit gern in Heiligtümern aufgestellt. Meist sollten sie den Gott Apoll repräsentieren. Dass antike Tempel nicht in strahlendem Marmorweiß gehalten, sondern teilweise sehr farbenfroh bemalt waren, zeigen einige Architekturglieder vom Tempel des Amon-Zeus in Kallithéa. Besonders schöner Goldschmuck aus hellenistischer Zeit stammt aus Ierissós (um 300 v. Chr.). Tonfiguren bewaffneter Reiterinnen aus Toróni werden in das 6. Jh. v. Chr. datiert. Aufschluss über das ganz alltägliche Leben in der Antike geben weitere Tonfiguren: Da rollt jemand Teig oder zerstößt Korn in einem Mörser, ein Mann steht vor einem Backofen, ein anderer sitzt in einer Badewanne.

T 23 71 02 21 48, Mi–Mo 8.30–15.30 Uhr, Eintritt 4 €

Schlafen

Am Waldrand

1 **Katafýgio Village:** Wilde Zedern, Kiefern und Steineichen – auf einem großen Waldgrundstück auf 620 m Höhe hat die Familie Kontzídis fünf zweigeschossige Natursteinhäuser erbaut, die jeweils bis zu fünf Personen Platz bieten. Jedes besitzt zwei Balkone und einen offenen Kamin, das Feuerholz für kalte Wintertage ist im Mietpreis inbegriffen, sodass man sich dann schön einheizen kann. Auf dem Gelände gibt es einen Swimmingpool, der auch von den Gästen der in gebührendem Abstand angelegten Café-Bar genutzt wird.

TOUR
Stadtgeschichten

Alltagskultur in der Provinzstadt Polígiros

Man sieht nur, was man weiß – oder zumindest lesen und übersetzen kann. Ein Bummel durch die Haupteinkaufsstraße von Polígiros und durch den ältesten Stadtteil erschließt typische Eigenarten nicht nur dieses Ortes und erzählt davon, was das Land geprägt hat.

Zwischen 1821 und 1949 führte Griechenland zahlreiche Kriege. An deren Tote erinnern in Hellas oft Gefallenendenkmäler. Wenn man das **Archäologische Museum** ❶ verlässt bzw. hier startet und rechts die Hauptstraße hinuntergeht, findet man auf einer **Stele** ❷ die Namen der Gefallenen aus Polígiros zwischen 1912 und 1922 verewigt. 1912/13 führte Griechenland den Ersten Balkankrieg zusammen mit Serbien, Montenegro und Bulgarien gegen das Osmanische Reich. 1913 kam es noch zum Zweiten Balkankrieg zwischen Griechenland und Bulgarien. Am 11. November 1916 trat Griechenland in den Ersten Weltkrieg ein und kämpfte wiederum überwiegend gegen Bulgarien. Von 1919 bis 1922 versuchten die Griechen schließlich, Teile der Türkei zu erobern.

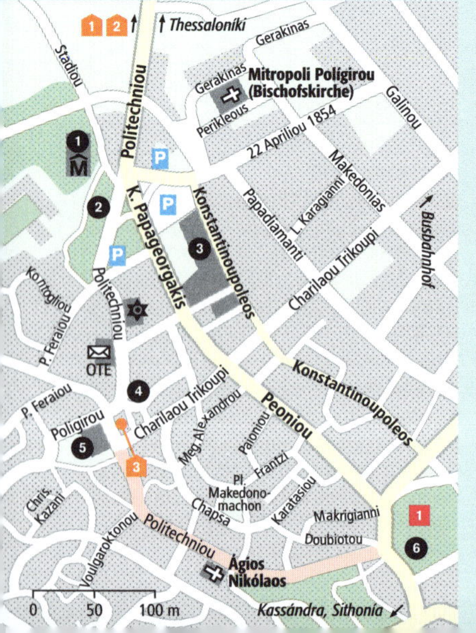

Ein paar Schritte weiter folgt eine freundliche Begrüßung. Unter einer Stadtplantafel heißt eine Inschrift alle herzlich willkommen: *Kalós Ílthate* – leider in Schönschrift, sodass die Buchstaben noch schwerer als üblich zu entziffern sind. Schräg gegenüber wehen die Flaggen Griechenlands und der EU neben dem Bau der **Provinzverwaltung** ❸ (ehemals NOMARXEIA, Nomarchía) über einem weiteren Gefallenendenkmal, errichtet für die Toten der Makedonischen Kriege 1904 bis 1908. Damals

Infos

D4

Start: Archäologisches Museum
Ziel: Rathaus

Dauer: Der Rundgang dauert ohne Pause im Café etwa 45 Min. Die Tour bietet sich werktags an einem Vormittag an, da dann alle Geschäfte geöffnet haben.

ging es darum, die Türken zu vertreiben und den Bulgaren bei der Landnahme zuvorzukommen.

In den Ort hinein führt die Hauptstraße **Politechníou.** Den Straßennamen findet man in jedem griechischen Ort: Er erinnert an den blutigen Aufstand der Studenten des Athener Polytechnikums 1973 gegen die Militärjunta.

Auf der linken Straßenseite folgt eine am grünen Kreuz erkennbare Apotheke, in der wie überall in Griechenland Original-Standardprodukte der deutschen Pharmaindustrie für einen Bruchteil der deutschen Preise erhältlich sind. Danach verkündet das Geschäft Vicko den in diesen Zeiten der Krise schon grotesk wirkenden ›Luxus für alle‹ – ΠΟΛΥΤΕΛΕΙΑ ΓΙΑ ΟΛΟΥΣ! An der Schaufensterscheibe wird mitgeteilt, dass man hier auch Hochzeitslisten entgegennimmt: Wunschzettel von Brautpaaren, auf denen der Ladeninhaber das Gekaufte abhakt, wenn ein Hochzeitsgast es erworben hat.

Es folgt ein eher kleiner Platz in Sektkelchform mit der **Nationalbank** ❹ links und dann dem **Rathaus** ❺ (ΔΗΜΑΡΧΕΙΟΝ, Dimarchíon) rechts. Hier beginnt die Fußgängerzone der Stadt. Die Aufschrift »Imbiss« auf einem Kneipenschild erinnert an die Tatsache, dass in den 1960er-Jahren viele Bewohner der Chalkidikí zum Arbeiten nach Deutschland und Österreich gegangen sind. Der moderne Bau wenig später mit der Aufschrift ΕΠΙΜΕΛΗΤΗΡΙΟ ΧΑΛΚΙΔΙΚΗΣ (Epimelithrio Chalkidikis) beherbergt die Industrie- und Handelskammer der Chalkidikí.

Die **Politechníou-Straße** führt direkt auf den **Stadtpark** ❻ mit dem schönen Café-Restaurant **Éxi Vríses** 1 zu. Ganz gleich, wie das Wetter ist, hier sitzt man wunderbar inmitten von Einheimischen, ob auf der Terrasse oder im Wintergarten. Durch die obere Parallelstraße der Politechníou kann man später zum Rathaus zurückschlendern. Dieser Weg führt durch das älteste, stark renovierungsbedürftige Viertel der Stadt. Geschehen wird hier wohl nichts, denn viele Häuser gehören in der Welt verstreuten Erbengemeinschaften, die sich nicht auf Verkauf oder Restaurierung einigen können.

4 km außerhalb an der Old National Road Richtung Thessaloníki, T 69 45 83 04 04, ganzjährig geöffnet, €€

Im Retrolook

2 **Archontaráki:** In der Lobby knistert im Winter das Feuer im offenen Kamin. Im Stil eines historischen Herrenhauses erbaute, dreigeschossige Pension mit großem Garten und 5 im traditionellen Stil möblierten Zimmern.

1 km außerhalb abseits der Old National Road Richtung Thessaloníki, T 23 71 02 17 21, www.archontariki.gr, €–€€

Zum Wohlfühlen

3 **Marélia:** 2011 eröffneten die Besitzer das zweigeschossige Hotel mit nur 5 Zimmern in einem von den Vorfahren der Familie 1913 erbauten traditionellen Haus an der Haupteinkaufsstraße der Stadt nahe dem Rathaus. Auch für ein paar Urlaubstage im Winter ist es bestens gerüstet und bietet dann sogar eine Sauna.

Odós Politechníou/Ecke Odós Ch. Trikoúpi, T 23 71 02 50 88, www.marelia.gr, ganzjährig geöffnet, €€

Essen

Schlaraffenland im Grünen

1 **Éxi Vríses:** Das ›Sechs Brunnen‹ ist ein großes Lokal, das die traditionelle griechische Restaurantkultur pflegt und sich vorwiegend an ein einheimisches Publikum richtet. Der Service ist exzellent, die Preise aber sind normal geblieben. Eine Karaffe Wasser wird dem Gast sofort kostenlos auf den Tisch gestellt, zu Fleisch und Fisch gibt es reichlich Zitronen. Wenn dann noch Platz im Magen ist: Im Tresen locken sehr leckere Kuchen und Torten.

Platía 28is Oktovríou, T 23 71 02 48 20, Mi–So ab 10 Uhr, www.exivryses.gr, ganzjährig geöffnet, €€

Infos

- **Busbahnhof:** T 23 71 02 23 09, an der Umgehungsstraße nahe dem Krankenhaus.
- **Parken:** Die Hauptdurchgangsstraße von der Küste in Richtung Thessaloníki führt am kleinen Stadtpark und am Archäologischen Museum vorbei. Beide sind auch durch die Odós Politechníou miteinander verbunden, die teilweise als Fußgängerzone gestaltet ist. Vor dem Museum kann man gut parken.

Cholomóndas-Gebirge

E3

Χολομώντας

Zwischen Polígiros und Arnéa liegt das 1163 m hohe Cholomóndas-Gebirge, das mit seinen dichten Wäldern etwas an den Schwarzwald oder Harz erinnert – nur dass sich hier aus dem Wald heraus immer wieder ein traumhafter Weitblick auf die drei Finger der Chalkidikí und die Ägäis eröffnet. Ein wenig Lüneburger Heide ist auch mit dabei, denn auf baumfreien Flächen blüht hier ab August jede Menge Erika.

Die Kult-Taverne im Wald

Durch schönste Heidelandschaft führt die 11 km lange Fahrt von Polígiros nach **Vrástama.** Kurz vor dem nicht weiter sehenswerten Dorf zweigt nach links eine Straße in Richtung Taxiárchis ab. Sie steigt zunächst an, senkt sich dann in ein weites, nahezu unverbautes Tal hinab und steigt schließlich wieder zum Dorf **Taxiárchis** mit seinen vielen alten Natursteinhäusern an. Da lohnt sich bei genügend Zeit ein 20-minütiger Kurzrundgang. Dann geht es weiter den Hang des Cholomóndas hinauf. Die Route mündet

TOUR
Ganz schön wild

In den Wäldern am Cholomóndas

Wandern auf Sógambros' Wegen. Zwar hat nicht der Wirt selbst Hand angelegt, aber Sohn Chrístos hat sie eigenhändig mit einem roten S markiert und freigeschnitten, wo das notwendig war. Zwei Rundwanderungen in Form einer Acht. Im Schnittpunkt: die Taverne.

Infos

E3

Start/Ziel: Taverne Sógambros

Erster Teil der Acht: Weglänge 6,5 km, 216 Höhenmeter

Zweiter Teil der Acht: Weglänge 13 km, 500 Höhenmeter

Von der Straße nach Arnéa biegt kurz nach der **Taverne** ein breiter Wirtschaftsweg links ab. Er führt durch Wald und an Weihnachtsbaum-Forsten vorbei. Achtung, Wildwechsel! Da springt auch schon mal ein Rothirsch über den Weg. Nach 5 km kommt man zu einer einfachen **Forststation.** Wenn die Mitarbeiter Zeit haben, schließen sie manchmal ihr sehr schlichtes »Waldmuseum« auf. Kurz danach erreicht man die Asphaltstraße, die nach links über nur 1,5 km zurück zu Sógambros führt.

Wer den Düften vom Grill noch widerstehen kann und weiter will, folgt rechts von der Kapelle **Profítis Ilías** dem breiten Feldweg bergab. Dort, wo er sich nach 300 m gabelt, hält man sich rechts. Kurz darauf weist ein Schild nach **Taxiárchis.** An der Dorfkirche fragt man nach der Apotheke, vor der ein Weg zu einer weiteren kleinen Kirche führt. Dahinter folgt eine T-Kreuzung, an der man sich rechts hält und nach 10 m einen Feldweg nach links unten einschlägt. Er mündet nach 600 m auf Asphalt, hier rechts abbiegen. Schon nach 20 m geht es rechts auf einen markierten Hirtenpfad ab, bis man nach 2,5 km einen Feldweg erreicht. Ihm folgt man nach links und zweigt an einer Gabelung nach 3 km nach rechts ab. Noch 1000 m, dann hat man sich Áthos-Wein und Wildschweinsteak wahrhaft verdient.

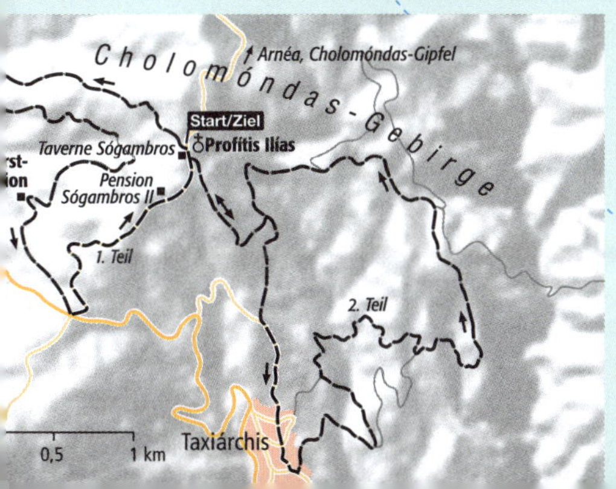

auf die Hauptstraße, die sich fast auf dem Grat des Gebirges entlangschlängelt. Bis in die 1970er-Jahre hinein war sie die viel befahrene Hauptverbindungsstraße zwischen Thessaloníki, Arnéa und dem Áthos. Auch deswegen finden sich hier eine ganze Reihe von Waldtavernen und auch einige Ferienhäuser, die der Universität von Thessaloníki gehören.

Jede dieser Tavernen ist auf ihre Art gut – doch nur eine ist Kult: die **Taverne Sógambros.** Der Wirt (s. unten und S. 236) macht durch Schilder auf sich aufmerksam, auf denen auch der Name »DuMont« als Empfehlung herhält. Ein Kurzstopp? Na klar, das ist fast schon ein Muss. All die Promis können sich nicht irren. Außerdem eignet sich die Taverne als Ausgangspunkt für Wanderungen (s. S. 115 und S. 236).

Der Taverne schräg gegenüber steht die kleine, recht neue **Kapelle Profítis Ilías.** Dort erinnert ein Verkehrsschild daran, dass es hier oben auf 800 m Höhe im Winter tief verschneit sein kann: Es zeigt Schneekettenpflicht an. Bis auf fünf einfache Ikonen des Propheten Elias ist die Kapelle künstlerisch belanglos. Im Vergleich wird der Unterschied zwischen schlechten Sakralmalereien im westlichen und kaum besseren im byzantinischen Stil besonders augenfällig. Die westlichen sind pathetisch bis kitschig, die byzantinischen immerhin noch streng und würdevoll. Kurvenreich geht es anschließend durch dichten Wald weiter nach Arnéa.

Essen

Urwüchsiger geht nicht

Sógambros: Otto Rehagel war schon da, Guido Westerwelle auch. Griechische Anarchisten fühlen sich hier im Wald ebenso wohl wie TV-Sternchen. Obwohl – oder gerade weil – hier alles ganz schlicht und einfach ist. Herzlich ist man hier sowieso. Der alte Sógambros (S. 236) spielt den Entertainer, Sohn Chrístos steht in der Grillhütte und greift gelegentlich zur Bouzoúki, Schwiegertochter Ánna schwingt den Kochlöffel in der Küche, die Enkelkinder Háris und Maria packen in den Ferien mit an. Auf den Tisch kommen Bauernsalat, gebratene Gemüse, handgeschnitzte Pommes frites, im Backofen gegartes Lamm, Wildschweinbratwurst – und Wildschweinsteaks, die hier »Schwiegermutterkoteletts« heißen. Wenn es warm ist, reihen sich die Gäste draußen an langen Tischen unter Bäumen, im Winter in der kleinen Hütte am Holzofen.

An der Straße Taxiárchis-Arnéa, 50 m vor der Kapelle Profítis Ilías, T 69 87 26 48 63, www.facebook.com/chalkidiki.sogambros, €

Bewegen

s. S. 115

Arnéa

APNAIA, Αρναία
Die gewundenen Gassen sind im alten Stil gepflastert, an der oberen Platía fließt noch immer Quellwasser aus einer Platane. Teile Arnéas wirken wie ein fein herausgeputztes Museumsdorf. Viel alte Bausubstanz aus dem 19. bis zum frühen 20. Jh. blieb hier erhalten und wurde großteils aufwendig restauriert. Vor nahezu 120 Häusern erläutern Fototafeln die Geschichte des jeweiligen Gebäudes und erzählen oft auch ein wenig über die Bewohner. Nah der Platane erfährt man in zwei kleinen Museen in alten Herrenhäusern, wie und wovon man hier früher lebte. In einigen alten Häusern kann man heute als Gast übernachten. Und nur einen kurzen Spaziergang durchs Grüne

Ein Besuch in Arnéa ist eine Zeitreise ins Griechenland des 19. Jh. Damals erwirtschafteten die Handwerker des Ortes ihren Wohlstand. Ihre Stadthäuser erstrahlen heute wieder in neuem Glanz.

entfernt wartet die vielleicht beste Taverne der ganzen Chalkidikí mit moderaten Preisen auf Reisende, die die regionale Küche von ihrer frischesten Seite kennenlernen möchten.

Jedem Haus sein Schiffchen

Der zunächst Liarigóvi genannte Ort entstand im 16. Jh. durch den Zusammenschluss der Bewohner mehrerer umliegender Weiler. Er entwickelte sich schnell zum Zentrum der *mandemochória*, zwölf Gemeinden, deren Bewohner vor allem in den Bergwerken und Tagebaugruben der weiteren Umgebung arbeiteten. Sie brachten dem Osmanischen Reich so viel Nutzen, dass der Sultan ihnen als weitere Wirtschaftsförderung sogar eine Reihe von Privilegien einräumte. Dafür waren die Dörfer verpflichtet, einen Teil des gewonnenen Silbers als Tribut an die Hohe Pforte zu entrichten und die übrigen abgebauten Erze dem Osmanischen Reich zu einem von diesem festgelegten Preis zu verkaufen. Alle Privilegien nutzten den Dörfern allerdings nichts, als sich die Bewohner der Chalkidikí 1821 dem griechischen Freiheitskampf anschlossen und gegen die Türken rebellierten. Ihre Dörfer wurden dem Erdboden gleichgemacht.

Ab 1850 begann dann für das wieder besiedelte Arnéa eine neue Blütezeit. Seine Bewohner waren als Zimmerleute weithin gefragt, betätigten sich als Schuhmacher, Pferdehändler und Imker. In nahezu jedem Haus stand ein Webstuhl, an dem die *flokáti* genannten Schafwollteppiche, Kelims und Webdecken entstanden. Die Familien waren zu einer Webereigenossenschaft zusammengeschlossen, die um 1960 noch

E

ELF MINUTEN UND 14 SEKUNDEN

Kalender hängen in fast allen griechischen Tavernen und Kaffeehäusern. Bei genauem Hinsehen fällt auf, dass die beweglichen Feiertage bisweilen auf andere Termine fallen als bei uns. Der Grund dafür sind zwei unterschiedliche Systeme der Zeitrechnung: der julianische Kalender des Julius Cäsar und der gregorianische Kalender, eingeführt 1582 von Papst Gregor XIII. Die orthodoxe Kirche zieht für die Berechnung des Ostertermins immer noch den alten julianischen Kalender zurate, die westlichen Kirchen aber berechnen ihn nach dem gregorianischen.
Die Astronomen des Papstes hatten festgestellt, dass der julianische Kalender nicht ganz mit dem Sonnenlauf übereinstimmte. Der Irrtum von Cäsar hatte dazu geführt, dass der Kalender der Sonne pro Jahr um 11 Minuten und 14 Sekunden vorausrannte. Das macht in 1000 Jahren immerhin sieben Tage Zeitdifferenz aus.
Genau diese 14 Tage Differenz im Verlauf von nunmehr gut 2000 Jahren sind dafür verantwortlich, dass die orthodoxe Welt – mit Ausnahme der Finnisch-Orthodoxen – in den meisten Jahren bewegliche Feiertage wie Ostern, Rosenmontag und Pfingsten später feiert als der Westen.

etwa 350 Mitglieder zählte. Außerdem arbeiteten mehrere Dutzend Frauen für lokale Händler, die ihnen die Kosten für die Rohmaterialien vorstreckten. Ein schneller Absatz der Ware war wichtiger als hoher Gewinn, da Bargeld für den Einkauf von Wolle und Farben knapp war. Noch bis 1967 kamen Händler aus ganz Griechenland nach Arnéa, um sich hier mit diesen Waren einzudecken. Erst in der Zeit der Militärjunta zerbrachen die alten Strukturen, denn unter einer das Großunternehmertum fördernden Wirtschaftspolitik war das traditionelle Kleinhandwerk nicht mehr konkurrenzfähig. Heute kann man in Arnéa keine Flokatis und Kelims mehr kaufen – aber in den Museen bestaunen.

Bummel in alte Zeiten

Neben dem Taxistand an der oberen **Platía,** *kentrikí platía* oder *pazári* (Basar) genannt, wächst eine alte Platane mit einem der letzten erhaltenen Brunnen des Ortes – einst waren es 30. Da füllt so mancher seine Plastikflaschen mit dem Wasser auf, das hier durch ein Rohr direkt aus dem Baum fließt. Gleich an der Platane verkauft ein gut gestyltes Geschäft regionale Produkte, darunter auch den typisch arneischen, mit Honig gesüßten Tresterschnaps *mountovína.* Honig gibt's in Arnéa ja mehr als genug, die örtliche Imkergenossenschaft ist die größte des ganzen Landes.

An diesem Geschäft vorbei führt eine schön gepflasterte Gasse ins alte **Viertel unterhalb der Hauptstraße.** Hier sind die Häuser meist nur zweigeschossig, einige noch nicht restauriert und frisch gestrichen. Auffälligstes Gebäude ist das **Papá-Varanáos-Haus.** Im Erdgeschoss war ein Laden untergebracht, das Obergeschoss wird weiterhin bewohnt. Der Bau stammt aus der Zeit um 1905 und zeichnet sich durch einen ungewöhnlichen, trapezförmigen Grundriss aus. Das Haus steht an der Platía Georgiannéon, wo man im kleinen, traditionellen **Kafenío Ilándra** besonders schön sitzt.

Oberhalb der zentralen Platía kann man ins Schwärmen geraten. Das alte Arnéa ist hier noch viel schöner. In den meist größeren und dreigeschossigen Häusern wohnten die Wohlhabenderen. Das untere Geschoss, in dem sich Lagerräume und Werkstätten befanden, ist immer aus Naturstein errichtet, der unverputzt bleibt. Das obere Geschoss hat Holz-Lehm-Wände, die in kräftigen Pastelltönen gestrichen sind. Besonders typisch sind die *sachníssia* genannten, vorkragenden Obergeschosse, die in den Häusern für zusätzlichen Platz sorgten.

Geschichten vom Webstuhl

Zwei dieser Häuser, nur 50 m von der Platía entfernt, sind heute Museen. Das **Folkloremuseum** ist im ehemaligen Haus des Dorfarztes untergebracht, das **Textilmuseum** in einem Wohnhaus aus der Zeit um 1870 (beide Fr–Mi 10–14 Uhr, Eintritt insgesamt 4 €).

Auf alten Fotos sieht man Trachten, Werkzeuge und alles, was man früher fürs Weben und Sticken brauchte. Faszinierend ist die Schönheit der ausgestellten Kelims mit kräftigen Farben – schade, dass man sie hier nirgends kaufen kann. Völlig überraschend sieht man auch Stickereien mit Motiven, wie sie zu Beginn des letzten Jahrhunderts in Mitteleuropa dank Stickmustervorlagen weit verbreitet waren (s. S. 129).

Kirche und Kulinarik

Im östlichen Teil Arnéas steht an der unteren Platía der Stolz des Städtchens, ein aus alternierenden Lagen von Naturstein und Ziegeln errichteter **Uhrturm** aus dem Jahr 1889. Solche Uhrtürme waren im damals ja noch von den Osmanen besetzten Nordgriechenland wie ein Zeigefinger, der mahnen sollte, dass Griechenland eigentlich zum christlichen Europa gehört. Die Kirche selbst ist ein Bau aus dem 20. Jh. Wenn sie geöffnet ist, lohnt sich ein Blick hinein: Unter Panzerglasplatten sind dann die Grundmauern des Vorgängerbaus aus dem 10. Jh. sichtbar.

Hier an der Kirche beginnt auch die kleine Straße hinunter zum 1,5 km entfernten **Eichenwäldchen Agía Paraskeví.** Das kleine Kirchlein im Schatten der Bäume ist am 25./26. Juli Ziel vieler Pilger, die hier dann auch campieren, grillen und feiern – den Rest des Jahres über eignet es sich bestens als Picknickplatz. Nur eines spricht dagegen, hier zu picknicken: Das ebenfalls im Wäldchen gelegene Restaurant Bakatsianós ist nämlich umwerfend gut. Für mich das beste Restaurant des gesamten chalkidischen Binnenlandes.

Schlafen

Keine Chance für Morgenmuffel

Archontikó Mitsioú: Es geht doch nichts über einen guten Start in den Tag. In dem dreigeschossigen Herrenhaus aus dem 19. Jh., das der Gemeinde gehört, wird morgens ein leckeres Frühstück aufgetischt: Es gibt hausgemachte Marmeladen und regionales Gebäck. Im Frühstücksraum in der ersten Etage sind auch Nicht-Hotelgäste zum Kaffee willkommen, falls die Verwalter anwesend sind. 3 Zimmer und 3 Suiten.

Nahe der Kentrikí Platía, T 23 72 02 27 44, €

Am Kamin

Oikiés Alexándrou: Die Inhaber sind Architekten und haben auf originalgetreue traditionelle Inneneinrichtung größten Wert gelegt. So genießt man in den 10 Zimmern der beiden aufwendig restaurierten Stadthäuser von 1812 und 1924 die Atmosphäre der »guten alten Zeit«, ohne auf modernen Luxus verzichten zu müssen. Lobby und Frühstücksraum/Bar gehen ineinander über, im Winter lodern hier die Flammen im offenen Kamin. Ein Mini-Spa bietet Whirlpool, Sauna und Hamam.

Platía Patriárchou Vartholoméou A' (an der Durchgangsstraße links zwischen Kentrikí Platía und Chorostási-Platz), T 23 72 02 32 10, €, an Feiertagen €€

Gestern wie heute ist die zentrale Platía Treffpunkt und Kommunikationszentrum in Arnéa. Da trifft man sich auf einen Frappé, Freddo Espresso oder Kafés ellinikós und tauscht den neuesten Dorftratsch aus.

Auch nicht zu verachten

Konáki: Modernes Hotel mit 11 Zimmern. Alternative, falls die anderen beiden Hotels ausgebucht sind. Matratzen und Bettwäsche hier sind Produkte der griechischen Edelfirma Coco-Mat.

Am unteren Ortsrand, T 23 72 02 29 91, www.hotel-konaki.gr, €

Essen

Davon kriegt man nie genug

Bakatsianós: Dimitrios Bakatsianós stammt von der Chalkidikí, wurde aber in Brüssel zum Koch ausgebildet. Viele Jahre arbeitete er in belgischen Spitzenrestaurants, bis er sich entschloss, in der Waldeinsamkeit bei Arnéa Gourmetküche zu erschwinglichen Preisen zu bieten. Sein guter Ruf reicht weit über Thessaloníki hinaus, auch für Tauf- und Hochzeitsgesellschaften ist sein modern gestaltetes Lokal äußerst beliebt. In der Küche verwendet er fast nur regionale Zutaten, darunter Waldkartoffeln und echte Trüffel aus dem Cholomóndas-Gebirge. Seine Salate und Gemüsegerichte sind immer knackfrisch – und an Wochenenden werden Lamm, Zicklein und Spanferkel gegrillt, Das Fleisch bestellen die Gästegruppen gleich kiloweise. Eine Speisekarte gibt es auch auf Deutsch, Details erklärt der Wirt gern auch auf Flämisch und Deutsch.

Wäldchen Agía Paraskeví, T 23 72 02 27 50 und 69 44 92 33 35, unbedingt vorab anrufen, da das Lokal oft von geschlossenen Gesellschaften reserviert ist, sonst tgl. ab 11 Uhr, www.bakatsianos.gr, €€

Einkaufen

Frische Früchte

Wochenmarkt: Mittwochvormittags.

Infos

- **Busverbindung:** Mit Thessaloníki und Ouranoúpoli bis zu 8 x tgl., mit Polígiros bis zu 6 x tgl.

Von Arnéa nach Olimbiáda

Von Arnéa geht die Fahrt nun durch ein bewaldetes Hochtal über Paleochóri (1500 Einw.) nach Neochóri. Hinter Neochóri teilt sich die Straße. Die Hauptstrecke führt über das heutige Dorf Stágira in das Bergarbeiterdorf Stratóni an der Küste.

Landschaftlich sehr viel reizvoller ist die kurvenreiche, schmale Straße. Dichte Wälder ziehen auf dem Weg nach Olimbiáda am Fenster vorbei. Wer außerdem kein Kostverächter ist und exzellentes Essen schätzt, unternimmt vielleicht noch einen Abstecher ins Bergdorf Varvára. Übrigens: In keinem anderen Ort der Chalkidikí halten die Bewohner mehr Maultiere als hier.

Eine Kirche als Zoo

Der Legende nach erschien Maria einer Bäuerin im Schlaf und bedeutete ihr, wo eine uralte Ikone versteckt sei. Am Fundort wurde dann 1863 die große Kirche geweiht. Das Dorf **Megáli Panagía** (2700 Einw.) trägt den Namen »Große Allheilige« wegen dieser Marienikone, die in der am Ortsrand gelegenen **Wallfahrtskirche gleichen Namens** als wunderwirksam verehrt wird.

Der Bischofsthron im Inneren ist mit kleinen und größeren Fabeltieren verziert.

SCHWEIN GEHABT

Jánnis aus Varvára ist froh darüber, 140 schwarze Säue zu besitzen. Sie sichern ihm sein Auskommen auch in den Zeiten der *krísis.* Seine 30 teuer möblierten Hotelzimmer stehen jetzt fast immer leer. Vor der Krise waren sie ein Refugium für wohlhabende Thessaloniker, sodass Jánnis seinem Hotel sogar großspurig die Webadresse www.businessclub.gr verpasste. Jetzt möchte er es am liebsten ganzjährig an Reiseveranstalter verpachten. Die schicke 300-Plätze-Taverne hat er geschlossen, Würste und Koteletts serviert er nur noch in seinem kleinen Café Tsoukála direkt an der Dorfstraße. Da kehren hauptsächlich die Waldarbeiter ein, die wegen des angesichts hoher Heizölpreise gesteigerten Holzbedarfs reichlich zu tun haben. Der Markt fürs Holz sorgt auch dafür, dass die Nachfrage nach Maultieren nicht sinkt. Die nämlich sind für den Transport in den unwegsamen Wäldern zuständig.

Seine Füße bilden Löwen mit prächtigen Mähnen. Wie diese erfüllen auch die nur aus einem Kopf mit vier Flügeln bestehenden Cherubine eine Wächterfunktion. Nach Darstellungen im Alten Testament umstehen sie den Thron Gottes und bewachen das Paradies. Ein Meisterwerk sind die Schnitzereien am Bogen über der Königspforte, der mittleren Tür in der Ikonostase: Zwei vergoldete Engel tragen den Bogen, der wie ein Tisch wirkt, an dem die ebenfalls vergoldeten zwölf Apostel sitzen. Den Rahmen der Königspforte bevölkern wiederum geschnitzte Tiere. Bulgarische Künstler sind die Schöpfer dieser Holzkunst.

TOUR
Wanderphilosophien

Auf dem Weg zum wahren Geburtsort des Aristoteles

Infos

F 2/3

Start: Stágira

Markierungen: weißes A

Weglänge: 14,4 km

Auskunft: Dimítris Sarris informiert in seinem Hotel Akroyiáli in Olimbiáda in perfektem Deutsch und organisiert auch einen preiswerten Taxi-Transfer zum Ausgangspunkt der Wanderung.

Aristoteles ist der berühmteste Sohn der Chalkidikí und für den nach dem weisen Mann benannten Wanderweg scheint nichts zu teuer zu sein. Im friedlichen Wettstreit der Schildbürger will mein Freund Dimítris, aber auch die Aristoteles-Universität von Thessaloníki den Weg markieren. Da kommt mir ein Zitat des Philosophen in den Sinn: »Was es alles gibt, was ich nicht brauche!« …

Dimítris hat bereits über 200 rote Schilder mit einem weißen A an die Bäume genagelt und 16 Infotafeln aufgestellt. Die Universität hinkt hinterher, will aber für den gleichen Weg noch einmal 67 Schilder und zwei Infotafeln produzieren! Wie die endgültigen Markierungen aussehen werden? Das steht noch nicht fest.

Die Wanderung beginnt im Bergdorf **Stágira,** das lange als Geburtsort des Philosophen galt. Dort kann man der Statue des Denkers seine Referenz erweisen und seine frühen physikalischen Erkenntnisse bestaunen. Der Wanderweg, teils Feldweg, teils Hirtenpfad, beginnt direkt am dazugehörigen Parkplatz. Man erklimmt einige Natursteintreppen und kommt an einem alten venezianischen Badehaus vorbei, das gerade bis irgendwann restauriert wird. Während der ersten Kilometer hat man fast immer den Berg Áthos vor Augen. Danach verläuft der Weg durch dichten Wald. Er endet dann fast direkt am **Hafen von Stágira** nahe dem Eingang zur antiken Stadt, in der der bedeutende Philosoph seine Kindheit verbrachte.

Klingelnde Wildschweine

Varvára ist ein stilles Bergdorf, dessen Bewohner traditionell von der Waldwirtschaft, der Maultierzucht und der ›Wildschwein‹-Zucht leben. In den Wäldern um Varvára tragen diese Tiere oft Glocken um den Hals. Sie streifen durch die Region, zeigen aber wenig Scheu. Manchmal kümmern sich Hirten um sie, manchmal schränken Hunde ihre Freiheit ein und bewachen sie. Viele laufen auch ganz frei herum. Entwischen wollen sie gar nicht, denn durch regelmäßige Zufütterung sind sie ihren Besitzern eng verbunden. Vom Schlachter, der auf sie wartet, ahnen sie nichts. Die EU, die jetzt ein Förderprogramm für ihre Haltung aufgelegt hat, stuft sie denn auch gar nicht als Wild-, sondern als ›Schwarze Schweine‹ ein, wie sie auch in Spaniens Südwesten durch die Wälder streifen. Deren Schinken kostet in Europa teils mehr als 100 € pro Kilo. Die Chalkidiker verwursten die ihren oder bringen nur ihre Koteletts auf den Tisch. Die EU will das aber als Wirtschaftsförderungsmaßnahme ändern.

Der Landkreis des Philosophen

Wäre es in Deutschland vorstellbar, dass ein ganzer Landkreis nach einem Philosophen benannt wird? Wohl kaum: Kantia oder Hegelia klänge schon äußerst befremdlich. Und kaum einer wüsste, was der Name soll. Im Nordosten der Chalkidikí ist das anders: Da heißt der Kreis, zu dem auch Arnéa, Varvára und Stágira gehören, seit der Gebietsreform 2011 Aristotélis. Die Kinder bekommen schon in der Grundschule eingebläut, welch großer Philosoph das ist.

Physik zum Anfassen

Dass sein Geburtsort **Stágira** hieß, wusste man schon lange. Und man nahm an, dass er mit dem heutigen Bauern- und Bergarbeiterdorf Stágira identisch wäre. Dann legten griechische Archäologen in den 1990er-Jahren eine antike Stadt am Rande des nahen Küstenortes Olimbiáda frei und waren sich sogleich sicher, hier das wahre antike Stágira gefunden zu haben. Alles, was dem Bergdorf bleibt, ist eine Marmorstatue des großen Philosophen.

Die Statue steht in einem kleinen Park am Ortseingang aus Richtung Arnéa. Im Park wurde eine kleine Erlebnisausstellung mit zwölf physikalischen Objekten ›zum Anfassen‹ eingerichtet (1 €). Alles, was man hier über Naturgesetze lernt, beruht auf Entdeckungen, die schon Aristoteles machte. Im Rücken des Philosophen blinkt zudem das Gemäuer einer Burg aus dem 16. Jh. durch die Bäume. Hier wachte der Madem Ağa, ein Aufseher des Sultans, über den Bergbau in der Region.

WANDERLUST TRIFFT WIRKLICHKEIT

25 Universitätswanderwege hat die Aristoteles-Universität von Thessaloníki geplant. Doch die Umsetzung scheint nicht so einfach zu sein (s. S. 122). Einhelligen Beifall finden Wanderwege in Griechenland ohnehin nicht. Immer wieder zerstören Bauern Markierungen, weil sie nicht wollen, dass man über ihre Felder läuft, auch Jäger werden manchmal zu Vandalen. Bauernschlaue Wirte ändern Markierungen ab, damit die Wanderer zu ihren Tavernen geleitet werden …

Bewegen

s. S. 122

Feiern

- **Marienfest:** 14./15. Aug. Kirchweihfest mit Musik und Tanz in Megáli Panagía.

- **Kulturfestival:** Varvára, Ende Juli Do–So. Konzerte, viel Leben im Dorf und Wildschwein-Restaurant. Ein Weg zu Wasserfällen ist dann markiert (ca. 30 Min.).

Olimbiáda/Antikes Stágira ✪ F2

ΟΛΥΜΠΙΑΔΑ/ΑΡΧΑΙΑ ΣΤΑΓΕΙΡΑ, Ολυμπιάδα/Αρχαια Στάγειρα

Über der Zukunft des Dorfs Olimbiáda als Badeort vor allem für Griechen hängt das Damoklesschwert der Goldminen (S. 240). Gehen sie irgendwann in vollen Betrieb, ist Olimbiáda ökologisch und touristisch tot. Man ist wie im ganzen Landkreis Aristotélis heillos zerstritten: Wer überwiegend von Urlaubern lebt, will das Gold nicht. Wer Arbeit sucht, fördert es gern für die, die schon genug davon haben. Solange nichts entschieden ist, halten beide Seiten still. Zeichen eines Kampfes sind in Olimbiáda nicht zu bemerken.

Baden mit Ausblick

Ohnehin ist Olimbiáda (650 Einw., manchmal auch Olympias oder Olympiáda geschrieben) ein ungestylter Ort. Zwischen Hauptstraße und schmalem Strand stehen einige wenige kleine Hotels und Tavernen, die verkehrsfreie Uferpromenade ist gerade einmal 250 m lang. Vom Strand aus fällt der Blick auf das makedonische Festland, ein unbewohntes vorgelagertes Felseiland und die über 1000 m hohe Insel Thássos ganz in der Ferne. Der Strand endet am Ansatz der Liotópi-Halbinsel, auf der die Ausgrabungen des antiken Stágira liegen, des wahren Geburtsorts des Aristoteles. Schon irre, sich vorzustellen, dass der große Denker dort als Baby auf dem Töpfchen saß (die gab es tatsächlich schon, wie ein erhaltenes Exemplar in einem Athener Museum beweist).

Was von Stágira übrig blieb

Das Meer ist überall zu riechen und oft auch zu hören auf der felsigen, schütter bewaldeten Halbinsel mit den Ausgrabungen. Vielerlei Pflanzen wachsen zwischen den Gemäuern, manche werden durch Schilder auf Griechisch, Lateinisch und Englisch benannt.

Griechische Archäologen legen das antike Stágira seit 1990 frei. Nach ihren wissenschaftlichen Erkenntnissen gründeten Siedler von der Kykladeninsel Ándros die Stadt 655 v. Chr. Zunächst wurde nur der dem Kap näher liegende Südhügel bewohnt, seit dem 5. Jh. dann auch der höhere Nordhügel.

Auf Aristoteles Spuren

ΚΛΑΣΙΚΟ ΤΕΙΧΟΣ, klassische Mauer, steht etwa 30 m hinter dem Eingang auf einem blauen Schild. Schon an diesem **Eckrundturm** ❶ ist die Schönheit des Mauerwerks aus Kalksteinblöcken und Ziegeln bewundernswert. Hier bleibt man aber am besten auf dem Hauptweg und geht erst am Ende des Rundgangs die gesamte Stadtmauer entlang bis hierher zurück.

Zunächst erreicht man einen Platz mit mehreren antiken Resten. Eine kleine Farbtafel zeigt eine Rekonstruktion der klassischen **Stoa** ❷. In der einst ziegelgedeckten Halle mit acht Säulen an der Längsseite und ebenso vielen in der Mittelachse wurde Markt abgehalten. Sieben Stufen führten von der **Agorá** ❷, dem antiken Marktplatz, hinein. Eine zweite Farbtafel zeigt zusätzlich mehrere Häuser mit Ladengeschäften. Unter kleinen Schutzdächern erkennt man große, in den Boden eingelassene Tongefäße, die zur Lagerung von Vorräten dienten.

Auf einem schmalen Waldpfad geht es nun an Steineichen und verwilderten Olivenbäumen weiter in Richtung **Kap** ❸. Vögel zwitschern, die tuckernden Motoren von Fischerbooten sind zu hören. Tief unten schimmert ein kleiner Sandstrand

Lieblingsort

Picknick mit Aristoteles

Paddy, Wein, Tomaten, Oliven und Käse nehme ich immer mit zu meinem Rendezvous mit Aristoteles. Damit setze ich mich liebend gern auf die wehrhafte **Stadtmauer seines Geburtsorts Olimbiáda** (📍 F 2), surfe nach Zitaten des großen Denkers. Beim Blick auf die geschwungenen Küsten, die grünen Wälder und den alpinen Gipfelkönig der Insel Thássos ganz in der Ferne liegen Gedanken an die scheinbare Ewigkeit der Natur und die offensichtliche Vergänglichkeit alles Menschlichen nahe. Als Aristoteles 384 v. Chr. hier geboren wurde, war Stágira eine blühende Stadt. Als er 36 Jahre alt war, zerstörte sie ausgerechnet Makedonenkönig Philipp II., der Aristoteles danach zum Lehrer seines Sohns Alexander berief. Der Philosoph nutzte als solcher seinen Einfluss, Philipp zum Wiederaufbau Stágiras zu bewegen. »Die Freundschaft ist das Notwendigste im Leben«, zitiere ich ihn leise.

TOUR
Mit den Elfen baden

Ein Spaziergang bei Olimbiáda

Infos

F2

Start/Ziel: Waldweg zwischen Olimbiáda und Varvára

Dauer: ca. 30–90 Minuten je nach Abstechern

Wasserfälle wirken in der Sommerhitze wie kleine Wunder. Bei Olimbiáda gibt es dicht beieinander gleich zwei davon. Wenn kein Mensch in der Nähe ist, tollen darin die Elfen, erzählen die Einheimischen. Wanderer tun es ihnen gleich, duschen unter den Fällen und planschen im Bach.

Um hinzukommen, fährt man von Olimbiáda zunächst 7 km weit in Richtung Varvára. Große Landschildkröten wärmen sich hier häufig auf dem Asphalt. Man hebt sie besser nicht auf, denn meist beginnen sie sogleich, kräftig zu urinieren. Dann folgt man dem griechischen Hinweisschild zu den KATAPAKTH (Wasserfällen) auf einen Seitenweg. Nach 3,5 km endet dieser gut befahrbare Waldweg. Parkmöglichkeiten gibt es genug, Wegweiser führen nun zu den beiden Wasserfällen.

Richtung Süden führt ein von einem hölzernen Geländer flankierter Weg zu einer schmalen Holzbrücke und nach deren Passieren über einige Stufen zum **größeren der beiden Wasserfälle** (10 Min.). Hier wird geduscht und gebadet. Richtung Norden ist man vom Parkplatz aus schon nach 5 Minuten am **zweiten Wasserfall,** den man zunächst nur von oben betrachten kann. Metallösen im Fels deuten darauf hin, dass sich hier öfter Kletterer abseilen. Man kann aber auch zu Fuß über eine etwas abenteuerlich aussehende Holztreppe nach unten steigen, dort sein mitgebrachtes Picknick auspacken und sich die Zeit mit dem Aufspüren von Fischen, Krebsen, Fröschen und Kaulquappen im Bach Mavroláka vertreiben, bevor man auf gleichem Weg zum Fahrzeug zurückkehrt.

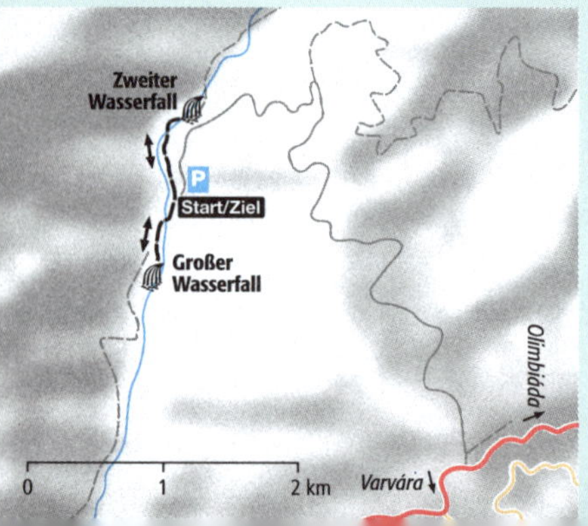

durch das Grün, nach Süden hin sind weitere Sandbuchten mit Badebetrieb zu sehen. Ein Schild mit der Aufschrift ΜΕΣΑΙΩΝΙΚΟ ΔΙΑΤΕΙΧΙΣΜΑ macht auf mittelalterliche Mauerreste aufmerksam, eine Farbtafel zeigt die Rekonstruktion eines in seinen Grundmauern erhaltenen Hauses. Dann erreicht man ein kleines Felsplateau mit freiem Meerblick nach drei Seiten hin. Ein paar Schritte abwärts zum nahen Kap hin steht man vor einer Tafel, auf der die **Heiligtümer** (Sanctuaries) der antiken Stadt im Grundriss, wie er auch im Gelände nachzuvollziehen ist, dargestellt sind. Beim hier genannten Thesmophórion handelt es sich um ein Heiligtum für die antike Göttin Demeter und ihre Tochter Persephone. Ihnen zu Ehren wurde alljährlich im Herbst zur Zeit der Aussaat ein Fest gefeiert.

Vom genannten Plateau aus steigt man zunächst über breite Holzstufen und dann über einen schmalen Pfad zum höchsten Punkt des **Nordhügels** 4 hinauf. Am Wegesrand stehen immer wieder kleine **Erdbeerbäume,** die im Winter zeitgleich Blüten und Früchte tragen. Dann sprießen aus dem Boden auch viele Pilze. Vom trigonometrischen Punkt zwischen den Mauerresten aus Antike und Mittelalter reicht der Blick weit ins Bergland der Chalkidikí hinein, deren Wälder im Spätherbst an einen kleinen Indian Summer erinnern.

Nun geht es zur antiken Agorá und auf den Hauptweg zurück. Nach etwa 100 m steht rechts ein blaues Schild mit der Aufschrift ΑΡΧΑΙΑ ΣΤΑΓΕΙΡΑ. Ein teilweise bemooster Stufenpfad mit Holzgeländer führt auf den höchsten Punkt des **Südhügels** 5 und zur Stadtmauer hinauf, die an mehreren Stellen betreten werden kann.

An ihrem höchsten Punkt bildet die Mauer ein Dreieck, das als **Akrópolis** 6 bezeichnet wird. Farbige Rekonstruktionszeichnungen beflügeln die Fantasie, sich eine Vorstellung vom möglichen ursprünglichen Aussehen zu machen. Tempel standen hier oben allerdings nicht – der Name Akrópolis bezeichnet nur den höchsten Punkt der Stadt.

An der Stadtmauer entlang geht es nun zum Nordeingang zurück.

Mi–Mo mindestens von 8–15 Uhr, Eintritt frei. Für einen Rundgang benötigt man etwa 90–150 Min. Schuhe mit rutschfesten Sohlen sind empfehlenswert, im Sommer Wasservorrat und Sonnenhut. Toiletten am südlichen Eingang. Das Grabungsareal hat zwei Zugänge. Am besten folgt man dem Fahrweg oberhalb des Hafens bis zum Nordeingang.

Schlafen

Mit Leib und Seele

1 **Akroyiáli/Germany:** Der Wirt dieses kleinen Strandhotels, Dimítris Sarris, ist hauptberuflich noch immer selbstständiger Bauingenieur. Sein kleines Büro liegt schräg gegenüber dem Hotel, das er im Zuge der Griechenlandkrise von »Germany« in »Akroyiáli« umtaufte. Dimítris spricht sehr gut Deutsch. Seinen Gästen widmet er sich mit Leidenschaft. Für sie hat er maßgeblich das Wanderwegenetz der Region initiiert (s. S. 122). Die Terrasse des dreigeschossigen Hauses mit nur 17 Zimmern, davon 8 mit Meerblick, liegt am Strand. An den Liegestühlen werden auch Drinks und Snacks serviert. Wer Halbpension gebucht hat, kann sich sein tägliches Menü wahlweise mittags oder abends aus dem gesamten leckeren Angebot der Küche nach eigenem Gusto zusammenstellen (auch vegan, gluten- und laktosefrei).

An der Hauptstraße am Ortseingang aus Richtung Stratóni, T 23 76 05 12 57, www.hotel-germany.gr, ganzjährig geöffnet, €

Viel zu schön zum Aufstehen ...

2 **Liotópi:** Dimítris Sarris arbeitet eng mit seiner Schwester Louloúdia (deutsch: Blume) zusammen, die schräg gegenüber das in einem üppigen kleinen Garten gelegene Hotel mit 16 Zimmern betreibt. Bei Ankunft erwartet jeden Gast eine Blume und ein hausgemachtes kleines Geschenk, beim Frühstück stehen viele von Louloúdis selbst gekochten Marmeladen auf dem Tisch. Ihr liebevoller Service und die gepflegte Schönheit der Zimmer hat dem Liotópi 2018 einen Preis als eines der beiden besten Privathotels des Landes eingebracht. Wer mag, kann Halbpension buchen, die Mahlzeiten werden dann in der Taverne des Hotels Akroyiáli eingenommen.

Gegenüber vom Hotel Akroyiáli, T 23 76 05 12 57, www.hotel-liotopi.gr, Preise wie Akroyiáli

Essen

Entlang der Promenade und an der Platía gibt es einige Tavernen. Das beste Essen wird im Restaurant Akroyiáli (s. o.) serviert, das schon seit 1924 existiert.

Bewegen

s. S. 122 und S. 126

Feiern

- **Kirchweihfest:** 6./7. Juli. Es treten Tanzgruppen aus anderen Teilen Griechenlands auf. Kostenlose Bewirtung aller Gäste mit Wein und Sardinen.

Infos

- **Linienbusverbindung:** Zwischen Olimbiáda und Thessaloníki mindestens 2 x tgl. Achtung: Abfahrt in Thessaloníki nicht am Chalkidikí-Busbahnhof, sondern am zentralen Busbahnhof, Fahrplan auf www.ktelthess.gr, T 23 10 59 54 00. Die Busse fahren nicht über Arnéa, sondern über Stavrós und die E 90. Von anderen Orten der Chalkidikí ist Olimbiáda nicht per Linienbus zu erreichen!

Zugabe
Gewebte Träume

Aus dem Leben der Teppichknüpferinnen von Arnéa

Auch Teppichweber und -knüpferinnen hatten ihre Träume. Wenn sie vor 100 Jahren in Arnéa zwischen ihrer Arbeit an Flokatis und traditionellen Webteppichen Gelegenheit dazu fanden, blätterten sie in französischen Zeitschriften und Katalogen für Stickmustervorlagen. Und dann nahmen ihre Sehnsüchte Gestalt an, dann, wenn sie westliche Idyllen stickten – Herzblut und in Griechenland unbekannte Landschaften inklusive. Eng an einen Mann gelehnt auf einer Parkbank liegen? Unerhört! Damals in Makedonien undenkbar! Mädchen und Jungs trafen sich stattdessen auf Festen beim griechischen Tanz unter dem wachsamen Auge der Öffentlichkeit, wie es ein anderer gestickter Wandteppich im Museum von Arnéa ganz brav zeigt. ■

Thessaloníki

Voller Leben, voller Musik — Einfaches Rezept: Alles Sehenswerte der Stadt liegt innerhalb ihrer mittelalterlichen Mauern. Die Musik jedoch überwindet klar auch diese Grenzen.

Seite 133

Weißer Turm 

Es riecht nach Zuckerwatte und Maronen. Das Wahrzeichen der Stadt ist ein Dreh- und Angelpunkt. Hier starten Boots- und Fahrradtouren, warten Kutschen, halten die Busse für Stadtrundfahrten.

Seite 136

Platía Aristotélous

Der zentrale Platz am Meer ist ein idealer Ort für Großdemos, aber auch für snobistisches Kaffeetrinken. Aristoteles schaut bei alledem stoisch gelassen zu – und auch die Götterschar auf dem Olymp gegenüber, sofern es sie doch gibt.

Bloß nicht verpassen: Bootsfahrt vor der Kulisse der Stadt

Eintauchen

Seite 138

Ladádika

Das alte Hafenviertel der Ölhändler wurde zum hippen Szeneviertel der Stadt voller Bars, Tavernen und Clubs. Fish & Chips nach griechischer Art sind hier tagsüber das urige Gericht mit langer Tradition.

Seite 138

Vláli-Markt

Man achte mal drauf: Fleisch und Fisch zu kaufen ist offensichtlich Männersache. Für Obst und Gemüse sind die Frauen zuständig. In den vielen eingestreuten Cafés und Tavernen gibt's keine Geschlechtertrennung. Dort sitzen sie alle beisammen.

Seite 139

Agía Sofía ✪

Nach 1200 Jahren noch bestens erhalten füllt in der Kirche der hl. Weisheit ein Mosaik mit der Himmelfahrt Christi die Kuppel aus. Beeindruckend und wunderbar, gilt es als eines der schönsten im Land.

Seite 141

Rotónda

Magisch. Stimmungsvoller kann das Innere eines Bauwerks kaum sein als in diesem römischen Mausoleum.

Seite 146

Durch die Oberstadt

Vor allem Rentner und Haushaltshilfen kurven im Kleinbus durch die Gassen der Oberstadt. Die Fahrer sind wahre Meister ihres Fachs und schrammen nur selten eines der vielen falsch parkenden Autos oder eine Mülltonne.

Seite 147

Eptapirgío

Besuch im ehemaligen Knast. Hier saßen nicht nur Kriminelle ein, sondern vor allem während der deutschen Besatzungszeit und während der Militärherrschaft politische Häftlinge. Jetzt finden in der Festung häufig Ausstellungen moderner Kunst statt.

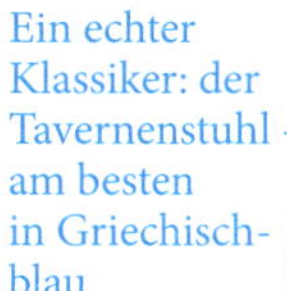

Zahllose Taxis schwirren durch die Stadt. Innerhalb ihrer Mauern kostet keine Fahrt mehr als fünf Euro. Nette Gespräche gibt's meist gratis dazu.

Metropole des Balkans

Athen mag Griechenlands Hauptstadt sein, doch in deren Curriculum urbis klafft eine gewaltige Lücke: Vom Ende der Antike bis ins 19. Jh. hinein dümpelte sie als belangloses Dorf dahin. Thessaloníki aber war in all jenen Zeiten die Metropole des Balkans – und wird es gerade wieder. Darauf sind die Einheimischen stolz und singen ebenso wie die Superstars Glykería und Marinélla (auf youtube zu hören) mit Inbrunst »Thessaloníki mou, megáli ftochomána – Mein Thessaloníki, große Mutter der Bedürftigen«. Durchaus intelligente Leute sind sich einig: Es gibt auf dem Balkan keine progressivere Stadt der Künste als diese Großstadt direkt am Meer. Sie ziehen mit dem Zirkel einen Kreis um diesen Knotenpunkt und finden darin in einem Radius von 600 km Istanbul, Sofia, Athen und Belgrad. Sie sehen mit Freuden, dass Israelis und Türken die größten Besucherzahlen aufweisen: Ganz bewusst kehren sie zu ihren Wurzeln zurück. Fromme US-Amerikaner und Briten vor allem wandeln hier auf den Spuren des Apostels Paulus und seiner beiden Briefe an die Thessalonicher. Russen, Ukrainer und andere Slawen erkennen bewundernd an, dass ihnen aus Thessaloníki ihre Religion und ihre Schrift gebracht wurden, und fühlen sich hier darum fast wie zu Hause.

Alle Epochen der Stadtgeschichte sind gleichermaßen präsent. Und dabei ist die Stadt schön übersichtlich gegliedert. Als Tagesbesucher beschränkt man sich am besten auf die Unterstadt mit ihren Märkten, vielen Geschäften, Museen und historischen Denkmälern und bummelt die Uferstraße zwischen altem Hafen und dem Hotel Makedonia Palace entlang. Wer zwei Tage bleibt, läuft oder fährt weiter hinauf in das auch Akrópolis genannte Kástra-Viertel. Und wer Thessaloníki noch mehr Zeit schenkt, erkundet auch den mittleren Teil, die Áno Pólis.

O

ORIENTIERUNG

Karte 4
Internet: www.thessaloniki.gr – die offizielle Website der Stadt (auf Englisch)
Verkehr: Parkplätze sind knapp und teuer. Man stellt sein Auto besser auf dem kostenlosen Großparkplatz von IKEA in Flughafennähe ab und fährt dann mit dem Bus zur Platía Aristotélous in der Innenstadt. Bewachte gebührenpflichtige Parkplätze gibt es zudem am Flughafen. Infos: www.oasth.gr

Im Zentrum

ΘΕΣΣΑΛΟΝΙΚΗ, Θεσσαλονίκη
Die Unterstadt mit ihrem nach 1917 auf dem Reißbrett geplanten Straßennetz und ihren vielgeschossigen Wohn- und Geschäftsbauten steigt zunächst ganz sacht hangwärts bis zur Odós Olimpiádos und Odós Athínas an. Dahinter wird der Hang steiler. Hier klettern die kleineren, oft im traditionellen makedonischen Stil erbauten Wohnhäuser der Altstadt Áno Pólis entlang schmaler, gewundener Gassen zum Akrópolis-Viertel hinauf, einem eigens ummauerten Wohnbezirk mit bis heute recht dörflichem Charakter. Ihn überragt am allerhöchsten Punkt die Eptapirgío genannte Zitadelle, die lange als Gefängnis diente.

Weißer Turm

Hier ist Thessaloníki

Jeder in der Stadt kennt den **Weißen Turm** ❶ (Léfkos Pírgos, Odós Níkis, www.lpth.gr, April–Okt. tgl. 8–20, Nov.–März tgl. 8.30–15.30 Uhr, Eintritt 6 €), Thessaloníkis top vermarktetes Wahrzeichen. Hier beginnen viele Freizeitvergnügen – Boots- und Kutschfahrten oder Fahrradtouren. Alexander der Große hält sich auf seinem Bronzepferd für Selfies mit Schiffen und vielleicht sogar dem Olymp bereit.

Der Turm stammt aus dem Jahr 1430 und bildete den südöstlichen Eckpfeiler der Stadtmauern, die außer am Meeresufer weitgehend bestens erhalten sind. Im Innern führt ein spiralförmiger Aufgang mit einigen pferdefreundlichen Stufen

Viele sah er schon kommen und gehen. Umtost von Radlern, Flaneuren und Touristen und umnebelt vom süßen Duft der Zuckerwatte wacht der Weiße Turm von allem unbeeindruckt übers Großstadtleben.

Thessaloníki

Ansehen

1 Weißer Turm
2 Platía Aristotélous
3 Ladádika
4 Yachoúdi Hamam
5 Vláli-Markt (Kapáni-M.)
6 Vatikióti-Markt
7 Panagía Chalkéon
8 Bey Hamam
9 Agía Sofía
10 Palast des Galerius
11 Galerius-Bogen
12 Rotónda
13 Geburtshaus Atatürks
14 Ág. Dimítrios
15 Yeni Hamam (Aígli-Bar)
16 Alaza Imaret
17 Römisches Forum
18 Ág. Nikólaos Orphanós
19 Taxiárches
20 Ósios Davíd
21 Eptapirgío
22 Platía Anárgiron
23 Trigónion-Turm
24 Agía Ekateríni
25 Dódeka Apóstoli
26 Zéitenlik War Cemetery
27 Archäolog. Museum
28 Museum der Byzantischen Kultur
29 Museum jüd. Lebens
30 Film-Museum
31 Foto-Museum
32 Zentrum zeitgenössischer Kunst
33 Moní Lazaristón
34 Makedonisches Museum zeitgenössischer Kunst

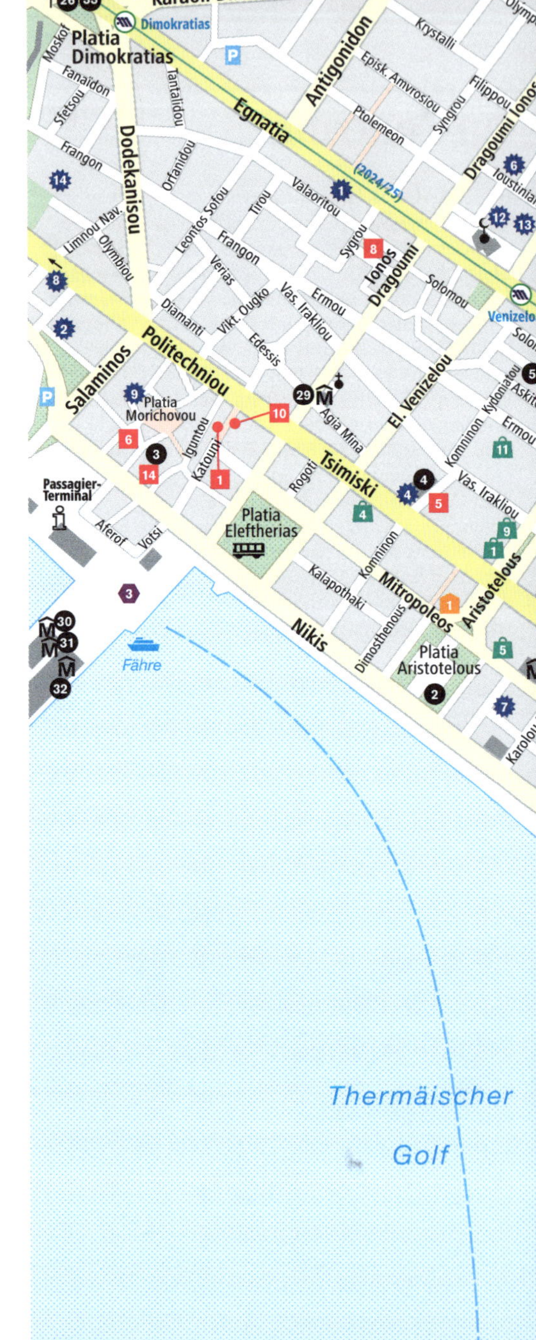

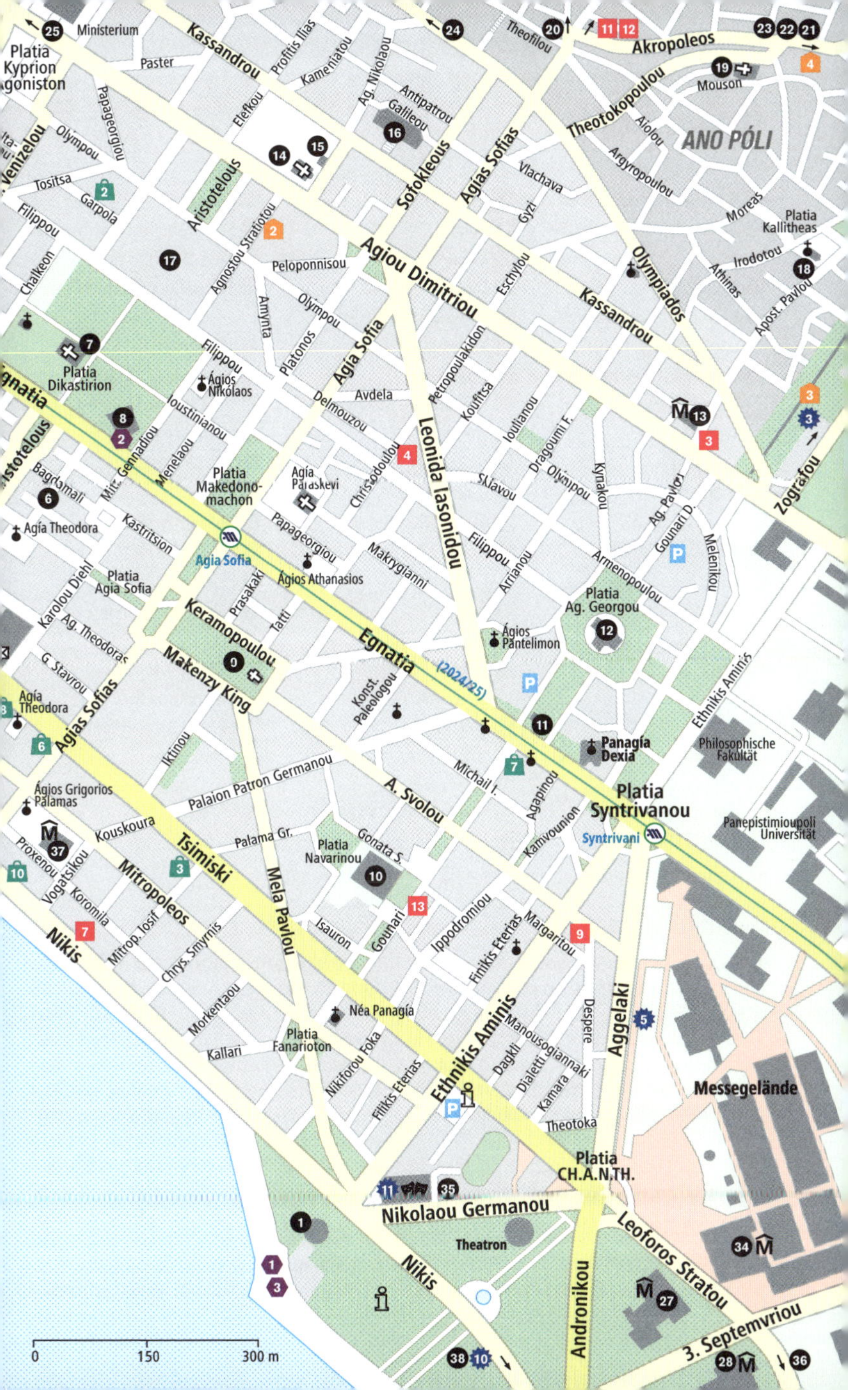

Platia Kyprion Agoniston
Ministerium
Paster
Kassandrou
Profitis Ilias
Kameniatou
Ag. Nikolaou
Antipatrou
Galileou
Theofilou
Akropoleos
Mouson
Theotokopoulou
Aiolou
ANO PÓLI
Argyropoulou
Vlachava
Agias Sofias
Sofokleous
Papageorgiou
Olympou
Venizelou
Tositsa
Garpola
Eleftkou
Aristotelous
Agnostou Stratiotou
Filippou
Chalkeon
Peloponnisou
Agiou Dimitriou
Gyzi
Eschylou
Olympiados
Moreas
Platia Kallitheas
Irodotou
Athinas
Apost. Pavlou
Kassandrou
Amynta
Platonos
Agía Sofia
Avdela
Delmouzou
Petropoulakidon
Kouftsa
Ioulianou
Dragoumi F.
Kyriakou
Platia Dikastirion
Filippou
Ágios Nikólaos
Ioustinianou
Egnatia
Aristotelous
Mitr. Gennadiou
Menelaou
Bagdomali
Platia Makedono-machon
Agía Paraskevi
Chrisodoulou
Leonida Iasonidou
Sklavou
Olympou
Ag. Pavlou
Gounari D.
Melenikou
Zografou
Agía Theodora
Kastritsion
Agia Sofia
Papageorgiou
Makrygianni
Filippou
Arrianou
Armenopoulou
Platia Agia Sofia
Karolou Diehl
Prasakaki
Tatti
Ágios Athanasios
Platia Ag. Georgou
Ag. Theodoras
Keramopoulou
Egnatia
(2024/25)
Ágios Pantelimon
G. Stavrou
Makenzy King
Konst. Paleologou
Ethnikis Aminis
Agía Theodora
Agias Sofias
Iktinou
Michail I.
Panagía Dexia
Philosophische Fakultät
Ágios Grigorios Palamas
Palaion Patron Germanou
A. Svolou
Agapinou
Platia Syntrivanou
Syntrivani
Panepistimioupoli Universität
Kouskoura
Palama Gr.
Kamvounion
Proxenou
Tsimiski
Platia Navarinou
Gonata S.
Vogatsikou
Mitropoleos
Koromila
Mela Pavlou
Gounari
Ippodromiou
Margaritou
Mitrop. Iosif
Isauron
Finikis Eterias
Nikis
Chrys. Smyrnis
Ethnikis Aminis
Despere
Aggelaki
Néa Panagía
Manousogiannaki
Morkentaou
Platia Fanarioton
Dagkli
Dialetti
Messegelände
Kallari
Nikiforou Foka
Filikis Eterias
Kamara
Theotoka
Platia CH.A.N.TH.
Nikolaou Germanou
Theatron
Leoforos Stratou
Nikis
Andronikou
3. Septemvriou
0
150
300 m

Thessaloníki Fortsetzung von Seite 133

35 Kunstgalerie der Gesellschaft für Makedonische Studien
36 Städtische Pinakothek
37 Museum des Makedonischen Kampfes
38 Ethnologisches Museum von Makedonien und Thrakien

Schlafen
1 Electra Palace
2 Orestías Kastoriás
3 Little Big House
4 Philippíon

Essen
1 Athivolí
2 Paradosiakó Kafneío tou Evripídou
3 I Prínkipos
4 I Moúrga
5 Frutta di Mare
6 Tiganiés & Skáros
7 Basilicó
8 Poster
9 Desperai
10 Dubliners
11 Byzantio Roof Garden
12 Toixo-Toixo
13 Navarino
14 Bakaliáriko Sto Limáni

Einkaufen
1 Iànos
2 Vaudeville Room
3 Zóniou Perfume Creations
4 Anémi
5 Access Fashion
6 Giánna Kazákou – Mocassino
7 Studio 52
8 Attica
9 Hondos Center
10 Tserlídis Nuts Factory
11 Modanió-Markthalle
12 bis 19 s. Karte S. 158

Bewegen
1 Stadtrundfahrten
2 Linie 22
3 Karaváki Waterbus Fleet

Ausgehen
1 Frágile stin Tarátsa
2 Vanilla World Skybar
3 Little Big House
4 The Mindtrap
5 Harry's Spot
6 To spíti mou
7 Malt 'n Jazz
8 Principal Club Theatre
9 Eight Ball Club & Live Stage
10 Mégaro Moussikís
11 Nationaltheater von Nord-Griechenland
12 To Vidanió
13 To Anatolikón
14 Tophane

aufs Dach. In den Geschossen vermitteln Fotos, Videos und Multimedia einen guten Kurzüberblick über die Geschichte Thessaloníkis. Vom Dach blickt man bis zu den mächtigen Mauern der Akrópolis hinauf, hat das ganze Thessaloníki in seiner mittelalterlichen Größe vor sich.

Die Odós Níkis entlang

Im Epizentrum

Anstelle der mittelalterlichen Stadtmauer bildet heute die verkehrsreiche, der antiken Siegesgöttin gewidmete Uferstraße **Odós Níkis** einen nur mit etwas Mut zu überwindenden Wall. Direkt am Meer verläuft ein kaum genutzter Bürgersteig, landseitig säumen Cafés, Bistros und Restaurants den Boulevard. Die sind fast rund um die Uhr brechend voll mit schicken Leuten. Nach etwa 800 m erreicht die Níkis die **Platía Aristotélous** 2, den wichtigsten Platz Nordgriechenlands. Hier finden Kundgebungen mit Hunderttausenden von Teilnehmern statt, die fast alle nur eines betonen wollen: »Makedonien ist griechisch – Macedonia is Greece.« Das muss dann auch Aristoteles mit ansehen, der breitbeinig als Bronzeskulptur am östlichen Platzrand auf seinem Sockel sitzt. Der gesamte Platz wirkt architektonisch aus einem Guss. Er wurde nach dem Stadtbrand von 1917 gestaltet. Im Halboval umstehen ihn mehrere Bauten, darunter ein Luxushotel und ein großes Kino. Auf seinen beiden Längsseiten wird er von zahlreichen teuren Cafés und Bars gesäumt, die sich gegenseitig an moderner Lounge-Möblierung und originellem Service zu übertreffen suchen.

Vergessener Platz

Im weiteren Verlauf büßt die Odós Níkis stark an Exklusivität ein. Sie passiert als Nächstes die **Platía Eleftherías,** den Freiheitsplatz. Von hier fahren Busse zum Stadtviertel Akrópolis und zum Eptapirgío ab; parken kann man hier mit viel Glück auch. Direkt an der Odós Níkis steht etwas versteckt Thessaloníkis recht bescheidenes **Holocaust-Denkmal.** Nach Jahren des Schweigens wurde es erst 2006 hier aufgestellt, seine Schöpfer sind der serbische Bildhauer Nandor Gild und seine beiden Söhne. Es zeigt eine Menorah, deren Flammen stilisierte menschliche Figuren verschlingen. Häufig halten hier Besucher aus Israel Gedenkminuten ab und breiten dabei die israelische Flagge aus, legen Steine nieder. Die meisten Griechen schenken ihm keine Beachtung. Von der griechischen Rechten wird es immer wieder geschändet, 2018 gleich zweimal.

Demnächst soll der Platz, der heute überwiegend Parkplatz ist, zum Park umgestaltet werden – vielleicht rutscht dann ja auch das Holocaust-Denkmal in die Platzmitte.

Der Südwestecke dieses Platzes schräg gegenüber liegt der Eingang zum Hafengelände der Stadt. Dieser Teil des Hafens wird heute nur noch von Fähr- und Kreuzfahrtschiffen genutzt. Die langgestreckte Hafenmole mit ihren alten Speichergebäuden wurde zur Museumsmole: Das **Film-** 30, das **Foto-Museum** 31 und ein **Zentrum zeitgenössischer Kunst** 32 sind hier angesiedelt, und außerdem ein aussichtsreiches und stimmungsvolles Café-Restaurant, die Kitchen Bar. Von dort aus blickt man noch einmal zurück auf die Uferstraße bis zum Weißen Turm.

FAKTENCHECK

Einwohner: In der Stadtgemeinde 319 045 (letzte Volkszählung 2021). Im Großraum 1 Mio.
Bedeutung: Zweitgrößte Stadt Griechenlands, Hauptstadt von Zentral-Makedonien, Universitätstadt
Gefühlte Bedeutung: Metropole des Balkans
Erster Eindruck: Alle Menschen kaufen ein, fahren Auto oder sitzen in Cafés, Bars und Tavernen.
Zweiter Eindruck: Hier gibt es mehr als genug für eine Woche zu sehen und zu tun.
Besonderheiten: Klare Gliederung, viel Baumschatten, Monumente aus allen Epochen, Allgegenwart des Meeres. Viel Musik, Essen rund um die Uhr, unzählige Konditoreien

Vom Szeneviertel Ladádika zu den Märkten

Sinnesfreuden

Alte Lagerhallen, Werkstätten, Läden und Wohnhäuser wurden liebevoll instand gesetzt, erinnern in ihrer Farbigkeit manchmal an irische Straßenzüge. Jede Stadt braucht wohl ein Stück restaurierte Altstadt als Kneipen- und Szeneviertel. In Thessaloníki wählte man dafür das alte Gewerbeviertel der Olivenölhändler, das seit den 1970er-Jahren dem Verfall preisgegeben war und in den

Goldene Stunde: Bevor sich die Dämmerung über die Stadt legt entspannt am Hafen sitzen, den Tanz des Sonnenlichts auf dem Meer beobachten oder den Zug der Menschen, der an einem vorüberzieht.

1990er-Jahren restauriert wurde. Es liegt gegenüber vom alten Passagierterminal des Hafens und heißt **Ladádika** ❸, von *ládi* = Öl. Hier ist ein kleines Szeneviertel mit vielen Bars, Restaurants und einigen Musik-Clubs entstanden, das tagsüber fotogen, aber erst abends voller Leben ist.

Wie ein Füllhorn

Wer das **Museum des jüdischen Lebens** ㉙ nicht besuchen will, geht weiter zum **Yachoúdi Hamam** ❹. Vor diesem Dampfbad aus dem späten 15. Jh. stellen Blumenhändler ihre farbenfrohe Ware aus, die gut mit den Gemäuern harmoniert. Zwei große und 13 kleine Kuppeln überspannen das ehemalige Männer- und das Frauenbad. Beide sind frisch restauriert, aber (noch) nicht zu besichtigen.

Der Blumenmarkt ist ein kleiner Vorgeschmack auf den nun ganz nahen **Vláli-Markt** ❺ **(Kapáni).** Hier zeigt sich Thessaloníki montags bis samstags an allen Vormittagen von seiner buntesten und lebhaftesten Seite. Obst und Gemüse, Gewürze und Kräuter, Fleisch, Fisch, Käse, Nüsse und Haushaltswaren werden im Licht nackter Glühbirnen und heller Strahler angeboten. Die Salate werden immer wieder mit Wasser besprenkelt, Äpfel und Orangen jeden Morgen blankgeputzt. Hammelhoden liegen wie in militärischer Schlachtordnung ausgerichtet; ganze Lämmer, Rinder- und Schweinehälften baumeln an Haken. Die Kaninchen tragen einen letzten Fellrest, damit niemand sie für Katzen hält. Für nahezu alle Lebensmittel wird auf Kreidetafeln neben dem Preis auch der Herkunftsort angegeben; Griechen wissen schließlich, was in welcher Region am besten gedeiht. Ein paar einfache

Markttavernen gibt es auch. 2023 ist auf der anderen Seite der Odós Ermoú die 100 Jahre alte **Modianó** 11 wieder zum Leben erwacht. Sehr gepflegte Marktstände bieten vor allem kulinarische Spezialitäten, die obere Ebene nimmt eine große Food Plaza ein.

Wieder ganz anders ist der auf der anderen Seite der Odós Aristotélous der auch Agorá Athónos genannte **Vatikióti-Markt** 6. Hier haben zahlreiche Ouzerien und Cafés die einst ansässigen Kleinmöbelhersteller aus ihren Werkstätten und Läden verdrängt.

Von der Aristotélous zur Agía Sofía

Beten und baden

Der Vláli Markt wird im Norden von der **Odós Egnatía** gesäumt, dem viel befahrenen Nachfolger der antiken römischen Via Egnatia, die Konstantinopel (das heutige Istanbul) mit der Adria verband. Auf der gegenüberliegenden Seite stehen auf der **Platía Dikastírion** zwei historische Gebäude, die bei viel Zeit einen Seitenblick lohnen. Die **Kirche Panagía Chalkéon** 7 (Odós Egnatía/Odós Chalkéon, T 23 10 27 29 10, tgl. 7.30–12 und 17–19 Uhr, Eintritt frei) ist ein Gotteshaus aus dem frühen 11. Jh. Es liegt unter dem heutigen Straßenniveau in der Südwestecke des als Park gestalteten Platzes zwischen dem Zentrum und dem römischen Forum. Finanziert wurde der Bau von den Kupferschmieden der Stadt, woran noch der Name erinnert. Die Panagía Chalkéon ist von einem kleinen, liebevoll gepflegten Rosengarten umgeben. Die Fresken aus der Erbauungszeit bleichen vor sich hin.

Schon bald nach der türkischen Eroberung 1444 wurde der **Bey Hamam** 8 (Odós Egnatía, gegenüber der Einmündung der Odós Aristotélous, Mi–Sa 8–15 Uhr, Eintritt frei) erbaut. Er ist das größte in Griechenland erhaltenen gebliebene Türkische Bad. Männlein und Weiblein waren strikt in zwei Abteilungen getrennt: Der Fraueneingang lag auf der Nordseite, der für Männer an der Odós Egnatía. Bis 1968 wurde der Hamam als Bad genutzt.

Agía Sofía

Kopf in den Nacken

Auch Kirchenmuffel sollten sich das nächste Ziel am Weg zurück zum Weißen Turm nicht entgehen lassen. Die **Kirche Agía Sofía** 9 ist eine der ganz großen Sehenswürdigkeiten in Thessaloníki (Platía Agías Sofías, T 23 10 27 02 53, April–Okt. tgl. 7–13 und 17–18.30, Okt.–März tgl. 7–12 und 17–18.30 Uhr, Eintritt frei).

Hoch oben in der Kuppel der im späten 8. Jh. erbauten Sophienkirche prangt das künstlerisch wertvollste Mosaik der Stadt. Beim Anblick kann man nur staunen. Wie viel Mühe muss es gekostet haben, es zusammenzufügen! Es entstand nach dem Ende des Ikonoklasmus in der Mitte des 9. Jh. Vor einem goldenen Hintergrund bilden

UNTERGEGANGENE WELTEN

Nicht schlecht, was die Archäologen an vorbildlicher Arbeit mit der Webseite www.thebyzantinelegacy.com/galerius-palace geleistet haben. Ausführliche Texte zu Palast, Galerius-Bogen und Rotónda werden da von vielen aufschlussreichen Fotos, Grundriss- und farbigen Rekonstruktionszeichnungen begleitet, die die römische Zeit fast reanimieren.

die zwölf Apostel sowie die von zwei Engeln flankierte Gottesmutter einen Kreis. Stilisierte Olivenbäume trennen die Figuren voneinander. In der Mitte der Kuppel tragen vier Engel den auf einem Regenbogen thronenden Christus in einer Aureole gen Himmel.

An der Südostecke der Agía Sofía führt die Diagonalstraße Odós Méla Pávlou zum Weißen Turm zurück. Wer noch mehr von Thessaloníki sehen möchte, biegt von ihr in die Fußgängerzone Odós Gounári ab. Sie führt nicht nur ins römische Thessaloníki, sondern auch in eines der Studentenviertel der Stadt.

Römisches Thessaloníki

Eine Straße wie ein Zeitstrahl

Die **Odós Gounári** ist keine feine Flaniermeile. Kulinarisch wird sie von Imbissbuden geprägt, seinen Café to go trinkt man auf Mäuerchen und Bänken. Man kauft Modeschmuck statt teurer Klunker, wühlt in alten Vinyls, lässt sich tätowieren und kann auch Bücher und Landkarten erstehen. Das wahre Thessaloníki-Gefühl stellt sich beim Blick die Straße rauf und runter ein: unten das Meer, oben die antik-frühbyzantinische Rotonda, ganz oben die Mauern des Akrópolis-Viertels. Und dazwischen Monumente aus der kurzen Zeit (293–311), als Thessaloníki de facto Hauptstadt des Römischen Reichs war, weil im fernen Rom das Chaos herrschte.

Alles für einen

Ein Mann hat das Gesicht des römischen Thessaloníki geprägt: Kaiser Galerius. Vom **Palast des Galerius** ❿ ist außer weitläufigen Grundmauern nur das sogenannte Oktagon noch in eindrucksvollen Ausmaßen erhalten. Es barg wahrscheinlich den für Audienzen und Bankette genutzten Thronsaal. Seine Höhe ist beachtlich: Überspannt wurde er von einer Kuppel von 23 m Höhe mit einem Durchmesser von 23 m. Auf Holzstegen geht's durchs Gelände, man sieht Bodenmosaike und Reste von Wandmalereien, und gut gemachte Informationstafeln auf Englisch erklären die akribische Arbeit der Ausgräber (Platía Navarínou, Mi–Mo 8–20 Uhr, Eintritt 4 €).

Didaktisch toll gemacht ist das **Informationszentrum** (Odós Gounári/Ecke Odós Alex. Svólou, tgl. 10–17 Uhr). Videos und eine App, die auch aufs eigene Device ladbar ist, erläutern die Arbeit der Archäologen und zeigen auch digitale Rekonstruktionen des Palastes, des Galerius-Bogens und der Rotónda.

Suchspiel

Der **Galerius-Bogen** ⓫, von den Einheimischen nur schlicht »Bogen« **(Kamára)** genannt, ist die Adresse schlechthin fürs Rendezvous (so nämlich, »randewu«, nennen die Griechen jede Verabredung, auch zwischen Geschäftsleuten). In den Cafés ringsum sitzen vor allem Studenten und Universitätsangehörige, die Preise sind relativ günstig, die Luft wird nicht nur von Tabakrauch geschwängert. Der Bogen selbst ist der letzte verbliebene Teil eines monumentalen Tors. Zwei parallele Bogenreihen mit jeweils einem 21 m hohen Bogen in der Mitte und je einem kleineren links und rechts davon waren von einer Kuppel überspannt. Erhalten blieben nur einer der Mittelbögen und ein angrenzender kleinerer Bogen. Die aufgemauerten Stützpfeiler zierten recht grobe steinerne Reliefplatten. Einige sind erhalten. Sie anzuschauen kann Spaß machen: Vielleicht entdecken Sie ja die Szene einer Stadteroberung, die Ansprache des Galerius an seine Soldaten oder die um Gnade bittenden persischen Kriegsgefangenen. Alle Reliefs sollen den Sieg des Kaisers in einem Feldzug gegen die Perser in Armenien, Syrien und Mesopotamien verherrlichen.

Stimmungsvoll und schön

Anders als heute stand der Bogen in der Antike nicht isoliert, sondern war in zwei prächtige Straßenzüge mit Ladenarkaden eingebunden. Einer dieser Straßenzüge war die Odós Gounári, der andere die heutige Odós Egnatía, die immer noch dem Shopping geweiht ist. Das Torgebäude ließ den Blick auf die nur etwa 100 m entfernte **Rotónda** ⓬ (Mi–Mo 8–20 Uhr, Eintritt 6 €) leicht oberhalb der Egnatía frei. Sie ist eines der stimmungsvollsten historischen Monumente der Stadt und schlägt eine Brücke zwischen Mittelalter und Antike. Der römische Kaiser Galerius ließ den dreistufigen Ziegelsteinrundbau Anfang des 4. Jh. als Mausoleum für sich selbst errichten. Während der Regierungszeit des christlichen Kaisers Theodosius (379–394) wurde die Rotónda zur Kirche umgestaltet. Im Osten entstand durch den Ausbau von einer der acht großen Mauernischen eine längliche Apsis als Altarraum. Im Westen setzte man eine Eingangshalle vor den Rundbau. 1590 wurde aus der Kirche eine Moschee. Davon zeugt noch das hohe Minarett.

Heute dient die Rotónda als Museum. Viele orthodoxe Christen sind damit nicht einverstanden. Ihre Klage auf Rückgabe des Baus an die Kirche wurde aber in letzter Instanz abgewiesen. 1999 einigte man sich außergerichtlich: Jetzt darf das Museum einmal monatlich für einen orthodoxen Gottesdienst genutzt werden. Wer einmal einen unter der fast 25 m weit gespannten Kuppel erlebt hat, fühlt sich in frühchristliche Zeiten zurückversetzt (Gottesdienste am 3. und 8. Nov., 7.30–10.30 Uhr; andere Termine siehe Aushänge an der Rotónda).

Die jahrzehntelang restaurierten Mosaike in der Kuppel aus der Zeit um 400 stellen betende Märtyrer in feierlichen Gewändern dar. Sie stehen vor einer märchenhaft anmutenden Architekturkulisse mit Bögen und Giebeln, Baldachinen und Balkonen, Halbkuppeln und Säulen. Edelsteine, Teppiche, Blumen und Pfauen zieren die Fassaden – Ravenna lässt grüßen.

Odós Agíou Dimitríou

Eine Flaniermeile ist sie nicht, …

… vielmehr bedienen die Geschäfte hier vor allem den Bedarf der Einheimischen. Die breite Hauptverkehrsachse bildet die Grenze zwischen der nach dem Stadtbrand von 1917 neu erbauten Unterstadt und der Oberstadt, Áno Pólis. Aber an ihr liegen einige bedeutende Monumente.

Wo Atatürk geboren wurde

Nur 150 m oberhalb der Rotónda wurde der von allen türkischen Regierungen

Und sie hält immer noch: Unter der riesigen Kuppel der Rotonda staunt man über die Baukunst der Römer.

stets gepflegten Legende folgend 1881 Mustafa Kemal Pascha geboren, der als Kemal Atatürk in die Geschichte einging. Das **Geburtshaus Atatürks** ⓭ (Odós Ap. Pávlou/Odós Ag. Dimitríou, Di–So 10–17 Uhr, Eintritt frei, Personalausweis oder Reisepass ist vorzulegen) ist heute Teil des Türkischen Generalkonsulats und Besuchermagnet für viele türkische Touristen. Deswegen haben sich in seiner unmittelbaren Umgebung an der Odós Ap. Pávlou auch Imbissbuden mit türkischer Küche angesiedelt. Besuchern des Hauses wird der Kaminraum in zweiten Stock als Geburtszimmer präsentiert. Schon 1888 musste die mittlerweile verwitwete Mutter aus Kostengründen ausziehen; 20 Jahre später kaufte der zum Offizier avancierte Sohn das Haus. Nach der Übernahme Thessaloníkis durch Griechenland erwarb eine griechische Familie das Anwesen. 1937 wurde es jedoch dem zum »Vater der Türkei« avancierten Mustafa Kemal, genannt Atatürk, zurückgegeben und der Verwaltung des Generalkonsulats unterstellt. Die Einrichtungsgegenstände sind zeitgenössisch, aber nicht authentisch.

Wo Russinnen singen

Ganz gleich, zu welcher Tageszeit man die **Basilika Ágios Dimítrios** ⓮ (Odós Agíou Dimitríou, T 23 10 27 00 08, Kirche tgl. 8–22 Uhr, Krypta Di–Fr 8–17, Sa/So 8.30–15 Uhr; Gottesdienst in der Krypta Fr 20.30–22.30 Uhr, Eintritt frei) besucht, sie ist immer mit Leben erfüllt. Das für Gläubige heute bedeutendste christliche Gotteshaus der Stadt steht 650 m westlich vom Geburtshaus Atatürks. Geweiht ist die Kirche dem Schutzpatron der Stadt, einem Soldatenheiligen. Der Legende nach predigte der in Thessaloníki geborene römische Offizier heimlich das

Rechts ein Blick ins Schaufenster, links ein Blick auf die Arbeit der Archäologen: Der Kontrast zwischen römischen Ruinen und moderner Bebauung prägt das Stadtbild von Thessaloníki.

Evangelium und wurde deswegen um 303 in den Thermen der Stadt durch Lanzenstiche ermordet. Schon gleich nach dem Erlass des Toleranzedikts von Mailand im Jahr 313 durch Kaiser Konstantin setzte seine Verehrung ein. In der zweiten Hälfte des 5. Jh. entstand dann über seinem Grab in den Thermen eine über 43 m lange und 33 m breite fünfschiffige Basilika. Die Türken nutzten sie ab 1493 als Moschee; 1917 brannte sie bis auf ihre Grundmauern nieder und wurde weitgehend im alten Stil neu aufgebaut.

Für orthodoxe Christen aus aller Welt ist die Reliquie des Heiligen der bedeutendste Schatz der Kirche. Weitaus zahlreicher als griechische Pilger sind inzwischen orthodoxe Christen aus den Ländern der ehemaligen Sowjetunion. Sie fallen allein schon deshalb auf, weil die Frauen unter ihnen im Gegensatz zu Griechinnen in der Kirche Kopftücher tragen und die Schultern züchtig bedecken. Außerdem bringen sie dem Heiligen häufig ein Ständchen dar.

Kunst? Geschichte? Ja, gerne mehr! Für alle Kunst- und Geschichtsinteressierten noch das: Vor allem fünf Mosaike aus dem 7. Jh. sowie eines aus dem 9. Jh. sind von Belang, die den Brand von 1917 überstanden haben. Nuancierte Farbgebung und schlichte Eleganz machen sie zu Meisterwerken frühchristlicher Kunst. Drei Mosaike sind am rechten Pfeiler vor der Apsis, zwei am linken zu sehen, ein weiteres im Westen des inneren rechten Seitenschiffs. Der historisch bedeutsamste Teil der Kirche ist die Krypta. Hier, im ehemaligen Ostteil der römischen Thermen, soll der Heilige getötet worden sein.

Osmanische Seitensprünge

Gleich um die Ecke haben die Osmanen ein Dampfbad erbaut, den **Yeni Hamam ⓯**. Als **Aígli** fungiert er heute als einzigartiger Music Club – einer meiner Lieblingsorte im Lande. 16. und 21. Jh. verschmelzen hier perfekt zur Einheit.

Noch einmal ein paar Schritte weiter steht ein anderes osmanisches Bauwerk, das vielkuppelige **Alaza Imaret ⓰**. 1484 erbaut, diente es als Koranschule. Nur noch im Ansatz zu erkennen ist das Minarett. Heute ist das Imaret nur zu Veranstaltungen und Wechselausstellungen geöffnet, die vom dort angesiedelten Kulturzentrum organisiert werden.

Römische Einkaufsarkaden

Einmal im Jahr picknickt hier die Stadt (s. S. 168), mehrmals monatlich finden im antiken Odéon kleine Konzerte oder Vorträge statt. Wie ein mit ein paar antiken Bauten und Ruinen gespickter Park wirkt das **Römische Forum ⓱ (Roman Agorá,** Eingang an der Odós Agnóstou Stratiótou, Mi–Mo 8–20 Uhr, Eintritt 6 €) unterhalb der Agíou Dimitríou.

Was da im Untergrund schlummerte, ahnte vor dem großen Stadtbrand von 1917 niemand. Das etwa 2 ha große Grabungsgelände des Römischen Forums war bis dahin vollständig überbaut. Beim Abriss der Brandruinen entdeckte man die antiken Spuren. Als in den 1960er-Jahren an dieser Stelle ein neues Gerichtsgebäude errichtet werden sollte, wurden die Archäologen aktiv. Sieben Jahre kämpften sie gegen die Baupläne – mit Erfolg: Kostbarer Baugrund wurde der Kultur geopfert.

Der gegen Ende des 2. Jh. angelegte Marktplatz bestand aus einem gepflasterten Hof, der auf drei Seiten von Säulenhallen umgeben war. In die Nordost-Stoa eingefügt waren eine Münzprägestätte und ein Theater, das Odéon. Nach erfolgter Restaurierung wird es heute wieder für Theateraufführungen und Konzerte genutzt. Unter der Südwest-Stoa verlief eine jetzt ans Tageslicht gebrachte, ursprünglich aber unterirdische Passage, der Kryptoporticus. Er war von Läden, Lagerräumen und Schenken gesäumt – ein Vorläufer moderner Einkaufspassagen also. Wechselnde Ausstellungen beleben ihn heute wieder.

TOUR
Anstieg zum Paradies

Der Garten Eden versteckt sich in Thessaloníkis Oberstadt

Wie gänzlich unaufgeregt es sich in Thessaloníki leben kann, erkennt man bei einem Bummel durch das Gassengewirr der Áno Pólis am Hang zur Akrópolis. In zwei alten Kirchen im Viertel sind zumindest zeitweise Heilige zu Gast und wirken dann Wunder, in einer uralten hat man das Ziel jeder orthodoxen Lebensreise vor Augen.

Im romantisch verwilderten Garten stehen nur noch zwei Säulen vom ehemaligen Eingangstor des Klosters aufrecht. Die Kirche **Ágios Nikólaos Orphanós** ⓲, ein Bau aus dem 14. Jh., war einst Katholikon der Anlage. Der hl. Nikolaus wird hier in seiner Funktion als Beschützer der Waisen verehrt. Seine Kirche birgt einen besonders gut und nahezu vollständig erhaltenen Freskenzyklus aus der Erbauungszeit, gewährt Einblicke in das Leben des hl. Nikolaus und zeigt einige seiner philanthropischen Wundertaten im Narthex. Da ist der Heilige auch als Retter aus Seenot auf einem Segelboot zu sehen. Unmittelbar daneben schwingt der Henker das Schwert über den Köpfen dreier Männer, deren Augen verbunden und deren Hände gefesselt sind. Aber der hl. Nikolaus verhindert die Hinrichtung der Unschuldigen.

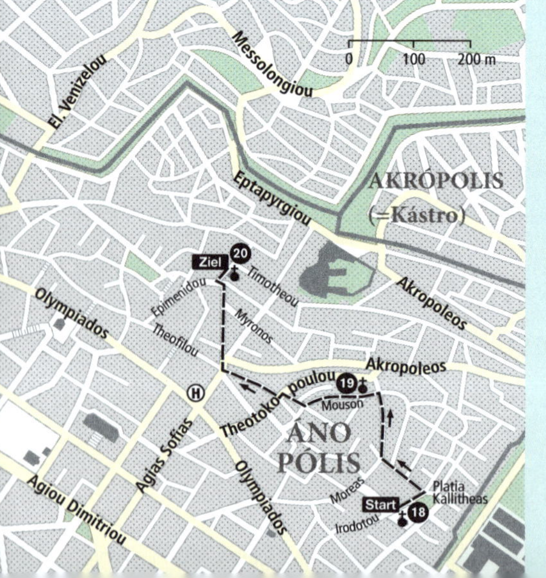

Der Weg bergan führt weiter zur den Erzengeln Michael und Gabriel geweihten **Kirche Taxiárches** ⓳. Auch sie stammt weitgehend aus dem 14. Jh., birgt aber nur noch zwei schwer erkennbare

Infos

Karte 4, F 6/7

Start: Ágios Nikólaos Orphanós ⓲
Ziel: Ósios David ⓴

Ágios Nikólaos Orphanós ⓲: Odós Irodótou, Mo und Do 10–13 Uhr, Eintritt frei, Haltestelle der Buslinie 22

Taxiárches ⓳: Odós Theotokópoulou, nur sporadisch geöffnet

Ósios David ⓴: nahe der Odós Fotíou und Odós Epimenídou, Haltestelle der Buslinie 22, meist Di–Sa 11–18 Uhr, Eintritt frei, Spende wird erwartet

Fresken. Die Osmanen nutzten sie nämlich bis 1913 als Moschee und zerstörten oder überkalkten die alten Wandmalereien.

Die chaotische Beschilderung könnte einen dann in die Verzweiflung treiben, doch mit etwas Pfadfindersinn findet man ein wahres Idyll unter Thessaloníkis Gotteshäusern: **Ósios David ⓴**. Klein, eher wie ein simples altes Wohnhaus wirkend, steht es am Rand einer kleinen Gartenterrasse mit schönem Blick über die Stadt bis aufs Meer. Improvisierte Sitzgelegenheiten laden ein zur Rast und zum Innehalten. Kein Autoverkehr ist zu hören, nur aus den umliegenden Wohnhäusern dringt ab und an leises Stimmengemurmel oder das gedämpfte Klappern von Kochtöpfen. Das irdische Leben scheint hier – mitten in der Metropole Thessaloníki – fern, ein wahrhaft paradiesischer Ort.

Als das heute kleine Kirchlein im 5. oder 6. Jh. erbaut wurde, war es doppelt so groß und besaß einen kreuzförmigen Grundriss mit einer einfachen Vierungskuppel. Die Türken rissen Westteil und Kuppel ab, deckten das Kirchdach mit Ziegeln, fügten auch eine winzige Kolonnade mit hölzernen Pfosten an und verlegten den Eingang in die Südwand. Das frühchristliche Apsismosaik wurde – ein Glücksfall – übertüncht und war deswegen gut geschützt. Erst als der Putz durch ein Erdbeben abbröckelte, wurde es zufällig wiederentdeckt – bestens erhalten und mit ungewöhnlichem Motiv. Um 500 wurde es geschaffen: Ein jugendlicher und bartloser Christus thront in einer Aureole auf einem Regenbogen. Die Aureole wird von den Symbolen der vier Evangelisten – Löwe, Stier, Adler und Mensch – gehalten. Unter der Aureole entspringen die vier Paradiesflüsse. In den beiden unteren Ecken sitzen die Propheten Ezechiel und Habakuk. Was wollte uns der Künstler mit seinem Werk wohl sagen? Vielleicht: »Hier bist Du dem Garten Eden ganz nah.«

Die Buslinie 22 verbindet das Zentrum mit Áno Pólis.

Eigentlich bedarf es keiner Worte: Der Ausblick vom Akrópolis-Viertel entlang der Stadtmauer auf das Häusermeer, Ägäis und die Berge, die im Dunst verschwimmen, bleibt unvergesslich.

Die Oberstadt

Karte 4

Touristenfreie Zone

Hier sind die Mieten noch erschwinglich. Die Áno Pólis zwischen Unterstadt und Akrópolis ist reines Wohngebiet. In der Oberstadt hat es 1917 nicht gebrannt. Entsprechend wildwüchsig ist das Gassengewirr. Die Straßen sind für den modernen Verkehr viel zu eng, trotzdem nicht gesperrt und wo immer möglich vollgeparkt. Über 100 Jahre alte Häuer gibt es kaum, aber trotzdem ist hier der typisch makedonische Baustil mit den vorspringenden Obergeschossen, den *sachníssia*, Ziegeldächern und farbigen Anstrichen dominierend. Einen guten schnellen Eindruck bekommt man bei einer Fahrt mit dem Kleinbus der Linie 22. Er hält auch in der Nähe einiger der byzantinischen Kirchen der Oberstadt, die ihre einzigen bedeutenden historischen Denkmäler sind. Wer Lust dazu hat, kann sie im Rahmen eines halbtägigen Rundgangs erkunden (s. S. 144).

Akrópolis

Das Dorf in der Stadt

Wer im Akrópolis-Viertel wohnt, lebt wie auf dem Dorf und ist doch der City ganz nah. Nur 10 Minuten braucht der Linienbus bis ins Zentrum. Hotels und Pensionen gibt es hier oben gar nicht, Geschäfte und Tavernen kaum. Dafür immens hohe Stadtmauern und eine

Festung, die bis 1981 noch Gefängnis war. Eigentlich sollte man als Besucher zweimal kommen: einmal tagsüber für die Festung, das Eptapirgío, und einmal abends, wenn die Stadtmauern angestrahlt sind. Dann kann man direkt vor den Mauern auch schön in Dachgartenlokalen sitzen und den Blick über die Stadt aufs Meer und die dort auf Reede liegenden Schiffe genießen.

Kunst im Knast

Drei Minuten geht man von der Haltestelle »Eptapyrgío« durch mit alten Steinen gespickte Ländlichkeit zur **Festung Eptapirgío** ㉑ (Linienbus 23, Festung Mai–Okt. Mi–Mo 8.30–19, Nov.–April Mi–Mo 8.30–15 Uhr, Eintritt 3 €). Links unterhalb des Wegs, auf dem Akrópolis-Bewohner gern ihre Hunde ausführen, sind die Reste einer Zisterne und einer frühchristlichen Basilika zu erkennen, wo die Archäologen auch einen Teil der beim Metrobau tiefer unten in der Stadt gemachte Funde lagern. Man passiert das an die Außenmauer angelehnte einstige Frauengefängnis und schon steht man vor dem schmalen Eingangstor. Links daneben drückt sich die Kaserne des Wachpersonals an die Außenmauer. Wie überall in der Festungsmauer sind auch im Portal Spolien aus verschiedenen Epochen verbaut, so ein byzantinisches Tierrelief und eine große arabische Inschrift. Die Osmanen schrieben ja vor Atatürks Zeiten noch keine lateinischen, sondern arabische Buchstaben.

Über das Alter der Festung auf dem höchsten Punkt der Stadt, deren Name »Die Siebentürmige« bedeutet, sind sich Archäologen und Historiker uneins. Manche datieren ihre Erbauung schon in frühbyzantinische Zeit oder gar ins 4. Jh., andere in mittelbyzantinische Zeit. Einige Mutige gehen sogar davon aus, dass sie ein osmanischer Neubau ist. Als die Osmanen in Thessaloníki herrschten, hieß sie Yedi Kule und war bis zum Ende der

AKRÓPOLIS? – GIBT'S NICHT!

Wundern Sie sich nicht, wenn ein Taxi- oder Busfahrer behauptet, in Thessaloníki gebe es keine Akrópolis. Diese historische Bezeichnung für das höchstgelegene, von einer eigenen Mauer umgebene Viertel kennen Zugereiste und auch viele jüngere Einheimische kaum noch. Sie rechnen auch dieses Viertel schlicht zur »Áno Pólis«. Wieder andere nennen das Viertel »Ta Kástra«. Geben Sie als Fahrtziel also besser »Eptapirgío« oder »Platía Anárgiron stin Áno Póli« an, dann kommen Sie garantiert gut an. Ich bleibe trotzdem beim alten Namen, um eine bessere Unterscheidung zu ermöglichen.

türkischen Präsenz Sitz der Garnison und Gefängnis. Als solches diente sie noch bis 1989. Während der deutschen Besatzungszeit, des griechischen Bürgerkriegs und der Herrschaft der Militärjunta waren hier vor allem politische Häftlinge untergebracht. Daran erinnert heute nur noch wenig, zumal viele der Räumlichkeiten ausschließlich während Sonderausstellungen – meist moderner Kunst – zugänglich sind. Dann sieht man auch die Folterzellen und die Waschräume. Einen Überblick über diesen Ort des Grauens gewährt die Aussichtskanzel der Aufseher im Zentrum der Anlage. Ein Mahnmal für die Opfer der Diktaturen sucht man vergeblich: Wie auch vielerorts anderswo will man die Rechten nicht provozieren, zumal die Themen Bürgerkrieg und Juntazeit nicht einmal an den Schulen ernsthaft aufgearbeitet werden.

Dies und das

Vom Eptapirgío führt die linke der beiden abwärts ausstrahlenden Gassen, die

Odós Paparéska, zur kleinen **Platía Anárgiron** 22 mit der gleichnamigen Hauptkirche des Akrópolis-Viertels. Sie ist den Zwillingsbrüdern Kosmás und Damianós geweiht. Ihr Beiname »ohne Silber« weist darauf hin, dass die beiden Heilkundigen ihre Patienten immer kostenlos behandelten. In unserer Zeit, in der das griechische Gesundheitssystem kaum noch ohne Zuzahlungen funktioniert, sind sie besonders stark gefragt. Die Kirche bleibt jedoch außerhalb der Gottesdienstzeiten geschlossen. Wer vor ihren Ikonen zu ihnen beten und Kerzen entzünden will, kann das in einem kleinen Vorbau tun, damit das Gotteshaus kein Feuer fängt.

Geht man von hier die wenigen Schritte durch ein Tor in der Stadtmauer nach links, kommt man zum **Trigónion-Turm** 23 aus dem 15. Jh. Er diente bis zu Beginn des 18. Jh. als Waffenlager und Pulvermagazin. Heute ist er abends ein beliebter Treffpunkt vor allem junger Verliebter, die zumeist anderes als den Blick auf die Lichter der Stadt genießen.

Bleibt man innerhalb der Stadtmauer und folgt ihr bis zum nächsten Mauertor, bekommt man einen Eindruck davon, wie idyllisch-ländlich es sich hier oben wohnt. Das Mauerwerk ist noch bis zu 9 m hoch erhalten. Hier bietet sich auch die Gelegenheit, in einer der besten Tavernen weit und breit dem Genuss zu frönen. Sie liegt an diesem Wegstück: das **Toixo-Toixo** 12 (s. S. 157). »Mauer-Mauer« bedeutet der »Tícho-Tícho« ausgesprochene Name.

Immer an der Wand lang

Man freut sich, wenn eine Mauer fällt wie die in Berlin. Man freut sich, wenn eine gar nicht erst errichtet wird wie die des Mr. Trump. Aber manchmal freut man sich auch, wenn eine die Jahrhunderte überdauert hat, wie die byzantinische Stadtmauer von Thessaloníki zwischen Akrópolis und Hafen. Wer viel Zeit hat, kann für den Rückweg in Richtung Meer der Stadtmauer weiter folgen und passiert dann auch Wohnviertel, die lieber nicht als touristisch attraktiv beworben werden. In der Mauer gibt es diverse Öffnungen und kleine Tore, sodass man wahlweise an ihrer Innen- oder Außenseite entlanggehen kann. Dabei fallen Gegensätze ins Auge. Manche Behausungen sind direkt in die Stadtmauer hineingebaut, andere sind ihr aufgesetzt oder nutzen sie als Rückgrat. Die Gärten wirken improvisiert, abgegrenzt und eingezäunt durch ausgediente Bettgestelle und Matratzenroste. Auf zusammengezimmerten Holzterrassen sitzen Menschen beim Grillen zusammen, Romas ziehen singend und spielend durch die Straßen und hoffen auf einen Obolus von den Hausbewohnern. Hunde und Katzen sind allgegenwärtig. Wer hier lebt, ist entweder arm oder zieht diese Form extrem individuellen Wohnens dem immer gleichen Komfort der Apartmentblocks auf der anderen Seite des Taleinschnitts vor. Offizielle Baugenehmigungen sind hier wohl eher die Ausnahme, doch gerade diese Illegalität ist der beste Schutz des ›Idylls‹ vor einer etwaigen Übernahme durch eine finanzkräftige Schickeria …

Ein Fixpunkt des Spaziergangs ist dann die Kirche **Agía Ekateríni** 24 (Odós Idipódos, nur sporadisch geöffnet) mit schönem byzantinischem Mauerwerk aus der Zeit um 1300 und spärlichen Freskenresten. Auch sie diente in osmanischer Zeit als Moschee. Der erhaltene Freskenschmuck wurde bei Restaurierungsarbeiten in den Jahren 1947–1951 entdeckt.

Von der Kirche kann man nun durch die Odós Tsamadoú zur breiten Odós Olympiádos hinuntergehen und ihr nach rechts zur schmucklosen **Platía Mouschoúnti** folgen. Die besonders breite Bresche in der Mauer erinnert daran, dass man hier Platz für den ehemaligen Gemüsegroßmarkt schuf. Es gibt ein Kafenío, einfach und von Kartenspielern bevölkert. Diese noch vielerorts anzutreffende Ursprünglichkeit ist es auch, die Thessaloníkis Altstadt so reizvoll macht.

Weiter geht es auf der Altstadtseite der Mauer, bis man auf die breite Odós Ag. Dimitríou stößt. Auf der anderen Straßenseite wechselt man wieder zur Außenseite, um den Unterbau der Mauer mit bis zu 15 Lagen antiker Quadersteine zu bewundern. Man stellt sich die Frage: Warum konnte man in der Antike so viel mehr Zeit und Schönheitssinn auf Baumaterialien aufwenden als nach deren Ende? Hatte man mehr Geld, mehr Zeit oder ganz einfach nur mehr Sklaven?

Bald darauf endet die Mauer, 50 m links steht ein UNESCO-Weltkulturerbe: die Kirche **Dódeka Apóstoli** ㉕ (tgl. 7–12 und 18–19.30 Uhr) aus dem 14. Jh. Ihr Mauerwerk ist besonders reich verziert, ihr Mosaikschmuck für diese Zeit außergewöhnlich. Besonders schön sind die Mosaikdarstellungen Christi Verklärung, Jesu Geburt und des Einzugs in Jerusalem. Fast ebenso hohe Qualität zeigen die Wandmalereien aus gleicher Zeit.

Der Spaziergang endet dann an den Außenmauern der byzantinischen Hafenfestung Vardáris. Auch wenn sie heute nur noch einen Parkplatz bewacht, einst beschützte sie den Haupthafen der Stadt, der in byzantinischer Zeit an der Stelle des heutigen Vergnügungsviertels Ladádika lag. Dort kann man seine müden Beine nun bequem in einem der vielen Lokale ausstrecken und sich vom Gang durch die Oberstadt erholen.

In der Umgebung

Argument für Europa

Gräber, so weit das Auge reicht. Direkt in der Stadt Thessaloníki ruhen auf dem **Zéitenlik War Cemetery** ㉖ (Odós Langádas, tagsüber geöffnet, Bus 38 und 56 ab Hauptbahnhof) auf über 70 000 Quadratmetern die Gebeine von fast 21 000 Franzosen, Serben, Briten, Italienern und Russen sowie einiger Griechen und einiger bulgarischer Kriegsgefangener, fein nach Nationalitäten geordnet. Sie alle sind Opfer des von 1915–1918 hart umkämpften Grenzverlaufs nördlich der makedonischen Metropole. Griechenland blieb zwar bis 1917 offiziell neutral, gewährte den alliierten Truppen aber das Recht, von griechischem Boden aus zu operieren. Sie betrieben in und bei Thessaloníki allein 18 Militärhospitale zur Aufnahme der Verwundeten, von denen viele in diesen Lazaretten qualvoll verstarben.

Museen

Schöner Tod, zarte Erotik

㉗ **Archäologisches Museum:** Ein nackter junger Mann lehnt erwartungsvoll an einem niedrigen Fels. Den rechten Arm hat er auf den Kopf gelegt, sein rechtes Bein über den Schoß einer verschämt die Augen senkenden jungen Frau, die ein völlig durchsichtiges Gewand trägt. Der Panther, der neben dem Mann sitzt und eine Pranke hebt, und die Weinblattgirlande über der Szene identifizieren ihn eindeutig als Gott Dionysos, seine Partnerin dürfte die kretische Königstochter Ariadne sein. Das bronzene Gefäß, das diese Szene ziert, ist der **Dervéni-Krater** aus dem 4. Jh. v. Chr., den man 1962 in einem Grab in Dervéni bei Thessaloníki fand. Samt Henkeln ist er 91 cm hoch und wiegt 40 kg. Röntgenuntersuchungen haben gezeigt, dass er nicht gegossen wurde, sondern durch Hämmern aus einer Bronzeplatte entstand. Seine Reliefs wurden zunächst von innen und abschließend von außen in das Metall geschlagen. Man schätzt, dass mindestens fünf Handwerker 18 Monate lang an diesem Prachtstück gearbeitet haben.

Im gleichen Saal wie dieser Krater sind auch Teile vom ältesten Buch Europas ausgestellt, dem **Dervéni-Papyrus.** Seit 2015 führt die UNESCO ihn in ihrer Liste »Memory of the world«. Die 266 Fragmente der Papyrusrolle wurden im Aschehaufen einer Leichenverbrennungsstätte im Gräberfeld von Dervéni gefunden und werden von den Wissenschaftlern ins dritte Quartal des 4. Jh. v. Chr. datiert. Der Text konnte inzwischen vollständig entziffert werden. Es handelt sich dabei um eine philosophische Abhandlung über die Herkunft der Götter, die auch zahlreiche Informationen über in Tempeln und bei Festen abgehaltene Zeremonien enthält. Allgemeinverständlich publiziert sind sie noch nicht.

Auch die vielen übrigen Objekte im Museum stammen zumeist von antiken Friedhöfen Nordgriechenlands. Ein Rundgang beginnt immer im Eingangsgeschoss. Gleich das erste ausgestellte Objekt sind zwei steinerne Reliefs von einem **Stadttor des antiken Stágira** aus dem 6. Jh. v. Chr. Löwe und Wildschwein, die aufeinander zugehen, hat wahrscheinlich schon der junge Aristoteles betrachtet. Bekannt war ihm sicherlich auch Kriegszubehör wie der kurz darauf in einer frei stehenden Vitrine gezeigte bronzene **Kopfschutz für ein Pferd.** Ihm direkt gegenüber zeigt ein hölzernes Modell einen auf zwei Schiffen montierten Belagerungsturm aus hellenistischer Zeit. Wie man in der Antike Weinamphoren mit Naturschwämmen verschloss, ist beim weiteren Rundgang ebenso zu sehen wie eine sehr anrührende **Grabstele** aus dem 2. Jh. n. Chr. mit sechs Porträts einer ganzen Familie. Im Vestibül des Museums beeindruckt die 2,48 m hohe **marmorne Tür eines makedonischen Grabes** mit Bronzenägeln und -beschlägen vom Ende des 4. Jh. v. Chr.

Im Archäologischen Museum auf Zeitreise gehen: Wen schützte wohl dieser Helm? Wer nutzte das Gefäß?

Zu einer besinnlichen Pause lädt abschließend der Teil des Museumsgartens ein, den man »Memory in stone« genannt hat. Hier stehen antike Sarkophage, wie sie noch im frühen 20. Jh. überall über die Stadt verteilt waren. Man konnte sie ja gut als Brunnenbecken, Viehtränken und Wasserspeicher weiter benutzen. Wiederverwendungen zugeführte antike Grabstelen und Säulen sind zudem sehr fotogen.

Platía Chanth, T 23 10 31 02 01, www.amth.gr, April–Okt. tgl. 8–20, Nov.–März Mi–Mo 9–16 Uhr, Eintritt 8 €

Moderner Geschichtsunterricht

㉘ Museum der Byzantinischen Kultur: Von der Antike haben wir Westeuropäer im Geschichts- und Philosophieunterricht viel gehört. Von einer ebenso bedeutsamen Epoche europäischer Geschichte aber hat man uns – noch ganz unter dem Einfluss römisch-katholischer Machtpolitik – fast gar nichts erzählt: von der Byzantinischen Zeit, die Griechenland und weite Teile Osteuropas ein Jahrtausend lang prägte und heute noch für viele Unterschiede zwischen der neugriechischen und der evangelisch-katholischen Welt sorgt. Die Kultur des nun wirklich 1000-jährigen Byzantinischen Reichs will das topmodern gestaltete Museum der Byzantinischen Kultur seinen Besuchern nahebringen, das nur wenige Schritte vom Archäologischen Museum entfernt steht. Es gewährt in neun sehr großzügig konzipierten Sälen einen faszinierenden Einblick in Architektur, Sakralkunst, Alltagsleben, Verwaltungs- und Militärwesen im byzantinischen Kulturkreis zwischen dem 5. und 15. Jh. Einen besonderen Schwerpunkt bildet die frühchristliche Kunst in den ersten drei Museumssälen.

Anhand zahlreicher Architekturfragmente und Rekonstruktionen wird gezeigt und erklärt, wie frühchristliche Basiliken aussahen. Man erfährt, welche Werkzeuge die Menschen jener Zeit besaßen, wie sie sich kleideten und welche Kosmetika sie benutzten. Auch Wandmalereien und Bodenmosaike aus einem privaten Wohnhaus jener Ära sind zu sehen. Kostbarer Schmuck belegt den Wohlstand der byzantinischen Aristokratie, Goldmünzen tragen die Porträts byzantinischer Kaiser. Zahlreiche Ikonen hängen im letzten Ausstellungsteil.

Von der Ein- und Ausgangshalle aus erreicht man den kleinen, gut sortierten Museumsshop und das große Museumsbistro, das mit seiner ausgezeichneten Küche ein Szenetreff geworden ist, der nicht nur Museumsbesucher anlockt.

Leofóros Stratoú 2, T 23 13 30 64 00, www.mbp.gr, April–Okt. tgl. 8–20, sonst 8.30–15.30 Uhr, Eintritt 8 €

Oströmisches Reich? Nur vage Vorstellungen? Ein Besuch im Museum byzantinischer Kultur hilft.

Vom Erinnern

29 Museum jüdischen Lebens: Als Thessaloníki 1913 griechisch wurde, war die Bevölkerungsmehrheit jüdischen Glaubens. Das Museum in einem großen Stadthaus von 1906 erinnert in vier Galerien mit vielen Fotos, Originaldokumenten und -objekten sowie ausführlichen Schrifttafeln auf Englisch an die Bedeutung des Judentums für die Stadt Thessaloníki, erzählt von ihrer Wirtschafts- und Spezialgeschichte und von den persönlichen Schicksalen einzelner Gemeindemitglieder. Besonders eindrucksvoll sind die vielen Fotos aus den vier Jahrzehnten vor dem Zweiten Weltkrieg und die Darstellung des Holocaust. Zudem sind im Erdgeschoss zahlreiche Grabsteine vom jüdischen Friedhof zu sehen, dessen Platz heute die Aristoteles-Universität (s. S. 171) einnimmt. Fotos zeigen, wie er um 1914 aussah.

Museum of Jewish Presence, Odós Agíou Miná 13, T 23 10 25 04 06, www.jmth.gr, Mo–Fr 9–14, Mi auch 17–20, So 10–14 Uhr, Eintritt 7 €

Für Cineasten

30 Film-Museum: Mit seinen beiden jährlichen Filmfestivals ist Thessaloníki die cinomatographische Metropole des

Balkans. Das relativ kleine Museum in einem ehemaligen Lagerhaus am Hafen präsentiert abwechslungsreich die Geschichte des griechischen Films durch Installationen, Videos und vor allem große Filmplakate und viele Standfotos. Wer kein Cineast ist, ist in zehn Minuten durch.

Hafen, Lagerhalle 1A, T 23 10 50 83 98, www.cinemuseum.gr, Mo–Di 9–15, Mi–Fr bis 19 Uhr, Eintritt 3/2 €

Können die's besser?

31 Foto-Museum: Griechenlands einziges Museum für Fotografie wartet vor allem mit Sonderausstellungen auf. Außerdem veranstaltet es die Photo-Biennale von Thessaloníki. Die letzte im Jahr 2018 lief unter dem Motto »Kapitalistischer Realismus: Perfekte Zukunft«, Deutschland war mit der in Bremen geborenen Anna Skladmann beteiligt.

Hafen, Lagerhalle 1A, T 23 10 56 67 16, www.momus.gr, Fr–So, Di, Mi 11–19, Do 11–20 Uhr, Eintritt 4 €

FILM AB

Um die Verbreitung von Filmen aus Griechenland macht sich in den deutschsprachigen Ländern die »Hellas Film Box« verdient. Seit 2016 findet unter diesem Namen jeweils im Januar in Berlin ein mehrtägiges Festival des griechischen Films statt (https://thegreekfilmfestivalinberlin.com). Das ganze Jahr über beteiligt sich die Initiative an Filmtagen und -festivals vor allem in Deutschland, indem sie neue griechische Filme dort zeigt – meist mit englischen, manchmal auch mit deutschen Untertiteln. So haben im letzten Jahr wenigstens etwa 10 000 deutsche Kinofans griechische Filme im eigenen Land sehen können.

Nur das Heute zählt

32 Zentrum zeitgenössischer Kunst: Was ist in der Kunstszene heute los? Die Frage bewegt die Macher in dieser Zweigstelle des Staatsmuseums zeitgenössischer Kunst am Hafen. So präsentierten sie in ihren Ausstellungen zuletzt Werke des Briten John Berger und der Russin Ira Waldron.

Hafen, Lagerhaus B1, T 23 10 59 32 70, www.momus.gr, Di–So 10–18, Do bis 20 Uhr, Eintritt 6 €

Kunst und Konzerte

33 Moní Lazaristón: Das hätten sich die Mönche bestimmt nicht träumen lassen: Ihr Konvent ist heute eines der bedeutendsten Museen moderner Kunst in Griechenland und Schauplatz vieler Konzerte. Vor allem aber ist hier die wichtigste **Sammlung russischer Avantgarde-Kunst** aus den ersten drei Jahrzehnten der Sowjetunion zu Hause und in Teilen auch zu sehen. Auch ein Werk von Wassily Kandinsky ist ausgestellt.

Ein 1913 in Moskau geborener Grieche mit Wurzeln auf der ionischen Insel Zákinthos trug sie in den vielen Jahren zusammen, in denen er in Moskau erst als Fahrer für die griechische und ab 1940 dann als Personalchef für lokale Botschaftsmitarbeiter der kanadischen Gesandtschaft tätig war. Erst 1977 ging er zurück in die alte Heimat und siedelte nach Athen über. Im gleichen Jahr wurden Teile seiner 1275 Werke umfassenden Sammlung erstmals ausgestellt: im fernen Düsseldorf. Als Geórgios Costákis 1990 starb, ging seine Sammlung in den Besitz des griechischen Staates über. In Russland werden inzwischen Stimmen laut, die die zu Stalins Zeiten verbotenen Werke zurückfordern wollen. Sie sind jedoch von Costákis rechtmäßig erworben worden.

Das Kloster erbauten Mönche des französischen Ordens der Lazaristen

(Vinzentiner, www.lazaristen.at) im Jahr 1866. 1996 wurde es gründlich restauriert und in ein modernes Kultur- und Veranstaltungszentrum umgewandelt. Hier finden wechselnde Ausstellungen und im Sommer auch viele **Konzerte** statt, deren Spektrum von Klassik bis zu Pop, Jazz und Reggae reicht. Auch Sting und Deep Purple, Ibrahim Ferrer Jr. vom Buena Vista Social Club und viele namhafte griechische Musiker waren hier schon zu Gast.

Stavroúpoli, Odós Kolokotrónis 25–27, T 23 10 58 92 00, Museum: www.greekstatemuseum.com, Konzerte: www.monilazariston.gr, Stadtbus 34 ab Platía Aristotélous, Museum Di–So 10–18, Do bis 22 Uhr, Eintritt 4 €

Große Namen

34 Makedonisches Museum zeitgenössischer Kunst: Wer sich an moderner Kunst nicht sattsehen kann, geht aufs Messegelände. Das Museum besitzt Werke von Joseph Beuys, Dennis Oppenheim und Niki de Saint Phalle. Auch Videokunst und Fotografie sind vertreten. Wechselausstellungen aus eigenen Beständen und Sonderausstellungen kommen hinzu, auch zu Themen wie moderne Architektur.

Odós Egnatía 154 (Helexpo-Gelände), T 23 10 24 00 02, www.momus.gr, Di, Mi, Fr–So 10–18, Do 12–20 Uhr, Eintritt 4 €

Stadtansichten

35 Kunstgalerie der Gesellschaft für Makedonische Studien: Die Kunstgalerie umfasst 300 Werke der griechischen Malerei seit 1850, dazu werden historische Ansichten von Thessaloníki gezeigt. Die Sammlung wird ausgestellt im Obergeschoss des Nationaltheaters von Nordgriechenland.

Art Gallery of the Society of Macedonian Studies, Odós Nikólaou Germanoú 1, 6. Etage, T 23 10 23 86 01, www.ems.gr, So–Fr 9–14 Uhr, Eintritt frei

Noch mehr Kunstwerke

36 Städtische Pinakothek: In einer großen Villa, Casa Bianca oder auch Villa Fernandez genannt, aus dem Jahr 1905 werden über 600 Objekte moderner griechischer Kunst sowie byzantinische Ikonen ausgestellt.

Municipal Art Gallery, Leofóros Vas. Ólgas/Ecke Martíou 25, T 23 10 42 55 31, Di–Fr 10–20, Sa 10–16 Uhr, Eintritt frei

Eher altbacken

37 Museum des Makedonischen Kampfes: Das neoklassizistische Gebäude, nach Plänen des deutschen Architekten Ernst Ziller 1893 fertiggestellt, beherbergte bis 1912 das griechische Konsulat im damals türkischen Thessaloníki. Die sehr hausbackene Ausstellung illustriert die Balkankriege von 1912/13 zwischen den Ländern der Balkanhalbinsel. Man schlendert durch Ausstellungsräume, in denen Fotos, Waffen und Militäruniformen, Zeitungsausschnitten und Dioramen zu sehen sind. Mancher mag das ja.

Museum of the Macedonian Struggle, Odós Próx. Koromíla 23, T 23 10 22 97 78, Do–Di 9–14, Mi 10–20 Uhr, im Hochsommer für ca. 4 Wochen geschl., Eintritt frei

Es war einmal …

38 Ethnologisches Museum von Makedonien und Thrakien: Trachten und Schmuck, Schattenspielfiguren und Holzsch,nitzereien, Musikinstrumente, Keramik, Möbel und Werkzeuge – all das ist Bestandteil der sehr umfangreichen Ausstellung in einem von Eli Modiano geplanten und 1995/96 restaurierten Stadthaus von 1906. Wie Energiegewinnung in traditionellen Gesellschaften funktionierte, zeigt eine Sonderausstellung.

Folklife and Ethnological Museum of Macedonia and Thrace, Leofóros Vas. Ólgas 68, T 23 10 83 05 91, www.lemmth.gr, Mi 9–21.30, Fr–Di 9–15.30 Uhr, Eintritt 3 €

Schlafen

Im September findet auf dem Messegelände die Internationale Handelsmesse statt. Während dieser Zeit sind viele Hotels ausgebucht und die Übernachtungspreise höher als sonst. Termine auf www.helexpo.gr.

Die feinste Adresse

1 **Electra Palace:** Harmonischer kann ein Luxushotel nicht in ein Stadtbild integriert sein. Die geschwungene Fassade des Electra Palace schmiegt sich an die große Platía Aristotélous, ganz Teil einer Architektur aus einem Guss. Die meisten der qualitativ sehr unterschiedlichen 138 Zimmer haben Balkon und Meerblick, im Dachgarten entspannen die Gäste an Bar und Pool. Das Frühstücksbuffet im Panoramarestaurant Orizontes Roof Garden bietet einen idealen Start in den Tag.

Platía Aristotélous 9, T 23 10 29 40 00, www.electrahotels.gr, €€–€€€

Unter Mönchen und Pilgern

2 **Orestías Kastoriás:** Áthos-Pilger, Mönche und osteuropäische Nonnen steigen in diesem Familienhotel gern ab. Das verleiht ihm ein ganz besonderes Flair. Der Hauptgrund für diese Vorliebe ist neben dem günstigen Preis die Nähe der Dimítrios-Kirche, die jeder fromme Orthodoxe besucht, wenn er in der Stadt weilt. Und komfortabler als eine Klosterzelle sind die 37 funktional-modernen Zimmer immer noch. Zu Fuß ist man in 10–15 Minuten am Meer – und ein Auto, für das man hier kaum einen Parkplatz findet, fahren Gottesdiener und -dienerinnen ohnehin nicht.

Odós Agnóstou Stratióti 14, T 23 10 27 65 17, www.okhotel.gr, €

Treff für Traveller

3 **Little Big House:** Vicky und ihr Bruder Hárris sind selbst gern gereist, bevor sie ihr ererbtes Altstadthaus in ein Hostel umwandelten. Sie bieten neben Doppelzimmern auch Einzelbetten in Vier- und Sechsbettzimmern an, alle mit eigener Kitchenette. An der Decke drehen sich Ventilatoren. Der Treffpunkt für Traveller und Locals ist das Dachgartencafé.

Áno Pólis, Odós Andokídou 24, T 23 13 01 43 23, auf Facebook, €

Die Stadt zu Füßen

4 **Philippíon:** Überraschend grün für ein Stadthotel. Das Philippíon steht mitten im Wald und ist doch nur etwa 20–30 Minuten vom Zentrum entfernt. Von den Balkonen aus fällt der Blick über die Stadt und die auf Reede liegenden Schiffe bis hinüber zum Olymp, am Pool fühlt man sich mitten in der Natur. Auf jeden Fall ist man hier überwiegend unter Griechen, die hier auch gern große Familienfeste wie Hochzeiten und Taufen feiern. Am Wochenende kommen Einheimische gern zum Kaffee mit reichlich Torten oder zum Oúzo mit ein paar *mezedákia* herauf. Den Mietwagen kann man auf dem großen Parkplatz gut stehen lassen, denn ein Taxi in die City kostet unter 10 Euro. Außerdem fährt mehrmals täglich bis in den Abend hinein ein Shuttle-Bus ins Zentrum. Ein weiteres Plus: Von der Umgehungsautobahn (Exit No. 7) kommt man schnell zum Hotel, ohne sich in den Stadtverkehr wagen zu müssen.

Seich Sou Forest, T 23 10 21 74 06, www.philippion.gr, 92 Zi., €

Essen

Kreta lässt grüßen

1 **Athivolí:** Regionale Spezialitäten haben in Griechenland nicht die gleiche Bedeutung wie bei uns. Aber es gibt sie, wie Sie bei einem kulinarischen Seitensprung in die kretische Küche feststellen werden. Besonders typisch dafür ist der Hochzeitsreis *gammopílafo:* gekochtes Fleisch eines schon etwas älteren Lammes mit in dessen Sud gekochtem Reis, mit warmer Ziegenbuttermilch übergossen. Schmeckt

Szenenwechsel: Früher war Ladádika Schauplatz des Olivenölhandels, heute sind die hübschen alten Häuser und das Kopfsteinpflaster Bühne für die Besucher der Bars und Restaurants.

sehr viel besser, als es sich liest! Dazu passt natürlich eine Karaffe des kretischen Tresterschnapses *rakí,* der ohne weitere Zusätze aus Traubentrester gewonnen wird und anders als (zu viel) Oúzo so gut wie nie Kopfschmerzen verursacht.

Ladádika, Odós Katoúni 15, T 23 10 50 85 09, www.athivoli.gr, tgl. 12–1 Uhr, €€

Echte Marktkneipe

2 To Paradosiakó Kafenío tou Evripídou: Das ›Traditionelle Kafenío des Euripides‹ ist schlicht und liegt mitten im Marktgeschehen. Zu Wein, Ouzo, Bier oder Soft-Limo bestellt man am besten einen Teller mit Mezedákia, auf dem 12 verschiedene Häppchen liegen, wie gefüllte Weinblätter, Ei, Kebab, Tomate, Gurke, Oliven und Zucchinibällchen.

Vláli 19–21, Vláli-Markt (Kapáni-Markt), Mo–Sa 7–18.30 Uhr, €

Im Retrolook

3 I Prínkipos: In der »Prinzeninsel« hängen gleich mehrere ganz große Spiegel an den Wänden. Das Café mit gut ausgestatteter Bar verbreitet eine Mischung aus Wiener und Pariser Flair der 1920er-Jahre. Das angebliche Geburtshaus von Kemal Atatürk gleich gegenüber sorgt für einen anatolischen Touch. Auch die Toiletten im Keller sind ganz altmodisch gestylt: als romanische Abtritte. Diverse Craft-Biere sind die Spezialität des Hauses, einige Gesellschaftsspiele und viele Távli-Bretter stehen den Gästen kostenlos zur Verfügung – darunter auch ein griechisches Scrabble.

Odós Apostólou Pávlou 22/Odós Agiou Dimitríou, tgl. ab 9–4.30 Uhr, €–€€

Fisch kreativ

4 I Moúrga: Das kleine, moderne Restaurant ist ein ganz auf Fisch und Meeres-

KULINARISCHE TOUREN

Schluss mit langweiligen Stadttouren. »Eat & Walk« ist das Motto geführter Rundgänge, bei denen sich alles ums Essen und Trinken dreht. Bei der kompletten Tour gibt's einen Vortrag im Küchenlaboratorium, danach geht's auf die Märkte und zu sieben kulinarischen Stopps. Bei der Oúzo-Tour werden in diversen Lokalen sechs verschiedene Mini-Fläschchen geleert, zu denen auch immer *mezé* auf den Tisch kommt. Selbst zum Kochkurs im Küchenlaboratorium gehört ein Marktbummel, um die Zutaten ganz frisch einzukaufen. Verfügbar sind die Touren außer auf Griechisch auch auf Englisch, Französisch, Spanisch und Russisch. Die Kosten sind von der Teilnehmerzahl abhängig, ab etwa 40 €/Pers.
Eat & Walk, Odós Mitropóleos 53, T 23 10 27 80 27, www.eatandwalk.gr

früchte spezialisiertes kulinarisches Highlight der Stadt. So kreativ und spannend wie hier wird Fisch in Griechenland fast nie serviert, deswegen gilt Inhaber Yánnis Loukákis auch als einer der besten griechischen Köche. Natürlich kann man auch hier die bestellten Gerichte in die Tischmitte stellen, sodass alle von allem kosten können. Reservieren sollte man am besten zwei Tage im Voraus – oder brav deutsch zwischen 17 und 18 Uhr kommen.

Odós Christopoúlou 12, T 23 10 26 88 26, Mo–Sa 14–23, So 14–19 Uhr, €€€

Gosch als Vorbild?

5 **Frutta di Mare:** Der Wirt dieses ungewöhnlichen Fischlokals hat lange in Berlin gelebt und sich vielleicht von Gosch inspirieren lassen, als er zu Beginn der *krísis* so mutig war, sich in Thessaloníki selbstständig zu machen. Ihm ist es gelungen, einen hochwertigen Fischimbiss und ein maritimes Fischrestaurant unter einem Dach zu vereinen. Von Fish Burger und gebackenem Lachs im Baguette bis zur Paëlla mit griechischem Safran, Anchovis in Bierkruste, Seeigeln, Thunfisch-Carpaccio und Meeresfrüchte-Risotto reicht das breit gefächerte Angebot; auch griechischer Kaviar steht als *avgotáracho* auf der umfangreichen Karte. Mein Favorit als Norddeutscher: Räucheraal mit dem Gelberbsenpüree *fáva* aus Santorin.

Odós Komninon 20 (beim Blumenmarkt), T 23 10 23 91 00, www.fruttidimare.gr, tgl. 12–24 Uhr, €€–€€€

Wir lieben Fleisch

6 **Tiganiés & Skáros:** Salate und Gemüse sind Beiwerk, im Mittelpunkt steht Fleisch in jeder Form: in der Pfanne gebraten, am Spieß, über Holzkohle gegrillt, gekocht. Die Portionen sind üppig, der Service ist engagiert, das Preis-Leistungs-Verhältnis stimmt. Und schön sitzt man auch an der zentralen Platía des Ladádika-Viertels.

Ladádika, Odós Katoúni 3, T 23 10 51 02 84, www.tiganies.gr, tgl. 13–2 Uhr, €€

Schnell, gut, preiswert

7 **Basilicó:** Rasten, wo das Leben brummt – an der Uferstraße zwischen Aristotélous-Platz und Weißem Turm. Auf der Karte stehen Pasta, Pizza und Salate. Limonade und Orangeade werden nicht vom multinationalen Großkonzern angeliefert, sondern stammen vom urgriechischen Hersteller *Espa* aus Vólos auf dem Pílion.

Leof. Níkis 49, T 23 10 25 22 72, www.basilico.com.gr, €–€€

Creative Fusion

8 **Poster:** In diesem modernen, informellen Restaurant in einer stattlichen Villa aus dem Jahr 1905 paaren sich der Stil einer der bedeutendsten griechischen Design-Agenturen und die Kochkünste

des palästinensischen Griechen Vasílis Hamám, der zuvor 24 Jahre lang in London tätig war. Levantinisch-kreative Küche und gute griechische Weine gehen eine perfekte Symbiose ein.

Odós Syngroú 6, T 23 10 54 73 84, Mo, Mi–Sa 14–23, So 14–19 Uhr, €€

Richtig gemütlich

9 **Desperai:** Das kleine, nostalgisch eingerichtete Mezedopolío nahe der Uni ist so richtig gemütlich. Wie wäre es mit Käsesorten von den Inseln Chíos, Lesbos und Kreta, diversen Landwürsten oder korfiotischem *sofríto,* einem Rinderschmorbraten in Weißweinsauce?

Odós Desperaí 23, T 23 10 23 75 91, www.facebook.com/desperai, tgl. 9–24 Uhr, €/I

Kräftiges Frühstück, gute Steaks

10 **Dubliners:** Man muss ja nicht griechisch essen, nur weil man in Griechenland is(s)t. Ein gutes Steak und ein authentisches irisches Frühstück schmecken auch in Thessaloníki – und da besonders gut im renommiertesten Irish Pub der Stadt, das auch ein exzellentes Guinness zapft. Wer kein Darts-Turnier, Rugby-Match, Pferderennen oder Fußballspiel auf einem der fünf großen Bildschirme sehen will, sitzt draußen und genießt den Anblick der kleinen Häuschen von Ladádika.

Ladádika, Odós Katoúni 16–18, So–Mi 9–1.30, Do–Sa 9–3 Uhr

… und abends leuchtet die Stadt

11 **Byzantio Roof Garden:** Im Dachgarten-Café vor den Mauern des Akrópolis-Viertels gibt es zum Blick über die Stadt bis hinüber zum Olymp auch täglich von 11 bis 17 Uhr eine kleine Karte. Für mich unvergesslich: Zwei Spiegeleier in (nicht auf) Toast mit Bacon und Baby-Kartoffeln für weniger als 5 €. Auch abends sitzt man hier toll mit Blick über die Lichter der Metropole.

Odós Eptapirgíou 102, T 23 10 20 98 72, tgl. ab 10 Uhr, €

Wie auf dem Dorf

12 **Toixo-Toixo:** Rinderzunge und -leber werden in Tavernen kaum noch serviert, in diesem »Tícho-Tícho« ausgesprochenen Mezedopolío stehen sie auf der Karte. Ein Gedicht ist das Gelberbsenpüree *fáva* mit karamellisierten Zwiebeln, sonnengetrockneten Tomaten und Walnusssplittern. In Minze, Zitronensaft und Espresso mariniert werden hier die Schweinelendchen – und der Rucola-Salat wird mit Nektarinen, Prosciutto, Pinienkernen, Parmesan und Senfsoße zur neuen Erfahrung. Zur modern verfeinerten traditionellen Küche trinkt man bevorzugt eine der jeweils sechs Sorten Oúzo oder Tsípouro, den es hier auch in einer Bio-Variante gibt. Ein griechisches Weizenbier und Craft-Biere, darunter eines aus Korfu, sind ebenfalls

S

STOCKFISCH AUF ÖLPAPIER

Fish & Chips ist ein Nationalgericht in Thessaloníki. Ja, richtig gelesen. Spezialisiert haben sich darauf mehrere schlichte Lokale am Übergang vom Ladádika-Viertel zum Hafen. Der zumeist aus Island oder Norwegen importierte Stockfisch *bakaliáro* wird gut gewässert und knusprig paniert in Öl frittiert und dann zusammen mit Kartoffeln und dem Knoblauch-Kartoffel-Püree *skordaliá* auf Ölpapier serviert. Auf Wunsch gibt's auch noch eine höllisch scharfe grüne Chilischote dazu. Die meisten Portionen gehen übrigens alljährlich am Nationalfeiertag, am 25. März über den Tresen: Da verkaufen manche der *bakaliárika* hier bis zu 5000 Portionen – zumeist zum Mitnehmen, *se pakéto.* Mein liebstes *bakaliáriko:* **Bakaliáriko Sto Limáni** 14: Ladádika, Odós Fasianoú 1, T 23 10 51 26 00, tgl. 11–17.30 Uhr

TOUR
Die süßen Seiten Thessaloníkis

Eine Genusstour für Süßmäulchen

Ein Stück Kuchen aus der Konditorei? *Ochí!* Ein ganzes Paket muss es sein. Die Griechen nehmen das Kuchenpaket statt Blumen mit zu Einladungen oder als Mitbringsel für Freunde vor jeder Reise.

In Thessaloníki gibt es Hunderte von Konditoreien und Süßwarengeschäften. Sitzplätze wie in unseren Cafés bieten sie kaum an – die meisten Kunden wollen ja ohnehin alles *se pakéto,* im Paket. Wer zu dieser Tour startet, nimmt also am besten ein Taschenmesser und genug Feuchttücher mit, um die süßen Versuchungen der Stadt auf Sitzbänken und Mäuerchen genießen zu können.

Eine Vormittagstour beginnt am besten mit einer *bougátsa.* Die Heimat dieser Strudelteigtaschen ist das ostmakedonische Städtchen Sérres, in dem Bougátsa-Konditoreien oft rund um die Uhr geöffnet sind. Hier hat man nicht nur wie überall in Hellas die Wahl zwischen einer Füllung aus Vanille-Grießpudding *(kréma)* oder Schafskäse *(tirí),* sondern findet *bougátsa* auch mit Hackfleisch *(kimá)* oder Spinat *(spanáki)* gefüllt. Die *Kréma*-Variation wäre ein guter Auftakt für den Rundgang. Besonders lecker schmeckt sie mir bei **Bougátsa Serrianó** 12 in der Odós Vas. Iraklíou 35.

Darf's noch ein bisschen mehr sein? Nach dem süßen Auftakt geht es zu **Terkénlis 1948** 13. Die Patisserie ist vor allem für ihre *tsouréki* berühmt – eine Art handgefertigter, fester und relativ trockener Hefezopf, mit dunkler oder heller Kuvertüre überzogen, zum Teil

Infos

Karte 4, E 7/8

Start: Odós Vas. Irákliou

Länge der Tour: Je nach Appetit und Einkaufslust etwa 1,5–2,5 Std., Beginn am besten am späten Vormittag. *Bougátsa* gibt es nachmittags und abends nicht mehr.

auch gefüllt. Lecker sind die kleinen Mandelbögen, wie Shrimps *garídes* genannt, die hausgemachten Trüffel und die *milopitákia stroïzel,* mundgerechte Happen eines Apfelstreuselkuchens. Im **Hauptgeschäft** an der Odós Aristotélous 4 gibt's alles nur zum Mitnehmen. Tische und Stühle, an denen man *tsouréki* und andere Spezialitäten auch portionsweise probieren kann, bieten die Filialen Odós Agiás Sofías 14 und Platía Agías Sofías 15.

Mastixsträucher wachsen überall in der mediterranen Macchia. Aber nur auf der griechischen Insel Chíos gedeiht eine Varietät, deren Harz man für vielfältige Zwecke nutzt, u. a. für Kaugummis und Marmeladen, Bonbons und Wein. Im **Mastiha Shop** (16, Odós Vogatsíkou 12) kann man sich einen guten Gesamtüberblick über diese Spezialität verschaffen. Hier findet man auch die eine oder andere Nascherei, die als Souvenir geeignet ist.

Dann noch ein belgisches Pralinchen von **Leonidas** (17, Odós Mitropóleos 72) auf der Zunge zergehen lassen. Die köstlichen Kalorienbomben genießen Weltruf. In Hellas werden sie besonders geschätzt, weil der Stammvater des Unternehmens ein nach dem berühmten Spartaner-König benannter Grieche war. Gleich gegenüber der Leonidas-Filiale bietet die Patisserie **Mouroúzi** (18, Odós Mitropóleos 95) die Gelegenheit, griechisches Marzipan kennenzulernen und Miniatur-Schweinsöhrchen zum Mitnehmen zu erstehen. Noch mehr Versuchungen: die kleinen Mürbeteigtaschen, gefüllt mit Nüssen, Rosinen und kandierten Früchten. Lecker!

Eins geht noch: weiter zu **Ev Karpó** (19, Odós Agías Sofías 42). Der Laden ist ein Paradies für Kinder und Liebhaber ausgefallener Spezialitäten. Neben 64 losen Bonbonsorten bietet er die leckersten (nur leicht) kandierten Früchte, teilweise hauchfein mit dunkler Kuvertüre überzogen, lose Halva-Arten, sonnengetrocknete Kiwi- und Pflaumenscheiben und in Zuckersirup eingelegte Obst- und Gemüsesorten. Für Hobby-Bäcker gibt es Safran aus der westmakedonischen Region Kozáni zu kaufen: das einzeln verpackte Gramm für 3,50 €. Das ist ein griechisches Produkt, das man zu Hause nicht bekommt. Nach diesem wahren Zuckerrausch ist mir jetzt nach Käse und Brot!

im Angebot. Nach 20 Uhr meist gerammelt voll!

Akrópolis, Odós Ágrafou 1/Ecke Odós Polýdorou, www.facebook.com/toixosalonica, tgl. 9–3 Uhr, €

Stolze Länge

13 **Navarino:** Appetit auf einen 40 cm langen Hotdog mit Pommes für wenig Geld? An diesem Imbissstand gibt's ihn.

Odós Gounári 26B, tgl. 10–24 Uhr, €

Einkaufen

Mehr als Bücher

1 **Iànos:** Die1983 gegründete Buchhandlung ist nicht nur die größte des Landes, sondern auch die kulturell am vielseitigsten aktive. Zum Unternehmen gehören ein Verlag und ein Internet-Radiosender. Man veranstaltet jede Woche Lesungen, häufig auch Seminare, gelegentlich Konzerte und Kunstaustellungen. Es lohnt sich auf jeden Fall, einen Blick ins Geschäft mit einer großen Auswahl auch an fremdsprachigen Büchern zu werfen und – wenn man denn des Griechischen mächtig ist – nach aktuellen Veranstaltungen zu fragen.

Odós Aristotélous 7, www.ianos.gr, Mo–Fr 10–21, Sa 10–18 Uhr

Herrlich altmodisch

2 **Vaudeville Room:** Damenkleidung und Accessoires im Vintage Look sind die Spezialität dieses mit Ware vollgepfropften Ladens über mehrere Etagen. Einen Vorgeschmack gibt's auf Facebook.

Odós Garpóla 3, auf Facebook, Mo, Mi, Sa 11.30–16, Di, Do, Fr 11.30–19 Uhr

Der Duft Thessaloníkis

3 **Zóniou Perfume Creations:** Níki Zóniou ist Griechenlands wohl bekannteste Parfümeurin. Für all ihre Kreationen bilden die Aromen der Stadt die Quelle der Inspiration. Wer selbst inspiriert ist, kann sich bei ihr aber auch sein eigenes Parfum zusammenstellen. Lieber nicht? Dann findet sich vielleicht bei den aromatisierten Räucherstäbchen oder unter allerlei Badekosmetik das Richtige.

Odós Mitr. Iosíf 17, www.zoniou.gr, Mo, Mi 10–20, Di, Do, Fr 10–21, Sa 10–17 Uhr

Ausgefallen, grell und jung

4 **Anémi:** Die Deko-Ideen im Laden sind noch kreativer und wilder als die junge Kleidung aus Griechenland und Italien samt Schuhen, Taschen und Accessoires. Faszinierend anzuschauen!

Odós Tsimiskí 18, www.anemifashion.gr, Mo, Mi, Sa 10–19, Di, Do, Fr 10–21 Uhr

Frauenversteher

5 **Access Fashion:** Die Modedesigner aus Thessaloníki präsentieren jährlich zwei Kollektionen mit fast 500 neuen Artikeln. Das Label »Spell« wendet sich an romantische Mädchen und Frauen. »Eight« zielt laut Eigenwerbung auf furchtlose, aber verspielte Frauen, die rund um die Uhr arbeiten.

Odós Mitropóleos 43, www.accessfashion.gr

Zeigt her eure Füße …

6 **Giánna Kazákou – Mocassino:** An den Füßen zeigen Griechinnen viel Mut. Den fördert der griechische Schuhfabrikant Mocassino im ganzen Land. Vom Stiefel bis zum High Heel reicht die extravagante Palette zu günstigen Preisen.

Odós Tsimiski 58, www.giannakazakou.gr

Beats und Bässe

7 **Studio 52:** Der äußerlich völlig unscheinbare Laden ist einer der größten und wohl der beste griechische Plattenladen. Alles, was die griechische Musik zu bieten hat, ist hier zu finden. Der angeschlossene Online-Shop zählt weltweit über 30 000 Kunden.

Odós Gounári 46, www.studio52.gr

Das griechische Harrod's

8 **Attica:** Das exklusive Kaufhaus mit Niederlassungen in Athen und Thessa-

loníki arbeitet nach dem Shop-in-Shop-Prinzip. Die vertretenen Labels sind meist nahe dem obersten Preislimit für Normalsterbliche. Für Superreiche gibt es Suiten fürs Shopping in fast schon privater Atmosphäre.
Odós Tsimíski 48–50, www.atticadps.gr

Kaufhaus für alle

9 **Hondos Center:** Kaufhäuser spielen in Griechenland im Gegensatz zu Deutschland kaum eine Rolle. Nur die 75 Filialen dieser in ganz Griechenland präsenten Kette bilden eine Ausnahme. In den kleineren Läden werden vor allem Kosmetika und preisgünstige Mode angeboten, hier auch ein breiter gefächertes Sortiment.
Odós Aristotélous 9, www.hondoscenter.com, Di–Fr 9–21, Sa 9–20, So 11–19 Uhr

Design Award verdient

10 **Tserlídis Nuts Factory:** Hier macht Nüsse kaufen Spaß. Fließbänder und Show-Röster sind in den schick gestalteten Laden integriert, in dem Nüsse aus aller Welt zu Trendartikeln werden. Die kandierten und teilweise mit Schokolade überzogenen Früchte gibt es in so vielen verschiedenen Geschmacksrichtungen, dass man sie gar nicht alle durchprobieren kann. Sogar Hibiskusblüten sind darunter.
Odós Níkis 31, tgl. 10–24 Uhr

Erst verkosten, dann kaufen

11 **Modianó-Markthalle:** In der 2023 nach langjähriger Modernisierung wieder eröffneten, über 100 Jahre alten Markthalle haben sich viele griechische Produzenten hochwertiger Lebens- und Genussmittel sowie Getränke angesiedelt, die ihre Kundschaft vor dem Kauf von fast allem probieren lassen. Die Auswahl ist riesig, die Beratung gut. Die Preise sind gehoben, aber angemessen.
Odós Ermoú 24 & Odós Vas. Irakliou 33, Mo–Sa 8–2, So 10–2 Uhr

12–19: s. S. 158.

Bauch der Stadt: Im Vláli-Markt türmen sich Gemüse und Obst, Fleisch, Fisch, Kräuter, Nüsse und, und, und …

Bewegen

Hop on, hop off

1 **Stadtrundfahrten:** Linienbus oder roter Doppeldecker? Bei Stadtrundfahrten konkurrieren zwei Unternehmen miteinander: das städtische Linienbusunternehmen OASTH mit seiner *Culture Bus Line 50* und die Firma Thessaloniki Sightseeing mit Doppeldecker-Cabrio-Bussen. Beide starten an der gleichen Haltestelle nahe dem Weißen Turm und fahren in etwa die gleiche Route. Linie 50 bietet dabei an 15 Haltestellen in der Nähe von interessanten Punkten Gelegenheit zum Aus- und Wiedereinsteigen, Thessaloniki Sightseeing an acht. Die städtische Tour dauert 50–60 Minuten, die private 70 Minuten. Kommentare kommen vom Band: in den städtischen Bussen nur

DIE NEUE METRO

Ende 2024 oder spätestens 2025 soll endlich Thessalonikis erste U-Bahn-Linie in Betrieb genommen werden. Baubeginn war schon Ende 2006. Technische Probleme und vor allem zahllose archäologische Funde führten immer wieder zu Baustopps. Die erste Linie wird vom Bahnhof im Westen bis nach Pyléa im Südosten führen und die gesamte Altstadt weitgehend parallel zur Odós Egnatía durchqueren. Auf 9,6 km Länge zählt sie 13 Stationen. 18 fahrerlose Züge sollen stündlich bis zu 18 000 Passagiere befördern, täglich 57 000 Autofahrten einsparen und die täglichen CO_2-Emissionen um 212 t verringern. 5 der 13 Stationen werden die beim Bau gemachten archäologischen Funde präsentieren. Seit 2014 ist auch schon eine zweite Linie in Bau, die vorerst bis Kalamariá und eines fernen Tages auch zum Flughafen führen soll. Am Ende soll das Metro-Netz fast 32 km lang sein.

auf Griechisch und Englisch, bei den privaten in acht Sprachen, darunter auch auf Deutsch. Thessaloniki Sightseeing operiert nur von März bis Oktober, OASTH ganzjährig. OASTH verlangt für das Tagesticket 2 Euro, das Privatunternehmen für sein zwei Tage lang gültiges Ticket 16 Euro.

OASTH: T 110 85, www.oasth.gr, Abfahrten stdl. von 9–18 (Juni–Sept. 8–21) Uhr. Thessaloniki Sightseeing: T 23 10 51 59 44, www.thessaloniki-sightseeing.com, Abfahrten März–Okt. 10.10–18.10 Uhr, je nach Saison alle 30–70 Min.

Im Mini-Bus durch die Gassen

2 **Linie 22:** Thessaloníkis Topografie ist wenig senioren- und ostfriesenfreundlich. In der Áno Pólis, der Oberstadt, sind die Straßen oft steil, die Bürgersteige schmal und vollgeparkt. Normale Stadtbusse passen da nicht durch. Abhilfe schafft Linie 22 mit zehnsitzigen Kleinbussen. Wer damit die 30- bis 40-minütige Runde dreht, lernt nicht nur versteckte Winkel und vor allem ältere Griechen kennen, sondern auch die exzellenten Fahrkünste und die Engelsgeduld einheimischer Busfahrer mit Falschparkern und Halteverbot-Missachtern.

Start und Ziel ist die Haltestelle Aristotélous direkt vor dem Bey Hamam an der Odós Egnatía, www.oasth.gr, Mo–Sa etwa halbstdl. 6–21.30 Uhr, Einzelticket 0,90 €, 70-Minuten-Ticket für 2 Fahrten 1,10 €

Mit dem Wasserbus zum Strand

3 **Karaváki Waterbus Fleet:** Drei Boote pendeln zwischen Juni und September täglich zwischen Thessaloníki und den Stränden von Peraía und Néi Epivátes jenseits des Flughafens. Die Fahrzeit beträgt etwa 50 Min.

Abfahrtspunkte in Thessaloníki sind die Museumsmole am Hafens und der Weiße Turm, T 69 73 77 77 27, www.karavakia.gr, Hinfahrt 9–20 Uhr, Rückfahrt bis 21.15 Uhr, Rückfahrticket 14 €

Jedem sein Pensum

Laufevents und Marathonläufe: Jedes Jahr im Oktober findet in Thessaloníki ein **Nacht-Halbmarathon** statt. Von der Uferstraße Níkis geht es um 18.45 Uhr immer ganz eben am Wasser entlang, das Ziel ist der Weiße Turm. Wer sich nicht die volle Strecke zutraut, kann auch an einem 5-km-Lauf teilnehmen.

Von Pélla (s. S. 175) zum Weißen Turm führt der **Alexander the Great Marathon** alljährlich im April. In seinem Rahmen finden in Thessaloníki auch Läufe über 10 und 5 km statt.

Infos: www.thesshalfmarathon.org und www.atgm.gr, Registrierungsschluss jeweils ca. 2–3 Wochen vor den Läufen

TOUR
Argonaut oder Pirat?

Eine Bootsfahrt vor der Kulisse der Stadt

Infos

Karte 4, D/E 8/9

Start/Ziel: Weißer Turm

Dauer: ca. 30 Min.

Zum Schmökern: Der historische Augenzeugenbericht »Die Einnahme Thessalonikes durch die Araber« (Verlag Styria, Graz), nur noch antiquarisch erhältlich. Spannender als jeder Krimi.

Wer Rollenspiele liebt, findet den für ihn passenden Dampfer. Einer ist inklusive Crew ganz auf Piratenschiff getrimmt, der andere eine mutige Konstruktion der »Argo«. Mit Letzterer brachen laut griechischer Sage Iason und seine Argonauten zur Fahrt ins Schwarze Meer auf, um das Goldene Vlies zu holen.

Bis spät in die Nacht hinein kreuzen das ganze Jahr über Ausflugsboote vor der Altstadtkulisse Thessaloníkis. Die Fahrt ist kostenlos, nur ein Getränk (ab 8–10 €) muss man bestellen. An Werktagen entern tagsüber vor allem Urlauber die Schiffe, an Wochenenden griechische Familien jeder Größe. Business People relaxen am späten Nachmittag bei After-Work-Partys an Bord, im Sommer sind nachts bis um vier Party-Crowds an Deck. Musikfarbe und -lautstärke passen sich den Passagieren an, das angebotene Getränkespektrum reicht vom Espresso bis zu Cocktail und Whisky flaschenweise.

Der Törn beginnt am **Weißen Turm,** dem letzten verbliebenen Teil der mittelalterlichen Hafenmauer. Auf See, Wind und Sonne im Gesicht und die Stadt vor Augen, kann man sich leicht vorstellen, ein Sarazene zu sein: Seeräuber aus islamisierten Mittelmeerländern belagerten und plünderten Thessaloníki im Jahr 904. Der Blick vom Schiff aus reicht hinauf bis zum Eptapirgío. Vor der **Hafenmole** mit den Museen wendet der Käpt'n, fährt dicht an der Uferstraße mit ihren Bars und Cafés entlang und folgt dann der Néa Paralía bis zum **Konzerthaus.** Am Weißen Turm geht man dann wieder von Bord – oder sticht gleich nochmal in See …

Sonntagsausflug mit Griechen

Trace Your Eco: Stélios und Theódoros, die beiden auch Englisch sprechenden Inhaber des kleinen alternativen Reisebüros, organisieren für ihre Landsleute seit über zehn Jahren ganzjährig Wanderungen und Sonntagsausflüge in die Natur im weiteren Umkreis von Thessaloníki. Daran können nach Voranmeldung auch gern Ausländer teilnehmen. Außerdem haben die beiden auf wikiloc verschiedene Trailrouten auch auf der Chalkidikí beschrieben. Kontakt sollte man per E-Mail oder – besser noch – persönlich aufnehmen.

Odós Komnínon (4. Etage), T 69 49 65 03 00, www.traceyoureco.gr

Mal auf Bustour

Ámmon Express: Das Reisebüro bietet zu fairen Preisen täglich Ausflüge mit dem Bus an. Je acht Stunden dauern die Touren zu den Wasserfällen von Édessa und dem Thermalbad Pozár, nach Díon und zum Olymp sowie nach Vergína und Pélla. Elf Stunden lang ist die Tour zu den Metéora-Klöstern. Sachkundige englischsprachige Guides begleiten jede Exkursion.

Odós Tsimiskí 12, T 23 10 50 02 25, www.ammonexpress.gr

FUSSBALLSCHLACHT

Pyrotechnik ist im Toúmba-Stadion des Fußballvereins PAOK Thessaloníki noch die gelindeste Form von Gewalt. Im März 2018 stürmte der russisch-griechische Vereinsinhaber Ivan Savvídis mit gezückter Pistole in der 89. Minute eines Matches aufs Feld, weil der Schiedsrichter ein Tor wegen Abseits nicht anerkannte. Im gleichen Monat kaperten Fans ein Fernsehstudio und zwangen den Moderator, fünf Minuten lang ein Protestschreiben wegen einer gegen den Verein verhängten Geldstrafe vorzulesen. Da schaue ich mir die Spiele doch lieber nur im Fernsehen an …

Bootstouren vor dem Ufer der Stadt: s. S. 163
Fahrradtouren auf der Néa Paralía: s. S. 165

Ausgehen

On the top

1 Frágile stin Tarátsa: Rooftop Bars ersetzen den Daheimgebliebenen im Sommer die Beachbars. Mehr als 20 stehen zur Auswahl. Diese setzt die schönsten Lichtakzente, hat meist die besten DJs und veranstaltet auch Liveevents.

Odós Valaorítou 29, T 23 10 54 74 43, auf Facebook, tgl. 13–4 Uhr

Macht Lust auf die weite Welt

2 Vanilla World Skybar: Zur Hafenatmosphäre mit Blick auf Kräne und Lagerhallen passen Ethnolook, World Music, exotische Signature Cocktails und asiatisch inspiriertes Finger-Food.

Odós Chapsá 2/Odós Karatásou, T 69 43 93 83 96, www.vanillaworldskybar.com, Mo–Do 20–4, Fr/Sa 20–5 Uhr

Alles so schön bunt hier

3 Little Big House: Traveller und weltoffene Locals treffen sich in der Oberstadt von Thessaloníki auf dem Dach eines Youth Hostel mit Blick über die Stadt.

Áno Pólis, Odós Andokídou 24, T 23 13 01 43 23, auf Facebook, tgl. 8.30–23 Uhr

Auf der Flucht

4 The Mindtrap: Escape Rooms sind auch in Griechenland in Mode. Dieser im Zentrum Thessaloníkis bietet zehn fantasievolle Varianten.

TOUR
Vólta heißt Spazierfahrt

Mit dem Holzfahrrad über die Néa Paralía

Infos

Karte 2, B 2/3
Start/Ziel: Macedonia Palace

Fahrradverleih: Bike It, Leof. Megálou Aléxandrou 2, T 23 10 88 89 20, www.bikeitrentals.com, tgl. 10–19 Uhr. Holzräder 3,50 €/1 Std., Quad-Bikes (2 od. 4 Pers.) 9/14 €, Tandems 8 €/1 Std., City-Räder 3,50 €/1 Std., E-Bikes 4,50 €/1 Std.

Eigentlich hat sich die nordgriechische Firma Coco Mat der »Welt des gesunden Schlafs« verschrieben. Nebenbei hat man dort aber auch das Fahrrad neu erfunden: Rahmen, Gabel, Lenker und Sattel der Coco Mat Bikes werden aus Eichenholz gefertigt. Jetzt gilt's, mit dem Eyecatcher auf der Neuen Uferpromenade, der Néa Paralía, zu radeln.

Die 4 km lange, autofreie Flaniermeile am Meer mit 13 Themengärten ist ideal für eine Runde mit dem Rad. Von der **Verleihstation Bike It** am Hotel **Macedonia Palace** geht es zur Konzerthalle der Stadt, dem **Mégaro Moussikís** (s. S. 167). Am Weg liegen die Gärten des Sands, des Schattens, der Jahreszeiten, der Rosen, des Wassers, der Musik und einige mehr. Was es mit den Namen auf sich hat? Nicht immer finde ich es heraus, aber schön sind sie trotzdem. Besonders angetan hat es mir der Garten der Skulpturen, gespickt mit Werken zeitgenössischer griechischer Künstler.

Wieder am **Macedonia Palace,** gönne ich mir an der **Installation Umbrellas** des Künstlers Giórgos Zongolópoulos eine Pause. Die 40 transparenten Schirme scheinen über der Hafenmole zu schweben; eine Kopie an einem Strand des ägyptischen Alexandria tut es ihnen gleich. Ich radele nun weiter bis zum **Weißen Turm.** Zur Wiederaufladung verbrauchter Kalorien warten hier Zuckerwatte und Eis, geröstete Maiskolben und Maronen.

Wer auch immer du bist, woher auch immer du kommst – du bist willkommen! Auf der lässigen Dachterrasse des Youth Hostels Little Big House trifft sich ein buntes Völkchen.

Oós Komnínon 18, T 23 10 26 98 85, https://tsimiski.themindtrap.com, Mo–Do 10–20.30, Fr–So 10–22 Uhr

Lust auf ein Spielchen?

5 **Harry's Spot:** Kennen Sie ein paar Karten- und Gesellschaftsspiele und würden Sie gern Einheimische kennenlernen? Dann ist dieses »Real Board Game Café« für Sie eine Top-Adresse. Seit 25 Jahren treffen sich bei Inhaberin Kyriakí, kurz Toúla genannt, die nettesten Spieler der Stadt. Kyriakí spricht gutes Schulfranzösisch und vermittelt gern den ersten Kontakt. Über 500 Brett- und Kartenspiele stehen zur Auswahl, darunter auch die »Siedler von Catan« und »Kuhhandel«. Regionalbezug hat die Thessaloníki-Ausgabe von Monopoly – und Schachbretter gibt es natürlich auch.

Odós Angelakí 8, T 23 10 22 45 47, www.facebook.com/harrysspotcafe, alle Spiele sind kostenlos auszuleihen

Für Vintage Lovers

6 **To Spiti mou:** ›Mein Haus, deine Bar‹ lautet das Motto des großen Lokals, das außer Wein, Bier und Spirituosen auch gute Tees und Kaffees serviert. An vielen Abenden gibt es Livemusik, sonst legen wechselnde DJs auf. Musikfarbe: Vor allem Jazz, Rock und Funk.

Odós Ioustianoú 3, T 23 10 23 70 16, auf Facebook, Mo–Do 10–2, Fr/Sa 10–5, So 10–3 Uhr, Eintritt immer frei

Die Jazz-Adresse

7 **Malt 'n Jazz:** Der schönste Platz ist immer an der Theke: In einer der ältesten, schwarz-weiß gefliesten Jazz-Bars

der Stadt sitzt man vor allem auf Barhockern. Kein Blick nach draußen lenkt von der riesigen Auswahl an Spirituosen ab – darunter allein über 100 Whiskys – und an Wochenenden zwischen Oktober und April von der Livemusik auf der kleinen Bühne.

Odós Prox. Koromíla 1, 1. Etage, Fr/Sa ab 21 Uhr

Topstars on stage

8 Principal Club Theatre: Der Club holt Musiker und Gruppen von allen Kontinenten nach Thessaloníki. Die Musikfarben sind weit gefächert, reichen von Soul und Punk bis Rock, Electronical und Heavy Metal. Simple Minds und Jim Morrissey, Nashville Pussy, Einstürzende Neubauten und Kreator waren u. a. schon hier.

Odós Geórgios Andréou 56, T 23 10 42 80 88, www.principalclub.com, Tickets meist 20–35 €

Headbanging im Szeneviertel

9 Eight Ball Club & Live Stage: Als »Salonicas most rocking place« wirbt der Club mitten im Szeneviertel Ladádika für sich. Von donnerstags bis samstags ist hier garantiert jeden Abend etwas los, Metal-Freunde lieben die regelmäßigen Headbangers Balls. Auch andere Motto-Partys stehen auf dem Programm, häufig mit Musik der 80er- und 90er-Jahre. Für Live-Events, vor allem mit allen Metal-Varianten, sollte man sich seine Karten Wochen im Voraus im Internet sichern.

Odós Ladádika, Pindoú 1, www.eightballclub.gr

Musik am Meer

10 Mégaro Moussikís: Der rötlich-braune Komplex der Konzerthalle mit seinem 1400 Besucher fassenden Saal wirkt von Weitem fast wie eine Festung am Meer. Man kann diese Architektur wohlwollend vielleicht als Kontrapunkt zum Weißen Turm verstehen. Den 2010 eingeweihten Erweiterungsbau mit mehreren kleinen Veranstaltungsräumen entwarf der japanische Architekt Arata Isozaki, der auch für den Schandfleck in Mailands Skyline verantwortlich ist, den 2015 vollendeten Allianz Tower. Doch der Bau hat innere Werte: Ein unbestritten hohes Niveau erreicht das Veranstaltungsprogramm mit Konzerten, Opern, Operetten, Musicals, Ballett und auch griechischer Entéchno-Musik.

Paralía/Odós 25is Martíou, T 23 10 89 59 38, www.tch.gr, Box Office im Mégaro Mo–Sa 10–18 Uhr, an der Platía Aristotélous Mo, Mi, Sa 10–15.30, Di, Do, Fr 10–14 und 17.30–20 Uhr, E-Tickets möglich ab 4 Wochen vor Aufführungstermin, Tickets meist 25–60 €

Shakespeare auf Griechisch

11 Nationaltheater von Nord-Griechenland: Auch wenn man kein Wort Griechisch versteht, kann ein Abend im Theater von Thessaloníki ein Genuss sein. Der Blick ins Programm verrät, dort sind oft auch Stücke international bekannter Autoren zu finden, deren Inhalt man ja vielleicht kennt. Oder man schaut sich ein antikes griechisches Drama an und hat dessen Text als gutes altes Reclam-Heftchen in der Tasche. Bespielt werden sieben verschiedene Bühnen, darunter im Sommer auch zwei Open-Air-Theater.

www.ntng.gr, Tickets meist 15–25 €, online sowie unter T 23 15 20 02 00, Liste aktueller Ticketbüros ebenfalls online

Musiker aus Leidenschaft

12 To Vidanió: Mainstream ist tabu, alle anderen Richtungen traditioneller griechischer und orientalischer Musik sind hier willkommen. Die Musiker spielen oft drei bis vier Stunden ohne Unterbrechung auf der kleinen Bühne, da will man zu Bier, Wein oder Tresterschnaps aus Grévena irgendwann auch gerne etwas essen: sautierte Pilze und den geräucherten Bátsos-Schafskäse aus Grévena beispielsweise, eventuell auch den Rinderschinken *kavourmás* aus dem westthrakischen Komotiní. An den Wänden hängt moderne Kunst lokaler Künstler. Wer allein kommt, kann natürlich auch am Tresen Platz nehmen. Programmaushang im Fenster neben dem Eingang.

Odós Ioustianoú 6, T 23 10 23 23 70, Okt.–Anfang Juni So ab 14.30, an anderen Tagen ab 21.30 Uhr, Eintritt 3 €, großes Bier vom Fass 4 €, Bauernsalat 5 €

Musik am Sonntagnachmittag

13 **To Anatolikón:** Im kleinen Kafenío spielt die Musik eher beiläufig, hat nicht einmal eine Bühne. An den Wänden hängen lokale moderne Kunst und alte Fotografien der Stadt. Aus der offenen Küche kommen *patátes,* Kartoffelwedges mit Schale, viel Knoblauch, Salz und Oregano, wobei eine Portion auch für drei reicht. Der halbe Liter Weißwein dazu schlägt mit weniger als 5 € zu Buche. Livemusik.

Odós Klisoúras 1/Ecke Odós El. Venizélou 52, T 23 16 00 93 67, auf Facebook, Okt.–Juni So ab 15.30, an drei bis vier anderen Wochentagen ab 20.30 Uhr, Eintritt 3 €, geöffnet tgl. ab 10 Uhr

Singen, tanzen, feiern

14 **Tophane:** Griechischer traditioneller Mainstream ist hier sonntagnachmittags meist angesagt, sodass das Publikum aus voller Kehle mitsingen und auch zur Musik tanzen kann. Da treten Männer in Wanderstiefeln ebenso aufs Parkett wie Damen mit hohen Absätzen. Rote Servietten fliegen, Augen glänzen, man klatscht im Rhythmus der Musik. Wenn man nur zu zweit kommt, findet sich fast immer noch einen Platz an einem der ohnehin schon vollbesetzten Tische – wer mehr Stühle braucht, sollte reservieren. Livemusik steht auch abends am Freitag (Entéchno) und Samstag (Rembétika) auf dem Programm.

Odós Olympíou Diamantí 2, T 23 10 52 82 85, www.facebook.com/tophanebar, So ab 16 Uhr, Livemusik Fr und Sa ab ca. 21 Uhr, Mo–Sa 7–17 Uhr als Tsipourádiko geöffnet

Feiern

- **Moní Lazaristón Festival:** Juni–Sept. Das Festival des längst nicht mehr heiligen Klosters der Lazaristen ist fast allabendlich Schauplatz von Open-Air-Konzerten. Oft ist der Eintritt frei, maximal liegt er bei 15 €. Das Programm wird erst kurzfristig veröffentlicht auf www.monilazariston.gr.
- **Queer Arts Festival:** Juni. Das von einer Graswurzelinitiative zusammen mit dem Staatlichen Museum für zeitgenössische Kunst initiierte Festival fand 2019 zum ersten Mal statt. Es will nicht nur einen Einblick in Kunst und Kulturschaffen von Homosexuellen geben, sondern vor allem auch den Dialog zwischen Homosexuellen und Heterosexuellen fördern – ganz im Bewusstsein der Tatsache, dass Homosexualität auf dem Balkan und damit auch in Griechenland weit weniger akzeptiert wird als in Mittel- und Nordeuropa. Infos auf www.cact.gr
- **Urban Picnic Festival:** Letztes Wochenende im Aug. Man trifft sich zum Picknick auf dem Gelände der antiken römischen Agorá. Essen und Trinken bringt man selbst mit, die Veranstalter sorgen für Livekonzerte und Kurzfilme auf der Open-Air-Leinwand.
- **Street Mode Festival:** Ende Aug./Anfang Sept. 4-Tage-Open-Air-Festival mit über 100 griechischen und internationalen Bands, Sängerinnen und Sängern auf fünf Bühnen. Zum Programm gehören u. a. Skateboarding, Free Running, Street Dance und Street Art, www.streetmode.gr.
- **VorOina:** Jeweils ein Tag im Sept. und Dez. Einen Tag lang stellen viele Winzer Nordgriechenlands auf einer

Lieblingsort

Möge die Nacht nie zu Ende gehen

Vielleicht sollte man mehr historische Gebäude in Diskos und Cocktailbars verwandeln? Wer im **Aígli** war, wird sich das dringend wünschen. Im großen Kuppelsaal des alten türkischen **Yeni Hamams** ist jede Mauernische farbig ausgeleuchtet, lässt die größte Diskokugel der Stadt goldene Sterne durch den Raum kreisen. Einige Gäste rauchen die Shisha, was gut zu den maurischen Spitzbögen und den Natursteinmauern auf den Emporen passt – und der Holzfußboden federt die Bässe so elegant ab, dass sie für jedes Ohr angenehm klingen. Im Sommer gibt es im nicht minder bunt ausgeleuchteten Innenhof auch Mediterranes zu essen, dann mag man gar nicht mehr nach Hause gehen.

Aígli ⓯: Odós Ag. Nikólaou 3, www.facebook.com/aigligenihamam, Mo–Do 10–1, Fr/Sa 10–3, So 12–2 Uhr

F

FILMSTADT THESSALONÍKI

Filmstudios wie in Berlin oder München gibt es in ganz Griechenland nicht, trotzdem werden im Land jährlich etwa 30 Spielfilme produziert. Die meisten davon kommen auch bei dem seit 1960 jährlich stattfindenden **Thessaloníki International Film Festival** (TIFF) auf die Leinwand, das jeweils im November elf Tage lang über 100 000 Besucher anzieht. Der dort verliehene Hauptpreis heißt – wie anders? – »Goldener Alexander«. Das Pendant im Frühjahr ist das zehntägige **Thessaloníki Documentary Festival,** das es seit 1999 gibt. Die Filme laufen im Olympíon am Aristotélous-Platz und im Cinema Museum, die Tickets sind günstig: 7,50 €/Film, für Studenten 6 €. Zentrales Infobüro im Olympíon-Theater und im Kiosk davor, www.filmfestival.gr.

Open-Air-Weinmesse auf der Museumsmole des Hafens ihre Weine und Weindestillate vor. Genaue Termine auf www.winesofnorthgreece.gr.

- **Reworks:** 5 Tage im Sept. Das ambitionierte Festival ist weit mehr als nur eine Präsentation elektronischer Musik. Zum Programm gehören auch Happenings, Workshops und die Diskussion alternativer Ideen für die Zukunft der Demokratie. Zuletzt dabei waren als Produzenten u. a. der Brite Matthew Herbert und die griechische Gruppe Pollux Rose. Schauplätze sind u. a. das Konzerthaus, die ehemalige Fix-Brauerei und der Dachgarten des Hotels Metropolitan. Infos auf www.reworks.gr.
- **Dimítria-Festival:** Ende Sept.–Anf. Nov. Über 100 Events aus allen kulturellen Sparten füllen das Programm des Festivals, das natürlich zu Ehren des Stadtheiligen Dimítrios ausgerichtet wird. Die Veranstaltungsorte sind übers ganze Stadtgebiet verteilt, viele sind kostenlos. Infos auf http://dimitria.thessaloniki.gr.
- **Philoxénia:** Drei Tage Anf. Nov. Griechenlands Touristikmesse ist eine gute Gelegenheit, sich über die vielen verschiedenen Urlaubsmöglichkeiten in Hellas zu informieren. Termine auf www.helexpo.gr.
- **Art Thessaloníki:** Vier Tage Ende Nov. Thessaloníki ist nicht New York, Hongkong oder Basel – aber Kunst ist auch hier ein Kaufgegenstand. Termine findet man auf www.helexpo.gr.

Infos

- **www.politismika.gr:** Täglich aktualisierter Veranstaltungskalender inklusive Kinoprogramm, nur auf Griechisch.
- **Municipal Tourist Information:** Anders als die meisten Touristinformationsbüros in Griechenland hält dieses wirklich einige gute gedruckte Infos zum Mitnehmen bereit und ist mit sehr hilfsbereiten, um Wissen bemühten Mitarbeitern bestückt. Wenn Sie ohnehin in der Nähe sind, sollten Sie hineinschauen. In den Grünanlagen zwischen Odós Níkis und Néa Paralía etwa 150 m südöstlich des Weißen Turms, kein Telefon, Mai–Okt. Mo–Fr 9–21, Sa/So 10–18, Nov.–April tgl. 10–18 Uhr.
- **Fernbusse:** Der Busbahnhof für alle Fernbusse außer denen zur Chalkidikí liegt am westlichen Stadtrand und ist mit zahlreichen Linienbussen gut zu erreichen. Es gibt dort eine große Cafeteria mit Plätzen auch im Freien und einige Geschäfte mit Reisebedarf. Fahrplanauskünfte unter T 23 10 50 01 11.
- **Bahnhof:** Der Bahnhof liegt zentral am westlichen Rand der Innenstadt. Falls Sie vor Fahrtantritt beten: Im Bahnhof befindet sich eine Kapelle. Fahrplanauskünfte und Tickets gibt es im Internet (www.hellenictrain.gr) oder am Bahnhof (tgl. 6–22 Uhr).

Zugabe
Polizeifreie Zone

Uni statt Friedhof

Der Athener Studentenaufstand 1973 läutete das Ende der Militärdiktatur ein – und verschaffte dem Unigelände bis heute einen Sonderstatus.

Der Campus der Aristoteles-Universität ist ringsum eingezäunt. Das schützte bis 2019 nicht nur vor Dieben, sondern auch vor der Polizei. Die durfte bis dahin wegen der Erfahrungen während des Studentenaufstands im November 1973 den Campus nicht betreten. Wer es nach nicht gewaltfreien Demos bis hierher geschafft hatte, genoss also Ruhe vor seinen Verfolgern. Vor allem an Wochenenden und abends wurde dort auch fleißig gedealt. Seit 2019 darf die Polizei wieder auf dem Campus erscheinen, macht von diesem Recht aber nur ganz selten Gebrauch

Alle Gebäude, in denen jetzt über 100 000 Studenten ihr Rüstzeug für die Zukunft erwerben, sind auf unglückseliger Vergangenheit gebaut. Nach dem Holocaust gab es keine Juden mehr in Thessaloníki. Also ebnete man den riesigen jüdischen Friedhof der Stadt für den Uni-Bau rigoros ein. Erst 2014 konnte man sich dazu durchringen, auf dem Campus zumindest ein Denkmal zu errichten, das an die frühere Nutzung des Ortes erinnert.

Der süßliche Duft von Gras liegt in der Luft.

Vom Eingang an der Odós Ethnikís Aminís neben dem klassizistischen Gebäude der Philosophischen Fakultät, in die man gern einen Blick hineinwerfen darf, überquert man den weiten Platz diagonal und folgt dann der Straße nach rechts. Man geht auf einen ganz niedrigen Hügel zu, auf den 18 Stufen hinaufführen. Vor einer von Kóstas Lentáris geschaffenen Menorah-Skulptur wurden einige wenige historische Grabplatten wieder aufgestellt. Inschriftentafeln auf Griechisch, Englisch, Französisch, Hebräisch und Ladino erinnern an die Vergangenheit.

Anschließend die Stufen wieder hinab, nach links wenden und man kommt zur Uni-Bibliothek. In der SB-Cafeteria im Untergeschoss kann man sich unter die Studenten mischen und der eigenen wilden Zeiten gedenken. ■

Ausflugsziele in Ost und West

Weltkulturerbe und unbekannte Schönheiten — Königsstädte und Göttersitze liegen im Westen, viel weniger besuchte und sehr originelle Ausflugsziele bietet der Osten.

Seite 177

Véria

Fast 50 Kirchen, Moscheen, eine Synagoge und ein Hamam erzählen in den beiden Altstadtvierteln der weithin unbekannten Provinzstadt von Zeiten, als Multikulti selbstverständlich war.

Seite 181

Vergína

Die alte Königsstadt wurde zum politischen Wallfahrtsort, ein Grabhügel zu einem der außergewöhnlichsten Museen der Welt. Ein zweites Museum präsentiert antike Objekte als moderne Kunstwerke.

Seit der Antike aktuell: Säulen

Eintauchen

Seite 188

Díon

Die Ruinenstadt vor dem Olymp bezaubert Romantiker mit ihrem Isis-Heiligtum und Musikfans mit der ältesten hydraulischen Orgel der Welt. Extremsportler eilen im Juni beim Olympus Marathon von hier auf den Götterberg.

Seite 191

Olymp

Schön wandern und in einem außergewöhnlichen Restaurant hervorragend griechisch schlemmen. Genug zu tun, auch ohne den fast 3000 m hohen Gipfel zu erklimmen. Wie es dort aussieht, zeigt ja auch das Nationalparkhaus …

Seite 194

Meteóra 

Die Landschaft aus Felstürmen und -nadeln raubt einem den Atem. Uralte Klöster setzen einigen von ihnen das i-Tüpfelchen auf. Klosterfreie Felsen dürfen auch erklettert werden.

Seite 202

Kavála

Der Tabakhandel hat diese Stadt am Meer einst reich gemacht. Die Villen der Tabakbarone und das Tabakmuseum zeugen davon.

Seite 207

Philíppi 

Der Apostel Paulus schrieb den Menschen der Stadt einst einen Brief, auch um sich für ihre materielle Hilfe zu bedanken. Jeden Sommer werden im antiken Theater auch heute Tragödien und Komödien von Autoren des Altertums aufgeführt.

Seite 209

Laspóloutra

Über Fango-Packungen lacht man in den Laspóloutra nur. Hier wühlt man sich in eine über einen Meter dicke Heilschlammschicht ein und kämpft sich an Seilen völlig verkrustet wieder hinaus. Nach 20 Minuten Duschen ist man wieder so weiß, schwarz, braun oder rot wie zuvor.

Zeus höchstpersönlich wählte seinen Wohnsitz auf dem Olymp.

»Der junge Alexander eroberte Indien. Er allein?« (Bert Brecht)

Let’s go west

D

Die Bayern haben ihre Königsschlösser, die Nordgriechen ihre Königsstädte. Dort residierten Philipp, Alexander & Co., wenn sie mal nicht in ihrem Reich unterwegs waren. Für »Bildungsreisende« sind die Ausgrabungen die Hauptattraktionen im westlichen Umland von Thessaloníki. Vergína ist auch für die heutige Politik noch von Bedeutung und nationale Pilgerstätte. Und so sorgen die drei Königsstädte dafür, dass in dieser ansonsten rein landwirtschaftlich geprägten Region auch der Tourismus blüht.

Überragt wird die Gegend vom höchsten Gebirgsmassiv des ganzen Landes, dem Olymp, Sitz von Göttervater Zeus und den Seinen. Zehntausende von Wanderern streifen hier alljährlich durchs Gelände, um sich von der Nicht-Existenz der griechischen Götter zu überzeugen.

Schon nicht mehr in Makedonien, sondern bereits in Thessalien ragen die Felszähne und -knollen von Metéora in den Himmel. Sechs von ihnen werden von Klöstern bekrönt, die jeder, egal welchen Geschlechts und Glaubens, besichtigen darf. Für Chalkidikí-Urlauber sind sie Topziele für einen Ganztagesausflug.

O

ORIENTIERUNG

Infos: www.visitwesternmacedonia.gr
Verkehr: Wer alle Ausflugsziele im Westen besuchen möchte, braucht dafür mindestens fünf Tage und benötigt ein Auto. Véria und die Metéora-Klöster sind auch per Linienbus oder Bahn (s. S. 170) gut von Thessaloníki aus zu erreichen.

Genießer freilich gönnen sich dort mindestens eine Nacht.

Genug der Highlights. Es wäre schade, auf die Entdeckungen abseits gängiger Routen zu verzichten. Wie aus dem Dornröschenschlaf erwacht erscheint Véria: Die Kleinstadt hat gerade erst ihre historische Schönheit wieder zum Leben erweckt und ist ein wahres Schmuckkästchen: Sowohl christliche als auch jüdische Altstadt haben die Bewohner fein herausgeputzt. Ein persönliches Wellness-Erlebnis der ganz besonderen Art vermag schließlich der kleine Kurort Pozár zu bescheren. Da kann man nämlich auch nachts unterm weiten Sternenhimmel in den Thermalquellen eines Gebirgsbaches sitzen, unter einem Wasserfall heiß oder kalt duschen und griechisches Leben in Reinform genießen.

Pélla

Karte 3, G 3

ΠΕΛΛΑ, Πέλλα

Von Pélla würde niemand reden, wäre dort nicht Alexander der Große geboren. Das bringt dem modernen, recht langweiligen Landstädtchen erhebliche Beachtung ein. Man kommt des Archäologischen Museums wegen. Der antike Palastbau, in dem der leidenschaftliche Welteroberer das Licht der makedonischen Welt erblickte, wird noch immer freigelegt und ist bisher nicht zugänglich. So schlendert man über die antike Agorá und an einigen großen Stadtvillen vorbei, von deren einstiger Pracht noch schöne Mosaike zeugen. Wie in Ólinthos (S. 106) war die Stadt nach dem damals trendigen Muster hippodamischer Stadtplanung von einem Raster sich rechtwinklig kreuzender Straßen durchzogen. An ihnen standen aber anders als dort keine Wohnhäuser auf gleichen Grundflächen, sondern Prachtbauten auf bis zu 5000 m^2 großen Einzelgrundstücken. Wer über alles herrschte, stellte der Palast am höchsten Punkt der Stadt klar.

Selfie mit Alexander

Schon am Weg hinauf zum gut ausgeschilderten Museum hält fast jeder griechische Tourist einmal an. Die zeitgenössische, angenehm zierlich geratene **Reiterstatue Alexanders** mitten im Städtchen ist für Hellenen ideal für ein Selfie mit dem Staatsheroen. Sein Pferd hatte übrigens einen Namen: Bukephalos (= der Ochsenköpfige). Auf ihm ritt Alexander bis nach Indien. Angeblich ist das treue Tier im Punjab ertrunken.

»Suche Dir ein Reich, mein Sohn, das Deiner würdig ist; Makedonien ist für Dich zu klein!«, soll Philipp II. zu Sohn Alexander gesagt haben. Der ließ sich das offensichtlich nicht zweimal sagen …

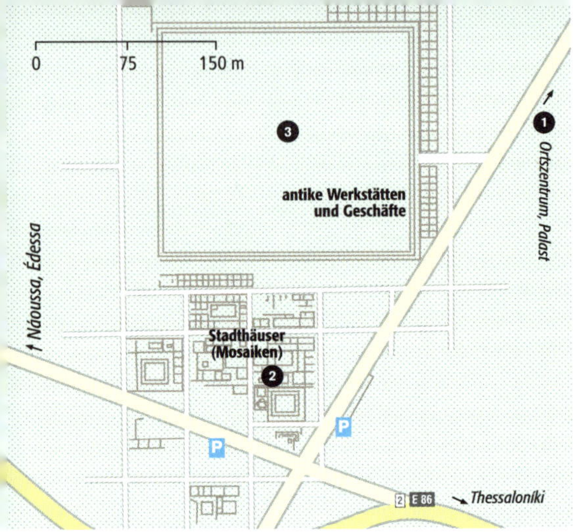

Pélla

Ansehen

❶ Museum
❷ Villenviertel
❸ Agorá

Anders als IKEA

Wie lebte es sich wohl in den prachtvollen Villen von Pélla? Antworten liefert das **Archäologische Museum ❶**, das antike makedonische Wohnkultur in der Zeit Alexanders veranschaulicht. Modelle lassen die Villen lebendig werden, Reste von Wandmalereien verdeutlichen, was man in TV-losen Zeiten zu schauen beliebte. Grandios sind die Fußbodenmosaike, die zumeist mythologische Ereignisse nacherzählen oder kämpferische Szenen zeigen. Anmutig reitet da der Gott Dionysos auf einem Panther. Wer auch immer die Tausenden von Steinchen zu den beiden Mosaiken mit einer Löwen- und einer Hirschjagd legte, schaffte es, den Szenen mit den gut gebauten Jünglingen in wehenden Umhängen und den königlichen Tieren einen kraftvollen und dynamischen Ausdruck zu geben. Am runden Steintisch mit floralen und geometrischen Motiven würde so mancher sicher auch heute gern sitzen. Nachdenklich stimmt die Rekonstruktion einer Kline, auf der die Teilnehmer an königlichen Banketten zum Festmahl lagerten: Haben sie da halbtrunken Alexanders Welteroberungsfantasien befeuert?

Nach dem Einblick ins tägliche Leben der Upperclass thematisieren die weiteren vier Abteilungen des auch architektonisch bemerkenswerten Museums das öffentliche Leben, Glaube und Religion, Bestattungskultur und den Königspalast. Zu Beginn oder zum Abschluss eines Rundgangs kann man sich ein siebenminütiges Video über Pélla auf Griechisch mit englischen Untertiteln anschauen.

www.pella-museum.gr, April–Okt. Di 12–20, Mi–Mo 8–20, Nov.–März Mi–Mo 8.30–15.30 Uhr, Eintritt Sommer 8 €, Winter 4 € (gilt auch für die Ausgrabungen)

Der Hafen fehlt

Schlendert man anschließend durchs **Villenviertel ❷** der antiken Stadt im Ausgrabungsgelände direkt an der Nationalstraße, wird die Fantasie weiter beflügelt. Da liegen in situ Mosaike, die die schöne Helena, eine Gruppe kämpfender Amazonen und wieder die Hirschjagd zeigen. Richtung Palast und Museum schließt sich daran der riesige Marktplatz, die **Agorá ❸**, an. Was muss hier einst für ein Trubel geherrscht haben. Menschen, Sprachen, Gerüche, Farben, viele Reize überfluteten vermutlich die Sinne, denn auf einer Fläche von 250 x 200 m wurde auf dem Platz mit allem gehandelt, was aus dem riesigen Reich angeliefert wurde. Eine 9 m breite Straße verband die Agorá mit dem nahen Hafen der Stadt. Heute liegt Pélla 23 km vom Meer entfernt, das gesamte Land zwischen hier und der Ägäis wurde erst in den letzten 2000 Jahren angeschwemmt. Anders als im modernen Pélla war im antiken Ort Multikulti ganz normal und trug wesentlich zur Blüte der Stadt bei: Handwerker, Wissenschaftler und Künstler aus Griechenland, Asien und Nordafrika suchten hier die Nähe zum Herrscherhaus.

Öffnungszeiten wie Museum

Infos

- **Linienbusverbindungen:** Stdl. ab Thessaloníki, Fahrzeit ca. 1 Std., 4,10 €, www.ktelpellas.gr.

Véria

Karte 3, G 4

BEPIA, Βέροια

Ein Bummel durch Véria macht Spaß. Der Ort (66 000 Einw.) gilt als fußgängerfreundlichste Stadt des Landes: Hier halten fast alle Autos an Zebrastreifen an ... Zum Leidwesen des örtlichen Einzelhandels wurden Hauptstraßen fußgängerfreundlich zurückgebaut, Parkplätze verknappt. Der einzige Großparkplatz liegt unterhalb des Städtchens, der verbindende Fahrstuhl ist leider häufig außer Betrieb. So kann der Flaneur in Ruhe durch die beiden historischen Altstadtviertel schlendern, das Gemisch aus byzantinischen, osmanischen und jüdischen Bauten betrachten und den Blick von den Cafés am Steilabfall hinunter zum großen Delta von Thessaloníki beim legendären veriotischen Grießkuchen *reváni* mit Muße genießen.

Stadtzentrum und Altstadt

Erst *reváni* und Kaffee, dann Bummel. Vom **Elías-Park** führt die Hauptstraße Elías ins Stadtzentrum hinauf. Links steht kurz nach dem Hotel Elías eine von einst 72 byzantinischen Kirchen der Stadt, **Christós O Sotirós** ❶. Wie alle der 48 erhaltenen ist sie meistens verschlossen, doch eine Eigenart nordwestgriechischer Gotteshäuser macht sie trotzdem betrachtenswert: Auch ihre Außenwände sind teilweise mit Fresken geschmückt. Weiter oben künden dann links der Straße Mitropóleos die **Zwillingsbäder** ❷ mit ihren großen Kuppeln von osmanischer Badekultur: Einer der Hamams war Männern, der etwas kleinere Frauen vorbehalten. Noch etwas weiter oben folgt dann die Kentrikí Platía mit dem Gerichtsgebäude im Stil des osmanischen Klassizismus. Die **Bema des Apostels Paulus** ❸ ist heute die touristische Hauptattraktion der Stadt, die vor allem fromme Kirchengemeinden mit ihrem Pappás und Ausflügler des Seniorenvereins Kapí anlockt. Zwei große, zeitgenössische Mosaike mit reichem Goldhintergrund erzählen hier die Geschichte von der Vision des Apostels im kleinasiatischen Ephesos, die ihn beauftragte, Nordgriechenland zu missionieren. So reiste er auch zweimal (50 und 57) nach Véria und predigte dessen Bewohnern den neuen Glauben. In direkter Nachbarschaft ragt das Symbol eines anderen Glaubens in den Himmel: das Minarett der **Medrese-Moschee.** Sie ist als eine von drei der einst 15 Moscheen Vérias erhalten geblieben.

Ein guter Plan ist es, anschließend einen Spaziergang durchs gut restaurierte **Altstadtviertel Kyriótissa** ❹ zu unternehmen, danach dem **Byzantinischen Museum** ❻ einen Besuch abzustatten und wieder durch Kyriótissa zurück-

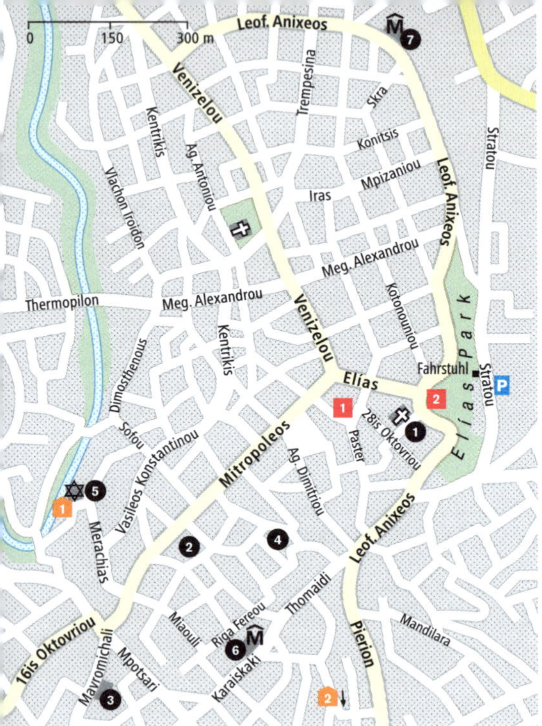

Véria

Ansehen

❶ Christós O Sotirós
❷ Ottomanische Zwillingsbäder
❸ Bema
❹ Altstadtviertel Kyriótissa
❺ Barboúta
❻ Byzantinisches Museum
❼ Archäologisches Museum

Schlafen

1 Kókkino Spíti
2 Veriópolis

Essen

1 Mr. Wurst
2 Elía

zukehren zur Kentrikí Platía. Von hier steigt man dann ins ehemalige Judenviertel **Barboúta** hinab.

Da bleibt keine Kamera stecken

Bunt geht's zu im einstigen Judenviertel der Stadt **Barboúta** ❺ am Ufer des rauschenden **Gebirgsflüsschens Tripótamos.** Es liegt unterhalb des Stadtzentrums und ist gut ausgeschildert. Etliche der hervorragend restaurierten **Archontiká** wurden wieder farbig angemalt. In einigen von ihnen sitzen Behörden, Kulturvereine und -institute, andere bereichern als kleine, stimmungsvolle Hotels die Attraktivität Vérias als Reiseziel. Vollständig restauriert wurde hier die älteste noch existierende **Synagoge** Nordgriechenlands aus der Zeit um 1850 (nur sporadisch zugänglich).

Museen

Museum statt Mühle

❻ **Byzantinisches Museum:** In einer großen, viergeschossigen Industriemühle aus dem frühen 20. Jh. blickt Véria jetzt stolz auf seine Geschichte als »Klein-Jerusalem« zurück. Wandmalereien aus byzantinischen Kirchen werden ebenso gezeigt wie Ikonen und frühchristliche Mosaike, alte Bücher, Keramik, liturgisches Gerät und liturgische Gewänder. Videos zur Stadtgeschichte und zur Restaurierung der ehemaligen Getreidemühle sind ebenfalls zu sehen.

Odós Thomaídos 26, www.byzantine-museum-veria.gr, Mi–Mo 9–17 Uhr, Ticket 4 €

Kein Tag ohne Altertum

❼ **Archäologisches Museum:** Das kleine Museum erinnert daran, dass Véria auch in der Antike schon eine Stadt war. Kein Tag ohne Altertum? Dann gehört der Besuch im Museum dazu.

Odós Anoixéos 47, Di–So 9–17 Uhr, Einzelticket 2 €

Schlafen

Mit einem Wort: unvergesslich

1 **Kókkino Spíti:** Stilgerechter als im ›Roten Haus‹, einem Herrenhaus aus dem 19. Jh., kann man in Véria nicht wohnen. Es steht im ehemaligen Judenviertel Barboúta fast direkt am Bach. Kieselsteinmosaike im Vorhof und viele Blüten im Garten sorgen ebenso wie das Frühstück mit vielen regionalen Produkten für viel romantisches Flair. Mithalten können auch die Zimmer mit Holzfußböden und Deckenbalken, traditionellen Teppichen und Möbeln sowie Natursteinwänden.

Odós Olganoú 10, T 23 31 07 44 40, www.kokkinospiti.gr, €

In guter Lage

2 **Veriópolis:** Modernes Hotel mit 24 Zimmern und großem, überwiegend von Einheimischen genutzten, Pool plus Pool-Bar in grandioser Panorama-Lage. Blick auf Gebirge dreier Staaten, den Olymp und Vergína. Freundlicher Wirt, Parkplatz.

Nördlich der Straße nach Asómata, T 23 31 10 05 40, www.veriopolishotel.gr, €

Essen

Wo Griechen Currywurst essen

1 **Mr. Wurst:** Nachts um zwei Uhr herrscht bei Mr. Wurst Hochbetrieb. Inhaber Yánnis, der in Deutschland Hotelkaufmann lernte und in diversen deutschen Hotels gearbeitet hat, hat sich in Kyriótissa mit seinem Imbisslokal selbstständig gemacht. Vorher hatte er in Griechenland 75 Bewerbungen an Hotels geschickt und von keinem einzigen auch nur eine Empfangsbestätigung erhalten. Stets an seiner Seite ist seine Frau Efgenia, die er kennenlernte, als sie einen Onkel in Wuppertal besuchte. Beide haben etliche Verioten dazu gebracht, immer häufiger Brat- und Currywurst zu essen statt Gýros und Souvláki. Ihr Erfolgsrezept: Sie importieren all ihre Würste aus Deutschland, stehen fast immer selbst am Grill und liefern natürlich auch ins Haus.

Odós Pastér 13, tgl. ab 12 Uhr

Wo die Stadt niemals schläft

2 **Elía:** Das Elía ist Panoramacafé, sehr gutes Restaurant, Eissalon und Musikclub zugleich und schließt nie seine Pforten. Besonders stimmungsvoll sitzt man hier am Abend bei klarer Sicht: Dann flackern in der Ferne die Lichter von Thessaloníki.

Elías Park, 24/7, www.elia-veria.gr

Infos

- **Websites:** http://discoververia.gr, http://veriaculture.gr.
- **Anreise:** Mit dem Auto über die Autobahn Odós Egnatía. Mit Linienbus ab Thessaloníki, Busbahnhof Makedonia. Mit dem Zug ab Hauptbahnhof Thessaloníki. Busverbindungen: http://ktel-imathias.gr.

Pozár

Karte 3, F3

ΠΟΣΑΡ, ποσάρ

Schnee liegt auf den Bergen und den Bäumen ringsum. Man selbst sitzt in über 35 °C warmem, fließendem Wasser unter freiem Himmel im und am rauschenden Bach, duscht unter angenehm temperierten Wasserfällen und trinkt danach einen Kaffee am offenen Kamin, bevor es in einem der kleinen Hotels in die Sauna geht. Ein Wintertraum? In **Loutra Aridéas,** landläufig Pozár genannt, wird

Rein ins Vergnügen: Ein Bad wie in Pozár nimmt man wahrlich nicht alle Tage.

er wahr – nur zwei Autostunden (90 km) von Thessaloníki entfernt.

Für Warm- und Kaltduscher

Nicht nur im Winter, sondern das ganze Jahr ist es in Pozár wunderbar. Viele Griechen jeden Alters kommen hierher, um im heißen **Thermalwasser** zu baden. Das lindert nämlich nicht nur allerlei körperliche Zipperlein, sondern hat auch einen hohen Spaßfaktor – und kosten tut es auch nichts. Zu jeder Tages- und Nachtzeit kann man sich ins flache warme Wasser setzen oder legen, das hier im und am Bach aus dem Boden sprudelt. Getränke und Snacks werden mitgebracht, für Musik im Ohr sorgt das Smartphone. Zwischendurch eine Dusche unter kalten oder warmen **Wasserfällen,** und das Badevergnügen ist komplett. Wer zwei Euro ausgibt, steigt von morgens um 7 bis abends um 22 Uhr (und an Wochenenden sogar bis 2 Uhr) in eines der kleinen, gemauerten **Thermalbadebecken,** die von bis zu 37 °C warmem, fühlbar weichem Quellwasser gespeist werden, und watet oder schwimmt darin herum. Außerdem gibt es auch einen recht modernen Pool, der auch für Menschen mit körperlicher Behinderung und Gehschwache bestens geeignet ist.

Für Gesundheit und Wellness sorgen zudem Kureinrichtungen wie Thermalbadewannen, medizinische Bäder und Massageangebote. Viele der neueren Hotels bieten einen kleinen Spa-Bereich mit Innen- und Außenpool, Sauna und Fitnesscenter.

Ab auf die Piste

Skier anschnallen! Pozár liegt 65 km von Véria entfernt zu Füßen des 2524 m hohen **Vóras-Gebirges,** das auch oft bei seinem slawischen Namen Kaimaktsalan genannt wird. Gleich hinter diesen Gipfeln beginnt Nord-Mazedonien, die ehemalige jugoslawische Teilrepublik, um deren Namen es so viel Ärger gab. Im Winter nimmt im Gebirge auf griechischer Seite ein großes **Skigebiet** mit acht Pisten und vier Liften den Betrieb auf. Skier, Snowboards und Snowmobile können ausgeliehen werden. An klaren Tagen lohnt sich die Auffahrt auch für Nicht-Wintersportler: Aus den Liegestühlen der Snow Bar reicht dann der Blick bis zum Thermäischen Golf und zum Olymp hinüber.

Schlafen

Schlummern am Kaminfeuer

Agápi Luxury: So mögen nur Griechen für ihr Hotel werben: »Jede Sekunde hier bedeutet Kultur.« In diesem Fall ein modernes Design-Hotel mit eher klassischem, sehr gediegenem Ambiente. Mit

Kaminfeuern in den Zimmern, sehr gutes Frühstück.

Am unteren Dorfrand, ca. 2 km von den Quellen, T 23 84 09 11 66, www.agapiluxuryhotel.gr, €

Nah an den Quellen

Nymfes: Romantisch-verspieltes, modernes Design-Hotel, ca. 1,2 km von den Quellen entfernt. Unbedingt Zimmer auf der Vorderseite wählen! Kleiner Indoor-Pool und Spa-Bereich im Haus.

Zwischen Ort und Quellen etwas oberhalb der Hauptstraße, T 23 84 09 15 70, www.hotel-nymfes.gr, €

Essen

Zwei große Café-Restaurants direkt an den Thermalbadebecken sorgen fürs leibliche Wohl. Weitere Tavernen gibt es im ganz nahen Dorf Lykóstomo und im Ort Loutráki (alle bis €€).

Bewegen

Der Bach zeigt den Weg

Wer es lieber etwas sportlicher mag, wandert mindestens einmal zwei Stunden am Bachufer entlang bis zu den 12 m hohen Kounopitsa-Wasserfällen, deren Wasser ebenfalls angenehm warm ist und wo das Naturbecken sogar zum Schwimmen geeignet ist.

Infos

- **Websites:** www.loutrapozar.info, www.inpozar.net
- **Verkehr:** Parkplätze sind knapp; eine Busverbindung zwischen den bis zu 3 km entfernten Hotels und den Quellen gibt es nicht. Den Kurgästen macht das wenig, denn Spaziergänge sollen ja gesund sein.

Vergína

ΒΕΡΓΙΝΑ, Βεργίνα

Vergína ist ein Politikum. Darum hat sich das schmucke, erst um 1930 an der Stelle der antiken Königsstadt Aigai von Kleinasien-Flüchtlingen neu gegründete Bauerndorf (1250 Einw.) in den letzten 20 Jahren zum panhellenischen Wallfahrtsziel entwickelt. Deswegen werden Schüler aus ganz Nordgriechenland mindestens einmal in ihrer Schulzeit hierher verfrachtet, deswegen zieht es auch archäologisch völlig uninteressierte Hellenen massenweise hierher. Ein Besuch von Vergína heißt, aller Welt gegenüber zu unterstreichen, dass Makedonien griechisch ist.

Für das griechische Nationalbewusstsein ist Vergína der Beleg dafür, dass die zentralen Stätten des historischen Makedonischen Königreichs in Griechenland liegen und dass die Makedonen schon lange vor der Zeit Philipps II. Griechisch sprachen – also Griechen und keine Slawen oder andere »Barbaren« (= »Fremde«) waren, wie manchmal schon in der Antike behauptet.

Lange ruhte Philipp II. in Frieden

Ohne Übertreibung: Es war eine Weltsensation, als der Archäologe Manólis Andrónikos im Herbst 1977 unter einem gewaltigen künstlich aufgeschütteten Erdhügel ein unversehrtes, in all den Jahrhunderten nie geplündertes Grab entdeckte. Seine prachtvolle Ausstattung und die unsagbar kostbaren Grabbeigaben legten den Gedanken nahe, dass es sich um das Grab eines Königs handelte. Man konnte es in die zweite Hälfte des 4. Jh. v. Chr. datieren. War es etwa das Grab des großen Makedonenkönigs Philipp II., Vater von Alexander dem Großen? Der Fund zweier etwas unterschiedlich langer, goldener

Beinschienen als Teil einer Prunkrüstung machte es mehr als wahrscheinlich: Man wusste aus der Literatur, dass Philipp II. ein verkürztes Bein hatte! Heute gilt diese Identität allgemein als gesichert.

Als archäologische Stätte erlangte Vergína schnell Weltruhm und ist längst in die Liste des UNESCO-Weltkulturerbes der Menschheit aufgenommen. Sein einzigartiges Museum, der erst kürzlich aufwendig restaurierte Königspalast, die magische Atmosphäre im Grabhügel sowie die kunstfertige Schönheit und der Goldglanz der ausgestellten Grabbeigaben machen den Besuch zu einem Höhepunkt jeder Griechenlandreise und lassen ihn zu einem unvergesslichen Erlebnis werden.

Die Königsgräber

Ein Totenreich wird Museum

Das Grab König Philipps II. und drei weitere Gräber der königlichen Familie liegen unter einem 1993–1997 erschaffenen künstlichen begrünten Hügel, den die Wegweiser vor Ort als **»Royal Necropolis«** ❶ benennen. Er ahmt den 12 m hohen Großen Tumulus nach, der bis zu Beginn der Ausgrabungen die Gräber bedeckte und im Zuge der archäologischen Forschungen völlig abgetragen wurde. Der neue Hügel aus armiertem Beton hat zwei nach innen konvergierende, mit Kalkstein verkleidete Rampen und ist hohl. So ermöglicht er den Zugang bis vor die Gräber und bietet genügend Ausstellungsfläche, um die Grabfunde, die zunächst ins Archäologische Museum von Thessaloníki verbracht worden waren, an Ort und Stelle zu zeigen. Licht und Raumklima nehmen größtmögliche Rücksicht auf die antiken Denkmäler. Die Innenräume der Gräber sind aus konservatorischen Gründen unzugänglich.

April–Okt. Di 12–20, Mi–Mo 8–20, Nov.–März Mi–Mo 9–17 Uhr, April–Okt. Eintritt 15 €, Nov.–März 8 €. Das Ticket ist auch für den Königspalast und das Polyzentrische Museum gültig. Zeitaufwand 50–80 Min., Toiletten im Gebäude der kleinen Cafeteria auf dem eingezäunten Gelände. Für technisch Interessierte gibt es im Museumsshop das Heft »Schutzdach in Form eines Grabhügels« von Jordan E. Dimacopoulos, dem leitenden Architekten der Baumaßnahme.

Luxus post mortem

Makedonische Gräber besaßen zwei Funktionen. Ihre prunkvolle Ausstattung und die edlen Grabbeigaben sollten zunächst den Teilnehmern an den Bestattungsfeierlichkeiten noch einmal Macht und Reichtum des Toten vor Augen führen. Danach wurden sie unter einem Erdhügel verborgen. Nun sollten sie dem Toten eine angenehme Reise mit gewohntem Luxus ins Totenreich gewährleisten – unbehelligt von der Welt der Lebenden.

Archäologen und Politiker haben Gräbern und Grabbeigaben eine dritte Funktion verpasst: Sie sollen der heutigen Öffentlichkeit von der Größe der griechischen Vergangenheit erzählen. Die Intimsphäre des Toten wird so zwangsläufig verletzt. Das geschieht anderswo in äußerst krasser Form: bei der Zurschaustellung von Mumien zum Beispiel. In Vergína wurde ein beispielhafter Kompromiss gefunden. Die sterblichen Überreste sind nicht zu sehen, die Gräber liegen wieder unter einem Hügel in dezentem Licht, die Grabbeigaben sind in ihrer unmittelbaren Nähe ausgestellt. Die Würde der Toten bleibt gewahrt.

Rundgang durch die Unterwelt

Ein Trick sollte Grabräubern die Arbeit erschweren. Er funktionierte im Großen und Ganzen sehr lange und war sogar so erfolgreich, dass selbst die ersten Versuche von Archäologen, im Tumulus fündig zu werden, fehlschlugen. Dem

Tumulus in Vergina

Ansehen

1 Modell
2 Grabstelen
3 Grab IV
4 Heroon
5 Grab I
6 Königsgrab
7 Prinzengrab
8 Grabbeigaben

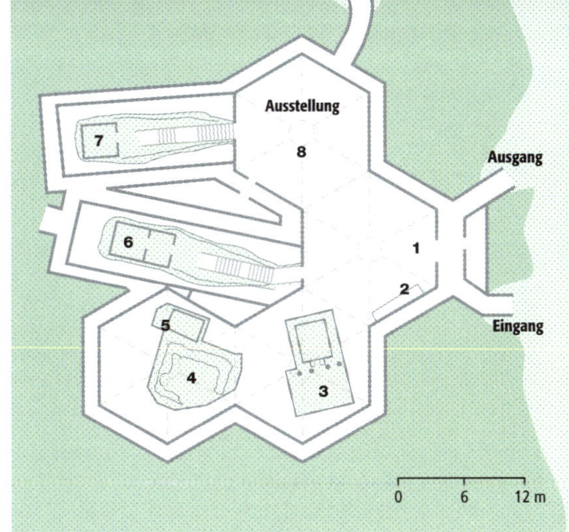

Eingang gleich gegenüber steht ein **Modell (1)** des ursprünglichen Tumulus vor der Ausgrabung. Es zeigt, welchen Trick die Erbauer anwandten: Die Gräber liegen nicht im Zentrum, sondern am Rand des Tumulus.

Wenn man nun im Uhrzeigersinn weitergeht, sieht man an der linken Seitenwand mehrere **Grabstelen (2)** aus dem frühen 4. Jh. v. Chr. aufgestellt. Sie fanden sich im Füllmaterial des Erdhügels. Spuren von ursprünglicher Bemalung und Inschriften sind erhalten. Für die Politik wichtiger waren Grabsteine aus dem späten 5. Jh. v. Chr.: Sie zeigen, dass die Makedonier jener Zeit griechische Namen trugen, also Griechen und keine »Barbaren« waren.

Links unten folgt ein **Grab (3)** aus der Zeit um 300 v. Chr. mit vier markanten frei stehenden dorischen Säulen. Als die Archäologen es 1980 entdeckten, war es geplündert und schwer beschädigt. Dann führen Stufen hinauf zum Kalksteinfundament des **Heroon (4),** eines Tempels zur Verehrung der Toten. Dieses Heroon diente dem Totenkult der Lebenden, kann also ursprünglich nicht vom Tumulus bedeckt gewesen sein.

An der Wand des Museumstumulus fallen die transparenten Reproduktionen eines Wandgemäldes ins Auge. Die Originale schmücken den nicht zugänglichen Innenraum von **Grab I (5)** und stellen den »Raub der Persephone« durch Hades, den Gott der Unterwelt, dar. Trauernd sitzt deren Mutter, die Göttin Demeter, auf einem Felsblock, drei weitere weibliche Figuren zeigen deutlich ihr Entsetzen. Das Grab stammt aus der Mitte des 4. Jh. v. Chr. Es wurde schon in der Antike geplündert. Beigesetzt waren hier wohl Mitglieder der königlichen Familie. Manche Forscher halten dieses Grab I für das eigentliche Grab Philipps, seiner jungen Nebenfrau und ihrer gemeinsamen Tochter. Für sie birgt das allgemein als solches anerkannte Königsgrab die Überreste des Nachfolgers von Alexander dem Großen.

Auf dem kurzen Weg dorthin passiert man zunächst ein Modell dieses Königsgrabes, das anschaulich zeigt, was der Archäologe Manólis Andrónikos vor Augen hatte, als er es entdeckte. Dann führen 22 Stufen in der ehemaligen Zuwegung, dem Dromos, zur Fassade des **Grabes von König Philipp II. (6).** In die Grabkammern hineinschauen kann man nicht. Gerade noch erkennbar ist aber der 5,60 m lange gemalte Fries: eine vielfigurige Jagdszene mit Pferden, Hunden, Felsen und Bäumen. Bevor man den Rundgang fortsetzt, sollte man noch einmal zum Modell des Königsgrabes zurückkehren. Deutlich zu erkennen ist die Zweiteilung des Grabesinneren in Vor- und Hauptraum. Im Vorraum fanden die Archäologen eine goldene Kiste mit den Überresten einer Frau, im Hauptraum die goldene Larnax mit den Überresten des Königs. Ob die Frau Philipps letzte Gattin Kleopatra war, ist ungeklärt. Auch ihr Schicksal, ob sie nach der Ermordung des Königs den Freitod suchte, mit ihm ermordet oder eventuell sogar geopfert wurde, wird wohl für immer Gegenstand von Spekulationen bleiben.

Jetzt weiter zum letzten Grab. Das **Prinzengrab** (7) ähnelt dem Philipps, ist nur etwas kleiner. Wahrscheinlich fand hier sein Enkelsohn Alexander IV. die letzte Ruhestätte, der 310 v. Chr. von Kassander ermordet worden war. Das Leben als Monarch war offensichtlich gefährlich. Ein Modell mit Einblick in die Innenräume des Grabes befindet sich rechts der Stufen.

Eitel über den Tod hinaus

Nun zu den **Grabbeigaben** (8) in den zahlreichen interessanten Vitrinen im Ausstellungsraum. Alle in den Gräbern beigesetzten Toten wurden im Rahmen aufwendiger Zeremonien auf eigens errichteten Terrassen rituell gewaschen und feierlich verbrannt. Asche und verbliebene Gebeine wurden im Anschluss in kostbare Gewänder gehüllt, die im Fall der königlichen Familie aus Gold- und Purpurfäden gewebt waren, und in eine Larnax gebettet, die bei Philipp und seiner Gemahlin aus purem Gold bestand. Rangmäßig niedere Familienmitglieder fanden Aufnahme in silbernen Urnen. Kränze aus extrem fein gearbeiteten goldenen Blättern gehörten zu den Grabbeigaben der königlichen Familie, außerdem kostbare Waffen und zahlreiche weitere Gegenstände aus Gold, Silber und Bronze.

Man weiß, dass der Leichnam Philipps und der seiner Gemahlin vor der Verbrennung auf Zeremonialbetten gelagert wurden, die ein reich mit Figuren beschnitzter Fries aus Gold und Elfenbein umlief. Zahlreiche Teile davon blieben erhalten und sind ebenso wie andere Grabbeigaben und Gefäße für die rituellen Waschungen zu bestaunen. Man muss die Künstler bewundern – und darf sich vielleicht auch fragen, wer all den Reichtum erkämpft und erwirtschaftet hat.

Hinauf zum Palast

Achtung: Tatort

Noch nicht einmal 2 km trennen die letzte Ruhestätte König Philipps von dem Ort, an dem er zu Lebzeiten üppige, prunkvolle Gelage feierte. Und am Weg dahin passiert man auch noch das heute nur noch als Erdmulde zu erkennende **Theater** ❷, in dem er sein vorzeitiges, blutiges Ende durch ein Schwert fand.

Der Name des Mörders ist bekannt: Pausanias (nicht identisch mit dem antiken Reiseschriftsteller gleichen Namens). Wahrscheinlich war er ein Auftragsmörder, der auf Anordnung von Philipps Gemahlin Olympias handelte. Der König hatte sich eine junge epirotische Prinzessin zur Zweitfrau genommen und mit ihr einen Sohn gezeugt. Damit wurde der Anspruch des Sohns von Olympias, ihres abgöttisch geliebten Sprösslings Alexander, auf die Thronfolge infrage gestellt. Das wollte sie wohl nicht hinnehmen – ob mit oder ohne Wissen Alexanders, sei

Vergína

Ansehen

❶ Nekropole
❷ Theater
❸ Königspalast
❹ Polyzentrisches Museum

Schlafen

1 Archóntiko Dímitras
2 Evridikí
3 Pension Vergína

Essen

1 Philippeíon

Einkaufen

1 Museumsshop
2 Front

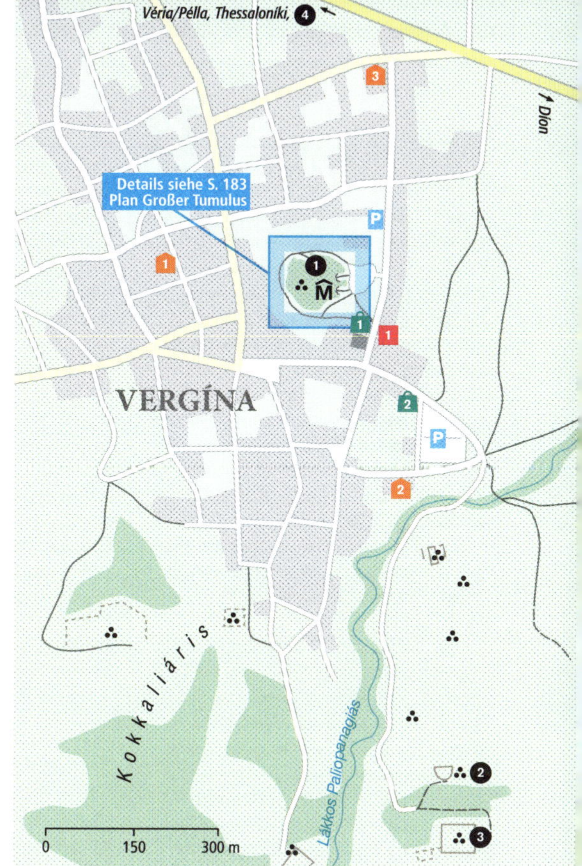

dahingestellt. Ins Theater hineingehen kann man heute nicht mehr. Ein Blick über den Zaun auf den historischen Tatort muss genügen.

Rauschende Feste

Philipp II. war der Bauherr des **Königspalastes** ❸ (Öffnungszeiten wie Tumulus, S. 182), der leicht erhöht über der Stadt und den etwa 300 hier errichteten Prunkgräbern lag. Er war das größte Gebäude des antiken Griechenlands. Seit 2007 wurde er für über 20 Mio. Euro aufwendig restauriert und ist seit 2023 wieder für die Öffentlichkeit geöffnet. Seine Grundfläche ist mit 15 000 m² etwa so groß wie die des Kapitols in Washington D.C. Viele seiner Bodenmosaike sind von hoher Qualität. Die Wände sind größtenteils mit Marmor-Stuck verkleidet. Ein etwa 45 x 45 m großer Innenhof war von vier Säulenhallen mit jeweils 16 Säulen und je zwei ein- und zweigeschossigen Wohn- und Repräsentationsbauten umgeben. Unter anderem stieß man hier auf Spuren von 13 Speisesälen mit über 200 Klinen (Liegen) für Symposiumsgäste. Hier hielt der jeweilige makedonische König von Philipp II. bis zum Beginn der römischen Herrschaft seine vornehmeren Untertanen bei Laune, wenn er

G

DER STOFF, AUS DEM GESCHICHTEN SIND

Eine schillernde Gestalt der Geschichte, das ist Alexander der Große. Kein Wunder, dass sich auch Regisseure und Schriftsteller mit ihm befassen. Sein Leben wurde mehrfach verfilmt. In **Robert Rossens** Version von 1956 spielte Richard Burton den Helden und Frederic March seinen Vater Philipp. 2004 traten in **Oliver Stones** Interpretation Colin Farrell und Val Kilmer in diesen Hauptrollen an, als Philosoph Aristoteles agierte Christopher Plummer. Beiden Versionen gemein ist ihre recht epische Länge. **Níkos Kazantzákis,** der größte Schriftsteller Griechenlands im 20. Jh., schrieb 1944 einen Jugendroman über Alexander den Großen. Kein Meisterwerk, da auch er mit der allgemeinen Alexander-Lobhudelei konform geht. Kritik am Helden hätte ja einen nationalen Sturm der Entrüstung hervorgerufen. Aber zwischen den Zeilen wird durch die Charakterdarstellung des jungen Prinzen durchaus die Vermutung gefördert, Alexander könnte an dem Mordkomplott gegen den Vater beteiligt gewesen sein …

in der Gegend war, und stimmte sie auf seine jeweiligen Kriegs- und Eroberungspläne ein.

Antikes ganz modern

Am Ortsrand von Vergína steht links der Straße Richtung Véria das moderne monumentale **Polyzentrische Museum** ❹, (Öffnungszeiten wie Tumulus, S. 182), das 2022 eröffnet wurde. Es will Gästen die Welt Philipps und Alexanders auf ganz neue Weise vermitteln. Grandios ist die Präsentation an und für sich relativ belangloser Objekte wie Nägel, Öllämpchen, Fibeln und Broschen, Speerspitzen und Schwertern oder Terrakotta-Köpfchen. Makedonischer Schmuck wird ganz schick an stilisierten lebensgroßen Puppen präsentiert. Das alles lohnt allein schon den Besuch – auch für die hartnäckigsten Museumsmuffel. Eindrucksvoll ist auch das restaurierte, 30 m lange Teilstück der Palastfassade im Obergeschoss.

In (naher?) Zukunft

Im Gebiet von Vergína wurden bisher über 500 Grabhügel aus der Zeit zwischen etwa 1100 und 200 v. Chr. entdeckt, die eine große Fläche rund ums heutige Dorf einnehmen. Irgendwann sollen sie durch ein Wegenetz erschlossen werden und dann teilweise auch für Besucher zugänglich sein. Da wird das Wandern in grüner Umgebung zwischen Meer, Hügeln und Olymp sicherlich ein Vergnügen sein!

Schlafen

State of the Art

1 **Archóntiko Dímitras:** Mit etwas Glück hat man in diesem kleinen Hotel mit nur 10 Zimmern eine interessante und amüsante Begegnung mit Inhaberin Angelikí. Die hat übrigens die hippen Buntglasfenster der Zimmer alle selbst gemalt. Liebend gern erzählt sie ihren Gästen Geschichten aus der Zeit Alexanders des Großen und erläutert dessen Philosophie und Politik. Auch die Männlichkeit des jungen Helden hat es ihr sehr angetan. Ihre Nichte Olympia übersetzt die Monologe der alten Dame gern ins Deutsche.
Odós Athínas 5, T 23 31 09 29 00, €

Modern und gepflegt

2 **Evridikí:** Die Inhaberfamilie dieser Pension hat lange in Heilbronn gelebt. Alles ist sauber, gut organisiert und sehr gediegen.

Am Weg zum Palast, T 23 31 09 25 02, www.evridiki.com.gr, €

Sehr viel einfacher

3 **Pension Vergína:** Wahrscheinlich sitzt die Wirtin gerade im Hotelrestaurant und bügelt, wenn Sie ankommen: Sie bügelt nahezu immer. Bei ihr wohnen Sie in einem von 12 schlichten Zimmern mit großer Gemeinschaftsterrasse.

An der Haupteinfahrtsstraße ins Dorf, T 23 31 09 25 10, €

Essen

Help yourself

1 **Philippeíon:** Früher war das Restaurant ein Feinschmeckerlokal, in dem Wild, Strauß und Krokodil auf der Karte standen. Heute verdient man sein Geld mit bodenständiger griechischer und internationaler Küche. Eine Speisekarte gibt es nicht, die Preise werden bei den Gerichten im Selfservice-Tresen genannt. Trotzdem: Das gute Kochen hat man hier nicht verlernt.

An der gleichen Straße wie der Eingang zum Grabhügel, 150 m oberhalb, ganzjährig tgl. 12–18 Uhr, 8 €

Einkaufen

Authentisches von anderswo

1 **Museumsshop:** Der Laden ist staatlich. Die Mitarbeiter sind sehr freundlich und bemüht, doch der Inhaber desinteressiert an seiner Aufgabe. Kopien von Funden aus Vergína sucht man hier vergeblich – und selbst die meisten Postkarten haben keinen Bezug zu diesem Ort. Schade.

40 m oberhalb des Eingangs zum Grabhügel, auf derselben Straßenseite

Die Restaurierung eines antiken Mosaiks in Vérgina ist nichts für Ungeduldige. Wie viele Tausend graue und weiße Kiesel sind hier wohl verarbeitet?

Shoppen und Gutes tun

2 **Front:** Sind Souvenirs nicht oft sinnlos und stehen zu Hause nur rum? In diesem kleinen Laden gewinnen sie einen Sinn: Die hier verkauften Objekte sind alle regional per Hand hergestellt – und der Erlös kommt Kindern aus der Region zugute. Der Laden wird von einer Initiative für Kinder betrieben, die in Vergína 12 Kinder aus ganz Griechenland langfristig betreut und im nahen Véria eine Tagesbetreuungsstätte für weitere 20 Kinder unterhält.

Am Großparkplatz an der Straße von den Königsgräbern zum Palast, propaidigr.org

Infos

- **Linienbusverbindung:** Es existiert keine direkte Verbindung mit Thessaloníki. Man fährt zunächst nach Véria und steigt dort in einen Regionalbus nach Vergína um.

Díon

Karte 3, G4

ΔΙΟΝ, Δίον

Die Gründer von Díon hatten Sinn für Ästhetik und wählten eine besonders schöne Kulisse für ihre Siedlung aus: Die dritte der makedonischen Königsstädte liegt vor dem Olymp, dem höchsten Gebirge Griechenlands. Im Dorf (1350 Einw.) leben die meisten Menschen von der Landwirtschaft. Angebaut werden Baumwolle, Kiwi, Zuckerrüben, Tabak und Okraschoten. Sobald die Ausflugsbusse fort sind, senkt sich Ruhe über den Ort. Man muss ihn nicht gesehen haben, wären da nicht die Ausgrabungen, die zum Teil recht idyllisch in die Landschaft eingebettet und bei gesteigertem archäologischem Interesse sowieso sehenswert sind. Die sichtbaren Überreste stammen jedoch nicht aus makedonischer, sondern überwiegend aus römischer und sogar frühchristlicher Zeit. Da war Díon ein richtiges kleines Städtchen, während es zu Alexanders Zeiten vor allem der kultisch bedeutendste Ort des Königreichs war, da sich hier ein dem Zeus geweihtes Heiligtum befand. Vor seinem Aufbruch zur Eroberung des Perserreichs soll Alexander der Große hier noch einmal besonders glanzvoll dem Göttervater geopfert haben.

Die Ausgrabungen

Ein bunter Mix von Ruinen

Wenn man das parkähnlich gestaltete Grabungsgelände betritt, passiert man das **Kassenhaus** 1 mit Café und WC. Das antike Pendant zu Letzterem folgt gleich links an der Hauptstraße: Dort liegen die Ruinen einer **Gemeinschaftslatrine** 2. Dahinter erkennt man auf höherem Niveau die Reste eines römischen **Odeons** 3 (eines kleinen, vermutlich überdachten Musiktheaters), römischer **Thermalbadanlagen** 4 und einer frühchristlichen **Basilika** 5. Geht man die antike Hauptstraße weiter entlang, passiert man links eine **Mauer mit Marmorreliefs** 6 von Schilden und Rüstungen, wohl Teile eines hellenistischen Heldendenkmals. Rechts der Straße liegen die Überreste einer Villa aus der römischen Kaiserzeit, der **Villa des Dionysos** 7.

An den Überresten eines **Demeter-Heiligtums** 8 vorbei kommt man auf der anderen Seite der heutigen Straße zum **Isis-Heiligtum** 9. Die kopflose Statue der auch von den Römern verehrten ägyptischen Göttin steht wieder wie vor 2000 Jahren auf ihrem Sockel und würde, wenn sie denn noch könnte, in den idyllischsten Teil des Heiligtums blicken: Hier beschatten Bäume die Ruinen, der Boden ist oft vom Wasser eines nahen Baches überflutet. Das verleiht dem Gelände einen Hauch von Exotik.

Díon

Ansehen
❶ Kassenhaus
❷ Gemeinschaftslatrine
❸ Odeon
❹ Thermalbadanlagen
❺ Basilika
❻ Marmorrelief
❼ Villa des Dionysos
❽ Demeter-Heiligtum
❾ Isis-Heiligtum
❿ Archäologisches Museum

Schlafen
1 Istoríes Saféti

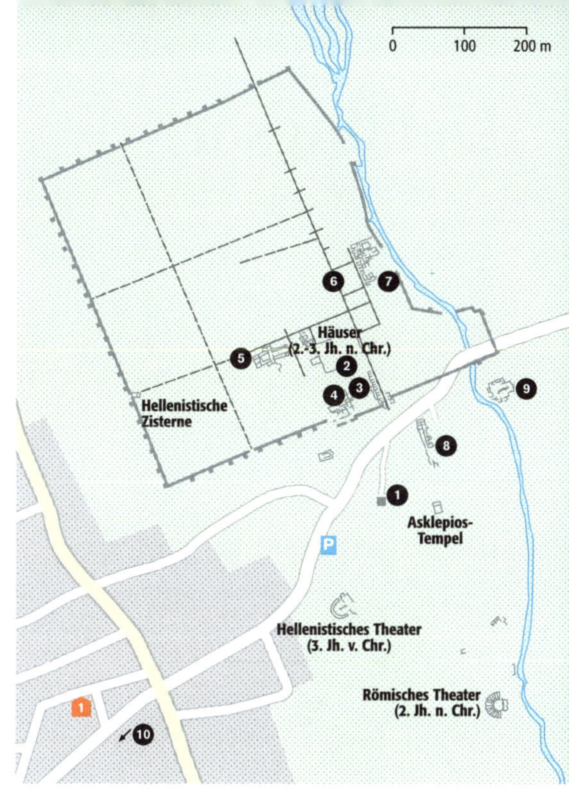

Gut ausgeschildert am unteren Dorfrand, T 23 10 83 69 73, April–Okt. tgl. 8–20, Nov.–März tgl. 8.30–15.30 Uhr, Eintritt 8 €, Nov.–März 4 €, Zeitaufwand mindestens 45 Min., Café und WC im Kassenhaus

Museen

Die Urform der Orgel

❿ **Archäologisches Museum:** Wie das wohl klang und wie die Zuhörer wohl staunten? Als größten Schatz birgt das Archäologische Museum eine gut erhaltene hydraulische Orgel aus dem 2. Jh. n. Chr. Gespielt wurde sie mit 24 Tasten, die Pfeifen sind aus Bronze gefertigt. Im Souterrain sind außerdem Modelle von antiken Häusern und Möbeln zu sehen. Hier wird auch erklärt, wie Mosaike gefertigt wurden und wie der Badebetrieb in einer römischen Therme ablief. Außerdem ist ein antiker Stoßdämpfer für Reisewagen ausgestellt, seine Funktionsweise wird dabei gut erklärt. Als Postkartenmotive sind freilich die vier im Museum aufgestellten Philosophenstatuen fotogener.

An der Fußgängerzone im Dorfzentrum, April–Okt. tgl. 8–20, Nov.–März tgl. 8.30–15.30 Uhr, die Besichtigung ist im Eintritt zur Ausgrabungsstätte inbegriffen, Zeitbedarf mind. 20 Min.

Schlafen

Ruhige Urlaubstage

1 **Istoríes Saféti:** Die einheimische Besitzerfamilie hat die drei sehr geräumigen Studios geschmackvoll mit Anklängen an

Lieblingsort

Dem (Götter-)Himmel so nah

Die Erde ist voller namhafter Gipfel. Auf manchen leben sogar vereinzelt Götter: Shiwa auf dem Kailash im Transhimalaya, die Feuergöttin Fuchi auf dem Fujiyama in Japan. Den geselligen griechischen Göttern wäre es freilich nie in den Sinn gekommen, einsam auf jeweils einem eigenen Berg zu hausen. So ging es auf ihrem ständigen Sitz, dem bis zu 2918 m hohen **Olymp** (Karte 3, G5), lebhaft und oft allzu menschlich zu. Mit ihrer *paréa* liebten sie es, zu schmausen und vielleicht sogar schon eine Art Syrtáki zu tanzen. Wer heute den Gipfel erklimmt, hat oben angekommen dafür zumeist keine Kraft mehr und genießt lieber das göttliche Gefühl, über den Dingen zu stehen. Statt Nektar und Ambrosia haben die meisten der jährlich über 10000 Gipfelstürmer eher Wasser und Käse im Rucksack – schmeckt aber nach der Tour auch unglaublich gut. Der moderne Erstbesteiger am 2. August 1913 war übrigens ein Grieche namens Kákkalos, der ausgerechnet Chrístos mit Vornamen hieß. Damit waren die alten Götter wohl endgültig besiegt.

die makedonische Wohntradition gestaltet. Man kann am offenen Kamin und auf dem Balkon entspannen. In ihrem Multifunktionshaus gibt es auch eine Mosaikwerkstatt und ein Restaurant. Sehr ruhig gelegen.
Gegenüber dem Museum, T 23 51 04 62 72, www.safetis.gr, €

Infos

- **Linienbusverbindung:** Mit dem Linienbus ist Díon von Thessaloníki aus nur sehr umständlich und zeitaufwendig zu erreichen. Man fährt bis Kateríni und fragt sich dort vom Busbahnhof bis zur Haltestelle des lokalen Busses durch.

Olymp

Karte 3, G5

ΟΡΟΣ ΟΛΥΜΠΟΣ, Όρος Όλυμπος
Das Meer ist vom Mítikas, Griechenlands höchstem Gipfel (2918 m) und Teil des Olymp-Massivs, nur etwa 20 km Luftlinie entfernt. Deswegen wirkt der Olymp sehr viel höher als die meisten Berge in den Alpen, die ja eigentlich auf einem weitaus höher gelegenen Niveau aufragen. Auf 40 km Länge und über 30 km Breite zählt das gewaltige Gebirge mehr als zehn Gipfel mit über 2700 m Höhe.

In der Antike galt der Olymp als Wohnsitz der Götter, die im Gebirge in Höhlen und sogar auf dem Gipfel verehrt wurden. Heute ist der Olymp Nationalpark. 1500 Pflanzenarten gedeihen hier prächtig. Steinadler und andere Greifvögel ziehen am Himmel ihre Kreise, Gämsen, Rehe und Wildziegen streifen durchs Gelände. Die Luft ist erfüllt vom Surren einer Vielzahl von Insekten.

Tolles Museumskonzept

Die hohen Berge im Rücken, das weite Meer im Blick liegt die Kleinstadt **Litóchoro** (6700 Einw.) in etwa 300 bis 400 m Höhe. Im Hauptort am Olymp gibt es zwar eine Reihe kleiner Hotels, aber weit weniger Touristentrubel als in Mittenwald oder Garmisch-Partenkirchen.

An der Straße nach Priónia, 1 km außerhalb des Ortes, steht das modern konzipierte **Nationalparkzentrum.** Eine gute Idee: Auf fünf Ebenen zeigt es die Natur in den verschiedenen Höhenlagen. Im Eingangsbereich laufen im kleinen Kino Filme, im obersten Stockwerk wird die Geschichte der Region erläutert. Museumsmitarbeiter geben bereitwillig zusätzliche Erklärungen, in der Bibliothek stehen auch fremdsprachige Bücher über die Gegend. Es gibt ein Café und einen Souvenirshop – und als Aushang stets die neuesten Wettervorhersagen.
T 23 52 08 30 00, www.olympusfd.gr, tgl. 9–16 Uhr, Eintritt frei

Natur en masse

Von Litóchoro führt eine gut befahrbare Forststraße (kein Busverkehr) in den **Nationalpark** hinein. Wer wenig Zeit hat, sieht so zumindest etwas von seiner Schönheit. Nach 10 km liegt rechts der Straße die bewirtschaftete **Schutzhütte Stavrós** auf 944 m Höhe. Nach 16 km endet die Straße an der Jausenstation **Priónia,** einem umgebauten alten Sägewerk auf 1100 m Höhe.

Ich will alles!

Wer jetzt mehr will, wählt an der Jausenstation **Priónia** den gut ausgeschilderten und viel begangenen Wanderweg durch Mischwald, der in etwa drei Stunden über 4,5 km hinauf zur bewirtschafteten **Schutzhütte A (Spílios Agápitos Refuge)** in 2100 m Höhe führt. Von dort steigt man in weiteren drei Stunden 3 km weit auf zwei unterschiedlichen Routen bis auf den **Gipfel des Mítikas.** Bergsteigerische Fähigkeiten werden für die Olymp-Besteigung nicht benötigt;

Schuhe und warme Kleidung, Bergwandererfahrung, Trittsicherheit und Schwindelfreiheit sowie eine gute Kondition sind jedoch Voraussetzung. Über die Wettervorhersagen und aktuelle Tipps informiere man sich vor der Wanderung in jedem Fall im Nationalparkzentrum, im Rathaus oder bei seinem Wirt.

Schlafen

Beste Adresse

Vílla Pántheon: Wer in einem der 12 angenehm großen Zimmer mit Balkon und fantastischem Ausblick wohnt, ist dem Berg ganz nah. Sehr gemütlich: Im Winter züngeln die Flammen in den offenen Kaminen der Zimmer und auch in der Lobby.
Am oberen Ortsrand im Ortsteil Myloi, T 23 52 08 39 31, www.villapantheon.gr, ganzjährig, €–€€

Zu jeder Jahreszeit schön

Pension Papanikoláou: Im Sommer frühstückt man draußen im Garten, im Winter drinnen am offenen Kamin. Man wohnt in einem von 18 hübschen Zimmern, alle mit kleiner Kitchenette ausgestattet, direkt im Ortszentrum und doch recht ruhig.
Odós Nik. Episk. Kitroús 1 (100 m von der Platía, dort Wegweiser), T 23 52 08 12 36, www.xenonas-papanikolaou.gr, €

Für Bergwanderer

Schutzhütten: Insgesamt stehen am Olymp acht bewirtschaftete Schutzhütten und sechs unbewirtschaftete Nothütten zur Verfügung. Auskunft darüber auf www.olympusfd.gr.

Essen

Göttliche Küche

Gastrodómio en Olýmpo: Nektar und Ambrosia! Allein schon das Studium von Speise- und Weinkarte wird hier ein Viertelstündchen in Anspruch nehmen. Riesig ist die Auswahl an Spezialitäten aus ganz Griechenland, darunter allein 32 Käsesorten. Es gibt Salami von den Inseln Korfu und Thássos, den Rinderschinken *karvourmás* aus West-Thrakien, den Schweineschinken *noúboulou* aus Korfu, Wildschwein aus den Wäldern des Olymp mit Trockenpflaumen, das Räucherfleisch *siglinó* aus der Mani und sein kretisches Pendant *apáki.* Sehr lecker sind auch die Melonensuppe mit Krabben und Minze oder das mit Speck umwickelte und mit Krabben gefüllte Kaninchen. Lamm und Zicklein kommen von nahen Weiden, einige Salate sind auch als halbe Portionen zu ordern. Die Weinkarte listet über 400 (!) griechische Weine auf, unter den Spirituosen sticht der mit Safran aromatisierte Tresterschnaps *rakí* als Rarität ins Auge.
Odós Ag. Nikoláou 36, T 23 52 02 13 00, www.gastrodromio.gr, tgl. 13–23 Uhr, €€–€€€

Bewegen

s. auch S. 193

Wanderlust

Insgesamt 20 Wanderungen am Olymp einschließlich Gipfelbesteigungen beschreibt die Homepage des Nationalparks auf Englisch: www.olympusfd.gr. Im Nationalparkzentrum können auch Wander- und Bergführer gebucht werden.

Höher, schneller, besser

Olympus Marathon: Wer am letzten Sonntag im Juni in der Gegend ist, erlebt den wohl anstrengendsten Marathonlauf der Welt. Er führt vom fast auf Meereshöhe gelegenen Díon bis auf 2780 m Höhe hinauf und dann wieder hinunter nach Litóchoro. Der schnellste Teilnehmer bisher schaffte die Strecke in 4 Std. 44 Min. 54 Sek., die schnellste Teilnehmerin in 6 Std. 9 Min. 23 Sek. In der Teilnehmergruppe

TOUR
Über sieben Brücken musst Du gehn

Statt Gipfelsturm zum Kloster Ágios Dionýsios

Infos

Karte 3, G 5

Start: Jausenstation Priónia
Ziel: Litóchoro

Anfahrt: Taxi ab Litóchoro (ca. 30 €)

Länge: 14 km
Dauer: ca. 5–6 Std.

Man kann die Wanderung auch von Litóchoro nach Priónia unternehmen. Anders als per Anhalter (oder wieder zu Fuß) kommt man dann allerdings nicht zurück.

Um die Schönheiten des Nationalparks zu genießen, bedarf es keiner Gipfelbesteigung. Von der **Jausenstation Priónia** geht es nach einer kräftigen Ziegenbrühe zum **Kloster Ágios Dionýsios.**

Wanderschuhe zugeschnürt und los. Auf dem E 4 steigt man in einer guten Stunde abwärts bis zum Kloster, in dem nur noch im Sommer Mönche leben. Haben die gerade anderweitig zu tun, schließen sie kurzerhand das Kloster. Der Konvent wurde teilweise wiederaufgebaut. Im Zweiten Weltkrieg hatten die Deutschen ihn zunächst bombardiert und später in Brand gesetzt.

Etwa 20 Minuten weiter abwärts passiert der Weg die Höhle **Agía Spíleo.** Hier soll der hl. Dionysos einst als Eremit gehaust haben, immerhin mit fließendem Wasser. An der Quelle kann man seine Vorräte auffüllen. Siebenmal quert dann der E 4 auf Holzbrücken den klaren Gebirgsbach in der wild-romantischen **Enipéa-Schlucht.** An Wasserfällen spritzt die Gischt, Bäume spenden Schatten und Sandbänke im Bach laden zum Nickerchen ein. Nach insgesamt etwa fünf Stunden ist Litóchoro erreicht, das ganz auf Wanderer eingestellt ist.

Auf Futtersuche streifen Ziegenherden durch die Landschaft. Für die Landwirtschaft sind sie vor allem Milchlieferanten. Auch der Hartkäse kefalotíri wird aus Ziegen- und/oder Schafsmilch hergestellt.

der über 70-Jährigen stellte ein 71-Jähriger den beachtlichen Rekord mit 9 Std. 23 Min. 19 Sek. auf. 550 Teilnehmer sind maximal zugelassen, 100 Plätze sind Ausländern vorbehalten. Infos und Registrierung unter www.olympus-marathon.com.

Infos

- **Touristeninformation Gemeinde Litóchoro:** Im Rathaus, T 23 52 35 01 00, www.dion-olympos.gr (Website auf Englisch).
- **Linienbusverbindung:** Mit Thessaloníki 14 x tgl., allerdings mit Umsteigen in Kateríni, für die Fahrzeit der kompletten Stecke muss man ca. 1,5 Std. einplanen, 9,40 €, www.ktelpierias.gr.
- **Bahnverbindung:** Mit Thessaloníki, der Bahnhof für Litóchoro liegt in der Küstenebene (www.hellenictrain.gr). Von dort nimmt man am besten ein Taxi, jedenfalls wenn denn eins da ist (ansonsten auch kein Grund zum Verzweifeln, einfach eins von Litóchoro kommen lassen, T 23 52 08 23 33).

Metéora-Klöster

Karte 3, F5

Wellen, Wolkenbrüche, Fröste und Stürme modellierten in 20 Mio. Jahren die sagenhaften Felsformationen von Metéora. Sie wirken wie nicht von dieser Welt – so steil, bizarr und hoch ragen sie in den Himmel. Fromme Mönche setzten dem Ganzen Kronen und Krönchen auf: auf kleinste Felsplateaus kunstvoll gefügte Klöster mit blumenreichen Innenhöfen und winzigen Gemüsegärten. Es sieht aus wie ein Ding der Unmöglichkeit, dass sich die Bauwerke dort oben in schwindelerregender Höhe halten, doch schon seit dem Mittelalter trotzen sie der Schwerkraft und scheinen bei Nebel sogar überirdisch zu schweben. Sie sind ein wahrhaft mystischer Ort.

Im Gegensatz zu den Áthos-Klöstern dürfen alle Metéora-Klöster auch von Frauen und Kindern betreten werden. Der Zutritt in Shorts und Miniröcken ist allerdings auch hier nicht gestattet. An den Eingängen liegen lange Röcke für Männer und Frauen kostenlos bereit.

DIE GRIECHEN UND DAS WANDERN

Einige Touristiker in Griechenland haben zwar den Wert eines guten Wanderwegenetzes für die Tourismusförderung erkannt, Politiker sind auf den Zug aufgesprungen – aber selbst wandern geht von all denen fast niemand. Oft hört man: »Früher mussten wir ja viel laufen. Jetzt haben wir Fahrzeuge, warum also noch zu Fuß gehen?« In der Mönchsrepublik Áthos haben mich griechische Pilgergruppen mitleidig angesehen, weil ich das Angebot verschmähte, zu ihnen aufs Unimog-Taxi zu springen. Und während einer Konferenz in Kavála, in der der Deutsche Alpenverein Gemeinden das Angebot machte, für sie kostenlos vor Ort ein Wegenetz anzulegen, bewegte einen Bürgermeister vor allem die Frage, ob man die Wege mit Schiefer oder Marmor pflastern solle …

Die Klöster

Ohne Schweiß kein Preis

In alten Zeiten kletterten Mönche und Pilger an schwankenden Strickleitern empor, wurden Lasten und Menschen in Körben und Netzen über **Seilwinden** hinaufgehievt und heruntergelassen. Gottvertrauen war da täglich gefragt. Und auch der heutige Besucher muss sich den atemberaubenden, ja himmlischen Ausblick erkämpfen – über **Stufen,** die erst im letzten Jahrhundert in den Fels geschlagen wurden. Für sportliche Felskletterer sind die mit Klöstern getoppten Felsen tabu – und mit dem Helikopter einfliegen durfte nur James Bond im Hollywood-Streifen »In tödlicher Mission«. Den könnte man sich abends im Hotel ja downloaden.

Ohne Preis keine Zukunft

Sechs der einst 24 Klöster sind heute noch bewohnt und können besucht werden. Damit das auch so bleibt, erhebt jedes drei Euro Eintritt. Dieser Obolus wird dringend zum Erhalt der zum **UNESCO-Weltkulturerbe** gehörenden Bauten und der vielen Ikonen und Fresken in den Konventen benötigt. Die Klosterkirchen von Metéora wollen wie alle griechisch-orthodoxen Gotteshäuser Konsulate des Himmels auf Erden sein, in denen sich der Mensch schon wie in jener anderen Welt fühlen kann. Darum sind hier auf Bildern und Wandmalereien besonders viele Heilige als Himmelsbewohner dargestellt.

Im Rahmen eines Ein- oder Zweitagesausflugs von der Chalkidikí her wird die Zeit nicht ausreichen, alle Klöster zu besichtigen, zumal ja auch die Landschaft mehr als einen Blick und ein Foto wert ist. Welche Klöster Sie besichtigen sollten, hängt vom Wochentag ab (die meisten Klöster sind mindestens an einem Tag pro Woche geschlossen, s. S. 199), von den eigenen Hauptinteressen – und auch von der persönlichen Kondition.

Die Klöster step by step

Im 11. Jh. ließen sich erstmals Einsiedler in Höhlen und Grotten der Metéora-Felsen nieder. Schließlich gründete in der Mitte des 14. Jh. ein Mönch vom Berg Áthos das erste Kloster, **Megálo Metéoron** ❶. Es erzählt am meisten über das frühere Leben seiner Bewohner. In seinem Keller ist eine alte Böttcherei als kleines Museum eingerichtet. Auf einem Eckturm kann man noch die Winde sehen, mit der früher der Seilzug für den Lasten- und Personentransport bedient wurde. Wie eh und je hängt in der alten Klosterküche der große, metallene Topf an Ketten über dem offenen Feuer, in der Bäckerei steht der gewaltige Trog, in dem der Brotteig für einst viele Dutzend fromme Brüder geknetet wurde. Rührend sind die winzigen, sorgfältig gehegten Klostergärten, äußerst fotogen die farbenfrohen Blumenrabatten hoch über dem Abgrund. Die Fresken des Klosters stammen aus den Jahren um 1483 und 1552. Die im Narthex zeigen besonders drastisch die Schicksale verschiedenster Märtyrer. Im Refektorium birgt das sakrale Klostermuseum zudem liturgisches Gerät, Ikonen und Handschriften aus dem 9. bis 17. Jh.

Das benachbarte Kloster **Varlaám** ❷ ist über 200 Stufen zu erreichen. Es wurde kurz nach dem Megálo Metéoron gegründet. Im besonders erzählfreudigen und figurenreichen Stil der Kretischen Schule wurden die Fresken in der Hauptkirche 1548 gemalt, die Allerheiligen geweihte Nebenkirche 1566. Auch hier birgt ein Sakralmuseum zahlreiche Ikonen und Handschriften.

Kommt man von Kastráki her, liegt als Erstes das kleine Kloster **Ágios Nikólaos Anapafsás** ❸ links oberhalb der Straße. In etwa zehn Minuten erklimmt man den Weg hinauf. Der unverputzte Natursteinbau schmiegt sich an die obere Hälfte eines Felsens, dessen höchste Kuppe das mehrgeschossige Gebäude überragt. Balkone schweben über dem Abgrund, ein kleines Felsplateau dient als Klosterhof. Vorbei an der kleinen Kapelle des hl. Antónios mit Freskenresten aus dem 14. Jh. geht man hinauf zur Hauptkirche, die wie ein Zimmer in den Klosterbau integriert ist. Diese dem hl. Nikolaus geweihte Kirche ist vollständig mit Fresken ausgemalt, die der Kreter Theophánis Strelítzas 1527 schuf. Neben der Darstellung der Thronenden Gottesmutter ist der Stifter des Klosters abgebildet. Einen ausführlich ausgeführten Themenkreis bilden die Wunder Christi wie z. B. die Hochzeit von Kanaan, die Heilung des Blinden, des Gelähmten, des Besessenen und des Wassersüchtigen. Adam steht im Paradies und teilt Landtieren und Vögeln ihre Namen zu. Alle Darstellungen sind prägnante Beispiele für die Kretische Schule. Sie verbindet den klassischen theologischen Bildinhalt mit einem von der abendländischen Renaissance stark beeinflussten Malstil voller Lebendigkeit, Plastizität und Farbigkeit.

In der Etage über der Klosterkirche befinden sich das Refektorium und das Ossuarium des Klosters, also der Speisesaal der Mönche und der Aufbewahrungsraum für die Gebeine verstorbener Brüder, sowie eine kleine, Johannes dem Täufer geweihte Kapelle.

Das **Nonnenkloster Roussanoú** ❹, das in dieser Form um 1525 auf dem Gipfel einer kleinen Felsnadel erbaut wurde, die von einem benachbarten Fels um ein Vielfaches überragt wird, erreicht man nach 1700 m. Früher gelangte man nur über eine Strickleiter hinauf, seit 1930 ist der Aufstieg über Zementstufen und zwei kurze Brücken möglich. Im untersten der drei Geschosse liegt die Klosterkirche, die der Verklärung Christi *(metamórfossis)* geweiht ist. Ihre Fresken entstanden 1560; besonders schön ist die figurenreiche Darstellung des Jüngsten Gerichts.

Die etwa 40 Nonnen des 4,3 km vom Megálo Metéoron entfernten Klosters **Ágios Stéfanos** ❺ sind überwiegend

Meteóra-Klöster

Ansehen

1 Megálo Metéoron
2 Varlaám
3 Ágios Nikólaos Anapafsás
4 Roussanoú
5 Ágios Stéfanos
6 Agía Triáda
7 Ypapánti

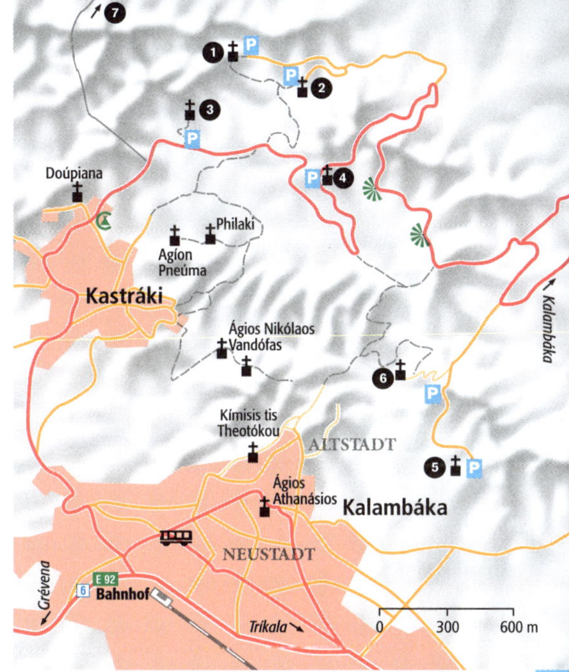

jung und sehr aktiv. Sie unterhalten eine Mädchenschule für Waisenkinder und betreiben im Kloster einen sehr guten Souvenirladen mit einer großen Auswahl an Ikonen und von den Nonnen selbst aufbereitetem Weihrauch. Als einziges Kloster ist es vom Parkplatz in wenigen Schritten ohne jeden Anstieg zu erreichen und wird aus diesem Grund besonders häufig von Busgruppen besucht.

Außer den Wandmalereien aus dem 15. Jh. in der Stéfanos-Kapelle und den neuen Fresken in der Hauptkirche ist das Museum besonders sehenswert. Hier sind auch Manuskripte aus dem 18. Jh. mit byzantinischer Notenschrift zu sehen. Die schwungvolle Notenzeichnung erinnert stark an arabische Schriftzüge.

Zwei stillere Klöster

Auf einem zahnähnlichen Fels begannen die Mönche 1483 mit dem Bau des Männerklosters der hl. Dreifaltigkeit, **Agía Triáda** 6. Der Blick von hier auf Kalambáka, das Pínios-Tal und das mächtige Píndos-Gebirge ist der schönste. Noch recht jung sind die Fresken in der Klosterkirche. Sie stammen aus der Zeit zwischen 1692 und 1741. Von Vorteil: Das etwas von der Straße zwischen Varlaám und Ágios Stéfanos entfernte Mönchskloster wird von den organisierten Touristentouren meist gemieden. Man erreicht es nur nach einem etwa 15-minütigen Fußmarsch.

Den Reiz des ehemaligen Klosters **Ypapánti** 7 macht die einsame Lage abseits aller Touristenströme aus. Hier findet man wahrhaft klösterliche Stille und völlig unberührte Natur. Es ist heute unbewohnt, eine Innenbesichtigung ist nicht möglich. Nur zu Fuß, per MTB oder Jeep kommt man über einen ca. 3 km langen Feldweg dorthin. Er beginnt unmittelbar unterhalb des Parkplatzes des Klosters Ágios Nikólaos Anapafsás. An der Gabelung nach ca. 1,5 km hält man sich rechts. Das Bauwerk wurde gerade restauriert.

Pínios-Tal

Karte 3, F6

Blick in die Erdgeschichte

Hat man die Klöster seiner Wahl erklommen, sollte man auf jeden Fall zur Zeit der Dämmerung noch einmal die Strecke zwischen ihnen abfahren oder einen Teil erwandern. Am Abend schimmern die Felsen in den verschiedensten Farbtönen. In der Morgendämmerung ist der Anblick wieder ganz anders: Dann scheinen die Klöster oft im Dunst der frühen Stunden zwischen Himmel und Erde zu schweben. Besonders dann fragt man sich, wie die Natur eigentlich diese Landschaft so wunderbar und meisterhaft schuf.

Vor über 20 Mio. Jahren war das gesamte Gebiet von einem Urmeer bedeckt. Flüsse und Bäche trugen Sand und Geröll in dieses Meer, die sich hier als Sedimente ablagerten. Diese verwandelten sich unter dem Druck der sie ständig neu überlagernden Sande und Steine und des auf ihnen lastenden Wassers in Sedimentgestein. Immer wenn Erdbewegungen dieses Gestein anhoben, entstanden darin Bruchlinien. Durch die Auffaltung neuer Gebirge an der Ägäis-Küste wurde aus dem Urmeer ein See, der schließlich durch das nach einem Erdbeben entstandene Tempe-Tal (auch: Témbi-Tal) abfließen konnte.

Danach entfaltete der Ur-Pínios seine ganze Kraft. Er wusch sein Urstrombett bei Kalambáka aus. Am Ostufer stieß er auf das brüchige Sedimentgestein, das ganz unterschiedliche Härtegrade aufwies. Im Laufe von Zehntausenden von Jahren wurde das weichere Gestein weggespült, härtere Teile blieben als Felsklötze und -nadeln stehen. Die Erosion durch Wind, Frost und Regen trug ein Übriges zur Entstehung dieser bizarren Landschaft bei – die im Winter an manchen Tagen ihren Reiz auch noch durch Schnee steigert.

Schlafen

In der Kleinstadt Kalambáka und im Dorf Kastráki gibt es kleine Hotels und Pensionen, am Rand von Kalambáka auch zwei große, hauptsächlich von Busreisegruppen genutzte, architektonisch einfallslose Häuser der gehobenen Mittelklasse. Den schöneren Blick auf die Felsen und die Klöster bieten meist die Quartiere in Kastráki.

Im Schatten der Klosterfelsen

Álsos Guesthouse: Die zehn Zimmer der Pension sind zwar fast so spartanisch möbliert wie eine Klosterzelle, doch dafür wohnt man hier ganz nah an den Felsen. Vor allem abends sitzt man auf den Balkonen fast wildromantisch. Das Haus steht am obersten Ortsrand von Kalambáka, gleich daneben beginnt ein Pfad zu den Klöstern. Der sehr hilfsbereite Wirt Yánnis Karakántas kann wertvolle Wandertipps geben. Fast wie in einem Hostel gibt es hier auch eine Gemeinschaftsküche und -waschmaschine.

Kalambáka, Odós Kanári 5 (vom Platz mit dem Springbrunnen der Odós Vlacháva bis zum Ende folgen, dort ausgeschildert), T 24 32 02 40 97, mobil 69 72 54 48 25, www.alsoshouse.gr, €

Gediegen und gut

Kastráki: Alles in diesem zweigeschossigen Hotel ist gediegen. Die Möbel sind dunkel, die Heimtextilien meiden jede fröhliche Farbigkeit, viele Wohnaccessoires sind aus Kupfer, Bronze und Messing. Irgendwie passt das zu den Klöstern, die hier ganz nahe sind: Das Hotel mit nur 27 Zimmern steht am äußersten oberen Rand von Kastráki an der Straße zu den Klöstern.

Kastráki, T 24 32 07 53 36, www.hotelkastraki.gr, €€

Der Blick auf die Felsen: Wow!

Spartacus House: Jede Stunde auf dem Balkon wird unvergesslich bleiben.

Als 200-Grad-Panorama liegen einem die Felsen vor Augen, davor verbreiten die Ziegeldächer einiger Häuser von Kastráki Dorfatmosphäre. Das Frühstück ist exzellent, umfasst auch Joghurt, Eier und Milch. Wirt Spíros und seine Familie stehen dem Gast stets mit Rat und Tat beiseite.

An der Straße zu den Klöstern im Ortszentrum von Kastráki, T 24 32 02 40 37. www.ziogas rooms.com, €

Essen

Angebot nach Marktlage

Stágon Géfsis: Fein gedeckte Tische, ein gehobenes Niveau der Küche und entsprechende Preise sorgen dafür, dass hier anders als sonst meist keine Busreisegruppen einkehren. Man setzt nicht auf Touristen, öffnet darum auch erst am Abend. Das Tagesangebot wechselt je nach Marktlage, manchmal sind Lamm mit Artischocken oder auch Wildschweinbraten darunter.

Kalambáka, an der Straße nach Tríkala am südlichen Ortsende gegenüber dem Hotel Divani Palace, Di–So ab 18, So auch 12–16 Uhr, €€

In die Töpfe gucken

Metéora: Bei Máma Káti direkt an der Hauptverkehrsstraße dürfen die Gäste noch in die Töpfe schauen, bevor sie ihre Bestellung aufgeben. Das ist schon seit 1925 Tradition und eigentlich gemäß EU-Vorschrift aus hygienischen Gründen auch in Griechenland nicht mehr erlaubt. Niemand kümmert sich darum. Die Küche ist bodenständig, die Preise sind günstig.

Kalambáka, Odós Tríkalon 2, tgl. ab 12 Uhr, €

Bewegen

Metéora aktiv

Visit Meteora Travel: Wie wär's beispielsweise mit einer Metéora Sunset-Tour? Mit diesem Veranstalter kann man Felsenlandschaft und Klöster wohl viel intensiver als der Normaltourist erleben. Angeboten werden geführte Wanderungen (4,5 Std. für 35 €), Mountainbike-Touren zu verschiedenen Tageszeiten (2,5 Std. für 60 €), Rockclimbing (3 Std. ab 60 €), Höhlenerkundung (4 Std. ab 40 €) und sogar River Rafting auf dem Pínios bei Kalambáka (ab 65 €). Manchmal geht's mit diesem Veranstalter sogar auf Trüffelsuche (max. 10 Personen, 500 €).

Kalambáka, Odós Patr. Dimitríou 2, T 24 32 02 38 20, www.visitmeteora.travel

Infos

- **Öffnungszeiten der Klöster:** www.visitmeteora.travel > Meteora: What to see > Meteora Monasteries.
- **Eintrittspreis:** 3 €/Kloster.
- **Linienbusverbindung:** Zwischen Kalambáka, Kastráki und den Klöstern mehrmals tgl.; Linienbusverbindung mit Thessaloníki mit Umsteigen in Tríkala mindestens 5 x tgl., Fahrpläne: www.ktel-trikala.gr.
- **Bahnverbindung:** Mit Thessaloníki s. S. 170.

-OS ODER -OU?

Für Klöster, die nach einem Heiligen benannt sind, findet man zwei Schreibweisen, so z. B. ›Ágios Nikólaos‹ und ›Agíou Nikoláou‹. Ersteres ist der Nominativ, Zweiteres der Genitiv. Der Genitiv wird angewandt, wenn *moní,* das griechische Kurzwort für ›Kloster‹, mitgeschrieben oder zumindest mitgedacht wird. Dann ist es das Kloster des hl. Nikolaus, also Moní Agíou Nikoláou. Lässt man das *moní* weg, kann man auch den Nominativ verwenden.

Okzident trifft Orient

K

»Konstantinoupolis 450 km« verkündet ein Schild am Hafen von Kavála. Wer es bis hierher noch nicht gemerkt hat, dem wird nun spätestens klar, dass der Orient nahe ist. Kurz hinter Kavála ist Makedonien ja auch schon zu Ende. Dort beginnt dann West-Thrakien, wo über 100 000 griechische Moslems leben und Minarette fast ebenso häufig sind wie Kirchtürme. Doch kurz vorher haut das christlich-hellenische Griechenland noch einmal kräftig auf die Pauke. Kavála war schließlich der erste Ort, den der Apostel Paulus in Europa ansteuerte, und beim nahen Philíppi taufte er die erste europäische Christin. In Philíppi selbst wurde eine der folgenreichsten Schlachten des Römischen Reichs geschlagen – und in Amfípoli geriet vor einigen Jahren manch einer in Ekstase, vermutete man doch, dass hier Alexander der Große begraben sei. Passé! – Die Euphorie hielt nur ein paar Monate, dann war die Annahme widerlegt. Die Häfen Kaválas tragen geschichtsbewusst die Namen historischer Persönlichkeiten: Der alte in der Innenstadt ist nach dem Apostel benannt, der neue am Stadtrand nach dem makedonischen König Philipp II.

ORIENTIERUNG **O**

Infos: www.emtgreece.com informiert sehr ausführlich über Ost-Makedonien und Thrakien sowie die Insel Thássos (auch auf Deutsch).
Verkehr: Dank gut ausgebauter Autobahn ist Kavála auch problemlos im Rahmen eines Tagesausflugs von den Badeorten der Áthos-Halbinsel und von Thessaloníki aus zu erreichen. Will man auch Philíppi und das Schlammbad genießen, sollte man mindestens eine Zwischenübernachtung einplanen.
Busse ab Kavála: ktelkavalas.gr

Ost-Makedonien ist vor allem Durchreiseland von der Türkei zur Adria, von Bulgarien und Rumänien zum Urlaub auf der Chalkidikí. Die wenigen Badeorte an den Küsten werden fast nur von Griechen und Südosteuropäern frequentiert. Einzig die Insel Thássos vor Kavála taucht auch in den Katalogen internationaler Reiseveranstalter auf. Kavála, übrigens Partnerstadt von Nürnberg, ist mit 70 000 Einwohnern ein urgriechisches Städtchen ohne Industrie und mit viel zu wenig Arbeitsplätzen – deswegen sind so viele hier Geborene ja auch einst nach Franken und in andere Regionen in Mitteleuropa ausgewandert.

Amfípoli

Karte 3, K 3

ΑΜΦΙΠΟΛΙ, Αμφίπολι
In den Schlagzeilen der Weltpresse fand sich das an sich belanglose Dorf Amfípoli im August 2014 wieder. Hatte die Archäologin Katerina Peristeri hier das schon lange vergeblich gesuchte Grab Alexanders des Großen gefunden? Die Hälfte aller Griechen geriet in einen Freudentaumel, als wären sie erfolgreich bei der Suche nach dem heiligen Gral der Artuslegende gewesen. Journalisten und Fernsehteams strömten herbei, auch der griechische Kultusminister kam prompt.

Ein Grab, viele Spekulationen

Was war geschehen? Die Archäologen hatten außerhalb des Dorfes in einem Hügel ein ungewöhnlich prächtiges Grab entdeckt. Den Zugang bewachen zwei je 1,5 t schwere, heutzutage kopflose Sphingen. Zarte Gemälde bedecken die Wände, ein Mosaik den Boden. Der nun zum Grab mutierte Hügel ist als solches der größte Tumulus ganz Griechenlands. Seine Bedeutung unterstreicht auch noch eine 500 m lange Umfassungsmauer, die unter einem Erdwall zutage kam. Die Archäologen blieben in ihrer Deutung vorsichtig, denn gemäß aller schriftlichen Quellen liegt das Grab Alexanders ja in oder um das ägyptische Alexandria. Journalisten und Nationalisten aber spekulierten eifrig, hier läge der ihrer Meinung nach Große begraben.

Inzwischen gilt diese These als widerlegt. Doch Ersatz war schnell gefunden. Wenn schon nicht Alex, dann vielleicht sein Vater Philipp oder seine

Was würde wohl diese Karyatide den Archäologen über Erlebtes zuraunen, wenn sie mit dem steinernen Mund sprechen könnten?

Kavála

Ansehen
1 Mosaik
2 Imaret
3 Kirche Panagía
4 Geburtshaus von Muhammed Ali
5 Festung
6 Aquädukt
7 Dimotikí Kapnothíki
8 Kloster Lazaristón
9 Rathaus
10 Megal Léschi
11 Tabak-Museum
12 Archäologisches Museum

Schlafen
1 Imaret
2 Egnatía
3 Galaxy
4 Lucy

Essen
1 Konstantinoupoli
2 Fish & Grill

Mutter Olympias? Oder doch zumindest sein Freund und General Hephaestion? Analysen der Knochenfunde ergaben nur eines mit Gewissheit: Sie gehören zu einer etwa 60-jährigen Frau, zwei Männern zwischen 30 und 40, einem Kleinkind und einer nicht weiter zu identifizierenden Person.

Ganz gleich, für wen das Grab gebaut wurde: Es ist und bleibt ein bedeutender archäologischer Fund. So werden jetzt denn auch viele Millionen Euro ausgegeben, es zu präservieren und für Besucher herzurichten. Frühestens 2026 sollen diese Arbeiten abgeschlossen und das Grab öffentlich zugänglich sein. Bis dahin kann man nur von außen einen Blick auf die Baustelle werfen.

Die goldenen Zeiten sind vorbei

So bleibt vorläufig nur das Standardprogramm für einen Besuch der Überreste der einst wohlhabenden antiken Hafenstadt. Von der Autobahn fährt man an der Ampelkreuzung zunächst 1,7 km nach links zur frei zugänglichen monumentalen Löwenskulptur, rekonstruiert aus hier gefundenen Fragmenten. Sie gilt als Denkmal für einen einheimischen Seehelden aus der Zeit Alexanders des Großen.

Zurück an der Ampelkreuzung, fährt man nach links hinauf und dann zum ausgeschilderten **Archäologischen Museum** (April–Okt. tgl. 8–18, Nov.–März Mi–Mo 8–15.30 Uhr, Eintritt 6 €). Von dort führt ein Wegweiser zum **Ausgrabungsgelände** auf einem Hügel mit Grundmauern frühchristlicher Basiliken (wie Museum, kein Extra-Eintritt).

Zu Füßen des Dorfhügels liegt, über die Straße Richtung Sérres erreichbar, der **Archeologikó Párko** mit schön in die Flusslandschaft eingestreuten, frei zugänglichen Resten der Stadtmauer und der Wehrtürme. Noch etwas weiter nördlich liegt rechts abseits der Straße kurz vor Néa Mesolákia der früher **Kástra Hill** genannte Grabhügel von wem auch immer.

Kavála

Karte 3, L3

ΚΑΒΑΛΑ, Καβάλα

Kavála, schöne Stadt am Meer! Eine kleine Halbinsel trägt die Altstadt samt Burg, die Häuser der Neustadt klettern steile Hänge empor. Fast immer gut sichtbar schwebt die über 1000 m hohe Insel Thássos im Blau, im Hafen dümpeln viele Fischerboote und Strände sind ruck, zuck mit den städtischen Buslini-

en zu erreichen. Tourismus gibt es hier trotzdem kaum. Da kann man sich gut einen ganzen Tag lang unter die 70 000 Einheimischen mischen.

Altstadt

Der Orient lässt grüßen

Mittelalterliche Mauern umgürten bis heute größtenteils das historische Stadtzentrum auf einer felsigen Halbinsel. Über allem wacht ein mächtiges Fort aus türkischer Zeit. Ein Altstadtspaziergang beginnt an der Ecke Odós Koundourióti/Odós Theód. Polídou wenige Schritte oberhalb der Hafen-Platía Dóxa.

Gegenüber der Einmündung der Polídou in die Koundourióti-Straße fällt ein großflächiges, erst 2004 geschaffenes **Mosaik** ❶ mit prächtigem Goldgrund ins Auge. Es illustriert einige Zeilen aus der neutestamentarischen Apostelgeschichte (16,9–12): den Aufbruch des Apostels Paulus aus dem kleinasiatischen Troja und seine Ankunft in der antiken Stadt Neápolis, dem heutigen Kavála.

Das schönste historische Gebäude Kaválas ist eine große, 1817 von Muhammed Ali gegründete Koranschule. Die drei Innenhöfe und viele Kuppeln unterschiedlicher Größe lassen Erinnerungen an die andalusische Alhambra wach werden. Bis zum Ende der osmanischen Herrschaft entwickelte sich dieses **Imaret** ❷ zur bedeutendsten osmanischen Bildungsstätte des Balkans. Es ist heute wie damals im Besitz einer islamischen, in Ägypten ansässigen religiösen Stiftung, die es langfristig an eine griechische Hotelgesellschaft verpachtet hat. Die Gesellschaft hat das vom Verfall bedrohte Imaret mit viel Feingefühl restaurieren lassen und in einen Hoteltraum der Luxusklasse aus 1001 Nacht verwandelt. Die ehemalige Moschee dient jetzt als stilvolles Lesezimmer, der Hamam ist – na klar – Wellness-Zentrum, die Zimmer und Suiten sind im orientalischen Stil sehr exklusiv möbliert und hätten Scheherazade sicher sehr gefallen (Odós Theód. Polídou 6, 45-minütige Führungen auf Englisch Do–Mo 11 und 12 Uhr nach Anmeldung per Mail an info@moha.center, 12 €).

Geht man die Straße weiter aufwärts, kommt man unweigerlich zur der Panagía geweihten **Hauptkirche der Altstadt ❸.** Sie ist innen vollständig mit Wandmalereien im traditionellen byzantinischen Stil ausgestattet. Leicht zu erkennen sind die zahlreichen Darstellungen neutestamentarischer Ereignisse.

Am Platz neben der Panagía-Kirche steht das **Geburtshaus von Muhammed Ali ❹** (Platía Mehmet Alí, Do–Mo 10–14 Uhr, Eintritt 5 €). Hier erblickte der Kaufmannssohn 1769 das Licht der Welt. Er machte später Karriere im osmanischen Militär, wurde Statthalter von Ägypten und dem Sudan und begründete als solcher die letzte ägyptische Königsdynastie, die dann 1952 mit dem Tod König Faruks erlosch. Auf dem Platz zwischen dem Haus und der Panagía-Kirche steht eine bronzene **Reiterstatue** des Mannes, der seiner Heimatstadt Kavála auch das Imaret stiftete und das Aquädukt für die Wasserversorgung ausbessern ließ.

Bleibt noch die 1425 von den Osmanen angelegte und mehrfach umgebaute **Festung ❺,** die sich an der höchsten Stelle der Altstadt erhebt, dort wo in der Antike die Akrópolis von Neápolis stand. Imposant sind der 18 m hohe Bergfried als Kern der Burg und der große Magazinraum. Schön ist es, den Blick von ihren Mauern über die Stadt und hinüber zur Insel Thássos schweifen zu lassen (www.castle-kavala.gr, April 8–20, Mai–Sept. 8–21, Okt. 8–17, Nov.–März 8–16 Uhr, Eintritt 4,50 €).

Vom Fort aus gut zu sehen ist das eindrucksvolle, bis zu 60 m hohe **Aquä-**

Über Kaválas Gassen wacht die Festung seit fast 600 Jahren. Beherrscht wurde sie von unterschiedlichen Herren: Lombarden, Franken, Byzantiner und Osmanen waren hier.

dukt ❻, das seit 1550 mit doppelstöckigen Bögen ein Tal überspannt und Quellwasser vom gegenüberliegenden Berg in die Altstadt leitete.

Neustadt

Blauer Dunst

Im Hafen schaukeln die vielen Fischerboote und Fischkutter, gleich dahinter breitet sich das moderne Zentrum Kaválas aus. Landseitig wird es von stattlichen Villen und riesigen Tabaklagerhallen aus der Blütezeit der Stadt zwischen 1864 und 1929 begrenzt.

Kavála war in dieser Zeit die bedeutendste Handelsmetropole zwischen Istanbul und Thessaloníki. Ihr Aufstieg hatte Mitte des 19. Jh. mit verstärktem Interesse des Auslands am Tabakankauf begonnen. Bald wurden neue Tabaktrocken- und Lagerhäuser erbaut. Das Arbeitsplatzangebot zog Griechen aus anderen noch türkisch besetzten Landesteilen an. Die 1864 gestattete Ansiedlung von Griechen außerhalb der mittelalterlichen Stadtmauern führte zur Ausdehnung der Stadt. Wohlhabend gewordene Griechen, Türken und Ausländer ließen sich prächtige Villen erbauen, sogar ein römisch-katholisches Kloster wurde gegründet. Doch mit der starken Verbreitung von Virginia-Tabak in Europa kam die griechische Tabakproduktion nach dem Zweiten Weltkrieg fast völlig zum Erliegen. Viele ehemalige Arbeiter aus den Tabakfabriken gingen als »Gastarbeiter« ins europäische Ausland.

Ausgangspunkt eines Rundgangs durch den schönsten Teil der Neustadt ist die Platía 28is Oktovríou. Das erste Ziel heißt **Dimotikí Kapnothíki** ❼ (Platía Kapnergátis, städtisches Kulturzentrum, Mo–Fr 8–14, Sa 9–14.30 Uhr), das 1995 restaurierte und abends effektvoll angestrahlte städtische Tabaklager. Ein islamischer Kaufmann ließ es 1910 im Stil des ottomanischen Neoklassizismus erbauen. Auffallend ist das Stilgemisch aus westlichem und türkischem Bauschmuck. Heute erfährt man im Museum einiges zur Stadtgeschichte und betrachtet Werke lokaler Künstler. Das Denkmal davor erinnert an die kommunistische Gewerkschaftsbewegung der Tabakarbeiter und -arbeiterinnen.

Ganz schön prächtig, was die Tabakbarone sich einst errichteten! An der Odós Kíprou stehen mehrere besonders beeindruckende Villen. Auffällig ist auch das **Kloster Lazaristón** ❽ (Odós Kíprou 6, römisch-katholische Messe So 10 Uhr). Der zwischen 1888 und 1892 entstandene Gebäudekomplex beherbergte zunächst ein römisch-katholisches Kloster und später dann das französische Konsulat. Die Lazaristen sind ein 1625 gegründeter Orden, der sich nach seinem ersten Mutterhaus, Saint Lazare in Paris, benannte. Er sieht seine Aufgabe darin, den Armen das Evangelium zu verkünden, und zählt heute etwa 4000 Mitglieder.

Das alte **Rathaus** ❾ (Odós Kíprou 10) der Stadt ließ sich ein ungarischer Tabakhändler kurz vor 1900 als Privatvilla erbauen. Im **Megal Léschi** ❿, dem Haus links vom Rathaus, traf sich die vornehme griechische Gesellschaft der Stadt. Es wurde 1910 als Clubhaus erbaut.

Museen

Auch für Nichtraucher geeignet

⓫ **Tabak-Museum:** Das zwar etwas altmodisch gestaltete, dennoch sehr interessante Tabak-Museum informiert über die Geschichte Kaválas als Tabakstadt, über Anbau und Verarbeitung des Nachtschattengewächses. Untergebracht ist es ganz stilecht in einer ehemaligen Tabakfabrik.
Odós K. Paleológou 4, www.tobaccomuseum.gr, Mo–Fr 8–16, Sommer auch Sa 9–13 Uhr, Eintritt 2 €

Göttin mit Lippenstift

⓬ **Archäologisches Museum:** Gleich im ersten Saal sind in der Mitte der rechten Seitenwand zwei Terrakottastatuen einer Göttin aus dem 4. Jh. bemerkenswert: Die roten Lippen sowie der Hals- und Armschmuck sind aufgemalt. Erstklassig ist auch ein Kalksteinsarkophag, bei dem auf der bemalten Innenseite des Deckels zwei klagende Frauen in einem Haus jener Zeit zu sehen sind. Bis heute attraktiv erscheinen die goldenen Ohrringe mit geflügelter Siegesgöttin aus dem 3./2. Jh. Das im letzten Jahrzehnt mit knapp 0,5 Mio. Euro aus EU-Mitteln modernisierte Museum mit gutem Museumsshop präsentiert im neuen Flügel vor allem Funde aus dem antiken und frühchristlichen Kavála. Besonders schön ist die Sammlung antiker Vasenmalerei. Auch mit der jüngeren Geschichte setzt man sich zumindest in Form von Grabsteinen auseinander, zeigt je einen christlichen, jüdischen und osmanischen.

Odós Erithroú Stavroú 17 (Uferstraße), T 25 10 22 23 35, Di–So 8–15 Uhr, Eintritt 4 €

Schlafen

Die meisten Hotels in der Stadt sind sehr laut. Bei offenem Fenster zu schlafen ist in Kavála leider kaum oder nur mit Ohrstöpseln möglich.

Ein Märchen aus 1001 Nacht

1 **Imaret:** Für Lottogewinner und andere Lieblinge der Götter – oder für Hochzeitsreisende, welche Hochzeit auch immer. Dieser orientalische Traum von einem Luxushotel hat seinen Preis.

Altstadt, Odós Polídou 6, T 25 10 62 01 51, www.imaret.gr, €€€

Hoch über der Stadt

2 **Egnatía:** Die meisten der 45 modernen Zimmer haben einen fantastischen Blick über Kavála. Kein Zimmer mit Aussicht gebucht? Macht nichts: Der Dachgarten mit Restaurant und Bar bietet eine Alternative. Parkplatz, Garage. Die Linienbushaltestelle ins Zentrum liegt fast direkt vor der Tür.

Odós Merarchías 139 (Straße nach Philíppi), T 25 10 60 02 50, www.egnatiahotel.gr, €€

Wunderbarer Dachgarten

3 **Galaxy:** Das fängt ja gut an: Das Frühstück wird im Dachgarten serviert. In der rauchfreien Bar kann man unterm Sternenhimmel bis Mitternacht laue Sommerluft und Drinks genießen. Weiterer Pluspunkt des modernen Hotels direkt am Hafen ist die sehr zentrale Lage.

Odós El. Venizélou 27, T 25 10 22 48 12, www.airotel.gr, €–€€

Für Wasserratten

4 **Lucy:** Das schon etwas ältere, 6- bis 8-geschossige Hotel mit Pool steht am Meer: Ein Strand ist nur 50 m entfernt. Und in die Stadt kommen Sie schnell mit dem Bus.

Aktí Kalamítsas, T 25 10 60 00 60, www.lucyhotel.gr, €€

Essen

Authentische Markttaverne

1 **Konstantinoúpoli:** Die einfache, kleine Markttaverne am Busbahnhof, die überwiegend von gestandenen Männern betrieben wird, ist ein Juwel für langjährige Kenner Griechenlands. Hier wird täglich frisch und schnörkellos gekocht. Das Ergebnis steht dann im gläsernen Tresen. Jeden Tag gibt es zudem Hühnersuppe und die traditionelle Kuttelsuppe *patsá*, die sich ein großer Teil der Kundschaft auch zum Mitnehmen abholt. Außenplätze sind nur wenige direkt auf dem Bürgersteig vorhanden, aber drinnen sitzt man auch gut.

Odós Filikís Eterías 4, T 25 10 23 20 13, Mo–Fr 6–22, Sa/So 6–17 Uhr, €

Philíppi

Ansehen

1. Theater
2. Frühchristliche Basiliken
3. Via Egnatia
4. Basilika
5. Latrine
6. Archäologisches Museum
7. Lydia-Kapelle

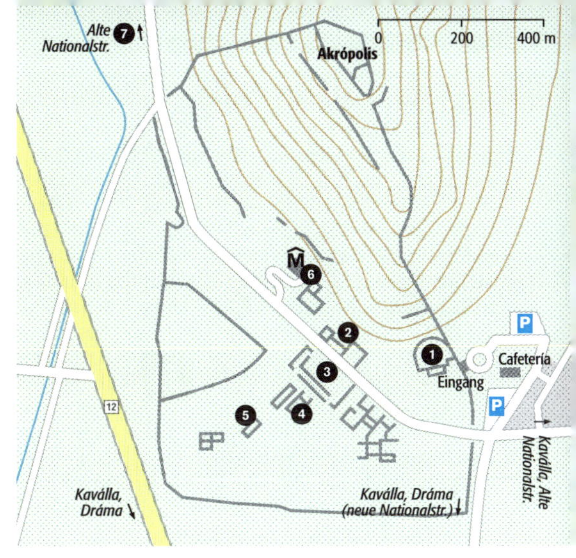

Fisch vor den Trawlern

2 Fish & Grill: Mit Blick auf die großen Fischerboote und die Altstadt genießt man hier frischen Fisch und Meeresfrüchte direkt in und vor einer Fischhandlung. Das ist ein neuer Trend in Griechenland. Man kann nach Karte bestellen, sich seinen Lieblingsfisch aber auch am Markttresen aussuchen, abwiegen und im Anschluss ganz nach individuellem Wunsch frisch zubereiten lassen – am besten gegrillt.

Odós Filikís Eterías 1, T 25 10 24 08 78, tgl. 7–23 Uhr, €€

Infos

- **City of Kavála Tourist Information Centre:** Platía Eleftherías/Ecke Odós El. Venizélou, T 25 10 23 10 11, Mai–Sept. Mo–Sa 8–21 (im Winter bis 20) Uhr. Sehr hilfsbereit und freundlich, viel Informationsmaterial vorhanden.
- **Busbahnhof:** Odós Filikís Eterías (Westseite des Hafens), T 25 10 22 21 11. Nahezu stündlich Verbindung mit Thessaloníki und Philíppi.

Philíppi

ΦΙΛΙΠΠΟΙ, Φιλίπποι

Philíppi ist zumindest Bibelkennern ein Begriff: Hier gründete der Apostel Paulus die erste christliche Gemeinde Europas, an diese Gemeinde schrieb er seinen Philipper-Brief. Musterschüler erinnern sich vielleicht daran, dass bei Philíppi 42 v. Chr. die Entscheidungsschlacht zwischen dem Heer der Caesar-Mörder Cassius und Brutus sowie dem der Caesar-Anhänger Octavian und Antonius stattfand. Themenwechsel: Nach der Besichtigung der Ausgrabungen kann man im Sommer etwas Ungewöhnliches für seine Gesundheit tun und ein Schlammbad nehmen!

Salve!

Die archäologische Stätte liegt am Fuß eines Berges, an dem sich die 3,5 km lange byzantinische Stadtmauer bis zu einer byzantinischen Burgruine an der Stelle der antiken Akrópolis hinaufzieht. Schon die Zufahrt von der Hauptstraße Richtung Dráma zum Parkplatz führt an den Resten dieser Mauer vorbei. Vom Eingang gelangt man zunächst zum **Theater** ❶ aus dem 4. bis 2. Jh. v. Chr. Es ist gut erhalten, die Vorstellung, wie hier etwa 4000 Zuschauer Tragödien und Komödien folgten, fällt nicht allzu schwer. Weiter westlich schließen sich die **Ruinen zweier frühchristlicher Basiliken** ❷ an. Über der östlichen erkennt man an der Hangböschung in den Fels gehauene Nischen mit antiken Götterreliefs.

Jenseits der alten, jetzt für den Verkehr gesperrten Nationalstraße nach Dráma betritt man das tiefer gelegene Gelände vom 70 x 148 m großen römischen Forum. Am Ostrand sind noch Reste des Pflasters der antiken **Via Egnatia** ❸ zu sehen, über die Kaufleute und Reisende zwischen Byzantion (das heutige Istanbul), Thessaloníki und dem heute albanischen Durrachium (Durres) an der Adria zogen. Im Süden ragen die Pfeiler und **Mauerreste einer Basilika** ❹ aus der Zeit um 560 noch über 10 m hoch empor. Sie war nach dem Vorbild der Hagia Sophia in Konstantinopel als Kuppelbasilika geplant. Die Kuppel stürzte jedoch ein und die Basilika blieb unvollendet. Unmittelbar südwestlich dieser Basilika blieben Teile einer römischen **Latrine** ❺ gut erhalten. Schamgefühl war hier unangebracht: Ihre 50 Marmorsitze waren durch keinerlei Trennwände abgeschirmt – man kommunizierte fröhlich miteinander.

Auf dem Rückweg zum Eingang kann man dann noch das kleine **Archäologische Museum** ❻ besuchen (Ausgrabung und Museum April–Okt. Mi–Mo 8–19.30, Nov.–März tgl. 8.30–15.30 Uhr, Eintritt 6 €). Es ist eher unspektakulär, zeigt einige römische Grabsteine, byzantinische Baufragmente und prähistorische Fundobjekte.

B

VOM BAUM IN DIE FLASCHE

Ab November oder Dezember beginnt die Ernte der Oliven für die Ölpressung. Sie sind dunkel und Ende Dezember größtenteils sogar schwarz geworden. Unter den Bäumen haben viele Bauern nun Netze ausgebreitet. Manche warten, bis der Wind die Früchte von den Bäumen schüttelt, andere setzen lieber auf Stöckchen oder motorgetriebene Rüttelstäbe, die die Früchte von den Ästen lösen. In der Ölmühle werden die Oliven dann vom Beiwerk getrennt und gewaschen. Samt Kern zerquetscht man sie zu einem feuchten Brei. Für diese Kaltpressung bei Temperaturen von maximal 27 °C wird der Brei auf Nylonmatten gestrichen, die in einer hydraulischen Presse übereinandergestapelt werden. Heraus kommen Fruchtwasser und Öl, beides wird in Zentrifugen voneinander getrennt. Auch dabei darf die Temperatur von 27 °C nicht überschritten werden, damit alle wertvollen Inhaltsstoffe erhalten bleiben. Noch filtern und abfüllen, fertig. Fünf bis zehn Kilo Früchte werden für einen Liter Öl benötigt. Die besten Öle werden von den Erzeugern und von Ölpressen selbst vermarktet.
Superinfos rund ums Olivenöl: www.oelea.de

Europas erste Taufe

Viele Menschen aus ganz Griechenland reisen von weit her zur modernen, frei zugänglichen **Lýdia-Kapelle** ❼ mit schönen Glasfenstern, um hier ihr Kind taufen zu lassen: In dem an der Kapelle vorbeifließenden Bach soll der Apostel Paulus erstmals einen Menschen auf europäischem Boden getauft haben, nämlich die reiche jüdische Purpurhändlerin Lýdia. Unmittelbar am Bach befindet sich

Lieblingsort

Baden-Baden, was ist das?

Ein Schlammbad in den **Laspóloutra** (K 3) von Krinídes ist angeblich sehr gesund, auf jeden Fall aber eine einzigartige Erfahrung und ein Riesenspaß – aber bitte mit Griechen. Ein Arzt fragt zunächst, ob man gesund ist. Sagt man »Ja«, darf man hinein, nach Männlein und Weiblein getrennt. Dann geht es nackt ins natürliche Becken, das eine feuchte, lehmartige Schlamm- oder schlammartige Lehmschicht fast zwei Meter dick ausfüllt. Nur Mut! An Seilen hangelt man sich hinein, sinkt ein, kommt nur mühsam voran. Schlammspritzer zieren das Gesicht. Man sitzt umgeben von griechischen Kurgästen, die sich bestens unterhalten. Spätestens nach 20 Minuten kämpft man sich wieder an den Rand, geht total verschlammt ein wenig auf und ab, steigt schließlich für ein Viertelstündchen unter die Dusche, bis man makellos sauber wieder zum Vorschein kommt. Gleich gegenüber dem Eingang wartet ein Kafeníon auf die wohlig ermatteten Kurgäste. Da wird dann weiter relaxt oder philosophiert.

Auf den Spuren des Christentums: Das Außenbecken an der Lydia-Kapelle steht bereit für erwachsene Taufwillige.

noch ein kreuzförmiges Taufbecken unter freiem Himmel, in dem zum orthodoxen Christentum konvertierte Erwachsene getauft werden können. Falls Sie das Bedürfnis verspüren, geht das auch spontan.

Kurz hinter dem Museum Richtung Dráma zweigt vor dem Hotel-Restaurant Lýdia eine mit »Laspóloutra« beschilderte Straße nach links ab. Hier steht die Kapelle auf der Rückseite des Hotels.

Bade lieber ungewöhnlich

Die Heilkräfte der griechischen Natur fordern keinen Luxus. In **Laspóloutra** (s. S. 209) macht schwarzer Heilschlamm das glasklar. Bis zu 1200 ›Schlammgläubige‹ besuchen die Kuranlage täglich. Das Kurhaus umfasst Duschen, Umkleidekabinen, Sprechzimmer des Arztes und eine Kasse. Griechische Kurgäste bleiben meist zwei Wochen und nehmen in dieser Zeit etwa 15 bis 20 Bäder von jeweils 15 bis 25 Minuten Dauer. Sie wohnen entweder im Hotel oder zelten sogar im Hotelgarten.

2,3 km von der Lýdia-Kapelle entfernt, dort ausgeschildert, Betriebszeit ca. Juni–Mitte Okt., tgl. 8–17 Uhr, Eintritt 6 €

Schlafen, Essen

Nicht nur für Täuflinge

Lýdia: Auch wenn man sich in der Kapelle hinter dem Hotel nicht taufen lassen will, ist es für eine Zwischenübernachtung geeignet. Modern und funktional, 26 Zimmer, mit Privatparkplatz.

T 25 10 51 79 30, www.hotel-lydia.gr, €

Unter Griechen

Yánnis: Hier erlebt man griechisches Kurverhalten pur. Die Gäste kommen den ganzen Tag über nicht aus dem Bademantel, die Küche bietet Hausmannskost und viele Süßspeisen nach dem Geschmack griechischer Senioren. Zwischen Rezeption und Schlammbad liegen keine 200 Schritte. Volksnäher kann man während der Badesaison kaum übernachten – und Deutsch sprechen meist auch ein paar Kurgäste älteren Semesters.

Direkt am Schlammbad, T 25 10 51 64 50, www.yannis.gr, ganzjährig geöffnet, €

Bewegen

s. S. 211

Feiern

- **Theaterfestival:** Im Juli und August erwacht das antike Theater zu neuem Leben, denn dann werden dort antike Tragödien und Komödien, zeitgenössische Stücke und manchmal Opern aufgeführt. www.visitkavala.gr/de/sightseeing/festival-filippon.

TOUR
Dráma nach der Weinverkostung

Ein Umweg für Oenophile

Infos

Karte 3, außerh. K3

Start/Ziel: Dráma

Ktíma Manolesáki, Mo–Fr 9–15 Uhr, www.manolesakis.gr
Domaine Costa Lazarídis, Mo–Fr 9–15 Uhr, www.domaine-lazaridi.gr
Nico Lazarídi, Mo–Fr 9–15, Sa/So 11–17 Uhr, www.chateau-lazaridi.com

Hotel Hydráma, Dráma, Odós Agías Varváras 11, T 25 21 03 33 22, www.hydramagrandhotel.gr, €€

Viele Weingüter in Ost-Makedonien stehen Besuchern offen. Doch was hat der gesetzestreue Autofahrer davon? Nördlich von Philíppi bietet sich eine Lösung an: Dort trennen die Hotels von **Dráma** nur elf Taxikilometer vom Winzerdorf Adrianí.

Griechischer Wein ... – In meinem Kopf trällert Udo Jürgens ... Das erste Weingut, das ich ansteuere, heißt **Ktíma Manolesáki.** Mit großem Engagement widmet sich die Familie Manolesákis dem Anbau griechischer Rebsorten wie Malagoúzia, Assýrtiko, Agiorgítiko, Moschomávro und Limnió. Meinen Gaumen freut's.

Leicht beschwingt gehe ich weiter zur **Domaine Costa Lazarídis,** die um ein Vielfaches größer ist. Sie pflegt vor allem internationale Rebsorten wie Syrah, Chardonnay und Merlot. Außerdem destilliert man hier Oúzo und Tsípouro, die unter dem Namen »Idolikó« auf den Markt kommen. Auch Balsámico wird produziert. Ob ich noch etwas im Koffer für Zuhause unterbringen kann?

Zum guten Tropfen noch etwas Kunst: Auf dem Weingut **Nico Lazarídi** zeigt die Magic Mountain Art Gallery Werke meist griechischer Künstler. Wer hier Wein verkostet, tut Gutes für die Kinder der Region, denn die Hälfte des Verkostungspreises geht an eine Wohlfahrtsorganisation. Taxi! Der Weinliebhaber ist jetzt müde!

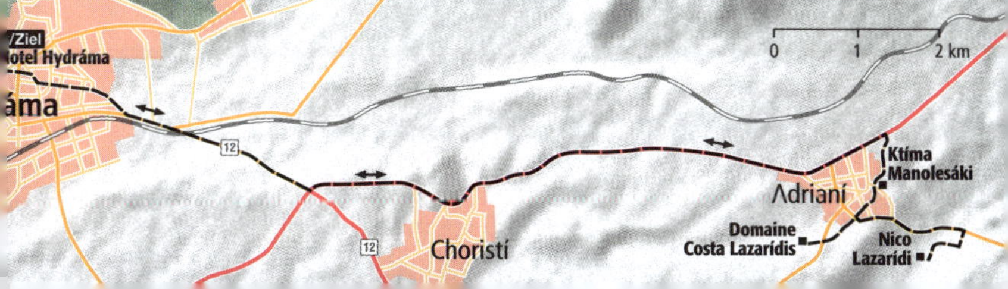

Zugabe
Himmlische Ruhe

Klöster ohne Touristen

Ich liebe die Wunderwelt von Meteóra im Herbst und Winter ganz besonders. Pilger- und Besucherströme sind abgeebbt, es kommt zu menschlichen Begegnungen zwischen Himmelsnahen und -fernen. Liegt dann noch Schnee, ist die Winterwunderwelt perfekt. So wie an jenem Dezembermorgen, als ich in aller Frühe zum Nonnenkloster Ágios Stéfanos fuhr. Eine der Schwestern trug schwer an einem Reisigbündel, das sie gesammelt hatte und auf der Straße heimwärts schleppte. Gern nahm sie mein Angebot an, sie zum Konvent zu bringen. Als ich ihr das Feuerholz dann auch noch zur Klosterpforte trug, lud sie mich spontan auf ein Tässchen griechischen Mokka hinter die Klostermauern ein und segnete mich. ■

Das Kleingedruckte

Handy am Ohr: Auch im ländlichen Griechenland will man unterwegs erreichbar sein …

Anreise

… per Flugzeug

Zielflughafen für die Chalkidikí ist Thessaloníki. Dieser Airport wird von vielen Fluggesellschaften aus Deutschland, Österreich und der Schweiz direkt angeflogen. Die Flugzeit beträgt ab Düsseldorf etwa 3 Std., ab Wien etwa 2 Std.

Vom Flughafen nach Thessaloníki: Direkt vor der Ankunftsebene des Airports fährt die Buslinie X1 rund um die Uhr alle 20 bis 60 Minuten in die Innenstadt, zum Bahnhof und zum Fernbusbahnhof, von dem aus Linienbusse in alle Regionen Griechenlands mit Ausnahme der Chalkidikí starten. Das Ticket kostet 2 €. Es muss am Schalter an der Flughafenhaltestelle gelöst werden.

Vom Flughafen zur Chalkidikí: Etwa stündlich mit Linienbus 79 A zum Busbahnhof der Chalkidikí-Busse, Fahrpreis 1 €. Tickets am Automaten im Bus (gibt kein Wechselgeld), Fahrpläne unter: www.oasth.gr.

… per Auto

Der kürzeste Weg von Mitteleuropa nach Thessaloníki führt über den Autoput in Ex-Jugoslawien. Die Strecke ist inzwischen wieder gefahrlos, allerdings sind zwischen Deutschland und Griechenland jetzt sechs Grenzen zu passieren. Die Entfernung zwischen München und Thessaloníki beträgt ca. 1600 km via Ljubljana, Belgrad und Nis. Nähere, ganz aktuelle Auskünfte bei den Automobilclubs.

… per Auto und Fähre

Zahlreiche Autofähren verbinden die italienischen Adria-Häfen Venedig (ca. 550 km ab München), Ancona (ca. 780 km), Bari (ca. 1230 km), Brindisi (ca. 1340 km) und Otranto (ca. 1420 km) mit Igoumenítsa

S

STECKBRIEF

Lage: Die drei Halbinseln der Chalkidikí reichen ca. bis zum 40. Breitengrad und liegen damit etwa auf der Höhe von Menorca.
Größe: 2918 km² (ganz Griechenland 131 957 km²)
Einwohner: 102 000 (ganz Griechenland ca. 10,36 Mio.)
Hauptstadt: Polígiros
Staat und Politik: Griechenland ist eine parlamentarische Demokratie mit einem Einkammerparlament. Das Parteienspektrum ist breit gefächert. Das Land ist in sieben Verwaltungsdirektionen *(apokendómeni diíkisi pokentroméni)* unterteilt. Die Chalkidikí bildet eine Region *(periféria)* im Verwaltungsbezirk Zentral-Makedonien *(Kentrikí Makedonía)* mit Sitz in Thessaloníki. Innerhalb der Regionen gibt es verschiedene Kreise *(dímos, pl. dími)*, die in etwa unseren Landkreisen und freien Städten entsprechen. Die Chalkidikí besteht aus fünf solchen Landkreisen.
Religion: Etwa 97 Prozent aller Griechen sind griechisch-orthodox.
Wirtschaft: Tourismus, Bergbau und Waldwirtschaft; Thessaloníki ist Hafenstadt und Industriezentrum.
Landesvorwahl: +30
Zeitzone: OEZ mit EU-Sommerzeit

in Nordwestgriechenland. Von dort fährt man auf der modernen, wenig befahrenen Autobahn Odós Egnatía durch herrliche Gebirgslandschaften nach Thessaloníki (ca. 395 km).

… per Bahn
Alle Bahnverbindungen führen über Salzburg und Zagreb oder Wien und Belgrad. Die Fahrzeit beträgt von München nach Thessaloníki 29 bis 31 Stunden.

Bewegen und Entschleunigen

Für Wassersport ist die Chalkidikí zwischen Mitte Mai und Ende September ein gutes Ziel. Wer sich gern an Land bewegt, hat eine eher geringe Auswahl an Möglichkeiten.

Motorboote und Kajaks
Die klassisch-alternative Fortbewegungsart auf der Chalkidikí ist ein Motorboot. Auch wer keinen Bootsführerschein besitzt, kann Boote mit bis zu 30 PS starken Motoren stunden- und tageweise mieten. Das ideale Revier dafür ist das innere Ende des Singitischen Golfes zwischen Sithonía und Áthos-Halbinsel mit Vourvouroú, Órmos Panagías und Ouranoúpoli als Ausgangshäfen. Von Vourvouroú aus werden auch geführte Seekajak-Touren angeboten.

Tauchen
Mit Tauchbasen und -schulen sind alle drei Finger gut bestückt. Man muss ja nicht gleich einen vollständigen Kursus buchen – fast alle Tauchschulen bieten auch halbtägige Schnupperkurse an.

Wassersport
Stationen, die die Möglichkeit zum Wasserski- und Jetskifahren, Windsurfen und Parasailing bieten, gibt es vor allen großen Hotels und an den Stränden der meisten Badeorte.

Biken
Gut organisierte Mountainbike-Stationen wie auf vielen griechischen Inseln fehlen auf der Chalkidikí ganz. Fahrräder und MTBs werden oft von Motorradvermietern nebenbei mit angeboten, sind aber selten professionell gewartet.

Wandern
Die Chalkidikí ist eigentlich ein gutes Wanderrevier. Aber es fehlt an gut markierten Wanderwegen, gutem Karten- und Informationsmaterial und einer zuverlässigen Instandhaltung des Wegenetzes. Geführte, spontan buchbare Wanderungen werden von örtlichen Reisebüros nicht angeboten. Einige Wanderungen auf der Chalkidikí und eine bei Vergína werden auf www.wikiloc.com von #TracaYourEco beschrieben.

Mehrere mitteleuropäische Reiseveranstalter bieten einwöchige geführte Wanderprogramme auf der Chalkidikí an.

Von jedem etwas: Mezédakia ermöglichen dem Hungrigen viele griechische Gerichte zu probieren.

Auskunft geben die Reisebüros oder das Internet unter:
www.asi.at
www.baumeler.ch
www.imbach.ch
www.krauland.at
www.wikinger-reisen.de

Wellness

Die Chalkidikí ist kein Ziel für einen ausgesprochenen Wellness-Urlaub. Zumindest kleine Spa-Bereiche bieten aber viele der großen Hotels. Ein genuin chalkidisches Spa-Erlebnis bieten die Loutrá Agías Paraskevís (S. 35) auf der Kassándra-Halbinsel und ein moderner Hammam Baths (www.hammam.gr) in Thessaloníki.

Einreise

Zur Einreise nach Griechenland genügt für Deutsche, Österreicher, Schweizer und alle EU-Bürger ein gültiger Personalausweis bzw. eine nationale Identitätskarte oder ein Reisepass. Auch Kinder benötigen einen Kinderpass oder einen Personalausweis (ab 12 Jahren).

Bei Einreise mit dem eigenen Fahrzeug müssen der nationale Führerschein und der Kraftfahrzeugschein mitgeführt werden. Die Internationale Grüne Versicherungskarte ist nicht zwingend vorgeschrieben, aber ebenso wie der Auslandsschutzbrief empfehlenswert. Für Hunde nötig: der EU-Heimtierausweis. Darin müssen die Kennzeichnung des Hundes durch Mikrochip oder Tätowierung und eine Tollwutimpfung (mindestens 30 Tage, höchstens 12 Monate vor Einreise) eingetragen sein.

Essen und Trinken

Wer Griechen Vorschriften machen will, hat schlechte Karten. Darum gibt man ihnen auch zu essen und zu trinken, wann immer sie wollen. Die meisten Restaurants und Tavernen sind vom späten Vormittag bis Mitternacht durchgehend geöffnet und bieten in dieser Zeit das volle Programm. Nur einige Edelrestaurants haben feste Küchenzeiten, legen vielleicht zwischen 16 und 18 Uhr eine Pause ein oder öffnen gar nur abends. Zum Mittagessen gehen Griechen meist zwischen 13 und 15 Uhr, zum Abendessen ab 21 Uhr. Einen Tisch im Voraus zu bestellen ist außer in Edelrestaurants nur für größere Gruppen üblich oder wenn Livemusik auf dem Programm steht.

Mezé statt Menü

Was ein Menü ist, wissen viele Griechen nicht. Dass für Mitteleuropäer Kartoffeln oder Reis und Gemüse üblicherweise zu einem Tellergericht gehören, spricht sich nur unter denen herum, die viel mit Touristen zu tun haben. Wer beim Kellner in einem traditionellen Restaurant Suppe, Gemüse, Fleisch und Salate bestellt, muss damit rechnen, dass alles getrennt und keineswegs in der für uns richtigen Reihenfolge aufgetragen wird. Und wer zum Fleisch zwei oder drei Gemüse bestellt hat, bekommt jedes Gemüse auf einem Extra-Teller.

Statt eines Menüs schätzen die meisten Hellenen dagegen ein sogenanntes *mezé* oder die etwas weniger umfangreichen *mezedákia:* Das sind viele Gerichte

TRINKGELD

Ganz anders als bei uns: In Restaurants, Tavernen und Cafés lässt man das Trinkgeld unangekündigt beim Weggehen dezent auf dem Tisch liegen. Kein Trinkgeld gebe ich, wenn ich als Rechnung keinen ausgedruckten Kassenbon erhalte. Das ist meine Art der Bestrafung von Steuerhinterziehern – die leider manchmal nicht den sündigenden Wirt trifft, sondern seine Mitarbeiter.

ganz unterschiedlicher Art in kleineren Portionen, die fast gleichzeitig auf den Tisch kommen und bei denen jeder nach Belieben zulangen kann, der mit am Tisch sitzt.

Vielfalt der Namen

Spezialisiert auf solche *mezedákia* sind die zahlreichen *mezedopolía.* Oft laufen sie nach dem hier bevorzugten Getränk zum Essen auch unter der Bezeichnung *ouzerí* (Oúzo), *tsipourádiko* (Tsípouro) oder *rakádiko* (kretischer Rakí). Aber auch dort gibt es natürlich Softdrinks, Bier, und reichlich Wasser. Ein *ovelistírio* ist eine Grillstube. Ein *magirío* bietet täglich frisch gekochte Speisen an, eine *taverna* Gegrilltes, Gekochtes und Überbackenes. Da sitzt man meist gemütlicher oder zumindest uriger als in einem *estiatório,* einem – meist modernen – Restaurant. Wer Torten und Kuchen sucht, geht in die *sacharoplastío* genannte Konditorei.

WAS IST EINE BAR?

B

In diesem Buch werden Ihnen Dutzende von Bars empfohlen. In jede von ihnen können Sie auch mit Ihren Kindern oder mit Ihren Großeltern gehen. Als Bar (ΜΠΑΡ) wird in Hellas nämlich jedes Lokal bezeichnet, in dem ausländische Spirituosen ausgeschenkt werden. Ein entsprechendes Café ist also eine Café-Bar, ein entsprechendes Restaurant eine Estiatório-Bar. Nur in Hotels sind Bars auch Bars in unserem Sinne – aber eben Hotel-Bars. Bars im Sinne unserer eher anrüchigen Etablissements gibt es in Griechenland kaum – und wenn, dann nennen sie sich außerhalb der Touristenorte eher Pub. In Touristenorten hingegen sind Pubs auch wirklich echte Kneipen im britischen Sinne.

Tischkultur

Eine Tischkultur nach mitteleuropäischer Art gibt es in Griechenland fast nur in modernen Restaurants. Normalerweise liegt auf den zumeist einfachen Tischen eine karierte Tischdecke, über die ein durchsichtiges Plastiktischtuch gespannt ist. Darauf legt der Kellner nach Ankunft der Gäste noch einmal eine frische Papiertischdecke. Das manchmal federleichte Besteck wird zusammen mit Servietten und – falls bestellt – viel Brot in einem Korb auf den Tisch gestellt, die Gäste nehmen es sich selbst. Für alle Gänge wird das gleiche Besteck benutzt.

Die Speisekarten sind fast überall zumindest viersprachig, nämlich Griechisch, Deutsch, Russisch und Englisch. Grundsätzlich gibt es nur die Gerichte, hinter denen ein Preis genannt ist. Viele Tavernen und Restaurants präsentieren ihr Angebot in Kühlvitrinen oder Warmhaltetresen. Den legendären »Blick in den Kochtopf« hat Brüssel verboten, aber Zeus sei Dank halten sich nicht alle Wirte daran.

Feiertage

An den nationalen Feiertagen sind Behörden und Geschäfte geschlossen, zum Teil auch Museen und Ausgrabungsstätten. Reisebüros, Autovermietungen und Souvenirgeschäfte sind meist geöffnet. Bewegliche kirchliche Feiertage werden in manchen Jahren zeitgleich mit den unseren gefeiert, in anderen Jahren aber auch bis zu fünf Wochen später. Das liegt daran, dass in der griechisch-orthodoxen Kirche die am Ostertermin orientierten Feiertage noch nach dem julianischen und nicht wie bei uns nach dem gregorianischen Kalender berechnet werden.

1. Januar: Neujahr (Prótokronjá)
6. Januar: Dreikönigsfest (Epifanía)
25. März: Nationalfeiertag, Beginn des Befreiungskampfes gegen die os-

manische Herrschaft im Jahr 1821; mit Paraden, an denen auch viele Schüler in fotogenen Nationaltrachten teilnehmen.
Rosenmontag (Katharí Deftéra): Kinder tragen Kostüme, Picknicks im Freien, Drachensteigen an den Stränden, mancherorts Karnevalsumzüge (3. März 2025, 16. Febr. 2026).
Karfreitag (Megáli Paraskewí): mit Prozessionen am Abend, meist gegen 21 Uhr (18. April 2025, 3. April 2026).
Ostern (Páska): das Fest der Familie. Man sitzt stundenlang zusammen, grillt das Osterlamm und feiert (20./21. April 2025, 12./13. April 2026).
1. Mai: Tag der Arbeit (Protomája); man demonstriert oder fährt ins Grüne.
Pfingstmontag (Deftéra tis Pendikósti/Agía Pnévma): ein Feiertag, der wenig Beachtung findet (8./9. Juni 2025, 24./25. Juni 2026).
15. August: Mariä Entschlafung (Kímisis tis Theotókou). Der wichtigste Feiertag im Sommer, nicht nach Mariä Himmelfahrt benannt, weil Maria nach Vorstellung der orthodoxen Kirche nicht leibhaftig gen Himmel gefahren ist. Viele große Kirchweihfeste, oft mit Musik und Tanz am Abend des 14. und 15. August.
28. Oktober: Nationalfeiertag (I Méra tou Megálo Istorikó Óchi). Gedacht wird des »großen historischen Neins«, das der griechische Diktator Metaxás gegenüber einem Ultimatum des italienischen Faschistenführers Mussolini aussprach, der eine kampflose Kapitulation Griechenlands vor seinen Truppen gefordert hatte. Damit wurde Griechenland aufseiten der Alliierten in den Zweiten Weltkrieg hineingezwungen.
24. Dezember: Heiligabend (Paramoní Christoújennon), wie bei uns nur ein halbtägiger Feiertag.
25. Dezember: Weihnachten (Christoújenna). Man isst und trinkt gut.
31. Dezember: Silvester (To Wrádi tis Protokronjás). Die Männerwelt widmet sich abends bevorzugt dem Glücksspiel, um Mitternacht wird viel geknallt.

Ena frappé, parakaló – einen Eiskaffee, bitte!

Gesundheit

Zwischen Deutschland, Österreich und Griechenland besteht zwar ein Sozialversicherungsabkommen. Gesetzlich Krankenversicherte aus Deutschland und Österreich haben de jure Anspruch auf kostenlose ärztliche Behandlung bei den Vertragsärzten der griechischen Krankenkasse und auf von ihnen verordnete Medikamente. Sie müssten dafür nur die **European Health Insurance Card (EHIC)** vorlegen, die von den gesetzlichen Krankenkassen der Heimatländer ausgestellt wird. In der Praxis aber funktioniert das kaum. Die griechischen Ärzte wollen Bargeld sehen. Daher ist es ratsam, vor Reiseantritt eine **Auslandskrankenversicherung** abzuschließen, in Griechenland einen privaten Arzt oder ein privates Ärztezentrum aufzusuchen, Arzt und Medikamente selbst zu bezahlen und die Rechnungen nach Rückkehr bei der Auslandskrankenversicherung zwecks Erstattung einzureichen.

Notfallbehandlungen führen alle staatlichen Krankenhäuser und Gesundheitszentren für alle Patienten kostenlos durch. Die Definition eines Notfalls liegt im Ermessen des behandelnden Arztes.

Informationsquellen

Fremdenverkehrsämter
… in Deutschland
60313 Frankfurt/Main
Holzgraben 31
T 069 257 82 70
info@visitgreece.com.de

… in Österreich
1010 Wien, Fichtegasse 2/4. Stock/
Top 26
T 01 512 531 70
info@visitgreece.at

Infos im Internet
www.visitgreece.gr: Homepage der Griechischen Zentrale für Fremdenverkehr.
www.griechische-botschaft.de: Aktuelle Nachrichten aus Griechenland, viele Links (deutsch).
http://odysseus.culture.gr: Portal des griechischen Kultusministeriums. Viele englischsprachige Infos zu Ausgrabungsstätten und Museen.
www.ktel-chalkidikis.gr: Auskünfte über den Linienbusverkehr auf der Chalkidikí (englisch).
www.oasth.gr: Portal der öffentlichen Verkehrsbetriebe von Thessaloníki (englisch).
www.thessaloniki.travel: Die beste und umfangreichste Site zur Stadt (englisch).
www.halkidiki.com: Gute kommerzielle Website mit vielen touristischen Infos und Links, nicht immer aktuell (deutsch).
www.griechenland.net: Homepage der deutschsprachigen Wochenzeitung in Griechenland.

Internetzugang

Die meisten Cafés, Bars und Tavernen bietet ihren Gästen kostenlosen WLAN-Zugang. Gleiches gilt für nahezu alle Pensionen und kleineren Hotels. Nur Groß- und Luxushotels verlangen dafür manchmal noch Gebühren. Die Übertragungsgeschwindigkeit ist mindestens so gut wie in deutschen Dörfern, meist sogar besser.

EINTRITTSPREISE

Die Eintrittspreise zu staatlichen Museen und allen archäologischen Stätten steigen am 1. April 2025 stark an. Wo man – wie in diesem Buch angegeben – bisher 3 oder 4 € berappte, sind es dann 5, statt 6 dann 10, statt 8 dann 15 und statt 12 dann 20 €. Studenten mit Internationalem Studentenausweis und Schüler aus EU-Ländern haben ebenso wie Journalisten mit Presseausweis weiterhin freien Eintritt zu staatlichen Museen und Ausgrabungen. Senioren über 65 Jahren aus EU-Ländern erhalten eine Ermäßigung. Zwischen November und März ist der Eintritt an jedem ersten und dritten Sonntag im Monat für alle frei. Eintrittsfrei sind auch der 6. März, das letzte Wochenende im September und alle staatlichen gesetzlichen Feiertage, der Internationale Tag des Denkmals im April, der Internationale Museumstag im Mai, der Internationale Umwelttag im Juni und der Welt-Tourismus-Tag im September.

Kinder

Für Kinder ist die Chalkidikí dank ihrer vielen Sandstrände mit flach abfallendem Ufer ein ideales Urlaubsgebiet. Viele Hotels bieten zudem Kinderplanschbecken und häufig spezielle Kinderbetreuung oder -animation.

Urlaubs-Highlights für Kinder sind ein Gang ins dunkle makedonische Grab von Néa Fókea, eine Motorbootfahrt von Ouranoúpoli zu den Dreniá-Inseln oder in der Lagune zwischen Ormós Panagías und Vourvouroú mit den Eltern am Ruder und eine Fahrradtour auf der Paralía von Thessaloníki. Zudem gibt es in vielen Küstenorten der Kassándra den ganzen Sommer über kleine Jahrmärkte mit Kinderkarussells oder auch Auto-Scootern, die hier meist Luna Park genannt werden.

Babynahrung und Windeln sind teurer als bei uns und in vielen Supermärkten und Apotheken erhältlich. Da griechische Ärzte oft schon bei leichten Erkrankungen Antibiotika verschreiben, empfiehlt sich die Mitnahme einfacher Hausmittel für Erkältungskrankheiten und kleinere Verletzungen.

Kioske

Kioske gehören in jedes Dorf, auf jeden Platz, an jede Hauptstraße. Sie sind vom Boden bis unter die Decke mit Waren vollgestopft. Zigaretten, Streichhölzer und Feuerzeuge gehören ebenso zum Sortiment wie Zahnpasta, Kondome und Kaffee in Portionsbeuteln. Die meisten Kioske sind bis in die späte Nacht geöffnet.

Kirchen- und Klosterbesuche

Beim Besuch von Kirchen und Klöstern sollten die Knie und Schultern bedeckt sein. Zu einigen Klöstern haben Frauen in Hosen keinen Zutritt; am Eingang werden aber meist Wickelröcke gereicht. In Kirchen verschränkt man die Arme nicht und hält sie auch nicht auf dem Rücken, ebenso sollten die Beine nicht übereinandergeschlagen werden. Wenn man direkt vor einer Ikone steht, dreht man ihr möglichst nicht den Rücken zu und zeigt nicht mit dem Finger auf sie. Den Priester *(pappás)* kann man immer ansprechen, er erklärt meist gern die Ausmalung der Kirche und was sie bedeutet.

Mönche und Nonnen legen großen Wert auf ihre Mittagsruhe; zwischen 13 und 17 Uhr sollte man sie nicht stören. Bekommt man in einem Kloster etwas zu trinken oder zu essen angeboten, sollte man sich immer mit einer Spende revanchieren.

Klima

Die Chalkidikí ist kein Badeurlaubsziel fürs ganze Jahr. Die touristische Saison beginnt mit den ersten Charterflügen aus Europa Anfang Mai und endet Mitte Oktober. Dann schließen fast alle Hotels, viele Läden und Restaurants. Inhaber und Personal ziehen nach Thessaloníki, wo viele ihren Erst- oder Zweitwohnsitz haben. Der Gipfel des Áthos ist bereits schneebedeckt, die Regenzeit beginnt. Die Meerestemperatur fällt unter 20 °C und erreicht diese Marke erst wieder im Mai.

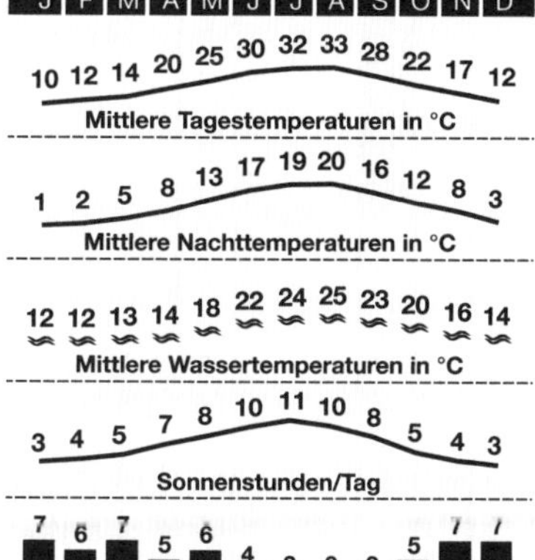

So ist das Wetter in Thessaloníki.

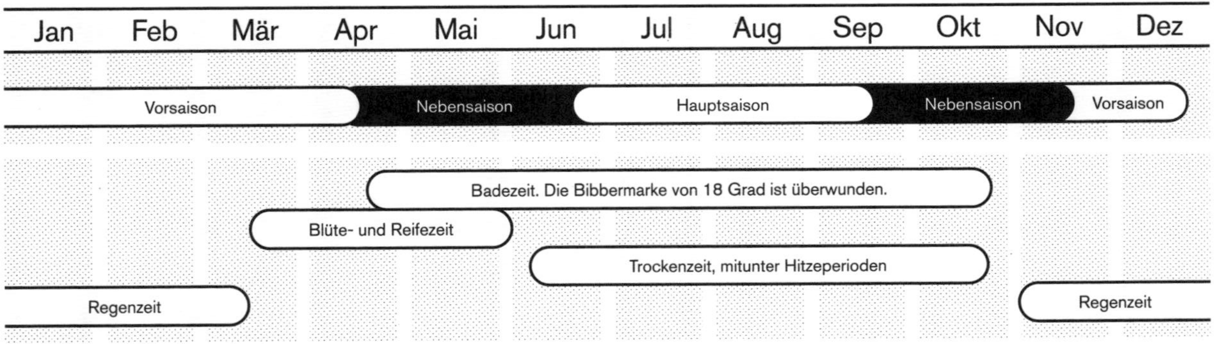

Jan Feb Mär Apr Mai Jun Jul Aug Sep Okt Nov Dez

Vorsaison | Nebensaison | Hauptsaison | Nebensaison | Vorsaison

Badezeit. Die Bibbermarke von 18 Grad ist überwunden.

Blüte- und Reifezeit

Trockenzeit, mitunter Hitzeperioden

Regenzeit | Regenzeit

○ **März** Dokumentarfilm-Festival:
10 Tage – 100 Filme in Thessaloníki

○ **Mitte/Ende April** Osterfest

○ **Juni**
– Street Art Festival (an drei Tagen in Thessaloníki)
– Thessaloníki Pride

○ **15.8.** Mariä Entschlafung: Musik und Folklore zum Kirchweihfest in zahlreichen Dörfern

○ **Juli/August**
– Sáni Festival: Jazz, Klassik und griechische Musik am alten Turm
– Sivíri-Festival: Theater, Musik, Ballett im modernen Freilufttheater
– Philíppi-Festival: Oper und antike Dramen im antiken Theater

○ **Ende Juli** Olivenfest in Ólinthos

○ **Anfang September**
Jahrmarkt in Ágios Mámas: ein Kirchweihfest wie kein zweites

November ○
Internationales Filmfestival Thessaloníki

○ **Dez.–April** Winterpause auf der Chalkidikí –
Volles Konzertprogramm in Thessaloníki

Zwischen Mai und Mitte Oktober ist das Klima äußerst angenehm. Über 30 °C klettern die Temperaturen nur von Juni bis August – zugleich die absolute Hochsaison, wenn fast ganz Griechenland Urlaub macht. Sonst liegen sie im Allgemeinen über 20 °C. Nachts ist es im Durchschnitt selbst im Hochsommer angenehme 18 bis 20 °C kühl, sodass man auch in Zimmern ohne Klimaanlage nicht ins Schwitzen gerät. Mit einem Regenschauer muss man sogar im August rechnen, für den die Statistik im Durchschnitt zwei Regentage verzeichnet. Ansonsten schwankt die Zahl der Regentage von Mai bis Oktober zwischen drei und sieben pro Monat. Ein Regenschirm gehört also immer ins Gepäck.

Lesetipps

Alexander der Große, Níkos Kazantzákis: In diesem Jugendroman erfährt man aus der Feder des berühmtesten neugriechischen Autors, wie griechische Schüler den großen Menschenschlächter sehen sollen.

Griechische Passion, Níkos Kazantzákis: Die Gegend nahe dem türkischen Izmir ist Schauplatz des Romans. Türken haben die griechischen Bewohner eines Dorfes vertrieben. Nach langem Umherziehen lassen sich die Flüchtlinge am Rand einer von reichen Landsleuten bewohnten Siedlung nieder. Einige von ihnen solidarisieren sich mit den Neuankömmlingen, angetrieben durch christliche Nächstenliebe, die sie in ihren Passionsspielen gelernt haben. Doch kommt es zum Konflikt: Die Reichen wollen die armen Neuankömmlinge loswerden, sie greifen unter Führung ihres habgierigen Priesters zu den Waffen und zwingen die Armen, weiterzuziehen.

Der große Plan. Denglers neunter Fall, Wolfgang Schorlau: Spannender Krimi, der die Hintergründe der Griechenland-Krise aufzudecken versucht. Wolfgang Schäuble und Angela Merkel würde er nicht gefallen.

Endlich Zeit zum Lesen – da ist eine packende Strandlektüre genau das Richtige.

Die Stundentrommel vom heiligen Berg Athos, Erhart Kästner. Der deutsche Klassiker der Athos-Literatur, vermeintlich tiefsinnig und stark romantisierend. So ist der Áthos heute nicht mehr.

Einmal Athos und zurück: Die verschlossene Welt der Mönche vom heiligen Berg, Frank Urbansky: Der neueste Bericht eines Nicht-Orthodoxen über einen Besuch in der Mönchsrepublik.

Onkel Avraam bleibt für immer hier, Elena Chouzouri. Im 2023 erschienenen Roman der griechischen Autorin geht es um das Leben einer jüdischen Familie in Thessaloníki in den ersten Jahrzehnten des vergangenen Jahrhunderts und die Jahre der deutschen Besatzung inklusive Holocaust. Das Buch ist literarisch anspruchsvoll und dennoch leicht zu lesen, ermöglicht tiefe Einblicke in eine weithin unbekannte Seite der Stadt.

Salonica City of Ghosts, Mark Mazower: Eine ausführliche, spannend zu lesende

Diese beiden Urlauberinnen haben das Ziel jeden Urlaubs erreicht: totale Entspannung.

Darstellung des multi-ethnischen Thessaloníki zwischen 1430 und 1950.

Preise

Hotels

Die im Reiseteil dieses Buches angeführten **Preiskategorien** beziehen sich auf ein Doppelzimmer mit oder ein Apartment ohne Frühstück in der Vor- und Nachsaison, also von April–Juni und Sept.–Okt.:

€	bis 100 Euro
€€	100 bis 160 Euro
€€€	über 160 Euro

Restaurants (Hauptspeise)

€	unter 10 Euro
€€	10 bis 16 Euro
€€€	über 16 Euro

Reisen mit Handicap

Es gibt nur wenige behindertengerechte Hotels und Restaurants, auch Busse und Taxis sind kaum auf Rollstuhlfahrer eingestellt. Angebote von Handicapped-Spezialisten für die Chalkidikí gibt es nicht.

Reiseplanung

Stippvisite

Sie haben für die Chalkidikí nur zwei bis drei Tage Zeit? Dann schauen Sie sich auf der Kassándra nur Néa Potídea und Áfitos an, umrunden danach die Sithonía-Halbinsel und unternehmen von Ouranoúpoli aus eine etwa dreistündige Áthos-Kreuzfahrt. Über Olimpiáda und Arnéa geht es dann zurück nach Thessaloníki.

Stille und laute Orte

Massentouristische Ziele sind die Badeorte der Kassándra am Toroneischen Golf zwischen Kallithéa und Chaniótis, Néos Marmarás und Sárti auf der Sithonía und auf ganz eigene Art auch Ouranoúpoli, das Tor zur Mönchsrepublik Áthos. Nicht totenstill, aber nur mäßig belebt sind hingegen Toróni und Vourvouroú auf der Sithonía, fast wie am Ende der Welt fühlen Sie sich wahrscheinlich in Develíki.

Eskapaden für Entdecker

Die drei Finger lassen Entdeckernaturen wenig Möglichkeiten. Geografisch bedingt, umrundet man Kassándra und Sithonía auf der jeweils einzigen Rundstraße und fährt auf der Áthos-Halbinsel von Ierissós bis Ouranoúpolis den gleichen Weg hin und zurück. Bis nach Olimbiáda hingegen kommen nur relativ wenig Urlauber. Am ehesten sind Entdeckungen noch auf der hügeligen Handfläche der Chalkidikí möglich. Wer da in der seit

1919 chalkidischen Hauptstadt Polígiros übernachtet, verbringt einen Abend unter Einheimischen. Gut fürs Gemüt ist Arnéa mit seinen kleinen Hotels in historischen Häusern. Ganz einsam im Wald schläft man in den Pensionen zwischen Arnéa und Taxiárchis. Bei Waldspaziergängen dort sehen Sie auf jeden Fall Rehe – und vielleicht auch Wildschweine, denen Ziegenglocken umhängen (S. 123).

Sicherheit und Notfälle

Die Kriminalitätsrate in Griechenland gehört trotz *krísis* zu den niedrigsten in Europa. Selbst in der Großstadt Thessaloníki braucht man sich wegen Raubüberfällen auf offener Straße, Handtaschenraub vom Motorrad aus oder Einbrüchen in Hotelzimmer kaum zu sorgen. Taschendiebstähle kommen freilich vor. Insbesondere in öffentlichen Verkehrsmitteln und bei Großveranstaltungen ist die übliche Vorsicht angebracht. Wölfe kommen auf der Chalkidikí nicht vor, Bisse durch Giftschlangen und Skorpionstiche sind äußerst selten, Badende haben keine Haie zu fürchten.

Wichtige Notrufnummern

Krankenwagen, Polizei, Feuerwehr: T 112 (gebührenfrei, Englisch wird meist verstanden)
Pannendienst: T 104 44 (Autovermieter arbeiten meist mit eigenen, privaten Pannenhilfsdiensten zusammen)
Sperren von Kreditkarten: T +49 11 61 16 (allgemein); T +49 18 05 02 10 21 (Maestro-, Bank- und Sparkassen-Card)

Diplomatische Vertretungen

Deutsche Botschaft: T 21 07 28 51 11, https://griechenland.diplo.de
Österreichische Botschaft: T 21 07 25 72 70, www.aussenministerium.at/athen
Schweizer Botschaft: T 21 07 23 03 64, www.eda.admin.ch/athens

Toiletten

Gewöhnungsbedürftig: Benutztes Klopapier kommt nicht ins Becken, sondern in einen daneben stehenden Eimer oder Papierkorb. Dieses Gebot gilt selbst in vielen Luxushotels!

Übernachten

Es gibt keinen Küstenort auf der Chalkidikí, in dem keine Zimmer vermietet werden. Auch in den meisten Binnenorten kann man Unterkünfte finden. Fast alle arbeiten mit dem Hotelportal www.booking.com zusammen. Das mag man mögen

HOTELS MIT VIEL FLAIR

Ich liebe Hotels mit besonderem Flair. Im Internet können Sie diese Häuser ausführlich anschauen:
- www.portovalitsa.gr (Kassandra, S. 38)
- www.parthenonas-chalkidiki.com (Sithonía, S. 67)
- www.georgiadis-house.com (Sithonía, S. 73)
- www.ekies.gr (Sithonía, S. 80)
- www.paphotels.gr/home-xenia (Áthos, S. 91)
- www.skites.gr (Áthos, S. 91)
- www.hotel-germany.gr (Áthos, S. 128)
- www.marelia.gr (Binnenland, S. 114)
- www.oikia-alexandrou.gr (Binnenland, S. 119)
- www.okhotel.gr (Thessaloníki, S. 154)
- www.kokkinospiti.gr (Véria, S. 179)
- www.alsoshouse.gr (Metéora, S. 198)

oder auch nicht – auf jeden Fall ist es sehr informativ, zeigt die exakte Lage der Unterkunft auf einer Karte an und nimmt einem insbesondere bei spontaner Entscheidung für einen Ort die lästige Quartiersuche von Tür zu Tür ab. Wer dem internationalen Multi die hohe Vermittlungsprovision nicht gönnt, kann anschließend ja die Unterkunft selbst googeln und dort anrufen. Billiger wird das allerdings selten. Auch www.airbnb.com ist als Vermittler auf der Chalkidikí omnipräsent. Wer über dieses Portal ein preiswertes Apartment in Thessaloníki bucht, sollte allerdings wissen, dass er damit zur Wohnraumverknappung in der Stadt insbesondere für Studenten und Geringverdienende beiträgt.

Besonders wohnen

Mangels alter Bausubstanz gibt es an den Küsten der Chalkidikí keine Hotels in historischen Gebäuden mit Flair. Um so zu übernachten, muss man Parthenónas auf der Sithonía und Arnéa im Binnenland ansteuern – oder als Ausflugsziel von Thessaloníki aus das Städtchen Véria. Besonders zu wohnen heißt auf der Chalkidikí eher, in einem Hotel zu wohnen, das durch kein noch so kleines Sträßlein vom Strand getrennt wird und selbst nicht weiter als 20 m vom Meer entfernt steht. So dicht am Wasser zu bauen ist schon seit über 25 Jahren nicht mehr erlaubt – entsprechend gering ist die Zahl echter Strandhotels. Beispiele dafür finden Sie in Olimpiáda (Áthos, S. 124), Toróni (Sithonía, S. 72) und Gerakiní (zwischen Kassándra und Sithonía, S. 108). Wer in Thessaloníki ganz besonders wohnen möchte, wohnt am oberen Stadtrand im Wald (S. 154).

Alternativen zu Hotels und Pensionen

Studios und Apartments werden auf der Chalkidikí in großer Zahl angeboten. Sie sind meist geräumiger und kostengünstiger als Hotel- und Pensionszimmer. Oft, aber nicht immer gibt es weder eine Rezeption noch einen Frühstücksraum. Um es auf den Punkt zu bringen: Selbstverpflegung ist angesagt. Studios bestehen in der Regel nur aus einem Raum mit kleiner Küchenzeile, Apartments haben mindestens zwei Zimmer und eine besser – aber eher selten wirklich gut – eingerichtete Küche. Bett- und Küchenwäsche werden vom Vermieter gestellt, eine Endreinigungsgebühr fällt in der Regel nicht an.

Frei stehende Ferienhäuser werden auf der Chalkidikí kaum angeboten, Ferienhäuser als Reihenhäuser in Ferienanlagen sind dagegen häufiger zu finden. Bett- und Küchenwäsche werden gestellt, eine Endreinigungsgebühr entfällt meistens.

Jugendherbergen gibt es weder auf der Chalkidikí noch in Thessaloníki. Campingplätze sind zahlreich, Auskunft über die Plätze findet man außer in einschlägigen Campingführern auch im Internet unter:

www.campingreece.gr
www.greececamping.gr

Der Umwelt zuliebe – nachhaltig reisen

Bei der Müllvermeidung kann der Urlauber besonders aktiv mitwirken. Plastiktragetaschen kosten in Hellas generell 4 Cent. Wer immer einen eigenen Einkaufsbeutel bei sich hat, kann die sparen. Wasserverschwendung ist ein weiteres Problem. Wer sparsam mit Wasser umgeht und beispielsweise nicht unnötig lange unter der Dusche steht, hilft nicht nur dem Hotelier, sondern auch der Natur. Die Müllentsorgung ist im Sommer oft überfordert: Stauchen Sie Alu-Dosen und Plastik-Wasserflaschen zusammen, bevor Sie sie in einen Papierkorb oder eine Mülltonne werfen! Raucher sind nett, wenn sie einen Strandaschenbecher oder Ähnliches mit sich führen.

Die lokale Wirtschaft zu stützen ist auch ein Aspekt von Nachhaltigkeit. Wer »room only« oder nur Übernachtung mit Frühstück bucht, trägt dazu bei, dass mehr Menschen etwas vom großen Kuchen Tourismus abbekommen. Besondere Unterstützung verdienen die Verkaufsstellen von Kooperativen und Sozialvereinen; wir weisen in diesem Buch bevorzugt auf sie hin.

Tierschutz

In Thessaloníki und auf der Chalkidikí kümmern sich mehrere private Gruppierungen um streunende und ausgesetzte Hunde, sammeln Spenden und vermitteln auch Adoptionen und Flugpatenschaften. Mehr Infos u.a. auf

www.weisse-schaeferhund-nothilfe.de
www.pfotenhilfe-thessaloniki.eu

Solange Touristen vor Ort sind, sind auch für die streunenden Katzen die Mahlzeiten gerettet.

Verkehrsmittel

Stadtbusse in Thessaloníki

Vor dem Bahnhof haben viele innerstädtische Buslinien ihre Endstation. Ins Zentrum fahren z. B. die Linien 2 und 3. Den Bahnhof passieren die Linien 8 und X1 in Richtung Busbahnhof zu allen Regionen Griechenlands außer der Chalkidikí. Zum Busbahnhof der Chalkidikí fährt man mit Linie 31 bis zur Endstation Voúlgari und steigt dort in Bus 36 um.

Tickets für die Stadtbuslinien kauft man entweder an Fahrkartenschaltern und Kiosken oder am Automaten im Bus (Kleingeld notwendig). Tickets für eine Fahrt ohne Umsteigen kosten 0,90 €. Tickets für zwei Busfahrten in beliebige Richtungen innerhalb von 70 Minuten, also auch hin- und zurück, kosten 1,10 €. Schüler zahlen für 3 Fahrten innerhalb von 90 Minuten 1,30 €, Tickets für 4 Fahrten, die innerhalb vom 120 Minuten angetreten werden, kosten 1,80 €. Studenten und Senioren über 65 Jahre zahlen jeweils den halben Fahrpreis. Fahrplanauskünfte: www.oasth.gr (englisch), Info-T 185 (eventuell nur griechisch).

Metro

Eine erste U-Bahn-Linie quer durch die Altstadt mit 13 Stationen soll im Winter 2024/25 in Betrieb genommen werden. Bis zum Flughafen oder Fernbusbahnhof reicht sie nicht.

www.emetro.gr und – nur auf Griechisch
http://metro-thessalonikis.blogspot.com

Linienbusse auf die Chalkidikí

Linienbusse verbinden Thessaloníki mit fast allen Küsten- und vielen Binnenorten der Chalkidikí. Querverbindungen zwischen den einzelnen Fingern der Chalkidikí gibt es jedoch nicht. Gedruckte Fahrpläne auch in lateinischer Schrift sind vor Ort erhältlich, im Internet werden sie unter www.ktel-chalkidikis.gr veröffentlicht. An den großen Busbahnhöfen in Thessaloníki, Néa Moudaniá und Polígiros kauft man die Tickets am Fahrkartenschalter, ansonsten beim Fahrer oder Schaffner im Bus. Für alle Strecken sind nur Einzelfahrscheine erhältlich, nur für die Verbindung zwischen Thessaloníki und Ouranoúpoli gibt es eine ermäßigte Rückfahrkarte. Die Preise sind günstig; man zahlt nur etwa 0,13 € pro zurückgelegten Kilometer.

Nachstehend die Verbindungen; Ausgangsort ist jeweils Thessaloníki (in Klammern die Zahl der tgl. Verbindungen in der Hauptsaison):

- Thessaloníki–Nea Moudaniá (16)
- Thessaloníki–Néa Moudaniá–Néa Potídea–Néa Fókea–Áfitos–Kallithéa–Kassandría (12)
- Thessaloníki–Néa Moudaniá–Néa Potídea–Néa Fókea–Áfitos–Kallithéa–Kriopigí–Políchrono–Chanióti–Pefkochóri–Palioúri (8)
- Thessaloníki–Néa Moudaniá–Kassandrinó–Foúrka–Kalándra–Néa Skióni–Ágios Nikólaos–Agía Paraskeví (3)
- Thessaloníki–Néa Moudaniá–Síviri–Paralía Foúrka–Possídi (2)
- Thessaloníki–Néa Moudaniá–Gerakiní (bis hier 5)–Ormília–Vatopédi–Metamórfossi–Nikíti–Ágios Nikólaos–Néos Marmarás (bis hier 4)–Toróni–Pórto Koufó–Kalamítsi–Sárti (3)
- Thessaloníki–Polígiros (8)
- Thessaloníki–Arnéa–Paleochóri–Stratóni–Ierissós–Ouranoúpoli (6)

Per Bahn

Auf der Chalkidikí verkehren keine Züge. Für die in diesem Buch vorgestellte Region sind daher nur die folgenden zwei Verbindungen von Interesse: von Thessaloníki nach Véria sowie von Thessaloníki zu den Metéora-Klöstern (Bahnhof in Kalambáka zentral gelegen, aber keine öffentlichen Verkehrsmittel außer Taxis zu den Klöstern; seit den schweren Überschwemmungen in Thessalien im September 2023 ist die Bahnfahrt nach Kalmbáka jedoch bis auf Weiteres nicht möglich.

Mit dem Taxi

Taxis sind zahlreich und preiswert. So zahlt man in Thessaloníki für die etwa halbstündige Fahrt vom Flughafen in die Innenstadt zwischen 5 und 24 Uhr nur ca. 15 bis 20 €, nachts ca. 22 bis 30 €. In Großstädten kann man Taxis telefonisch bestellen, sie am Halteplatz besteigen oder am Straßenrand heranwinken. Alle Taxis in den Städten sind mit Taxameter ausgerüstet.

In den kleineren Urlaubsorten der Chalkidikí empfiehlt es sich, Taxis im Voraus über die Hotelrezeption oder den Tavernenwirt zu bestellen. Für längere Rundfahrten kann man versuchen, mit dem Fahrer einen Festpreis auszuhandeln. Eine Taxirundfahrt zu viert ist zumeist preiswerter als die Teilnahme von vier Personen an einer organisierten Bustour.

TAXITARIFE

Pauschalpreis zwischen Flughafen und Innenstadt: 5–24 Uhr 25 €, 0–5 Uhr 35 €.
Tarif 1: Kilometer innerstädtisch zwischen 5 und 24 Uhr: 0,90 €
Tarif 2: Kilometer innerstädtisch zwischen 24 und 5 Uhr sowie Überland-Kilometer: 1,25 €
Grundpreis: 1,80 €
Wartestunde: 45 €
Telefonische Bestellung: 3 €
Geringe Zuschläge werden für Fahrten von und zu Flughäfen, Häfen, Bahnhöfen und Busbahnhöfen sowie für Gepäckstücke mit über 10 kg Gewicht erhoben.
Ein Zuschlag von 1–2 € wird für jede Fahrt in der Zeit um Weihnachten und Ostern verlangt.

Mit dem Mietwagen

Pkw, Jeeps, Mopeds, Vespas und Motorräder werden in allen Urlaubsorten vermietet. Pkws und Jeeps können auch schon am Flughafen von Thessaloníki übernommen werden. Es lohnt sich, Preise zu vergleichen. Vorabbuchungen ab Deutschland können durchaus preisgünstiger sein als Buchungen vor Ort; bei Preisvergleichen muss man auch die eingeschlossenen Versicherungen und eventuelle Zusatzgebühren, z. B. für einen zweiten Fahrer, berücksichtigen. Nicht alle Autovermietungen verfügen über ein eigenes Büro am Flughafen von Thessaloníki. In diesem Fall stehen Abholer am Ausgang mit Namensschildern in der Hand; man wird mit Mini-Bussen zur Mietwagenstation gebracht.

Das Mindestalter des Mieters beträgt 21 Jahre, für größere Typen häufig auch 23 oder 25 Jahre, das Höchstalter meist 75 Jahre. Der nationale Führerschein genügt für die Anmietung. Mopeds und Motorräder (ab 125 ccm Motorradführerschein erforderlich) sollten bei der Übernahme gründlich auf den Zustand der Bremsen, Autos vor allem auf den Zustand der Reifen und des Reservereifens untersucht werden.

Griechische Vollkaskoversicherungen decken meist keine Schäden an den Reifen und an der Wagenunterseite ab. Bei Unfällen ist immer die Polizei zu rufen, da die Versicherung sonst nicht zahlt.

Tanken

Tankstellen gibt es überall in Griechenland in großer Zahl. Selbstbedienung ist nicht gestattet. Außer an Autobahnen sind sie meist nur zwischen 8 und 22 Uhr geöffnet. Kreditkarten werden meist akzeptiert, falls sich der Dienst habende Tankwart (manchmal die alte Oma oder der schulpflichtige Sohn) mit ihrer Bearbeitung auskennt. Die Preise für Benzin und Diesel sind meist etwa 10 bis 15 Prozent höher als in Deutschland und variieren wie hier von Tankstelle zu Tankstelle und von Tag zu Tag.

Verkehrsregeln

In Griechenland herrscht Rechtsverkehr. Es gelten die international üblichen Verkehrsschilder, die manchmal durch verbale Zusätze nur auf Griechisch ergänzt sind. Vorfahrtsstraßen sind nur selten als solche gekennzeichnet, Stopp- oder Vorfahrt-achten-Schilder stehen nur an den auf sie einmündenden Straßen. Im Kreisverkehr haben häufig – nicht immer – einfahrende Fahrzeuge Vorfahrt.

Die Höchstgeschwindigkeit für Pkws beträgt innerorts 50 km/h, auf Landstraßen 90 km/h, auf Schnellstraßen 110 km/h und auf Autobahnen 120 oder 130 km/h. Auf Schnellstraßen und Autobahnen werden die Standspuren meist als zusätzliche Fahrspuren genutzt.

Die Promillegrenze liegt bei 0,5. Verkehrs- und Radarkontrollen finden selten statt, die Bußgelder allerdings sind sehr viel höher als in Deutschland. Das gilt auch für Falschparker.

Pannenhilfe

Mietwagenunternehmen haben Pannenhilfeverträge mit Vertragsunternehmen abgeschlossen, über die man bei der Mietwagenübernahme informiert wird. Wer mit dem eigenen Auto unterwegs ist, wendet sich an die Partnerorganisation seines eigenen Automobilclubs oder Schutzbriefausstellers oder an den griechischen Automobilclub ELPA, der landesweit unter T 104 00 erreichbar ist.

Zeit

In Griechenland ist es bis zu einer eventuellen neuen Regelung ganzjährig eine Stunde später als in den deutschsprachigen Ländern.

Sprachführer Griechisch

UMSCHRIFT

Für die richtige Aussprache muss man auf die Betonung achten, die durch den Akzent angegeben wird.

Das griechische Alphabet

		Aussprache	Umschrift
Α	α	a	a
Β	β	w	v, w
Γ	γ	j vor e und i, sonst g	g, gh, j, y
Δ	δ	wie engl. th in ›the‹	d, dh
Ε	ε	ä	e
Ζ	ζ	s wie in ›Sahne‹	z, s
Η	η	i	i, e, h
Θ	θ	wie engl. th in ›thief‹	th
Ι	ι	i, wie j vor Vokal	i, j
Κ	κ	k	k
Λ	λ	l	l
Μ	μ	m	m
Ν	ν	n	n
Ξ	ξ	ks, nach m oder n weicher: gs	x, ks
Ο	ο	o	o
Π	π	p	p
Ρ	ρ	gerolltes r	r
Σ	σ	s wie in ›Tasse‹	ss, s
Τ	τ	t	t
Υ	υ	i	i, y
Φ	φ	f	f, ph
Χ	χ	ch	ch, h, kh
Ψ	ψ	ps	ps
Ω	ω	offenes o	o

Buchstabenkombinationen

ΑΙ	αι	ä	e
ΓΓ	γγ	ng wie in ›lang‹	ng, gg
ΕΙ	ει	i wie in ›lieb‹	i
ΕΥ	ευ	ef wie in ›heftig‹	ef, ev
ΜΠ	μπ	b im Anlaut, mb im Wort	B, mp, mb
ΝΤ	ντ	d im Anlaut nd im Wort	D, nd, nt
ΟΙ	οι	i wie in ›Liebe‹	i
ΟΥ	ου	langes u	ou, u

Allgemeines

Guten Tag	kalí méra
Guten Abend	kalí spéra
Gute Nacht	kalí níchta
Hallo, tschüss	jassú (zu mehreren und Sie-Form: jassás)
Auf Wiedersehen	adío (adíosas)
Gute Reise	kaló taxídi
Bitte	parakaló
Danke (vielmals)	efcharistó (polí)
Ja	ne (sprich: nä)
Jawohl	málista
Nein	óchi
Nichts, keine Ursache	típota
Entschuldigung	singnómi
Macht nichts	den pirási
In Ordnung, okay	endáxi

Unterwegs

Straße	odós
Platz	platía
Hafen	limáni
Schiff	karávi
Bahnhof/ Busstation	stathmós
Bus	leoforío
Haltestelle	stásis
Flughafen	aerodrómio
Flugzeug	aeropláno
Fahrkarte	issitírio
Postamt	tachidromío
Briefmarken	gramma-tóssima
Motorrad	motosikléta
Fahrrad	podílato
Auto	aftokínito
rechts	deksjá
links	aristerá
geradeaus	efthían
hinter, zurück	píso

weit	makría
nah	kondá

Notfall

Arzt	jatrós
Arztpraxis	jatrío
Krankenhaus	nossokomío
Hilfe!	voíthia!
Polizei	astinomía
Unfall	átichima
Panne	pánna

Einkaufen

Bank	trápesa
Geldautomat	ATM
Quittung, Beleg	apódixi
Kiosk	períptero
Laden	magasí
Bäckerei	foúrnos

Nützliche Adjektive

gut	kalós
schlecht	kakós
groß	megálos
klein	mikrós
neu	néos
alt	paljós
heiß	sésto
kalt	krío

Zahlen

1	éna (m) mía (f)	21	íkossi éna, usw.
2	dío (sprich: sio)	30	trínda
		40	saránda
3	tría, trís	50	penninda
4	téssera, tésseris	60	exínda
		70	evdomínda
5	pénde	80	októnda
6	éxi	90	enenínda
7	eftá	100	ekató
8	októ	200	diakósja
9	enéa	300	triakósja
10	déka (seka)	400	tetrakósja
11	éndeka	500	pendakósja
12	dodéka	600	exakósja
13	dekatría	700	eptakósja
14	dekatéssera	800	oktakósja
15	dekapénte	900	enjakósja
20	íkossi	1000	chílja

WICHTIGE SÄTZE

Allgemeines

Wie geht es dir?	Ti kánis?
Ich verstehe nicht.	Den katalavéno.
Woher kommst du?	Apo poú ísse?

Unterwegs

Wo ist ...?	Poú íne ...?
Wo fährt der Bus nach ... ab?	Poú févji to leoforío ja ...?
Wann fährt er/sie/es?	Póte févji?
Wann kommt er/sie/es an?	Póte ftáni?
Wie viele Kilometer sind es bis ...?	Póssa chiljómetra sto ...?

Notfall

Ich möchte telefonieren.	Thélo ná tilefonísso.
Ich suche eine Apotheke.	Thélo ná vró éna farmakío.

Einkaufen

Was wünschen Sie?	Tí thélete?
Bitte, ich möchte ...	Parakaló, thélo ...
Was kostet das?	Pósso káni afto?
Ich nehme es!	To pérno!
Das ist teuer!	Íne akrivó!

Im Restaurant

Die Speisekarte, bitte.	To katálogo, parakaló
Was empfehlen Sie?	Ti sistínete?
Die Rechnung, bitte.	To logarjasmó, parakaló
Guten Appetit!	Kalí orexí!
Prost!	Jammás!

Kulinarisches Lexikon

Allgemeines

aláti	Salz
chorís	ohne
dío merídes	zwei Portionen
katálogos	Speisekarte
me	mit
mía merída	eine Portion
pipéri	Pfeffer
sáchari	Zucker

Frühstück

avgá	Eier
avgá mátja	Spiegeleier
avgá me béikon	Eier mit Speck
loucháníko	Wurst
marmeláda	Konfitüre
méli	Honig
psomáki	Brötchen
psomí	Brot
sambón	Schinken
tirí	Käse
voútiro	Butter

Suppen

fassoláda	Bohnensuppe
kakavjá (auch: psarósoupa)	Fischbrühe, dazu ein Fisch nach Wahl
kreatósoupa	trübe Fleischbrühe
patsá	deftige Kuttelsuppe mit Innereien
tomatósoupa	Tomatensuppe

Salate und Pürees

angoúro saláta	Gurkensalat
choriátiki saláta	›Griechischer Salat‹
chórta saláta	Mangoldsalat
gígantes (jígandes)	große weiße Bohnen in Tomatensauce
láchano saláta	Krautsalat
maroúli saláta	Blattsalat
melindsáno saláta	Auberginen-püree
skordaliá	Kartoffelpaste mit Knoblauch
taramá	Fischrogen-püree
tomáto saláta	Tomatensalat
tónno saláta	Thunfischsalat
tzatzíki (dsadsíki)	Joghurt mit Gurken und Knoblauch

Fisch und Meeresfrüchte

astakós	Languste
bakaljáros	Dorsch
barboúnja	Rotbarbe
fángri	Zahnbrasse
garídes	Scampi
glóssa	Scholle oder Seezunge
grivádi	Karpfen
kalamarákja	Calamares
ksifías	Schwertfisch
lavráki	Barsch
mídja	Muscheln
oktapódi	Krake
psári	Fisch
solomós	Lachs
soupjés	Sepia
stríthja	Austern

Fleischgerichte

arnáki, arní	Lammfleisch
békri mezé	eine Art Gulasch mit Kartoffeln, scharf
biftéki	Frikadelle mit Käse
brizóla	Kotelett
chirinó	Schweinefleisch
dolmádes	Weinblätter, gefüllt mit Reis und Hackfleisch in Ei-Zitronen-Sauce

gemistes (jemistés)	gefüllte Tomaten oder Paprikaschoten
gída	Ziege
giouvétsi (juvétsi)	Kalbfleisch mit Reisnudeln in Tomatensauce
gourounópoulo	Spanferkel
gouvarlákja	Hackfleischbällchen in Zitronensauce
katsíki	Zicklein
keftédes	Hackfleischbällchen in Tomatensauce
kokkinistó	Rindfleisch in Rotweinsauce
kokorétsi	gegrillte Innereien
kotópoulo	Hühnchen
kounélli	Kaninchen
kreatópitta	Blätterteigtasche mit Fleischfüllung
láchano dolmádes	gefüllte Kohlblätter
loukaniká	Landwürstchen
makarónja me kimá	Spaghetti mit Hackfleischsoße
mialá	Hirn
mouskári	Rindfleisch
moussaká	Auberginenauflauf
païdákja	Lammkoteletts
pansétta	Schweinerippchen
papoutsákja	gefüllte Auberginen
pastítsjo	Nudelauflauf mit Hackfleisch
psitó	Braten
sikóti	gebratene Leber
soutzoukákia (sudsukakja)	Hackfleischrollen in Tomatensauce mit Kreuzkümmel
souvláki	Fleischspieß (Rind oder Schwein)
stifádo	Fleisch mit Zwiebeln in Tomaten-Zimt-Sauce

Gemüse

bámjes	Okraschoten
briam	Gemüseauflauf mit Schafskäse
eljés	Oliven
fassólja	grüne Bohnen
kolokithákja	Zucchini
lachaniká	Gemüse
mavromátja	weiße Bohnen mit schwarzem Punkt
melindsánes	Auberginen
spanáki	Spinat
tourloú	Gemüseeintopf

Obst

achládi	Birne
fráules	Erdbeeren
karpoúsi	Wassermelone
kerássja	Kirschen
lemóni	Zitrone
mílo	Apfel
peppóni	Honigmelone
portokáli	Orange
rodákino	Pfirsich
síka	Feige
staffílja	Weintrauben

Nachtisch

froútto saláta	Obstsalat
giaoúrti (yaoúrti)	Joghurt
... me karídia	... mit Walnüssen
... me méli	... mit Honig
karidópitta	Walnusskuchen
milópitta	Apfelkuchen
pagotó	Eiscreme
risógalo	Reispudding
tirópitta	Blätterteig mit Käse

Getränke

bíra	Bier
chimó portokáli	Orangensaft
chimós	Saft
gála	Milch
kafé me gála	Kaffee mit Milch
kafés ellinikós	griechischer Kaffee
kafés fíltro	Filterkaffee
kanelláda	Zimt-Limonade
krassí	Wein
lemonáda	Limonade
neró	Wasser
sóda	... mit Kohlensäure
portokaláda	Orangeade
soumáda	Mandelmilch
tsái	Tee
tsípouro	Tresterschnaps

Das

Magazin

An der Uferpromenade in Thessaloniki bieten Meer, Sonne und die Installation »Umbrellas« beste Bedingungen für ein gelungenes Foto.

Ein Lebenstraum

Der Schelm des Cholomóndas-Gebirges — Charilós Sónis hat immer ein Späßchen im Sinn und auf den Lippen. Für die Gäste seiner Waldtaverne Sógambros spielt er den ganzen Tag über den fröhlichen Alleinunterhalter.

Sógambros hat allen Grund, ständig gut gelaunt zu sein, denn die Taverne ist für ihn die Erfüllung eines Lebenstraums. 1932 geboren, musste er als Kind im Zweiten Weltkrieg mit ansehen, wie seine beiden älteren Brüder von den Partisanen zwangsrekrutiert wurden – der eine von den linken, der andere von den rechten. Danach mussten sie im Bürgerkrieg sogar aufeinander schießen. Nur einer kehrte nach Hause zurück. Charilós hütete in den Nachkriegsjahren in den Wäldern am Cholomóndas das Vieh fremder Bauern aus seinem Heimatdorf Taxiárchis und verdingte sich als Hilfsarbeiter in der Mönchsrepublik Áthos.

Eines Tages kam er an die Stelle, an der heute seine Taverne steht, und fasste den festen Entschluss, irgendwann genau hier ein kleines Kaffeehaus zu bauen. Als er seine Kindheitsliebe, María mit den blonden Engelshaaren, heiratete, bekam er den Spitznamen Sógambros. Der steht für einen Bräutigam, der entgegen allen Regeln mit seiner jungen Frau ins Haus der Schwiegermutter einzieht, weil die Braut kein eigenes als Mitgift bekommen hat. Mit seinen Ersparnissen baute er eine einfache Hütte an der Waldstraße, die damals noch die Hauptverbindung von Thessaloníki nach Arnéa darstellte. Hirten, Bauern und den Fahrgästen von haltenden Linienbussen verkaufte er griechischen Kaffee, später auch Teppiche und andere Produkte aus der Region. Doch die alte Straße verödete, nachdem eine neue, schnellere von Thessaloníki nach Arnéa führte. Dafür kamen nun vereinzelt Touristen und aus dem Kafenío wurde eine Taverne. Fortan mischte sich der Duft von Frischgegrilltem mit dem herben Aroma des Waldes, denn Sógambros grillte eifrig Wildschweinkoteletts, die er als ›Schwie-

ZURÜCK ZUR NATUR

N

Von Vogelgezwitscher erwachen und dann raus aus den Federn: Der Tag in schönster Natur kann beginnen! 2 km von der Taverne entfernt hat die Familie das kleine Apartmenthaus Sógambros II auf eine Waldlichtung gestellt. Chrístos und Ánna wohnen auch dort. Bei Airbnb kann man es ganzjährig buchen, preisgünstiger geht es direkt in der Taverne.
Mehr zur Taverne s. S. 116
Wandermöglichkeiten s. S. 115

germutterkoteletts‹ anpries, und schenkte Rotwein vom Berg Áthos aus, den ihm ein Mönch, der als Winzer den Roten kelterte, als Kommissionsware lieferte. Das Geschäft lief. Griechische Zeitungen und Fernsehsender berichteten über die Urigkeit der Taverne und in vielen Reiseführern wurde sie empfohlen. Sógambros unterscheidet zwischen Urlaubern mit und ohne Reiseführer: Die mit fahren langsam auf der Suche nach ihm, die ohne sind Briten, in deren Büchern er nicht steht. Bei den Langsamfahrern steht er auch mit über 90 Jahren noch immer wild winkend an die Straße.

Ein Generationenwerk

In den späten 1980er-Jahren kehrte sein Sohn Chrístos vom Studium in Belgrad zurück. Ein jugoslawischer Diplomat war bei einem Tavernenbesuch so von der Familie begeistert gewesen, dass er ihm ein Stipendium vermittelt hatte. Aber Chrístos arbeitete nie in seinem Beruf, sondern stieg lieber in der Taverne des Vaters ein. Für ein Zubrot sorgte seine Frau Ánna, eine Grundschullehrerin. Die beiden bekamen zwei Kinder: Charilós, wie in Griechenland üblich als Erstgeborener nach dem Großvater väterlicherseits benannt, und María, die den Namen der Großmutter mütterlicherseits trägt. Die Enkel von Sógambros sind heute auch schon erwachsen: 2019 hat Charilós sein Studium auf Korfu abgeschlossen und anschließend seinen neunmonatigen Wehrdienst absolviert; María wird bald ihr Studium in Thessaloníki beenden. Keine Frage: Wenn sie zu Hause sind, helfen auch sie häufig in der Taverne mit.

Gegen alle Widerstände

Nach über 50 Jahren hat die Familie seit 2018 endlich auch die Betriebserlaubnis für ihre Taverne. Der Weg dahin war gelinde gesagt steinig, denn Missgunst unter Nachbarn ist auch in Griechenland nicht selten. Erst behauptete einer, das Tavernengrundstück gehöre der Familie nicht. Doch im türkischen Staatsarchiv in Ankara gefundene Dokumente aus osmanischer Zeit und später auch deren 1927 beglaubigte Übersetzung, die im Keller des alten Rathauses von Taxiárchis entdeckt wurde, bewiesen das Gegenteil. Doch es gab weitere Widerstände. Ein Polizist, der hygienische Mängel im Lokal festgestellt haben wollte und Schweigegeld verlangte, kam schließlich vor Gericht. Jugendliche aus dem Dorf, die Sógambros und María mit dem Messer bedrohten, wurden dingfest gemacht. Und auch die letzte Hürde wurde 2019 überwunden: Anhand alter Luftaufnahmen aus den 1930er-Jahren konnten sie beweisen, dass ihr Tavernengrundstück nie bewaldet war und darum nicht dem Staat zustand. ■

Chárilos Sónis hat allen Grund zufrieden auf sein Lebenswerk zu blicken.

Authentisch trotz Massentourismus

Wie macht sie das? — Die Chalkidikí ist neben Athen das am stärksten frequentierte Touristenziel auf dem griechischen Festland. Trotzdem schafft sie es, authentisch zu bleiben.

Viele meiner Freunde, alle eingefleischte Griechenland-Fans, wollen auf keinen Fall auf die Chalkidikí. Zu touristisch, sagen sie. Ich mag die Halbinsel trotzdem. Und frage mich: Warum eigentlich?

Okay, alle drei Finger der Chalkidikí leben fast ausschließlich vom Fremdenverkehr. Myriaden von Autos und Wohnmobilen mit Kennzeichen der Balkanstaaten und der Länder Osteuropas sind zwischen Mai und September auf den Straßen unterwegs, parken gleich hinter den Stränden. Viele bringen – wie deutsche Dänemark-Urlauber – aus Kostengründen ihre Lebensmittel- und Getränkevorräte mit, lassen statt Geld Müll auf der Chalkidikí zurück. Nicht alle sind arm: Tausende Osteuropäer besitzen in der Region bereits Wohneigentum.

Andere Europäer fallen im Straßenbild weniger auf, da sie zumeist mit Mietwagen oder in Ausflugsbussen durch die Landschaft kurven. Auch sie sind bei Weitem nicht alle große Umsatzbringer, geben ihr Geld oft lieber für billigen Fusel in AI-Hotels aus als für Markengetränke in dörflichen Bars. Asiaten sind hier – anders als beispielsweise auf der Insel Santorin – noch in der Minderheit.

Die polyglotten Speisekarten und Werbeschilder in den Tavernen der Region sind ein Spiegel der Folgen des Turmbaus von Babylon. Zum griechischen und lateinischen tritt auf der Chalkidikí auch das kyrillische Alphabet und der Buchstabenwirrwarr ist noch größer als sonst im Land.

Ganz schön modern

Vielleicht stört eingefleischte Griechenland-Fans an der Chalkidikí die Modernität der Region. Vielleicht fehlt ihnen der marode Charme von Hausruinen und verfallenden Fassaden, die eher selten sind, da es hier relativ wenig alte Dörfer und Städtchen gibt. Selbst Thessaloníki ist in weiten Teilen ja erst 100 Jahre alt.

Archäologische Stätten und aktuelle Bauruinen sind selten. Kein mit minderwertigem Masut betriebenes Elektrizitätswerk verunziert wie auf manchen Inseln die Küsten, denn der Strom wird aus der Ferne geliefert. Da die Gemeinden dank Massentourismus relativ flüssig sind, funktioniert die Müllabfuhr. Müllverbrennungsanlagen gibt es zwar auch hier nicht, doch die kommunalen Müllhalden lassen sich gut verstecken. Und auch beim ansatzweise praktizierten Recycling hat man hier weniger Probleme als auf den Urlaubsinseln: Man muss die gesammelten Wertstoffe ja nicht wie Insulaner per Schiff teuer nach Piräus transportieren, sondern findet Wertstoffhöfe in Thessaloníki und Umgebung.

Der Anstieg auf die Meteóra-Klöster, wie hier aufs Kloster Roussanoú, kann die Scharen von Ausflüglern von der Chalkidikí nicht schrecken.

Gähnende Leere

Ein Kostenproblem hat man trotzdem: Man muss eine Infrastruktur vorhalten, die die sommerlichen Massen bewältigt, aber in diesem Umfang nicht einmal für die Hälfte des Jahres benötigt wird. Zwischen Oktober und April fallen die drei Finger in den Winterschlaf. Dann ist Thessaloníki ohnehin das Hauptziel der Region. Fast alle Orte auf den Fingern sind dann ganz einfach nur öde. Die meisten Hotels stehen leer, viele Cafés, Bars und Tavernen sind geschlossen oder öffnen nur an Wochenenden. Schöne Orte wie Áfitos und Néa Potídea auf der Kassándra oder Néos Marmarás und Parthenónas auf der Sithonía und Arnéa im Binnenland sind dann aber noch einen Wochenendausflug von Thessaloníki aus wert.

Griechen überall

Trotz der großen Touristenschar bewahrt sich die Chalkidikí selbst im Sommer ihre Identität. Ein Viertel aller Urlauber hier sind Griechen. An Wochenenden schwillt ihre Zahl explosionsartig an, dann dominieren die Hellenen den öffentlichen Raum und insbesondere Beachbars, Tavernen und Cafés zu 90 Prozent. Die Mischung aus Griechen, deren Land ja nur dank vieler ausländischer Urlauber wieder gesunden kann, und eben jenen Wirtschaftsförderern stimmt.

Und weil so viele Gäste hier Griechen sind, können auch die All-inclusive-Hotels nicht ihre verheerende Wirkung entfalten. Die Hellenen nutzen sie kaum, bleiben lieber frei bei der Wahl des Cafés, Restaurants und der Tavernen, verbringen nicht die kostbarste Zeit des Jahres in Hotelanlagen. Darum ist die Gastroszene hier in den Sommermonaten viel bunter und belebter als auf vielen griechischen Inseln, die alljährlich vom Massentourismus überrollt werden.

Das Essen ist fast immer besser, denn das einheimische Publikum weiß, was gute griechische Küche bedeutet. Kurz zusammengefasst: Die Mischung macht's. Die Region bleibt sich treu und in der Folge bleibe auch ich ihr treu. ■

Zoff ums Gold

Das Geld ist knapp, das Gold ist da — Können Kupfer und das Edelmetall Griechenland und die Griechen retten? Dazu müssten Teile der Chalkidikí zur Goldgrube werden. Aber das wollen viele Bewohner der Region auf gar keinen Fall.

Fetter Gewinn oder zu hoher Preis?

Kein Pappenstiel: Die Befürworter der Pläne für den Goldabbau auf der Chalkidikí schätzen den Gesamtwert der Erze in der Region auf über 16 Mrd. US-Dollar. 3500 gut bezahlte Arbeitsplätze und hohe Staatseinnahmen, und das für die nächsten 20 Jahre, werfen sie in die Waagschale. Wer dafür ist, sitzt vor allem in den von hoher Arbeitslosigkeit geplagten Dörfern im Nordosten der Region, in Großbanken und im Athener Finanzministerium.

Die Gegner haben weitaus mehr Argumente, schwergewichtig sind sie allemal: Drei Quadratkilometer Wald mit teilweise über 300 Jahre alten Bäumen müssten abgeholzt, der Grundwasserspiegel massiv abgesenkt werden – und das ausgerechnet im größten Wasserspeicher der Chalkidikí. Asbest und kristalliner Quarz, beide krebserregend, würden gefördert. Noch nicht erforschte oder entdeckte archäologische Stätten fielen dem Goldabbau zum Opfer. Landschaftsbild und Landwirtschaft wären beeinträchtigt, in der Folge käme der Tourismus in diesem Teil der Region vermutlich zum Erliegen. Das wollen vor allem die meisten Bewohner der Küstenorte auf gar keinen Fall.

Es bleibt abzuwarten, wie sich der Konflikt ums Gold in den nächsten 20 Jahren entwickelt.

T

TOUR D'OR

Den Bergbaukomplex von Stratóni überblickt man am besten vom Rastplatz an der Straße nach Olimbiáda kurz nach der Umfahrung von Stratóni aus. Im Dorf selbst kann man bis zum Eingangstor fahren, wird dort aber kritisch beäugt. Das Abbaugebiet von Olimbiáda und Skouriés sieht man am besten von der Straße zwischen Olimbiáda und Arnéa aus. Weicht man nahe der Goldminen von dieser Hauptstraße ab, kann es sein, dass man von Sicherheitskräften verfolgt und beobachtet wird.

ΟΙ ΜΕΛΙΣΣΟΚΟΜΟΙ ΛΕΜΕ ΟΧΙ
SOS
SOS

Der Abbau von Erzen bei Skouriés ist umstritten. Arbeitsplätze und Euros für die Staatskasse liegen in einer Waagschale, die Sorge um die Umwelt und das Landschaftsbild in der anderen.

Gorleben und Hambacher Forst lassen grüßen

Sie protestierten schon seit 1997 heftig gegen alle Goldabbaupläne. Aktivisten aus ganz Europa unterstützten sie dabei. Ein Dauer-Protestcamp wurde eingerichtet, nahezu täglich demonstriert. Es kam zu Auseinandersetzungen mit der Polizei, einmal wurde im Gebiet um Olimbiáda sogar für neun Tage der Ausnahmezustand ausgerufen. 2003 meldete die damalige Betreibergesellschaft TVX Hellas Konkurs an. Die Protestler atmeten auf, aber ihnen war nur ein kurzes Durchatmen beschieden, denn der griechische Staat erwarb die Schürfrechte. Kurz darauf gab er sie ohne Preisaufschlag an die gerade erst neu gegründete Firma Hellas Gold weiter. Deren Aktien gelangten schnell an das Unternehmen European Goldfields, das 2012 vom kanadischen Unternehmen Eldorado Gold mit Sitz in Vancouver aufgekauft wurde. Es ist außer in Griechenland auch in Kanada, Brasilien, China, der Türkei und Rumänien aktiv. Mit der griechischen Tochtergesellschaft, die sich wiederum Hellas Gold nennt, ist es nun auf der Chalkidikí aktiv.

Auch die Gegner des Goldabbaus machten weiter. Im August 2017 fand erstmals wieder ein Protestcamp statt. Beobachtet wurden die Aktivisten von einem großen Polizeiaufgebot und dem Sicherheitsdienst der Minenbetreiber. Seit 2019 sind die Protestaktionen aber weitgehend eingeschlafen. Hellas Gold scheint nun freie Fahrt für seine Pläne zu haben.

Was will Hellas Gold?

Bergbau wird im Binnenland der Chalkidikí schon seit 2500 Jahren betrieben. Noch in der ersten Hälfte des letzten Jahrhunderts war er dort der bedeutendste Wirtschaftszweig und für viele Menschen die einzige Möglichkeit, Bargeld zu verdienen. Auf 200 000 Kubikmeter Schlacke werden allein die antiken Abraumhalden geschätzt, die im Boden lagern. Das allerdings sind Peanuts im Vergleich zu dem, was der Tagebau von Hellas Gold in Skouriés produzieren soll. Da will man täglich mit sechs Tonnen Sprengstoff 24 000 Tonnen Gestein abbauen, um an 0,8 Gramm Gold pro Tonne zu gelangen. Macht 19,2 Kilo pro Tag. Die bringen bei einem Goldpreis von 60 000 €/kg etwa 1 150 000 €/Tag. Nebenbei fallen aus dem Erz als Zubrot auch noch Silber, Blei, Zink und vor allem Kupfer an. Werden wie geschätzt in den nächsten 20 Jahren über 30 Mio. t Kupfer gewonnen, ist allein damit schon der Goldabbau finanziert – das kanadische Unternehmen erhält das Gold dann quasi kostenlos.

Abgebaut werden sollen die Erze zunächst im Tagebau, später auch untertage. Geplant ist, das Gold durch ein schon 1949 in Finnland entwickeltes Schwebeschmelzverfahren, das bisher hauptsächlich im Kupferbergbau eingesetzt wurde, zu extrahieren. Kritiker betrachten dieses Verfahren für Gold als zu wenig erprobt. Sie bemängeln, dass bei dieser Schnellschmelze wegen des hohen Arsengehalts der chalkidischen Erze stark erhöhte toxische Gase freigesetzt würden. Wie dem auch sei, Hauptproblem bleibe die große Menge von 15 Mio. Kubikmetern Wasser, das täglich aus den Gruben abgepumpt werden müsse und das mit Schwermetallen und Chemikalien kontaminiert sei.

Dass das Bergbauunternehmen über die Umweltschützer siegte, hat sie vor allem einem politischen Erdrutsch zu verdanken. Schon als der sozialistische Ministerpräsident Aléxis Tsípras am Abend der Europawahl vorgezogene Neuwahlen für Juli 2019 ankündigte, stieg der Kurs von Hellas Gold um 8 Prozent. Die konservative Néa Dimokratía unter Kyriákos Mitsotáakis, die diese Wahlen gewann, hatte versprochen, binnen eines halben Jahres alle Genehmigungen für die Goldgewinnung zu erteilen.

So geschah es dann auch. Die griechische National Bank und die Bank von Piräus gewährten Eldorado Gold insgesamt 680 Mio. Euro Kredite für das Vorhaben auf der Chalkidikí, nur 20 % musste die Aktiengesellschaft selbst aufbringen. 2023 wurden bereits 65 000 Feinunzen Gold gewonnen – was bei einem Goldpreis von etwa 1850 Euro/Unze einem Wert von 120 Mio. Euro entspricht. Ende 2025 rechnet Eldorado Gold erstmals mit einem Gewinn vor Steuern. ■

G

GOLDGRUBEN IM NETZ

Im Netz gibt es einige Sites zum Thema. Da ist z. B. **www.eldoradogold.com** mit sehr ausführlichen Infos, vielen Fotos und Planskizzen und noch mehr Zahlen für Geologen und Investoren (Englisch).
Auf die Image-Seite des Bergbauunternehmens kommt man unter **www.hellas-gold.com.** Sie soll Stimmung in der Bevölkerung für den Goldabbau machen, u. a. auch mit einem Image-Video. Leider nur auf Griechisch.
Hinter **https://griechenlandsoli.com/category/goldminen** verbirgt sich eine Website deutscher Solidaritätsgruppen mit Infos nicht nur zum Bergbau, sondern auch zu vielen anderen aktuellen Themen wie Krise, Neofaschismus in Hellas und deutscher Kriegsschuld. Hinweise auf Veranstaltungen zu diesen Themen in Deutschland, Möglichkeit zum Newsletter-Abo. Über neueste Entwicklungen informieren wir auf **www.dumontreise.de/chalkidiki.**

Sonntags in Thessaloníki

Die Bouzouki klingt, es wird gefeiert — In vielen kleinen Tsipourádika erklingt am Sonntag schon ab dem frühen Nachmittag griechische Livemusik.

I FeEL

… Lieder von Theodorákis & Co, Rembétiko, pontische Musik, manchmal hört man auch die Lyra, die kretische Klänge bis an den Weißen Turm trägt.

Sonntag is(s)t der Mensch nicht gern allein: Bevorzugte Getränke sind der Tresterschnaps Tsípouro und der Oúzo. Dazu gibt es Mezé: Krakensalat, Chtapódi Ksidáto, zum Beispiel.

… und wenn's für all das zu heiß ist, geht's an die Strände der Chalkidikí.

Bis spät in die Nacht kreuzen kleine Ausflugsschiffe vor dem Ufer der Altstadt. Mit genügend Oúzo im Blut fühlt man sich da leicht wie ein Argonaut auf der Argo. Wenn man einfach nur den Rhythmus von Stadt, Meer und Musik auf sich wirken lassen will, gesellt man sich zu den Musikanten auf der Uferpromenade.

Es fehlt an allen Ecken und Enden

Mit Griechenland geht's bergauf? — »Absoluter Quatsch«, stöhnt Erwin Schrümpf. Der Österreicher ist Initiator der griechenlandhilfe.at. »Da ist noch viel Luft nach oben!«

Erwin ist kein Politiker. Kein Finanzmarktexperte. Kein Wirtschaftsmanager. Er ist hautnah dran an den Menschen vor Ort. Er hilft ihnen. Schon 2012 stellte sich der ehemalige EDV-Zubehör-Händler angesichts der Griechenlandkrise die Sinnfrage und beschloss, den Job an den Nagel zu hängen, um sich fortan in der Griechenlandhilfe zu engagieren.

Erste Spendengelder kamen von Verwandten, der Sohn kümmerte sich um die Homepage und den Auftritt in den sozialen Medien. Erwin ging akquirieren: Pharmafirmen spendeten Medikamente und medizinische Hilfsmittel, irgendwie schaffte er es, ein ausrangiertes Feuerwehrauto und alte Rettungsfahrzeuge für Krankentransporte für seine Sache zu ergattern. Ein niederösterreichischer Kinderbuchautor ließ eines seiner Fabelbücher ins Griechische übersetzen und überließ Erwin 50 Exemplare, »um Kinderaugen leuchten zu lassen«. Seitdem Erwin einen ersten Transporter angeschafft hat, fährt er fast jeden Monat nach Hellas. Andere Helfer sind mit zwei weiteren Transportern unterwegs, ein paarmal jährlich schicken Speditionen einen Lkw mit. Transportiert wird alles, was in Griechenland benötigt wird, etwa neue Reifen, die sich der Polizeipräsident einer Insel für seine Streifenwagen wünschte. Außerdem bat er um Geld für Benzin, um es nicht länger aus Militär- und Frontex-Fahrzeugen absaugen zu müssen …

I

INITIATIVEN, DIE HELFEN

www.griechenlandhilfe.at: in ganz Griechenland auf dem Festland und den Inseln sehr aktiv. Aktuell unterstützt man auch die vielen Bauern, die durch Hochwasser und Schlammlawinen im September 2023 ihr Hab und Gut verloren.
www.griechenlandhilfe.ch: unterstützt u. a. ein Projekt für alleinstehende werdende Mütter bei Thessaloníki.
www.griechenland-hilfe-die-ankommt.de: vermittelt auch Patenschaft für griechische Familien.

Freudentränen wegen OP-Handschuhen

Manchmal werden die inzwischen etwa 40 Mitarbeiter der Griechenlandhilfe auch ganz spontan aktiv. So, als sie zufällig eine kinderreiche Familie kennenlernten, der Strom und Wasser abgeschaltet worden waren. Auf 1200

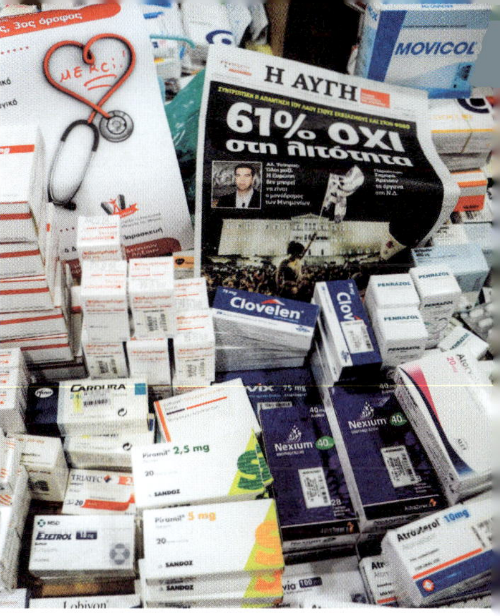

Gespendete Medikamente sind nur ein Tropfen auf den heißen Stein dieser griechischen Tragödie.

Euro beliefen sich inzwischen die nicht bezahlten Gebühren. Die Griechenlandhilfe verhandelte mit dem Versorger, leistete 200 Euro Anzahlung und vereinbarte für den Kunden Monatsraten von 20 Euro. Da gingen die Lichter für die Familie wieder an, hatte sie wieder Wasser in Küche, Bad und Toilette.

Vor allem versorgen Erwin Schrümpf und seine Mitstreiter fast 50 Behindertenheime, Waisenhäuser, Sozialstationen und Krankenhäuser, so weit es möglich ist, mit dem, was sie brauchen. »Ich war in einem Krankenhaus, da gab es für alle Patienten nur ein Fieberthermometer«, berichtet der Gründer der Griechenlandhilfe. »Ein Chirurg in Thessaloníki brach in Freudentränen aus, als ich ihm endlich die gewünschten OP-Handschuhe überreichen konnte: Wochenlang hatte er schon mit nackten Händen operieren müssen.« Mangel herrscht in vielen Bereichen – vom Ultraschallgerät und EKG bis hin zu neuer Bettwäsche.

Vor allem fehlen Medikamente. Häufig werden Angehörige von Krankenhauspatienten mit Privatrezepten in umliegende Apotheken geschickt, um sie selbst zu kaufen. Wer das Geld dafür nicht aufbringen kann, hat Pech gehabt. Also kauft die Griechenlandhilfe auch Arzneimittel – mithilfe von Geldspenden, die zu 80 Prozent aus Deutschland fließen. Ausgegeben werden sie natürlich nicht an die Patienten direkt, sondern an Ärzte und Apotheker. Nur in der Zahnmedizin ist man bisher kaum aktiv, obwohl man auch dort eine große Notwendigkeit sieht. Für Zahnersatz leisten die griechischen gesetzlichen Krankenkassen nämlich noch nicht einmal einen Zuschuss.

Letzte Rettung TOMY

Ein Schwerpunkt der Arbeit der Griechenlandhilfe sind auch die staatlichen Sozialzentren (TOMY) des Landes. Hier wird ärztliche Grundversorgung für jedermann geboten, der im jeweiligen Gemeindebezirk wohnt. Die festangestellten Sozialarbeiter müssen mit einem Monatsgehalt von 800 Euro haushalten, Ärzte bekommen 1500 Euro – brutto, versteht sich. Ihre Laptops bringen die Mitarbeiter von zu Hause mit. Praktische Ärzte, Kinderärzte und Psychotherapeuten leisten hier gute Arbeit, doch zu Fachärzten müssen sie ihre Patienten überweisen. Die allerdings behandeln nur äußerst zögerlich ohne private Zuzahlung, sodass Termine für Mittellose nur für den Sankt Nimmerleinstag vergeben werden. Auch für Obdachlose sind die Sozialzentren eine Anlaufstelle, doch können die Mitarbeiter kaum auf entsprechende Heime zurückgreifen. Sie helfen beim Ausfüllen von Formularen jedweder Art – und betreiben auch Armenküchen, die jeder aufsuchen darf, der mindestens vier Kinder hat oder weniger als 8000 Euro im Jahr verdient. Und das sind viele … ■

Gelungene Integration

Wie die Chalkidikí wurde, was sie ist — Die Region ist ein Musterbeispiel dafür, wie Flüchtlinge einem Landstrich neues Leben einhauchen können. Die Mehrzahl der Ortsnamen beginnt mit »Néa«, also »Neu«. Sie sind fast immer Neugründungen aus den 1920er-Jahren.

Als Griechenland 1830 erstmals in der Geschichte überhaupt als selbstständiger Staat die weltgeschichtliche Bühne betrat, umfasste es nur den Peloponnes, die Kykladen, Attika und Mittelgriechenland. Innerhalb von nur 83 Jahren verdoppelte sich das Staatsgebiet durch Kriege und dank der Begünstigung durch Frankreich, Großbritannien und Russland. 1864 kamen Korfu und die übrigen Ionischen Inseln hinzu, 1881 Thessalien samt südlichem Epirus, 1908 Kreta und 1912/13 schließlich der restliche Epirus, Makedonien, West-Thrakien und die ägäische Inselwelt mit Ausnahme des Dodekanes. Den hatten die Osmanen 1912 an die Italiener verloren, sodass er erst 1948 nach deren Niederlage im Zweiten Weltkrieg zu Griechenland kam.

Die »Große Idee«

1913 sahen sich die Griechen auf dem besten Wege, ihre »Große Idee« *(megáli idéa)* von einem »Reich der zwei Kontinente und der drei Meere« (Adria, Ägäis, Schwarzes Meer) verwirklichen zu können. Als das Osmanische Reich nach dem Ersten Weltkrieg auch noch auf der Verliererseite stand, da es mit Deutschland und Österreich gegen die Alliierten gekämpft hatte, schienen die Sterne für eine griechische Expansion besonders günstig zu stehen. 1919 gaben die Briten einem griechischen Expeditionskorps sicheres Geleit zur Besetzung von Smírna (Izmir), dessen 100 000 Bewohner überwiegend Griechen waren. Insgesamt wohnten damals in der heutigen Türkei etwa 7 Mio. Hellenen. Das Abkommen von Sèvres (einem Ort bei Versailles) sprach Griechenland im August 1920 dann offiziell das Recht auf die Besetzung von Smírna zu. Die Bevölkerung der Stadt sollte nach fünf Jahren über die künftige Territorialzugehörigkeit Smírnas frei entscheiden dürfen. Angesichts des Wohlwollens der Alliierten sahen sich die Griechen dazu ermuntert, ganz West-Anatolien in ihren Besitz zu bringen. Das griechische Heer brach auf, Ankara zu erobern.

Die große Katastrophe

Zwischenzeitlich hatte der in Thessaloníki geborene General Mustafa Kemal (1881–1938) die Herrschaft der Osmanen gestürzt und 1920 die Türkische Republik ausgerufen. In Russland hatten sich die Kommunisten etabliert. Großbritannien und die USA sahen in der neuen Türkei ein Bollwerk gegen die Bolschewiken. Als Mustafa Kemal, genannt Atatürk, im August 1922 eine türkische Gegenoffensive einleitete und die Griechen binnen kürzester Zeit bis ans Ufer der Ägäis zurückdrängte, sahen die Alliierten daher nur zu. Die Türken rächten sich grausam, ermordeten Zehntausende Griechen. Allein in Smírna/Izmir starben 30 000 Menschen. Alliierte Kriegsschiffe lagen in Sichtweite, griffen aber nicht ein.

Der große Bevölkerungsaustausch

Im Vertrag von Lausanne wurde im Juli 1923 ein sogenannter Bevölkerungsaustausch zwischen Griechenland und der Türkei vereinbart, der nichts anderes als eine beiderseitige Zwangsvertreibung bedeutete. Die meisten Muslime mussten Hellas verlassen – mit Ausnahme von West-Thrakien, wo es bis heute eine starke muslimische Minderheit gibt, und mit Ausnahme des Dodekanes, der zu jener Zeit italienisch besetzt war. Daher gibt es dort bis heute eine kleine muslimische Minorität. Im Gegenzug strömten weit über 1 Mio. Flüchtlinge aus der Türkei und anderen ehemaligen Teilen des Osmanischen Reiches in das nur 5 Mio. Einwohner zählende Griechenland, die meisten ohne jede Habe. Die Flüchtlinge waren weder sprachlich noch kulturell homogen: Sie stammten von der Krim, aus Anatolien, von der türkischen Ägäis-Küste, aus dem Schwarzmeergebiet und aus Ost-Thrakien. Weit über 150 000 von ihnen sprachen nicht einmal Griechisch, sondern nur Türkisch. All diese Menschen wurden nun über ganz Griechenland verteilt. Ihre neuen Siedlungsschwerpunkte wurden der Großraum Athen und Makedonien und dort wiederum die Chalkidikí.

Ein Neuanfang

Um möglichst vielen dieser Neubürger Land zuteilen zu können, verabschiedete das griechische Parlament 1926 ein Bodenreformgesetz, das die Enteignung der Klöster und anderer Großgrundbesitzer verfügte. Da die Chalkidikí zu großen Teilen den Áthos-Klöstern gehörte, wurden auf ihren Ländereien besonders viele Flüchtlinge angesiedelt. Dabei versuchte man, die ehemaligen Dorfgemeinschaften nicht auseinanderzureißen. Die Flüchtlinge gründeten neue Dörfer und benannten sie nach ihrem Herkunftsort, wobei sie dem Namen ein Néa (Neu) voransetzten. Sie waren fähig, viel mehr Land zu bestellen als zuvor die Mönche und deren Pächter. In kurzer Zeit verdreifachte sich die landwirtschaftliche Nutzfläche. Oft schloss man sich zu Kooperativen zusammen und konnte so großflächige Felder anlegen, die die Landschaft bis heute prägen. So bescherten sie der ehemals menschenarmen und wirtschaftlich heruntergekommenen Region einen neuen Aufschwung. Probleme bei der Integration gab es in dieser dünn besiedelten Region kaum. Aber man hat sich über sie lustig gemacht. Davon zeugen noch heute die gern erzählten, unseren Ostfriesenwitzen ähnlichen Pontier-Witze. ■

Sein Kampf gegen die Griechen machte Atatürk zur Symbolfigur türkischen Nationalbewusstseins.

Vio.Me – Gelebter Anarcho-Syndikalismus

Sie leben eine Utopie — Die 25 Mitarbeiter der ehemaligen Fliesenkleber-Fabrik Vio.Me am Stadtrand von Thessaloníki haben das Werk nach der Schließung besetzt und produzieren in Eigenregie weiter. Sie gelten nicht nur in Griechenland als Vorbild für eine denkbare neue Gesellschaft.

Wir haben Chemikerin Nicole, die gerade auch persönlich einen einschneidenden Wandel (vom Mann zur Frau) vollzieht, ein paar Abende zuvor in einer Waldtaverne kennengelernt, wo sie mit italienischen Aktivisten aus der Anarcho-Szene zu Gast war. Jetzt läuten wir die Glocke am Werkstor und Nicole lässt uns ein. An schönen Graffiti vorbei, die von einem mehrtägigen internationalen Fest auf dem Werksgelände ein paar Tage zuvor stammen, führt sie uns ins kleine Büro. Neben dem Computer hängt eine Marienikone.

Utopien als Ausweg

Nicole erzählt. Vio.Me gehörte bis 2011 zum Unternehmen Filkeram, das auf einem benachbarten Betriebsgelände Fliesen herstellte. Als es bankrott ging, wurde auch Vio.Me stillgelegt. Einige Mitarbeiter aber nahmen das nicht hin und besetzten das Werk. Ein Gesetz gab ihnen laut Nicole das Recht dazu: Da das Unternehmen den Arbeitern Löhne schuldig war, durften sie ihre Ansprüche auf diese Weise absichern. 2013 nahmen die Arbeiter zusammen mit politischen Sympathisanten die Maschinen wieder in Betrieb. Sie produzieren seitdem Reinigungsmittel, gelegentlich auch erneut Fliesenkleber und auf Wunsch von befreundeten Initiativen in ganz Europa auch Kleber für Plakataktionen. Die politische Stimmung im Land begünstigte sie: Viele Griechen wünschten sich einen griechischen Weg zur Überwindung der Krise, waren für Utopien zugänglich. Über 7000 Sozialkooperativen sind im Krisenjahrzehnt in Griechenland ent-

I

INFOS UND ORDERS

www.biom-metal.blogspot.com: Homepage von Vio.Me (auch deutschsprachige Beiträge) mit aktuellen Infos und Links zu internationalen Partnern sowie zu Spendenmöglichkeiten, außerdem werden auch deutsche Partner genannt, bei denen man Produkte bestellen kann.
www.viomecoop.com: Der Onlineshop der Kooperative, leider nur auf Griechisch, gut für eine Übersicht über die gesamte Produktpalette. Hier kann man auch T-Shirts bestellen mit dem Logo von Vio.Me und der Aufschrift »O Agónas gyrizei To Granázi« – »Der Kampf hält das Zahnrad am Laufen«.

Die Arbeiterinnen und Arbeiter bei Vio.Me sind fest entschlossen, weiter in der Fabrik zu produzieren und mit aller Kraft für ihre Sache zu kämpfen.

standen. Die SYRIZA mit Aléxis Tsípras an der Spitze sah in der Fabrikbesetzung sogar ein Pilotprojekt. Tsípras war zweimal mit Versprechungen auf dem Fabrikgelände zu Gast. »Er hat die sozialen Bewegungen für sich instrumentalisiert, um an die Macht zu kommen«, sagt Nicole mit hörbar verbittertem Unterton.

Gleicher Lohn für alle

Das Arbeiterkollektiv kommt ohne Hierarchien aus. Jeder kann nach seinen Fähigkeiten alles machen, von der Produktentwicklung über Büroarbeit bis zu Produktion und Versand, die Jobs rotieren. Bei Vio.Me erhalten alle Mitarbeiter den gleichen Lohn, der maximal das Dreifache des gesetzlichen Mindestlohns betragen darf. Werden darüber hinaus finanzielle Überschüsse erzielt, wandern sie in soziale Projekte wie eine Sozialklinik für Arbeiter. In der engagieren sich Ärzte, Krankenschwestern und Psychologen ohne Bezahlung. Auf dem Höhepunkt der Flüchtlingsströme stellte man den Immigranten auch das Werksgelände als Notunterkunft zur Verfügung und verpflegte sie dort. Das nächste Projekt ist bereits geplant: die Schaffung eines Hilfsfonds für andere besetzte Fabriken im Mittelmeerraum.

Kampfbereit

Nicole führt den Fotografen und mich auf dem Werksgelände herum. Die Maschinen wirken alt, aber sie laufen. Notwendige Reparaturen führen bei Bedarf Mechaniker anderer Sozialkooperativen aus. Gerne würde der Insolvenzverwalter die Anlagen zum Schrottpreis verscherbeln, aber selbst 10 Cent pro Kilo sind potenziellen Käufern noch zu viel. Zwangsversteigerungen sind anberaumt. Aber weichen will das Vio.Me-Kollektiv auf keinen Fall. »Wir werden unseren letzten Blutstropfen für unser Werk geben«, sagte gerade ein Arbeiter in einem Fernsehinterview. »Besetzen – Widerstand leisten – Produzieren« lautet ja auch das Motto der ganzen Bewegung. ■

Alles wird gut

Geschenkorgien und Festschmaus — Ostern ist für die Griechen das bedeutendste Fest des Jahres. Das Osterversprechen hat aber auch weitreichende Folgen für das gelassene Lebensgefühl vieler Griechen – das erkennt man auch auf ihren Friedhöfen.

Die Karwoche gehört zum Osterspektakel entscheidend dazu. Da wird viel eingekauft, neue Kleidung, Geschenke – die Geschäfte haben Hochkonjunktur. Man hält sich bedingt ans Fastengebot, isst statt Fleisch Schnecken, Schalen- und Krustentiere aus dem Meer oder aus thailändischer Fischzucht, aber das oft in üppigen Mengen. Auch die Linsensuppe am Karfreitag gehört zum Ritual.

Viele Menschen statten täglich einem Gottesdienst einen – zumeist nur kurzen – Besuch ab. In den Kirchen wird nicht an die historischen Ereignisse der Karwoche erinnert. Vielmehr ereignet sich die Geschichte Jesu vom Einzug in Jerusalem am Palmsonntag bis zur Kreuzigung am Karfreitag auf mystische Weise erneut. *Parousía* ist das griechische Wort dafür, das im modernen Sprachgebrauch auch für Theateraufführung steht. Wer sich auf dieses Verständnis einlässt, fühlt die gewaltige Spannungssteigerung: Wird sich alles erneut wiederholen – bis hin zum für den Menschen Wichtigsten: der Auferstehung Christi und der Erlösung der Menschheit vom Tod hin zum Ewigen Leben?

Selbst Atheisten erweisen die Ehre

Die Karfreitagsprozessionen, die in jedem Dorf und jedem Stadtteil durch die Straßen und Gassen ziehen, sind das erste Ereignis, mit dem man als Urlauber ins Ostergeschehen einsteigen kann. Begleitet wird das Epitaph als symbolisches Grab Christi dabei von Klerus, örtlichen Honoratioren, Polizei, Militär, Feuerwehr, Pfadfindern und meist Hunderten von Menschen, ob gläubig oder nicht. Nur Kommunisten und Atheisten bleiben manchmal in ihren Kafenía sitzen. Aber selbst sie erheben sich von ihren Plätzen, wenn das Epitaph vorübergetragen wird. Ist er in die Kirche zurückgekehrt, bleibt sie mancherorts die ganze Nacht über geöffnet: Einige tief Gläubige halten dann lamentierend die Grabwache bis zum frühen Morgen.

Osterkerzen mit Mickey Mouse

Am langen Morgen des Ostersamstags platzen die Geschäfte aus allen Nähten, die letzten Einkäufe werden getätigt. Am

Während man in Westeuropa eher zum Schluss kommen könnte, dass Weihnachten das bedeutendste Fest im Jahreskalender ist, übernimmt Ostern diese Rolle bei den orthodoxen Christen.

Abend putzt man dann die Kinder heraus, drückt ihnen Kerzen mit Disney-Figuren oder anderen poppigen Verzierungen in die Hand. Ältere Mädchen ziehen besonders hochhackige Schuhe und bevorzugt Kleider mit aufreizendem Dekolleté an. Um 23 Uhr ist es so weit: ab zur Kirche! Die ist – Gott sei Dank – oft viel zu klein, um alle Besucher aufnehmen zu können. Da kann, wer Lust hat, getrost auf dem Kirchhof bleiben (und weiter rauchen), denn die heilige Liturgie wird ja über Lautsprecher nach draußen übertragen.

Punkt Mitternacht: Die Erlösung

Um ziemlich genau 23.59 Uhr gefühlter Zeit kehrt Stille ein, erlöschen alle Lichter bis aufs Ewige Licht. Entsteigt Jesus wieder seinem Grab und fährt in die Hölle, um die Verstorbenen aus der Unterwelt zu erlösen, oder nicht? Die Spannung scheint für empfindsame oder vielleicht auch nur schlichte Gemüter kaum noch erträglich. Dann die erlösende Verkündigung des Priesters über Mikrofon: »*Christós anésti!*«, Christus ist auferstanden. Freudig erlöst antworten alle: »*Alithós anésti*«, wahrhaftig, er ist auferstanden. Die erste Kerze wird am Ewigen Licht entzündet, die Flamme dann an alle Anwesenden weitergegeben. Kinder und Kindliche lassen Böller krachen, so manche bunte Rakete steigt in den Himmel. Der Priester und seine Psalten werden noch einige Zeit weiter die Liturgie vollziehen, die Laien aber zügig nach Hause (oder auch in die wenigen geöffneten Tavernen) gehen. Da isst man nicht nur die leicht säuerliche Ostersuppe *margirítsa* aus den Innereien des Lammes oder Zickleins, das schon im Ofen schmort oder sich am nächsten Tag am Spieß drehen wird, sondern schlägt auch Ostereier aneinander. Sie sind rot gefärbt und symbolisieren das Blut Christi, das er für die Menschheit vergossen hat. Durch sein Opfer, symbolisiert durch das Brechen der Schale, gelangt der Mensch zum Ewigen Leben.

Ein Versprechen wird eingelöst

Was Christus derweil gleich nach seiner Auferstehung noch erlebt hat, deckt der nächste Kirchenbesuch auf. Die Osterikone liegt jetzt überall auf einem Ikonenständer gleich beim Eingang des Gotteshauses und zeigt die Ereignisse: Gewaltsam hat Christus das Tor zur Hölle aufgebrochen und steht nun zwischen Nägeln und Türbeschlägen auf den über Kreuz liegenden Türflügeln, tritt mit einem Fuß auf den gefesselten Hades, den Herrn der Unterwelt, und zieht Adam und Eva stellvertretend für alle Menschen aus ihren Sarkophagen. Das ist das Osterversprechen!

Gräberkult ist den Griechen fremd. Warum auch? Für die Verstorbenen ist der Tod dank Ostern ein Nichts.

Jede Menge Gottvertrauen

Irgendwie scheint das zumindest unterschwellige Bewusstsein von diesem tief im Volksglauben verwurzelten Versprechen vielen Griechen Gelassenheit zu schenken. Das wirkt sich auch auf den Umgang mit Verstorbenen aus. Griechische Friedhöfe gleichen nur ganz selten stillen Parks. Meist ragen nur ein paar Zypressen als Schattenspender aus dem steinigen Boden. Rasenflächen sucht man vergeblich. Die Gräber sind nicht tief ausgehoben, die Toten ruhen hier in Särgen in relativ flachen, mit Marmor ausgekleideten Bodenmulden. Nur selten schmücken frische Blumen das marmorne Grab; wenn überhaupt, trifft man eher auf ein paar künstliche Blumen. Name und Lebensdaten des Verstorbenen sind angegeben, in einem kleinen, verglasten Fach stehen das Ewige Licht und ein Foto.

Der Friedhof als ›Wartesaal‹

In der Regel verbleiben die Toten nur etwa vier Jahre in ihrem Grab. Dann müssen die Verwandten oder von ihnen beauftragte professionelle Totengräber ihre Gebeine wieder herausholen. Mancherorts werden die Knochen dann in Rotwein gewaschen, bevor sie in eine mehr oder minder schlichte Kiste gebettet werden, mit einem Kreuz und den Initialen des Toten versehen. Häufig findet diese Endlagerung in einem schmucklosen Zementhäuschen statt, wie es sich in einer Ecke auf fast jedem Friedhof in Griechenland findet. Deren Türen sind manchmal sogar unverschlossen. Um die Kisten kümmert sich fortan kein Lebender mehr. Die Toten mussten ja nur bis zum folgenden Osterfest warten, dann wurden sie aus dem Hades befreit und erlöst. Nur ihre jetzt völlig überflüssig gewordenen Gebeine bleiben zurück. ■

Skurriler Namensstreit

Kaum zu verstehen — In Griechenland gingen in den letzten 25 Jahren Hunderttausende auf die Straße, damit ein Nachbarland seinen Namen ändert. Schüler traten in den Streik, eine Regierungskoalition zerbrach, die Volksseele kochte.

Trotz aller Proteste boxte der damalige Ministerpräsident Aléxis Tsípras sein Préspa-Abkommen 2018 durchs griechische Parlament. Während 70 Prozent der Bevölkerung gegen die Ratifizierung waren, stimmten die gewählten Volksvertreter mit 153:146 Stimmen dafür. Worum ging's?

Bis zum Zusammenbruch Jugoslawiens grenzte Titos Vielvölkerstaat an das nordgriechische Makedonien. Eine Teilrepublik trug sogar den gleichen Namen, meist als Mazedonien transkribiert. Die erklärte sich 1991 als ›Republika Mekdonija‹ für unabhängig und schrieb mögliche zukünftige Grenzänderungen in die Verfassung. Das brachte die Griechen auf den Plan. Sie stellten auf Tausenden von Spruchbändern und auf Großdemonstrationen in ganz Hellas klar: »Macedonia is Greece«. Als dann nationalistische Politiker in Skopje auch noch von der Presse aufgebauschte Gebietsansprüche an den griechischen Nachbarn stellten, war ganz Griechenland in Aufruhr. Zudem hatten die Nachbarn den ›Stern von Vergína‹ in ihre erste Staatsflagge integriert – und damit das antike makedonische Königreich samt Philipp II. und Alexander dem Großen usurpiert.

Über die EU übte die griechische Regierung umgehend Druck auf Skopje aus. Das änderte schon 1992 seine Verfassung und verzichtete auf alle territorialen Ansprüche. Bei der Aufnahme in die UN 1993 musste der Nachbar seinen Namen offiziell in FYROM abändern, Former Yugoslawian Republic of Macedonia. 2005 änderte die FYROM auch ihre Flagge, ersetzte den von Griechenland inzwischen als sein geistiges Eigentum reklamierten ›Stern von Vergína‹ durch eine etwas misslungen stilisierte Sonne. Sticheleien gab es aber weiterhin. So wollte man 2006 den Flughafen von Skopje nach Alexander dem Großen benennen, gab aber schnell klein bei. Jetzt heißt er schlicht ›Skopje International‹.

Das Tauziehen um den Namen des Nachbarlandes ging aber auch danach noch 12 Jahre weiter. Griechenland blockierte den EU- und NATO-Beitritt des Nachbarn. Jetzt ist der Streit offiziell beendet, man hat sich auf Nord-Mazedonien geeinigt. Schwuppdiwupp wurde Nord-Mazedonien in die NATO aufgenommen. Ob die Volksseele besänftigt ist, können Urlauber selbst überprüfen. Man zähle einfach mal mit, wie oft man den Spruch »Macedonia is Greece« noch zu Gesicht bekommt. ■

Geschmacksache: Berg Áthos

Auf Stippvisite in einer Männerwelt — In der Mönchsrepublik Áthos suchen mehr als 2300 Männer ihr Seelenheil. Pilger schöpfen hier neue Hoffnung, Gestresste tanken auf. Natur- und Kunstliebhaber fühlen sich selig. Wer keine Frauen mag, auch.

Mein Visum für den heiligen Berg Áthos ist ein schönes Blatt gelblichen Papiers mit zwei Gebührenmarken, Stempel, handschriftlich eingetragenem Namen, handschriftlich mit Rechtschreibfehler eingetragenem Herkunftsland und vier bildschönen Unterschriften. Es hängt wie eine wertvolle Trophäe noch heute an einem meiner Bücherregale.

Mit diesem *diamonitírion* und meinem Schiffsticket in der Hand betrete ich an einem schönen Junimorgen in Ouranoúpoli die Fähre nach Dáfni. Mit an Bord sind einige weitere Unorthodoxe wie ich, viele orthodoxe Pilger, einige Mönche und Griechen, die zum Arbeiten in die Mönchsrepublik fahren: Handwerker, Bauarbeiter, Holzfäller und ein Arzt. Etwa 700 solcher »Zivilisten« halten sich ständig in der Mönchsrepublik auf, denn da gibt es immer viel zu tun.

Erste Stunden

In Dáfni steht ein Linienbus zur Fahrt hinauf ins Verwaltungszentrum Kariés bereit. Viele Mönche und vor allem griechische Áthos-Pilger haben aber auch Plätze in Unimog-Taxis vorbestellt. In Dáfni gibt es eine Art kleines Hotel samt Restaurant, im Ort haben die staatliche Hafenpolizei, die Polizei und der Zoll ihren Sitz, einige Läden führen Waren des täglichen Bedarfs. Etwa 40 Menschen leben hier ständig.

Kurvenreich geht es nach Kariés hinauf, das in ein kleines Hochtal eingebettet liegt. Die Mehrzahl der Gebäude hier sind 19 *konaks* (türkisch für Herberge), in denen Mönche unterkommen, wenn sie im Ort zu tun haben. Das größte Gebäude ist Sitz der *ierá kinótis*, das oberste Verwaltungsorgan der ›Heiligen Gemeinschaft‹. Jedes Kloster entsendet einen für ein Jahr gewählten Vertreter in diese Art Parlament. Es tagt dreimal wöchentlich in Kariés. Die *ierá kinótis* regelt das Zusammenleben der Klöster und ist für die Beziehungen zum Patriarchat in Istanbul und zur griechischen Regierung zuständig. In die inneren Angelegenheiten der Klöster mischt es sich nicht ein; dort hat ein auf Lebenszeit gewählter Abt das Sagen. Für Pilger und Arbeiter gibt es in Kariés eine Taverne. Sie schenkt auch Alkohol aus, sogar Whisky steht im Regal.

In der Mönchsrepublik Áthos kocht man sein eigenes Süppchen. Das schmeckt aus guten Gründen nicht jedem.

Ein Schnäpschen zur Begrüßung

Nach dem Essen wandere ich zum Kloster Stavronikíta. Zwei Wegstunden von Kariés entfernt, thront es wie eine Burg über der Nordostküste. Im Torgebäude erwartet der Mönch, der für die Pilgerbetreuung zuständig ist, den telefonisch angemeldeten Gast. Ich zeige mein *diamonitírion,* lasse mich ins Gästebuch eintragen, werde mit einem Tresterschnaps, einem Glas Wasser und einer Süßigkeit versorgt und dann in den Pilgertrakt geleitet. In den Zimmern stehen mehrere Betten, alle strahlend weiß bezogen. Die Fenster des Gästesalons öffnen sich zum Meer hin, ein erfrischender Luftzug weht mir entgegen. Sogar rauchen darf man hier. Die Mönche kümmern sich fortan nicht mehr um den Pilger, der sich nur in Teilen des Konvents frei bewegen kann. Ich setze mich auf einen Stein vor dem Kloster, mit Mönchen ins Gespräch komme ich da aber ebenso wenig wie im Konvent selbst. Nur mit einer Gruppe griechischer Pilger kann ich reden. Die fragen mich ganz erstaunt, warum ich denn zu Fuß hierher gekommen sei und ob ich nicht am nächsten Tag lieber mit ihnen mit dem Taxi weiterfahren möchte.

Mit Mönchen ins Gespräch komme ich vor dem Kloster ebenso wenig wie im Konvent.

H

HEILIGER ODER UNHEILIGER BERG?

Immobilienbetrug und Prügeleien, wem nach Skandallektüre ist, findet Stoff auf folgenden Seiten:
https://www.cicero.de/aussenpolitik/griechenlands-milliarden-moenche-vom-berg-athos/47631
http://www.orthodoxes-forum.de/viewtopic.php?t=1395
Oder doch lieber Romantisierung des Áthos?
Erhart Kästner: Die Stundentrommel vom Berg Athos. Insel-Taschenbuch
Heinz Nußbaumer: Der Mönch in mir. Styria-Verlag

Mönchisches Leben verstehen

Ich habe Zeit, den Alltag der Mönche ein wenig zu beobachten. Orden wie z. B. die Franziskaner, Benediktiner oder Dominikaner gibt es im orthodoxen Raum nicht. Man hält sich an die grundlegenden Regeln des frühchristlichen Kirchenvaters Basilios von Caesarea und an eigene Traditionen. Zwei höchst unterschiedliche Grundrichtungen gibt es dennoch: Idiorhythmie und Kinovie. In idiorhythmischen Klöstern behält jeder Mönch sein Privateigentum, muss aber auch für sich selbst sorgen. Ihre Mahlzeiten nehmen diese Mönche nur an hohen Festtagen gemeinsam ein. Seit 1990 gibt es auf dem heiligen Berg keine idiorhythmischen Klöster mehr. Hier leben alle Mönche nach dem kinovitischen Prinzip. Sie geloben Armut, Keuschheit und Gehorsam gegenüber dem Abt, essen gemeinsam und halten sich an strenge Fastenregeln. Ihr Arbeitsspektrum ist breit gefächert. Einige Mönche arbeiten in der Wald- und Forstwirtschaft, andere sind als Handwerker oder Restauratoren tätig. Man zieht Kerzen, baut Wein an, betreibt Imkerei, webt Stoffe für liturgische Gewänder, stellt fromme Holzschnitzereien her, malt Ikonen oder geht fischen.

Essen und beten

Von Pilgern wird erwartet, dass sie am Vespergottesdienst teilnehmen. Also begebe auch ich mich in die Klosterkirche, in der der rückwärtige Teil des Raumes für Pilger reserviert ist. Nach dem Gottesdienst nehme ich im selben Refektorium das dürftige Mahl ein, in dem auch die Mönche essen. Die sitzen aber an einem anderen Tisch als wir Laien. Wasser steht bereit, eine Suppe wird gereicht. Als der Abt seine Mahlzeit beendet, müssen auch alle Mönche und wir Pilger aufhören zu essen. Danach geht es schnell ins Bett, um gegen 4 Uhr in der Früh halbwegs ausgeschlafen zum Morgengottesdienst erscheinen zu können. Der zieht sich meist über zwei Stunden hin. Ich erwarte ein fast mystisches Erlebnis und werde dank viel Weihrauch und Kerzenlicht nicht enttäuscht. Mir gefällt nur nicht, dass die Mönche sich unterwürfig vor dem Altar auf den Boden werfen, als säße darauf der Kaiser von Byzanz. Danach nehme ich noch am Frühstück im Refektorium teil, hinterlasse eine Spende und kehre nach Dáfni zurück. Áthos, das ist nicht meine Welt. Die Erlaubnis, noch zweimal dort zu übernachten, lasse ich verfallen.

Erlebt, gehört und gelesen

Bis zur Abfahrt des Schiffes ist noch etwas Zeit. Ich komme mit einem anderen deutschen Besucher ins Gespräch, der mit einer Griechin verheiratet ist. Er wäre kurz zuvor fast verhaftet worden, weil er keine Socken in seinen Sandalen trug. Aber das war nur das i-Tüpfelchen auf seinen Erlebnissen: In einem Kloster musste er mit anhören, wie ein Mönch wider die ›Blutschande‹ wetterte, wenn Griechinnen einen Ausländer heiraten. Da schnürte er lieber schnell seinen Rucksack.

Ich war dann doch noch ein zweites Mal kurz auf dem heiligen Berg. Für eine Journalistengruppe hatte die Hoteliersvereinigung ein Schnellboot für einen Kurzbesuch in einem Áthos-Kloster gechartert. Dank ihrer guten Beziehungen zu den Klöstern war dafür kein Visum nötig.

In der Folgezeit habe ich Berichte über Skandale auf dem Berg Áthos besonders aufmerksam verfolgt. Für mich ist der vorerst letzte Skandal die Geschäftstüchtigkeit einiger Klöster: Seit 2018 fahren Ausflugsschiffe in Richtung Áthos, gehen 500 m vor der Küste vor Anker. Mönche rasen auf Schnellbooten heran, segnen die Passagiere und bieten ihnen Ikonen und andere Devotionalien zum Kauf an. Bin ich ein Ketzer, wenn ich das nicht gutheißen will? ■

Das zählt

Zahlen sind schnell überlesen — aber sie können die Augen öffnen. Nehmen Sie sich Zeit für ein paar überraschende Einblicke. Und lesen Sie, was auf der Chalkidikí zählt.

2.440

Meter ist die Piste des Flughafens Thessaloníki lang. Er gehört jetzt wie weitere 13 Flughäfen in Hellas für zunächst 40 Jahre einer Tochtergesellschaft von FRAPORT, der Betreibergesellschaft des Frankfurter Flughafens. Die internationalen Geldgeber hatten diese Privatisierung gefordert.

5

von 1000 Griechen sterben durch Selbsttötung. Damit hat sich die Zahl der Suizide seit Beginn der *krísis* um fast 50 Prozent erhöht, doch im europäischen Vergleich steht Hellas noch immer gut da: Unglückliche Spitzenreiter sind Litauen und Österreich mit 15 Suiziden auf je 1000 Bewohner. In Deutschland liegt die Zahl bei 12.

3

Prozent der griechischen Frauen im gebärfähigen Alter nehmen die Pille. Trotz dieser geringen Zahl hat Griechenland eine der niedrigsten Geburtenraten Europas. Dafür ist die Rate legaler und illegaler Abtreibungen hier fast so hoch wie die der Geburten, während in Deutschland nur eine Abtreibung auf acht Geburten kommt.

6.500

Imker sind auf der Chalkidikí aktiv. Sie produzieren etwa 30 Prozent des gesamten griechischen Honigs. Bienenstöcke sieht man überall – sie bilden schöne Farbtupfer in der grünen Landschaft.

111

Kilometer ist die Sithonía-Rundstraße lang. Traumhafte Aussichten machen sie zur wohl schönsten Panoramastraße ganz Griechenlands.

1

bewohnte Insel gehört zur Chalkidikí: Amoulianí. Sie ist eine von insgesamt etwa 100 ständig bewohnten griechischen Inseln.

830

Euro beträgt der monatliche Mindestlohn in Griechenland seit April 2024. Zuvor waren es »wegen der Krise« nur 780 Euro.

250.000

Euro muss ein Nicht-EU-Bürger mindestens in den Kauf eines Hauses in Griechenland investieren, um für fünf Jahre ein Schengen-Visum zu erhalten. Von 2013 bis 2023 wurden über 31 000 solcher Visa erteilt. Nach sieben Jahren in Hellas kann der Hausbesitzer griechischer Staatsbürger werden. Auch darum haben viele Russen Häuser auf der Chalkidikí gekauft.

60

Prozent der Pilger auf dem heiligen Berg Áthos kommen aus Russland. Das sind immer noch weniger als vor der Oktoberrevolution, als es über 70 Prozent waren.

874.000

Schafe weiden in Hellas und versperren auch auf der Chalkidikí öfters die Weiterfahrt auf den Straßen. In Neuseeland liegt die Zahl der wolligen Bewohner bei über 10,4 Mio., in Deutschland sind es nur 34 000.

1

einziges Krematorium gibt es in ganz Griechenland (nahe Athen). Darum avancierte Thessaloníki auch zum Zentrum des Leichen-Tourismus: Die Toten werden zur Einäscherung über die Grenze nach Bulgarien gebracht und kehren in der Urne zurück.

13,3

Prozent aller Griechen ab 15 Jahre rauchen Zigaretten. Das sind weitaus weniger als in Deutschland (18 Prozent) oder gar Österreich (28,1 Prozent) – und das, obwohl man im Land Rauchern gegenüber sehr liberal ist. Geldmangel in Zeiten der *krísis* ist sicherlich ein Grund, Zigaretten abzuschwören.

110

Kilometer legte jeder Grieche vor Corona statistisch mit Zügen zurück. In Deutschland waren es 1102, in Österreich sogar 1328 km.

550

Kilometer sind die Küsten der Chalkidikí lang. Das entspricht fast genau der Küstenlänge Mallorcas – nur dass hier noch sehr viel mehr ruhige Strände zu finden sind.

319.045

Einwohner zählte Thessaloníki bei der letzten Volkszählung 2021. Im Großraum der Stadt leben aber knapp 1,1 Mio. Menschen, legal oder illegal. Damit ist Thessaloníki Griechenlands zweitgrößte Stadt.

2.000

Taxis sind in Thessaloníki unterwegs. In Frankfurt/Main sind es nur rund 1600. Eine Fahrt ist zudem ein recht günstiges Vergnügen: Innerhalb der Altstadtmauern kostet sie fast nie mehr als 5 Euro.

Der Abend ist umso schöner je mehr Freunde oder Verwandte gemeinsam mit am Tisch sitzen. Diese Tischgemeinschaft – paréa – ist ein fester Bestandteil griechischer Esskultur.

Die Essenz des Lebens

Mit Freu(n)den essen — Wenn ich allein auf Recherchereise bin und solo in der Taverne am Tisch sitze, kommt fast immer die Frage vom Nachbartisch: »Denn échis paréa – Hast du keine Tischgemeinschaft?«

Für Griechen ist es eine Tortur, nur mit dem – inzwischen vielleicht gar nicht mehr so geliebten – Ehepartner am Tisch zu sitzen oder ganz ohne ein Gegenüber zum Essen Platz zu nehmen. Die Gemeinschaft mit Freunden und Verwandten, eben die *paréa,* – ist Hellenen das Wichtigste bei der Mahlzeit. Sie kann zwar jeden Tag anders zusammengestellt sein, ist aber für den Moment fast heilig: Wer nicht dazugehört setzt sich nicht einfach mit an den Tisch, andersherum verlässt man als Teil der Gemeinschaft die *paréa* auch nicht für längere Zeit, um mit Außenstehenden zu reden.

Die urgriechischen Essensgewohnheiten sind ganz auf das System *paréa* abgestimmt. Innerhalb der Tischgemeinschaft bestellt keiner für sich allein. Im besten Fall bespricht man, was geordert wird. Im Normalfall aber bringt jeder – bunt durcheinander – seine Ideen dafür ein, was für alle auf dem Tisch stehen soll: Salate und Pürees, diverse andere Vorspeisen, Gemüse und natürlich Pommes frites. Auch Fleisch und Fisch werden meist gemeinsam nach Gewicht bestellt: zwei Kilo Rotbarben zum Beispiel und dazu drei Kilo Lammkoteletts, ein paar Portionen Kalamar und vielleicht noch ein paar Schweinekoteletts und *kéftedes,* griechische Frikadellen. Alles Bestellte wird auf dem Tisch platziert, jeder nimmt sich, wovon er mag, so viel er mag. Nachbestellungen sind üblich. Wichtig ist, dass viel übrig bleibt: Dann hat man sich selbst und den anderen bewiesen, dass es einem gut geht, dass man es sich leisten kann. Deswegen räumen Kellner in ursprünglichen Tavernen auch selten zwischendurch leere Teller, Platten und Flaschen ab. Jeder soll sehen, was sich die Tischgemeinschaft gegönnt hat.

Wer den Fehler begeht, den Teller restlos leer zu essen, könnte in den Verdacht geraten, ein Geizhals zu sein, der es sich nicht leisten kann oder will, richtig satt zu werden. Was übrig bleibt, kann man sich freilich zur Mitnahme einpacken lassen: Offiziell begründet man das am besten damit, Hunde, Katzen, Hühner oder Schweine zu Hause zu haben …

So isst Griechenland

Menüs in unserem Sinn sind in Griechenland nur in Touristenzentren oder in den wenigen Gourmetrestaurants erhältlich. Natürlich kann man versuchen, sich selbst eines zusammenzustellen – sollte aber nicht überrascht sein, wenn der Kellner alles Georderte gleichzeitig oder in der falschen Reihenfolge auf den Tisch bringt.

Möchte man wie ein Grieche mit *paréa* während einer Mahlzeit möglichst viele verschiedene Speisen genießen, steuert man am besten eine Ouzeri, ein Tsipourádiko oder ein Mezedopolío an. Einen Partner braucht man dort auf jeden Fall: Muße. Nach einem Blick in die in diesen Lokalen oft sehr umfangreiche Karte geht's Richtung Küche, wo meist in einem Tresen Gerichte ausgestellt sind. Die Portionen in dieser Art von Lokalen sind meist relativ klein, die Preise dementsprechend niedrig. Gelegenheit, zunächst je nach Personenzahl zwei, drei, vier oder mehr Salate sowie vegetarische und tierische Leckereien zu bestellen und bei entsprechendem Appetit jederzeit nachzuordern und Neues zu probieren. Alles wird über den Tisch verteilt, jeder Gast hat ein eigenes, noch leeres Tellerchen vor sich.

Niemand erwartet hier, dass man viel Fleisch und Fisch bestellt – obwohl Griechen beides gern zusätzlich kiloweise auf großen Platten bestellen, auch wenn keiner mehr richtig Hunger hat. Der Nachtisch kommt meist auf Kosten des Hauses und gibt Gelegenheit, mit den süßen Seiten der griechischen Küche Bekanntschaft zu schließen. Mit mehr als 25 Euro pro Person schlägt ein Besuch in der Ouzeri, im Tsipourádiko oder im Mezedopolío selten zu Buche, aber man hat urgriechisch gespeist.

Manchmal finden sich in Lokalen dieses Typs, aber auch in Kaffeehäusern, Bars, Tavernen und Restaurants *pikilía* auf der Karte. Dabei handelt es sich um eine Art gemischte Vorspeisenplatte. Die Qua-

Pasten, Gemüse, Fleischgerichte, Hackfleischbällchen oder Spießchen – die Auswahl an mezé ist groß. Köstlich auch der gekonnt zubereitete Oktopus, der dann nichts mit den Gummitieren zu tun, die man manchmal vorgesetzt bekommt.

lität ist recht unterschiedlich, meist jedoch gering: Kartoffelsalat und Russischer Salat, Ei, Cocktailwürstchen, Hackfleischbällchen, Saubohnen und kalte gefüllte Weinblätter, vielleicht garniert mit einigen Scampi und frittierten Fischchen. Besser ist ein leider nur selten angebotenes *mezé*: Hierbei handelt es sich um eine Abfolge kalter und warmer Gerichte, auf kleinen Tellerchen serviert.

Makedonien spezial

Wer gern scharf isst, wird insbesondere auf den Ägäischen Inseln verzweifeln, in Makedonien jedoch glücklich werden. Die makedonische Küche gehört eindeutig zu den besten Griechenlands, denn es werden mehr Kräuter und Gewürze eingesetzt als im südlichen Hellas und die Gerichte sind einfach besser abgeschmeckt. Gemahlene rote Chilischoten *(boúkowo)* stehen manchmal zum Nachschärfen auf dem Tisch, sehr scharfe gebratene grüne Pfefferschoten sind als *kafterí piperjá* fast überall als Beilage zu bestellen. Eine Köstlichkeit ist der *chtipití*, ein pürierter, immer mit viel Knoblauch und etwas Chili geschärfter *Féta*-Käse. Wer sich nicht mit Cholesterinproblemen beschäftigen muss und Fleisch mag, wird *falsétta* schätzen, gegrillten oder gebratenen Bauchspeck vom Schwein.

Eine typische Süßspeise Makedoniens ist *chalwás*, dessen wesentliche Zutat Mandeln oder Sesam sind. Man bekommt es warm als Nachspeise oder als Fastengericht oder kann es in lange haltbarem Zustand in Geschäften und auf Märkten als eine Art ›türkischen Honig‹ kaufen.

Viel mehr als nur Bauernsalat

Schließlich kennt man auch beim Salat eine sonst in Hellas unübliche Variante: den *pikantík* oder *pikantikí*, einen überwiegend aus Weißkohl und Möhren bestehenden, ganz leicht säuerlichen Salat, der ebenfalls mit etwas Chili abgeschmeckt ist. Den bestellen unter Touristen nur Landeskenner. Die anderen essen, was sie vom Griechen aus ihrer Heimat kennen: den »Griechischen Salat« oder auch »Bauernsalat«, den *choriátiki*. Das ist ein gemischter Salat mit einer Scheibe Ziegenkäse, dem richtig wie »fätta« ausgesprochenen Féta.

Schade drum, denn die Auswahl an teils für uns ungewöhnlichen Salaten ist groß. Überall erhältlich ist der *chórta*, ein Salat aus blanchierten grünen Blättern von Wildpflanzen, meist Mangold, manchmal auch Huflattich oder Löwenzahn. Olivenöl und Zitrone nehmen ihm seine Bitterkeit. Noch spezieller ist der *krítama* aus nur wild wachsendem Meerfenchel. Er wird im Mai oder Juni geerntet, frisch gegessen oder für den Rest des Jahres in Salz eingelegt und ebenfalls mit Olivenöl und Zitrone serviert.

Auch Rote Bete erreicht in Griechenland neue Dimensionen. Als *patsária* kommt sie auf den Tisch. Hier ist sie keineswegs säuerlich. Oft samt Blättern gekocht und wieder abgekühlt, wird sie fast immer mit *skordaljá* serviert, einem meist hausgemachten Kartoffel-Knoblauch-Püree. ■

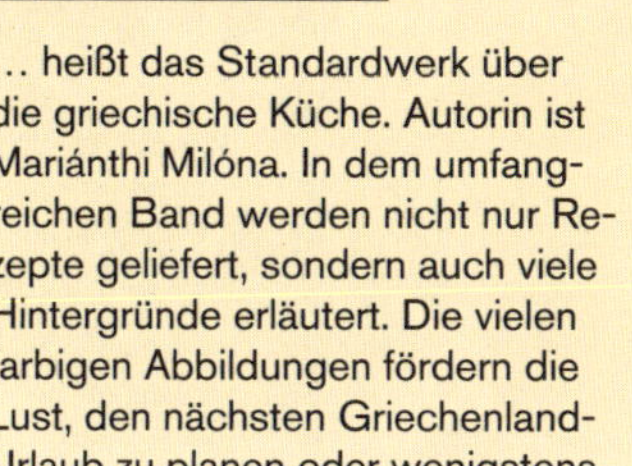
C

CULINARIA GRIECHENLAND ...

... heißt das Standardwerk über die griechische Küche. Autorin ist Mariánthi Milóna. In dem umfangreichen Band werden nicht nur Rezepte geliefert, sondern auch viele Hintergründe erläutert. Die vielen farbigen Abbildungen fördern die Lust, den nächsten Griechenland-Urlaub zu planen oder wenigstens dem leckeren Griechen um die Ecke einen Besuch abzustatten.

Kunst aus Kieseln: Das Mosaik im Bankettsaal eines antiken Stadthauses in Pélla schuf ein Künstler Ende des 4. Jh. v. Chr. Selbstbewusst hat er signiert: »von Gnosis gemacht«.

Reise durch Zeit & Raum

Multikulti — Seit 1700 Jahren ist Thessaloníki Metropole des Balkans, seit über 1000 Jahren der Áthos Pilgerziel aller Orthodoxen. Jetzt hat die Chalkidikí auch für Osteuropäer als Badewanne Bedeutung erlangt.

Die Griechen kommen

8. Jh. v. Chr.–348 v. Chr.

Die ewig gleichen Gründe machten auch viele Griechen in archaischer Zeit zu Migranten: Überbevölkerung, soziale Spannungen und Verarmung. Nur verbrämte man den Fluchtgrund und nannte die Weggeschickten »Kolonisatoren«. Anders als Migranten heute kam man wie der weiße Mann in Amerika nicht mit friedlichen Absichten, sondern tötete oder versklavte die thrakische Urbevölkerung.

Namensgebende Neusiedler aus dem Stadtstaat Chálkis auf der Insel Euböa (Évia) und von dessen kykladischer Nachbarinsel Ándros machten den Anfang. Als der Perserkönig Xerxes zu Beginn des 5. Jh. mit seinen Heerscharen an der Chalkidikí vorüberzog, standen da schon etwa 40 griechische Städte. Nachdem die Athener die Perser in den Perserkriegen (490–479 v. Chr.) endgültig aus Europa vertrieben hatten, wurden sie selbst zur Bedrohung der Freiheit. Die Städte der Chalkidikí schlossen sich zum Chalkidischen Bund zusammen und gründeten gemeinsam eine neue Metropole.

Zum Anschauen:
Ólinthos, S. 106

Held oder Schlächter? – Alexander

348–146 v. Chr.

Direkte Nachbarn der Chalkidiker waren die Makedonen. Deren Könige regierten ihren Flächenstaat nicht von einer Hauptstadt aus, sondern zogen wie später Karl der Große von Pfalz zu Pfalz. Einem von ihnen, Philipp II., gelang es, weit ins klassische Griechenland vorzudringen und das in Stadt- und Inselstaaten zersplitterte Land unter seiner Herrschaft zu einen, Chalkidikí inklusive. Seinem Sohn Alexander waren noch stärkere Eroberergene eigen: Er brach 332 v. Chr. zur Welteroberung auf und drang bis nach Indien vor. Weil er auch griechisches Kultur- und Gedankengut im Gepäck hatte, sehen ihn fast alle Griechen und viele unkritische Historiker als Helden und nennen ihn den »Großen«. Die Zahl seiner Opfer hat niemand gezählt.

Nach Alexanders frühem Tod (322 v. Chr.) zerfiel sein Reich in mehrere Satrapenreiche, darunter Makedonien. Dessen König Kassándros gründete 315 v. Chr. eine Stadt und benannte sie nach seiner Frau Thessalonike. Schon bald aber tauchte eine neue Macht am Horizont auf: Rom.

Zum Anschauen:
Vergína, S. 181

Aufstieg einer Stadt

168 v. Chr.–330 n. Chr.

Die Römer machten dem makedonischen Königtum 168 v. Chr. ein Ende, 22 Jahre später ernannten sie Thessaloníki zur Hauptstadt ihrer neuen Provinz Macedonia. Cicero lebte hier einige Zeit in der Verbannung. Der Apostel Paulus kam vorüber und gründete eine christliche Gemeinde, an die er seine neutestamentarischen Briefe an die Thessalonicher schrieb. Auch in Véria predigte er. Die Chalkidikí unterwanderte Paulus dem Volksglauben nach zwischen Ierissós und Néa Potídea auf wundersame Weise (s. S. 20).

Mindestens ebenso bedeutsam für die Geschichte Thessaloníkis wurde später der römische Kaiser Galerius. Im Rahmen der ersten römischen Tetrarchie wurde er zunächst für den Osten des Reiches zuständiger Mitkaiser (Caesar), ab etwa 305 herrschte er dann sogar als Kaiser (Augustus). Er machte Thessaloníki zu einer seiner Residenzstädte. Auf sein Konto gehen einige der heutigen Hauptsehenswürdigkeiten in der Stadt. Aber schon 330 erhob sein Nachfolger Konstantin I. Konstantinopel zur alleinigen Hauptstadt des (Ost) römischen Reichs.

Zum Anschauen:
Kaiserpalast, Galerius-Bogen und Rotónda in Thessaloníki, S. 140

Zwei schlimme Feinde

330–1430

Konstantin I. bekannte sich auf seinem Sterbebett zum Christentum, das Paulus und seine Apostelkollegen ins Land gebrachten hatten. 65 Jahre später war es schließlich so weit: Der junge Glaube wurde zur Staatsreligion. Während das einst übermächtige Athen zum Provinznest verkümmerte, stieg Thessaloníki zur zweitgrößten Stadt des Byzantinischen Reiches auf. Zahlreiche prächtige Kirchen entstanden, ab 963 entwickelte sich die Áthos-Halbinsel dann zu einem geistigen Zentrum der Orthodoxie. Nur Andersgläubige stellten eine Gefahr dar. 904 erstürmten muslimische Sarazenen (Araber) Thessaloníki und verschleppten 22 000 seiner Bewohner in die Sklaverei. Römische Katholiken, als Kreuzritter »getarnt«, eroberten 1204 die Reichshauptstadt Konstantinopel und weite Teile Griechenlands. Schon ein Jahr später übernahm der Kreuzritter Bonifatius von Montferrat aus dem heutigen Piemont die Herrschaft über die Stadt und auch über die Chalkidikí. 1261 wurde beides wieder byzantinisch, doch das währte nicht lange, schon 1430 eroberten die Türken die gesamte Region und setzten 1453 mit dem Fall Konstantinopels dem Byzantinischen Reich ein Ende.

Zum Anschauen:
Museum der Byzantinischen Kultur in Thessaloníki, S. 150

Das Leiden Christis verbildlicht auf dieser Ikone aus dem 14. Jh. im Kloster Megálo Metéoron

Multikulti-Metropole

1430–1912

Für Thessaloníki waren die guten Zeiten mit dem Einmarsch der Türken keineswegs vorbei. Zwar verließen viele Griechen die Stadt, doch dafür wurden hier türkische Familien neu angesiedelt. Schon kurz darauf schenkte der türkische Sultan vielen von den Christen verfolgten Juden eine Green Card: Erst siedelte er (1470) etwa 1000 aschkenasische Juden aus Bayern und Ungarn hier an, zwei Jahrzehnte später (1492) über 15 000 sephardische Juden aus Spanien, Portugal und Italien. Sie brachten Geld, Wissen und handwerkliche Fähigkeiten mit, bescherten der osmanischen Wirtschaft einen gewaltigen Aufschwung. Vor allem türkische Siedler führten auf der Chalkidikí die Seidenraupenzucht und den Tabakanbau ein und intensivierten die Silbergewinnung im Gebiet von Stágira. Zahlreiche Nationen eröffneten seit dem 18. Jh. in Thessaloníki Konsulate, gründeten Handelshäuser – die Metropole am Thermäischen Golf war rundum kosmopolitisch geworden. Während Südgriechenland, der Peloponnes und die Kykladen als neuer Staat Griechenland nur mühsam auf die Beine kamen, florierte Thessaloníki als bedeutendste Stadt des Balkans. Im Zuge der Industrialisierung wuchs die Bevölkerung von 70 000 Menschen im Jahr 1841 auf 160 000 im Jahr 1900 an. Als das neue Griechenland sich dann 1912 Thessaloníki und die Chalkidikí einverleibte, waren die wenigsten Einheimischen darüber erfreut: Über die Hälfte von ihnen waren Ladino sprechende Juden, Türken stellten die zweitstärkste Bevölkerungsgruppe. Nur die 30 000 Griechen der Stadt und sicherlich auch die Áthos-Mönche – fühlten sich befreit.

Zum Anschauen:
Café-Bar Aígli, S. 169, und Museum des Jüdischen Lebens in Thessaloníki, S. 151

Kriegerische Jahrzehnte, erster Teil

1912–1925

Auch bulgarische Truppen waren 1912 Richtung Thessaloníki marschiert, doch die Griechen kamen ihnen um ein paar Tage zuvor. Das kam bei Ersteren gar nicht gut an, denn auch sie wollten sich eigentlich ganz Makedonien einverleiben. Durch geschicktes Taktieren gewann Griechenland weitere Gebiete. Nach heftigen innergriechischen Auseinandersetzungen trat Griechenland im November 1916 aufseiten der Alliierten in den Ersten Weltkrieg ein, den die Türkei aufseiten der Achsenmächte führte. Thessaloníki wurde zu einem riesigen Heerlager für die Versorgung der Truppen an der Balkanfront, Verletzte wurden hier behandelt und Zehntausende gefallene Soldaten von allen fünf Kontinenten beigesetzt.

Als Belohnung für die Unterstützung erhielt Hellas 1919 durch das Abkommen von Neuilly West-Thrakien. Im Folgejahr wurden Griechenland die Souveränitätsrechte über Ost-Thrakien und die kleinasiatische Region von Smírna (Izmir) zugesprochen, sofern dies die örtliche Bevölkerung nach fünf Jahren per Volksabstimmung bestätigen würde.

Die Griechen wollten nicht so lange warten. 1920/21 besetzten sie Ost-Thrakien und versuchten, von Smírna aus nach Ankara vorzustoßen. Von den Alliierten, die inzwischen die geostrategische Bedeutung der Türkei erkannt hatten, allein gelassen, mussten die Griechen 1922 eine Niederlage durch die Türken unter Kemal Atatürk einstecken. Zahllose kleinasiatische Griechen flüchteten ins Mutterland. 1923 besiegelte der Vertrag von Lausanne einen groß angelegten »Bevölkerungsaustausch« zwischen Griechenland und der Türkei. Alle Türken wurden aus Makedonien vertrieben, fast alle Griechen aus Kleinasien und von der Schwarzmeerküste. Ihretwegen mussten die Áthos-Klöster nun große Teile ihrer Ländereien auf der Chalkidikí abgeben, auf denen dann vertriebene Griechen aus Kleinasien angesiedelt wurden. All die chalkidischen Dörfer mit dem Wort »Néa« im Namen entstanden in dieser Zeit.

Zum Anschauen:
Soldatenfriedhof in Thessaloníki, S. 149,
Sárti auf der Sithonía, S. 76

Kriegerische Jahrzehnte, zweiter Teil

1940–1949

Seit 1919 bestand Griechenland nun etwa in seinen heutigen Grenzen. Nur Rhodos und die anderen Inseln des Dodekanes waren seit 1912 fest in italienischer Hand. Im Oktober 1940 trachtete Benito Mussolini danach, sich ganz Griechenland einzuverleiben, und ließ seine Truppen von Albanien aus einen Angriff starten. Die Griechen schlugen die Italiener zurück, Adolf Hitler sah sich zum Einschreiten genötigt. Die großdeutschen Truppen besetzten das Land binnen weniger Monate. Nur in Teilen der Chalkidikí, in Ost-Makedonien und West-Thrakien überließen sie das grausame Geschäft den mit ihnen verbündeten Bulgaren, die sich so für ihr Zuspätkommen 1912 rächen konnten.

In Thessaloníki, Véria und vielen anderen Städten Griechenlands wurde die jüdische Bevölkerung von den Großdeutschen in Konzentrationslager deportiert und größtenteils ermordet. Nach dem Abzug der Wehrmacht im Oktober 1944 war es mit dem Krieg aber noch längst nicht vorbei. Es gab zwei Gruppierungen von Partisanen im Land: bürgerliche und kommunistische. Die lieferten sich jetzt mit jeweiliger Unterstützung der sie favorisierenden Großmächte Russland, USA und Großbritannien einen erst 1949 beendeten Bürgerkrieg, der unter den Griechen mehr Tote forderte als der Zweite Weltkrieg. Versöhnt haben sich beide Parteien bis heute nicht – darum wird der Bürgerkrieg um des lieben Friedens willen in griechischen Schulbüchern kaum erwähnt.

Misslungener Neustart

1949–1974

Noch vor Deutschland wurde Griechenland 1953 in die NATO aufgenommen, neun Jahre später mit der 1957 gegründeten Europäischen Wirtschaftsgemeinschaft EWG assoziiert. Innenpolitisch blieb das Land stark zerrüttet. Als es nach dem Geschmack der bürgerlichen Rechten zu sehr nach links abzudriften drohte, putschte das Militär. Obristen unter Geórgios Papadópoulos errichteten eine blutige Diktatur – zumindest durch die USA und die westlichen Demokratien geduldet. Studentenunruhen an der Universität Polytechníon in Athen im November 1973 wurden gewaltsam niedergeschlagen. Nach einem von den Obristen organisierten Militärputsch auf Zypern, der zur türkischen Invasion der Insel führte, trat die Junta im August 1974 zurück.

Anschauen:
Eptapirgío in Thessaloníki, S. 147

Versäumte Reformen

1974–2009

Schon drei Monate nach dem Ende der Militärjunta kam es zu Neuwahlen. Stärkste Parteien wurden zwei neu gegründete westlichen Typs, die sozialdemokratische PASOK und die konservative Néa Dimokratía (ND). Die Konservativen gewannen und stellten mit Konstantínos Karamanlís den ersten Ministerpräsidenten. Erst 1981 kam mit Andréas Papandréou erstmals ein Sozialdemokrat an die Regierung. Im gleichen Jahr wurde Griechenland Vollmitglied der Europäischen Gemeinschaft (EG). 2002 war Griechenland dann – auf der Grundlage für jeden erkennbar gefälschter Wirtschaftsdaten – bereit zur vor allem von der europäischen Großindustrie gewünschten Einführung des Euro.

Der Syntagma-Platz in Athen ist Sinnbild griechischer Proteste geworden. Menschen strömen hierher, um ihre Stimmen gegen den Kurs der Regierung in der Griechenlandkrise zu erheben.

Umfangreiche Fördermittel der EU flossen ins Land und wurden größtenteils wenig nachhaltig investiert.

Anschauen:
Straßenlaternen, Brunnen und Pflasterung auf vielen Dorfplätzen, z. B. in Pefkochóri/ Kassándra, S. 30

Krísis ohne Ende?
2009 bis heute

Im Jahr 2009 übernahm wieder einmal die PASOK unter Geórgios Papandréou, Sohn des Ex-Premiers Andréas Papandréou, die Regierungsgeschäfte. Beim Blick in die Bücher überkam ihn das Grauen: Griechenland war hoffnungslos überschuldet. Nachdem er die tatsächliche Staatsverschuldung öffentlich bekanntgemacht hatte, war das Land nicht länger kreditwürdig. Die Länder der Euro-Zone, die EZB und der IWF spannten ihren Rettungsschirm auf, der vor allem dazu diente, dass Griechenland Zinsen und Tilgungen für seine Kredite an die großen Banken der westlichen Welt zurückzahlen konnte. Als Gegenleistung dafür wurden zahlreiche Einschnitte in die Sozialleistungen, Rentenkürzungen und Steuererhöhungen verlangt und durchgesetzt. Selbst das 2015 an die Regierung gelangte Linksbündnis SYRIZA unter Aléxis Tsípras musste sich dem Druck beugen. Strukturveränderungen in Justiz und Verwaltung sowie Wirtschaftsförderungsmaßnahmen aber blieben aus. Verarmung, Arbeitslosigkeit und Abwanderung vor allem junger Akademiker ins Ausland waren die Folge. Erst 2018 war Hellas wieder international kreditwürdig, die Krise 2019 überwunden. Seit 2019 ist Kyriakos Mitsotakis (ND) mit kurzer Unterbrechung Ministerpräsident.

2020 kam Corona und ließ die Urlauber ausbleiben. 2023 sah man dann aber mehr ausländische Gäste als je zuvor.

Eine fortwährende Herausforderung seit 2015 stellen die Flüchtlinge dar, die Griechenland auf Wunsch der EU in seinen Hot Spots verwahren muss, ohne dass die mittel- und nordeuropäischen Nutznießer dafür angemessen zahlen.

Anschauen:
Djam (2018, Film von Tony Gatlif); kein Knüller wurde die Verfilmung des Buches von Yánis Varoufákis durch Costas Gavras (2019)

Die himmlische Gemeinde

Einblicke in die orthodoxe Glaubenswelt verschafft ein Besuch in der Kirche Agía Sofía in Thessaloníki.

In Fleisch und Blut – 97 Prozent aller Griechen sind griechisch-orthodox getauft. Nicht alle sind Kirchgänger, viele kritisieren die Institution der Kirche. Aber die orthodoxe Weltsicht teilen sie dennoch – gewachsen durch die enge Verbindung zwischen Kirche, nationaler Identitätsfindung, Staat und Schule.

›Raum‹ und ›Zeit‹, das sind nur menschliche Hilfskonstruktionen, um die mystische Wahrheit, die von Ewigkeit zu Ewigkeit währt – also ohne alle Zeit auskommt –, in dem Menschen verständliche Koordinaten zu zwängen. So jedenfalls versteht es die orthodoxe Theologie. Ihre Kirche beteiligt sich kaum an der Diskussion um die historische Person des Jesus von Nazareth. Gelegenheiten für Fremde, diese Raum- und Zeitlosigkeit nachzuvollziehen und zu erleben, sind die Ikonen und Wandmalereien sowie der orthodoxe Gottesdienst.

Ikonen sind einfach überall

Sie hängen in Kirchen und Klöstern, in Bussen und Privatautos, auf Schiffsbrücken, an Hotelrezeptionen, in Cafés, Amtszimmern, Bars und Privatwohnungen. Die Darstellung von Heiligen und biblischen Ereignissen auf Tafelbildern – im orthodoxen Raum Ikonen genannt – findet man in Griechenland fast überall.

Griechen jeden Alters gehen morgens vor Arbeitsbeginn kurz in eine der vielen geöffneten Kirchen, um den in ihren Ikonen anwesenden Heiligen Kerzen zu entzünden, sich vor ihren

O

WORAN SIE ORTHODOXE CHRISTEN ERKENNEN

Erstens: In orthodoxen Kirchen sucht man Weihwasserbecken, Beichtstühle und Orgeln vergeblich.
Zweitens: Frauen sind weder als Priester noch als Ministranten oder *psáltes* zugelassen, Priester sollen aber verheiratet sein.
Drittens: Wer genau hinschaut, sieht, wie die Gläubigen das Kreuz schlagen – Daumen-, Zeige- und Mittelfinger sind ausgestreckt, Ring- und kleiner Finger angelegt. Dies gilt als Bekenntnis zur Dreifaltigkeit Gottes und Anerkenntnis der beiden Naturen Christi, also der menschlichen und göttlichen zugleich. In frühchristlicher Zeit waren beide Aussagen von Häretikern infrage gestellt worden. Die richtige Art, das Kreuz zu schlagen, bekräftigt also die Rechtgläubigkeit.

Bildnissen zu bekreuzigen und diese zu küssen. Gebete werden auf Zetteln niedergeschrieben, vor Ikonen deponiert, damit sie vom Heiligen länger wahrgenommen werden. An Ikonen, die als wundertätig gelten, befestigt man zur Unterstützung des Gebets kleine Votivtafeln. Sie zeigen den Körperteil, dessen Genesung man erbittet, bilden den geliebten Menschen oder das Tier ab, für dessen Wohl man betet, oder vergegenwärtigen sogar das Objekt ganz weltlicher Begierde, etwa ein Haus, ein Motorrad oder ein Auto. Hat der Heilige ein Gebet erhört, wird er aus Dankbarkeit beschenkt. Man stiftet ihm Schmuck oder Armbanduhren und befestigt die Geschenke an seiner Ikone. Ebenso kann man auch die ganze Ikone oder Teile von ihr mit einem wertvollen Kupfer- oder Silberüberzug bedecken lassen, dem sogenannten *oklad.* Oder man stiftet einen Bilderstock, der vor der Kirche oder am Rand einer Landstraße platziert wird – zu kaufen gibt es sie in regelrechten Bilderstock- und Kapellensupermärkten.

In den Ikonen ist der Heilige nicht profan-körperlich präsent, wohl aber auf mystische Weise, spirituell. Deswegen können Ikonen Wunder bewirken und werden so verehrt. Sie verbinden den Menschen mit jener anderen Welt. Die Bilderwände in den Kirchen – im Westen Ikonostasen, in Griechenland *témplon* genannt – empfindet man daher nicht als Trennwände zwischen Altarraum und versammelter Gemeinde, sondern als Brücken: Die an ihr angebrachten Ikonen leiten sichtbar in die unsichtbare wahre Welt über, von der die uns verständliche Welt nur ein winziger Ausschnitt ist. Weil der Heilige in seiner Ikone stets gegenwärtig ist, wird er als Ikone bei Prozessionen durch die Gassen, über Felder und in Olivenhaine getragen: Er soll sie an Ort und Stelle segnen.

Höllenfahrt als Auferstehung

Zeit und Raum gelten nichts. In Form von Ikonen und Wandmalereien können Heilige gleichzeitig an allen Orten der Erde und bei Gott sein. Und sie erheben scheinbar singuläre Ereignisse in den Stand überall und immer geltender Wahrheiten. Auch Materielles bedeutet nichts: Es ist einerlei, ob eine Ikone 1000 Jahre alt oder funkelnagelneu ist, ob sie mit Ei-Tempera und Blattgold oder mit Wasserfarben geschaffen wurde. Fehlt das Geld für gemalte Ikonen, bieten billige Drucke einen guten Ersatz. Sogar 3D-Postkarten mit dem Bildnis Marias werden geküsst und verehrt. Und die Gleichgültigkeit gegenüber der Materie erlaubt es, Wandmalereien rund um Sicherungskästen, Lichtschalter und andere profane Gegenstände anzubringen, eben so, wie der Platz im Haus es ermöglicht.

Neben Heiligenikonen gibt es solche, die biblische Ereignisse darstellen. Im Westen werden szenische, meist in Form von Freskenzyklen präsente Illustrationen zumindest heute als eine Art ›Armenbibel‹ interpretiert, die dem einfachen Volk fromme Geschichten erzählen sollten. In der Ostkirche haben diese Darstellungen eine ganz andere Funktion. Sie vergegenwärtigen ewige Wahrheiten, keine singulären historischen Ereignisse. Bei der Darstellung der Genesis ist nicht wichtig, dass Gott einmal die Welt geschaffen hat – Ikone oder Wandmalerei zeigen, dass er der Schöpfer ist. Bei der Darstellung von Jesu Geburt ist nicht dieses Ereignis an sich bedeutend, sondern der Umstand, dass diese Geburt den Tod überwunden hat (weswegen die Ikonen auch nicht den Stall von Betlehem zeigen, sondern eine dunkle Höhle als Symbol des Todes). Die Auferstehung Jesu wird in der Ostkirche in Form seiner Höllenfahrt gezeigt, bei der er Adam und Eva stellvertretend für die ganze Menschheit vom Tode erlöst: Wichtig ist nicht, dass Jesus gestorben und einmal auferstanden ist, sondern dass er damit den Menschen ein immerwährendes Versprechen gibt.

Die Gemeinde schweigt

Wer mag, nehme ruhig einmal für ein paar Minuten an einem orthodoxen Gottesdienst teil. Aufsehen und Ärger erregt das kaum, denn es herrscht ohnehin ein reges Kommen und Gehen. Priester und Diakone zelebrieren die ›heilige Liturgie‹ zusammen mit den *psáltes,* die für den Sprechgesang zuständig sind. Die Gemeinde murmelt allenfalls ein Amen und bekreuzigt sich häufig. Wie die heiligen Bilder in der Ostkirche eine ganz andere Funktion erfüllen als in unseren Kirchen, ist auch der orthodoxe Gottesdienst anders. Er dauert meist zwei bis drei Stunden, doch kaum ein Besucher bleibt die ganze Zeit. Eine Kanzel ist zwar vorhanden, gepredigt wird aber bestenfalls von Bischöfen. Der Gottesdienst gilt ja auch nicht der Belehrung der Gemeinde. Er ist vielmehr ein Ausschnitt aus der himmlischen Liturgie, die in der Nähe Gottes unentwegt zu seinem Lobe zelebriert wird. In der Kirche hat der Mensch Anteil an diesem jenseitigen Endlos-Event, denn sie ist so etwas wie die Botschaft des Himmels auf Erden – exterritoriales Gebiet sozusagen, in dem andere Gesetze als draußen herrschen. Die Heiligen sind in Form der Ikonen und Wandmalereien präsent, der Mensch wird dadurch zum Teil der himmlischen Gemeinde. ■

Ein orthodoxer Gottesdienst dauert ewig. Doch niemand erwartet, dass man die ganze Zeit bleibt.

»Meer, meine Mutter, mein Schicksal in Blau«

Im Gespräch mit Felix Leopold — Der gebürtige Deutsche lebt in Thessaloníki und hat sich der griechischen Musik verschrieben. Seit Jahren schlägt er mit seinem Bühnenprogramm ›Liederlyrik in zwei Sprachen‹ die Brücke zwischen griechischer Lyrik und einem deutschen Publikum.

Die griechische Musik hat auch bei uns viele Anhänger. Jeder glaubt, sie zu kennen – und kaum einer versteht die griechischen Texte. Man wird über den Klang zum Fan.

FL: Auch Rock und Blues haben einen riesigen Fankreis, obwohl kaum jemand die Texte versteht. Text und Gesang sind nur Teil des Gesamtarrangements, das Assoziationen und Gefühle erzeugen muss, um erfolgreich zu sein. Die Andersartigkeit der griechischen Musik ist historisch begründet. Denn wie auch der Blues verwendet sie mit der Zeit gewachsene Tonleitern und Rhythmen und ein unverwechselbares Führungsinstrument. Allein der Klang der Bouzoúki im Sirtáki-Takt reicht aus, schöne Erinnerungen an Sonne und Strand zu wecken.

Wie bist du zur griechischen Musik gekommen?

FL: Als ich 1984 meine Frau Anastasia aus Thessaloníki kennenlernte, hörte ich zum ersten Mal griechische Lieder, ohne vorher jemals in Griechenland gewesen zu sein. Es waren außerhalb Griechenlands relativ unbekannte Titel der damaligen Liedermacher- und Rockszene. Mir fiel sofort auf, dass Arrangement und Interpretation sehr stark den Text unterstützten. Das machte mich hellhörig. Gelangweilt von der deutschen Liedermacherszene und der Aussagelosigkeit der international gefeierten Rockstars, war ich ohnehin auf der Suche nach neuen Ideen, die Welt zu verstehen. Und diese Neugier hat auch dazu geführt, dass ich sofort begann, griechisch lesen und schreiben zu lernen.

Mir scheint, dass Texte für die griechische Musik in der Regel eine weit wichtigere Rolle spielen. Sind auch hier die Themen ›Liebe‹ und ›Verlangen‹ dominierend?

FL: Im Griechischen gibt es zwei verschiedene Worte für Liebe. Αγάπη *(agápi)* ist die Liebe zwischen Partnern, Freunden, Familie, deren ›Verlangen‹ die Gemeinsamkeit ist. Έρωτας *(érotas)* ist die Liebe, die auch einem sexuellen Verlangen folgt. Und weil die Liebe in all ihren Erscheinungen eine uns Menschen treibende Kraft ist, spielt sie in Liedern auch eine entscheidende Rolle. Es ist aber nicht unüblich, in ein Liebeslied gesellschaftspolitische Kritik einzuflechten. Das halte ich für logisch, denn oft sind es ja äußere gesellschaft-

liche und politische Umstände, die uns daran hindern, unser Verlangen nach Gemeinsamkeit zu leben.

Die Begriffe erimiá und monaxiá scheinen mir in griechischen Texten besonders häufig verwendet zu werden. Täuscht mein Eindruck?

FL: Ερημιά *(erimiá)* ist eine von Menschen unbewohnte Gegend, ηρεμία *(iremía)* die Stille, die Ruhe und μοναξιά *(monaxiá)* die Einsamkeit. Alle drei beschreiben den Antipoden zur menschlichen Gemeinsamkeit. Ob wir uns nach Einsamkeit oder nach Gemeinsamkeit sehnen, hängt immer davon ab, in welcher Situation wir uns gerade befinden und unter was wir gerade leiden. Und das Leiden als emotionale Kraft spielt in den griechischen Liedern wirklich eine große Rolle. Es gilt als eine emotionale Kraft, aus der Neues entsteht. Leiden erzeugt Sehnsucht, und Sehnsucht macht uns aktiv. Schließlich wollen wir erreichen, wonach wir uns sehnen. Und das Ergebnis ist dann zum Beispiel, dass ein von Liebesgram geplagter Mann sich auf dem Dorfplatz das Leid von der Seele tanzt.

»Das Leiden als emotionale Kraft spielt in den griechischen Liedern eine große Rolle.«

Sind griechische Texte poetischer als deutsche?

FL: Die Poesie kommt bei der Beschreibung sinnhafter Zusammenhänge zwischen Gefühlen und dem aktiven Leben ohne Metaphern nicht aus. Doch die müssen richtig gesetzt werden. Das ist harte Arbeit. Das Schreiben und auch das Verstehen von Lyrik und Liedtexten hat nur selten etwas mit Spontankreativität zu tun. Wenn also, sei es aus Unfähigkeit oder aus Faulheit, auf der einen Seite der Texter sich mit billigen Herz-Schmerz-Formulierungen zufrieden gibt oder auf der anderen Seite der Zuhörer sich verweigert, weil er sich mit besseren Texten nicht beschäftigen kann oder will, dann entsteht Kitsch. Das gilt

Rembétiko und Éntechno, Mikís Theodorákis und Vasilis Papakonstantinou – wer den Lied- und Textinterpretationen Felix Leopolds lauscht, kommt der griechischen Seele näher.

übrigens auch für griechische Texte, denn auch in Griechenland gibt es den Begriff ›Kitsch‹.

Als Beispiel einer sehr gelungenen Metaphorik fällt mir sofort ein wunderschönes Lied des Rockmusikers Lavréntis Machairítsas aus Vólos ein: »Μάτια δίχως λογική«. In ihm vergleicht er die dunklen Augen seiner ehemals Geliebten mit einem alten, dem Zusammenbruch nahen Haus, das voller Geschichten und Liebe steckt und heute den Obdachlosen und den hungrigen Kindern Zuflucht bietet.

Wer sich mit griechischer Musik beschäftigt, kommt an den Rembétika nicht vorbei. Warum werden sie in Griechenland auch von den Besitzenden geliebt und mitgesungen?

FL: Der Rembétiko ist der einzige mir bekannte Musikstil, der untrennbar an ein historisches Großereignis gebunden ist. 1922 wurden weit über 1 Mio. Griechen aus den westlichen Gebieten des Osmanischen Reiches nach Griechenland zwangsumgesiedelt. Zu dieser Zeit war in Griechenland nahezu jeder fünfte Mensch ein Flüchtling. Über die Konsequenzen dieser Vertreibung, die bis in die letzten Winkel des Alltags reichten, erzählt der Rembétiko. So wurde er zu einem künstlerischen Chronisten des gesellschaftlichen Umgangs mit dieser historischen Begebenheit.

Zu Beginn dienten die in einer Slangsprache gesungenen Lieder als geheime Kommunikationsmittel. In den griechischen Hafenkneipen warnten die Rembétes sich so vor den Polizisten. Als die Herrschenden diesen Trick erkannten, wurde den Rembétes das Singen ihrer Lieder verboten. Inzwischen hatten sich jedoch Musiker etabliert, die nicht verhungern wollten. Sie mussten also zuerst einmal die Texte etwas gesellschaftsfähiger gestalten, um zumindest ihre Musik authentisch weiterspielen zu können. So wurden Plattenfirmen und Veranstalter auf diesen kraftvollen Musikstil aufmerksam und Schritt für Schritt ging es für den Rembétiko von den Hafenkneipen in die Restaurants und Salons der feinen Gesellschaft. Heute regt sich über die alten Haschlieder niemand mehr auf. Im Verhältnis zu den derzeitigen Problemen muten die ja fast schon wie Kinderlieder an.

Du singst bei deinen Konzerten viele griechische Lieder mit von dir selbst übersetzten Textversionen. Sind deine Zuhörer oft von diesen Texten überrascht? Gängige Versionen großer Songs z. B. von Theodorákis und Chatzidákis haben ja in deutschen Übersetzungen ganz andere Inhalte als im Griechischen.

FL: Diese gängigen Versionen großer Theodorákis- und Chatzidákis-Lieder wurden von Nana Mouskouri und Vicky Leandros gesungen. Warum die deutschen Texte den Inhalt der Originale so konsequent ignoriert haben, muss man die zuständigen Produzenten fragen. Unglücklich bin ich darüber vor allem deshalb, weil diese Adaptionen ein Klischee von Griechenland unterstützt haben, das dem Land bis heute schadet. Und außerdem wurde eine große Chance vertan, mit zwei solch grandiosen Interpretinnen eine kulturelle Brücke zu bauen.

In der griechischen Musik wurden häufig Texte großer Poeten vertont, sogar von Nobelpreisträgern. Die Songs werden oft zu regelrechten Gassenhauern, die auch das einfachste Volk mitsingt.

FL: Dass selbst Gedichte von Elýtis, Seféris und Rítsos zu Gassenhauern wurden, ist eindeutig den Komponisten zu verdanken, die es geschafft haben, aus ihnen Lieder zu machen, die sogar Kinder mitsingen können. Bei uns in Thessaloníki werden Kinder regelmäßig abends zum Chorsingen, zu Tanzgruppen und zum Musikunterricht gebracht. Natürlich hören sie so auch die Lieder der großen Poeten. Niemand verlangt von ihnen, sie gleich zu verstehen, aber immerhin kennen sie sie. Und das erhöht die Chance, dass sie sich später mal sehr interessiert auch mit den Texten befassen.

Das ›einfachste Volk‹, das diese Lieder mitsingt, ist vielleicht gar nicht so einfach. Denn du weißt ja selbst, dass viele Taxifahrer, Kellnerinnen und Kioskbesitzer ein Studium hinter sich haben. In Deutschland würde man jetzt wohl sagen, dass sich ja das Studium nicht gelohnt hat. Dazu fällt mir ein, dass es vielleicht diese Vernunfts- und Ergebnisorientiertheit der Deutschen ist, die ein Interesse an den ›brotlosen Künsten‹ und auch eine breite musische Bildung verhindert.

Mir würde es sehr gefallen, wenn sich ein deutscher Maurer nach einem harten Arbeitstag mit seinem schönen, kalten Bier an den Kneipentresen setzt und Rilke-Gedichte liest oder singt. ■

DER LIEDPOET

Felix Leopold, 1962 in Berlin geboren und in Stuttgart aufgewachsen, lebt seit 2000 nahe dem Weißen Turm in Thessaloníki. Im Winter und Frühjahr übersetzt er dort griechische Poesie ins Deutsche. Im Sommerhalbjahr gibt er Konzerte auf der Chalkidikí, oft auch in Tavernen. Im Spätherbst zieht er dann auf Tournee durch Deutschland, Österreich und die Schweiz. An neuen Auftrittsmöglichkeiten dort ist er stets interessiert.
Hörbeispiele und Konzerttermine finden Sie auf www.felix-leopold.com.

Wasser, Wein und Whisky

Ein schlechter Ruf hält sich lange, doch tatsächlich setzen viele Winzer inzwischen auf Qualität beim Keltern griechischen Weins.

Durst löscht man mit Wasser — Das ist doch klar. Alle anderen Getränke bestellt man in Griechenland ihres Geschmacks und vielleicht noch ihrer anregenden oder betäubenden Wirkung wegen.

Mit Wasser *(neró)* will kein griechischer Wirt Geld verdienen – jeder hat schließlich entgegen der Meinung mancher internationaler Großkonzerne ein Grundrecht darauf. In den vielen schicken Cafés Thessaloníkis und der Chalkidikí bekommt der Gast, sobald er Platz genommen hat, zunächst einmal eine Karaffe eisgekühlten Wassers kostenlos auf den Tisch gestellt. Erst danach bringt die Bedienung die Speisekarte und nimmt, wann immer der Gast will, die Bestellung auf. Ebenso ist es in vielen Restaurants und Tavernen. In einfachen Kafenía wird es hingegen nur selten so gehandhabt. Dafür bekommt der Gast zumindest ein Glas Wasser zum Kaffee – und traditionell häufig sogar zu Bier oder Cola. Manchmal stellt der Wirt stattdessen auch eine Flasche Tafelwasser auf den Tisch. Die ist dann entweder im Getränkepreis inbegriffen oder fast so preiswert wie im Supermarkt.

Griechischer Wein

Unter Weinkennern hatte griechischer Wein *(krassí)* noch bis in die frühen 1990er-Jahre hinein einen schlechten Ruf. Inzwischen gibt es jedoch eine ganze Reihe von Weinkellereien, die auf Qualität achten und gute Tropfen hervorbringen. Trockene Weine überwiegen; neben einheimischen Rebsorten werden auch Syrah- und Chardonnay-Trauben angebaut. Viele Restaurants und Cafés sind auf ihre umfangreichen Weinkarten stolz. Neben Flaschenweinen gibt es in den meisten Restaurants und in allen Tavernen offene Weine. Auf der Chalkidikí stehen zwei große Weinkellereien: Domaine Carras und Tsantális. Sogar eine ›Makedonische Weinstraße‹ ist ausgeschildert, wird aber miserabel vermarktet.

Noch ein Wort zum Retsina. Der mit dem Harz der Aleppokiefer gewürzte Weißwein ist eine griechische Spezialität. In Nordgriechenland produziert man den sehr guten Retsina Malamatína und Georgiádis in 0,5-l-Flaschen. Die Großkellerei Tsantális füllt Retsina in 0,7-l-Flaschen ab.

Mit Umdrehung

Wer hätte das gedacht? Der Konsum von Whisky übersteigt in Griechenland den des Anisschnapses Oúzo und des Weinbrands Metaxá bei Weitem. Dennoch: Unter den einheimischen Spirituosen steht der Oúzo an erster Stelle. In Griechenland selbst werden fast 7 Mio. Liter jährlich getrunken, fast 8 Mio. Liter gehen in den Export nach Deutschland. Zwei der fünf größten griechischen Oúzo-Produzenten sind ausländische Konzerne: Die Marke ›Mini‹ gehört Pernod Ricard, der ›Ouzo 12‹ steht unter der Kontrolle von Campari. Wer regional trinken will, wählt den Oúzo ›Tsantális‹, der wird auf der Chalkidikí von einer unabhängigen griechischen Destille produziert.

In Nordgriechenland trinkt man zudem häufig Tsípouro. Im Gegensatz zum Oúzo wird er ausschließlich aus griechischem Weinalkohol gebrannt. Er ist in zwei Varianten erhältlich. Als purer, dem kretischen *rakí* verwandter Tresterschnaps wird er hier auch als »Gráppa« bestellt. Es gibt ihn aber auch wie Oúzo mit Anis und anderen Kräutern gewürzt als *tsípouro me glikánisso*. In vielen Kafenía und Tavernen ist er immer noch als ›Selbstgebrannter‹ erhältlich – mit stark schwankendem Alkoholgehalt.

Übrigens: Die Spirituosenpreise auf den Getränkekarten gleichen den unseren – aber außerhalb der Großhotels werden nicht 2 cl abgemessen, sondern die Gläser nach Gutdünken des Wirts sehr großzügig gefüllt. Dabei fällt auf: Das zweite Glas wird meist voller als das erste. Und das dritte …

Oúzo-Sorten gibt es wie Sand auf der Chalkidíki. Einfach mal probieren, z. B. den Oúzo Plomari aus Lésbos.

Bier made in Greece

Bier *(bírra)* produzieren mehrere Brauereien. Auch die international bekannten Marken Amstel, Heineken und Henninger werden im Lande selbst gebraut. Daneben gibt es auch wieder genuin griechische Biere, z. B. Mýthos, Álfa, Fix oder Mámos. Fassbier erhält man im Sommerhalbjahr überall, sogar auf Weißbier – in Griechenland hergestellt – muss niemand verzichten. Wie vielerorts sind auch griechische Craft-Biere stark im Kommen. Gebraut werden sie in allen Landesteilen. Weit verbreitet sind das Red Donkey von Santorin und das Nísos von der Insel Tínos.

Kaffee ist Kult

Ein Tässchen oder ein Glas Kaffee berechtigt zum stundenlangen Verweilen im Lokal. Statistisch gesehen bleibt jeder Grieche 93 Minuten bei einer einzigen Bestellung sitzen – das rechtfertigt die relativ hohen Kaffeepreise.

Beim traditionellen griechischen Mokka, dem *kafés ellinikós,* werden Kaffeepulver und Zucker ins Wasser gegeben und zum Kochen gebracht. Am besten schmeckt er, wenn er in der *bríkka,* einem kleinen Kupfer- oder Messingkännchen mit langem Stiel, auf heißem Sand ganz langsam aufgekocht wird. Meist nimmt man jedoch einen Gaskocher.

Eine kleine weiße Mokkatasse ist das einzig angemessene Trinkgefäß; bestellt man einen doppelten *(dipló),* gehört der Kaffee üblicherweise in ein kleines Wasserglas. Milch fügt man dem griechischen Kaffee nie zu – beim Umrühren würde der ganze in der Tasse befindliche Kaffeesatz ohnehin stören.

Ein »kleines Gedeck« à la grecque: Kaffee, Wasser, Oúzo und zum Naschen Loukóumi

Der traditionelle griechische Mokka hat inzwischen viel Konkurrenz bekommen. Cappuccino und Espresso werden ebenfalls häufig geordert, sowohl heiß als auch eisgekühlt als *freddo.*

Filterkaffee trinken die Griechen kaum. Ein Standardgetränk ist hingegen heißer Instantkaffee, den man in Hellas unabhängig vom Hersteller immer *nes* nennt. Kalt und schaumig geschlagen gehört er in den Getränkehalter jedes griechischen Autos. Weit entfernt vom Kultstatus ist dagegen der Tee. Er wird leider fast immer in Beutel gezwängt. Auch Kräutertees erleiden meist das gleiche erbärmliche Schicksal. Allgegenwärtig ist ein Eistee genannte Chemie-Mixgetränk in Plastikflaschen und Dosen. ■

S

SÜSS ODER HERB?

Griechische Liköre haben bisher ein Schattendasein gefristet. Damit ist es nun vorbei. Der Trend zu genuin griechischen Cocktails verleiht ihnen neuen Schwung. Wer Lust auf eine Verkostung hat, sollte **Kítro** probieren, aus Zitronatzitronen von der Insel Náxos oder den zuckersüßen **Koum Kouat** aus den Zwergorangen von der Insel Korfu. Doch lieber etwas herber? Dann ist vielleicht der **Mastícha** von der Insel Chíos, der mit dem Harz des Mastixstrauches aromatisiert wird, der Likör der Wahl, oder **Tentoúra,** ein Kräuterschnaps, versetzt mit Nelken und Zimt, der aus Pátras kommt. Auf Ihr Wohl!

Let's come together

Musikalisches Patchwork — In Thessaloníki organisiert sich die Musikszene nicht über große Clubs und Mega-Events, sondern vielmehr über eine schier unüberschaubare Menge kleiner und kleinster Cafés, Tavernen und Bars, die DJs und Musikern eine Bühne bieten – und zwar an 360 Tagen im Jahr.

Die Musikszene von Thessaloníki mit der von Berlin zusammenbringen? – Klingt spannend. Mit dem Projekt ›Octopus Garden‹ soll's Wirklichkeit werden. In vorderster Linie stehen dabei zwei Menschen, wie sie auf den ersten Blick unterschiedlicher kaum sein könnten: Christian Goiny, ein leidenschaftlicher und gut vernetzter Liebhaber Nordgriechenlands mit vielfältigen Kontakten in alle Bevölkerungsschichten und einem Faible für die makedonische Küche, sitzt für die CDU im Berliner Abgeordnetenhaus und ist dort deren medienpolitischer Sprecher. Tania Vlachomítrou wohnt in Thessaloníki, hat Archäologie, Museums- und Kulturmanagement studiert, arbeitet als Fremdenführerin, initiierte das touristische Start-up ›In the loop‹ im Internet und ist in ihrem Element, wenn sie als DJane auflegt. Zwei bis dreimal monatlich präsentiert sie ihre eigenen Kompilationen in Bars der Stadt, lädt dazu auch Gäste aus Berlin ein.

> **M**
>
> **GET THE MUSIC**
>
> **Tania Vlachomítrou live:**
> Baobab: Odós Ernéstou Ebrár 23, Thessaloníki, auf Facebook (Afro-tropical tunes)
> Ypsilon, Odós Edéssis 5, Thessaloníki, www.facebook.com/ypsilonproject (Elektronik, Pop, Synth-Pop)
> **Tania Vlachomítrou im Internet:**
> www.polyafrica.gr (mit aktuellen Veranstaltungshinweisen)
> www.octopus.garden/project

Thessaloníki meets Berlin

Tania und Christian trafen sich erstmals 2017 auf der re.publica Berlin, Europas größter Konferenz zu den Themen Internet und digitale Gesellschaft mit zuletzt rund 20 000 Teilnehmern. Bald lernte die Griechin auch die anderen Gründungsmitglieder von ›Octopus Garden‹ kennen: Steffen Böttcher, General Manager der Kommunikationsagentur brandung 3, und Julia Simone Ismiroglou, mit einem Griechen verheiratete Eventmanagerin und Beiratsmitglied in der Stiftung Stadtmuseum Berlin. Sie boten Tania an, das Projekt in Thessaloníki zu leiten. Abgemacht! Aus Berlin waren seitdem schon mehrere Musiker da. Pink Turns Blue, die auch schon in London, Paris und Moskau Konzerte gaben, kamen erstmals nach Thessaloníki, spielten Post Funk und New Wave. Hans Reuschl alias DJ Nomad reiste für einen Gig an. ›Octopus Garden‹ bietet Thessaloníkis Musikszene die Möglichkeit, sich mit einem etwa einstündigen Demo-Band

Aus der gemeinsamen Liebe zur Musik kann vieles wachsen. Das Projekt ›Octopus Garden‹ setzt auf gegenseitige Inspiration von Künstlern in Deutschland und Griechenland.

der Berliner Szene zu präsentieren. Jeden Monat kommt auf der Homepage eines unter dem Motto ›Sounds like Thessaloníki‹ hinzu.

Dabei versteht sich ›Octopus Garden‹ keinesfalls als Konzertagentur. Man will die Kreativszene aus beiden Städten miteinander vernetzen. Dazu zählen nicht nur Künstler, sondern auch Start-ups auf den Gebieten Ernährung, Streetfood und Verwertung regionaler landwirtschaftlicher Produkte bis hin zum Wein. »Ziel ist es«, sagt Christian Goiny, »der jungen Szene in Thessaloníki in diesen Jahren der Krise Unterstützung zu gewähren, damit die jungen Menschen mit ihren Ideen in ihrer Heimat eine Bleibeperspektive finden. Gleichzeitig geht es darum, Plattformen der Begegnung und des Erfahrungsaustausches zu organisieren, die Kulturszene von Thessaloníki in Europa bekannter zu machen und die geografische Lage der Stadt für Projekte im ganzen östlichen Mittelmeerraum zu erschließen. Thessaloníki erscheint vielen Berliner Akteuren als ein spannender Partner.«

Echt griechisch

In einem Punkt bleibt ›Octopus Garden‹ aber sehr griechisch: ein Überblick der initiierten Events, die in nächster Zukunft stattfinden werden, auf der Homepage? Fehlanzeige. Tania ist da ganz Griechin. Wenn jemand in die Musikszene der Stadt eintauchen will, rät sie ihm: »Forget about the Media and get social! Get to know the locals, have a beer with them, discuss and share your music interests with each other. And you will definitely end up in a nice bar, a good gig, a crazy party!« ■

MIX
Papier | Fördert gute Waldnutzung
FSC® C018236

Klaus Bötig verbringt fünf bis sechs Monate im Jahr in Griechenland, er reist zu allen Jahreszeiten kreuz und quer durchs ganze Land. Auf den drei Halbinseln der Chalkidikí kennt er so gut wie jede Pension, jedes Hotel oder Restaurant, wandert oft auch abseits ausgetretener Pfade. Ergebnis seiner ›unendlichen Recherchen‹ sind über 100 Bücher, zahlreiche Reportagen in Tageszeitungen und Magazinen. Außerdem ist der Bremer Reisejournalist ein begeisterter Blogger.

Abbildungsnachweis
Agorastos Papatsanis, Thessaloníki (GR): S. 279 **Andreas Sfyrides,** Perea (GR): S. 45 **Bastian Parschau Athanati,** Heraklion (GR): S. 7 u. li., 141, 244/245, 246 o. li., 247 o., 253, 287 **Felix Leopold,** Stuttgart: S. 280 **George Lagoudakis,** Paliouri (GR): S. 38 **Getty Images,** München: S. 212/213 (DIMITRIOS TILIS); 78 (Jean-Philippe Tournut); 93 (NurPhoto); 172 li. (Piero M. Bianchi) **Halkidiki Tourism Organization,** Poligiros (GR): S. 111 **Heinz Troll,** Thessaloniki (GR): S. 10 re., 42, 234/235 **Huber Images,** Garmisch-Partenkirchen: S. 14 re., 49, 259, 266 u. (Franco Cogoli); 12/13 (Natalino Russo); 6 li., 87, 246 re. (Norbert Eisele-Hein); 7 re., 8, 10 li., 15 M., 15 re. o., 20, 46 li., 56, 66, 70, 77, 98 re., 117, 120, 131 M., 138, 146, 247 u., 264 (Reinhard Schmid) **iStock.com,** Calgary (CA): S. 47 u. re. (amphotora); 173 u. re. (liorpt) **Klaus Bötig,** Bremen: S. 7 o. li., 59, 61, 97, 99 o. re., 129, 169, 180, 237, 291 **laif,** Köln: S. 130 re., 150, 155, 204, 219, 246 u. li. (Berthold Steinhilber); 31, 239 (Chris Keulen); Titelbild, 270 (Christophe Boisvieux); 214 (Dagmar Schwelle); 255 (eyev/eyevine/Lefteris Partsalis Xinhua); 187 (eyevin/eyevine/Dimitris Tosidis Xinhua); 47 li., 256, 261, 285 (Hartmut Krinitz); 227 (hemis.fr/Franck Guiziou); 47 o. re., 88 (Jens Meier); 104 (Joanna Nottebrock); 266 o. (Le Figaro Magazine/Laurent Fabre); 282/283 (Malte Jaeger); 50 (Nikos Pilos); 284 (Peter Rigaud); 201 (Polaris Images/Yannis Kontos); 249 (Polaris/Maro Kouri); 273 (Redux/NYT/ANGELOS TZORTZINIS); 223 (Reinhard Schmid); 175 (robertharding/Rolf Richardson); 216 (Tobias Gerber); 241 (ZUMA Wire/ZUMA/REA) **Laspoloutra,** Kavala (GR): S. 173 o. re., 209 (Panos Karapanagiotis) **Little Big House,** Thessaloniki (GR): S. 166 (Karakasidis) **Lookphotos,** München: S. 142, 173 M. (Design Pics); 46 re., 81 (Hauke Dressler); 99 M. (Karl Johaentges); 11, 194 (Photononstop) MATO, Hamburg: S. 14 li., 24, 72, 130 li., 133, 151 (Reinhard Schmid) **Mauritius Images,** Mittenwald: S. 101 (Alamy/Alan Novelli); 29 (Alamy/Eric James); 98 li., 102 (Alamy/Hackenberg-Photo-Cologne); 172 re., 210 (Alamy/Hercules Milas); 161, 242 (Alamy/Konstantinos Tsakalidis); 131 o. re. (Alamy/Orhan Tsolak); 17 (Alamy/Pete Titmuss); 2/3 (Alamy/VASILIS VERVERIDIS); 190 (hemis.fr/Lionel Montico); 27 (imagebroker/Katja Kreder); 274/275 (imagebroker/Michael Weber); 251 (Keystone) **picture-alliance,** Frankfurt a. M.: S. 268 (Heritage Images/Ann Ronan Pictures); 171 (STR/NurPhoto) **Shutterstock.com,** Amsterdam (NL): S. 94 (Aerial-motion); 131 u. re. (ArtShotPhoto); 15 re. u. (Balia); 125 (JOAN PHOTO); 41 (JoergHoffmann); Umschlagklappe vorn (Majna); 99 u. re. (Sviatlana Barchan) **Susanne Troll,** Köln: S. 277 **Susanne Völler,** Köln: S. 224

Umschlagfotos
Titelbild: Mönch auf der Halbinsel Áthos, Umschlagklappe vorn: Landschaftspanorama bei Nikíti, Sithonía

Kartografie
© KOMPASS-Karten GmbH, A-6020 Innsbruck; DuMont Reiseverlag, D-73751 Ostfildern

Autor: Klaus Bötig **Redaktion/Lektorat:** Simone Nörling, Doreen Reeck **Bildredaktion:** Susanne Troll, Titelbild: Carmen Brunner **Grafisches Konzept und Umschlaggestaltung:** zmyk, Oliver Griep und Jan Spading, Hamburg

Hinweis: Autor und Verlag haben alle Informationen mit größtmöglicher Sorgfalt geprüft. Gleichwohl erfolgen alle Angaben ohne Gewähr. Bitte schreiben Sie uns! Über Ihre Rückmeldung und Ihre Verbesserungsvorschläge freuen wir uns: DuMont Reiseverlag, Postfach 3151, 73751 Ostfildern, info@dumontreise.de, www.dumontreise.de

2., aktualisierte Auflage 2024

Printed in Poland

Offene Fragen*

Was unterscheidet Gýros von Döner?

Gibt es in der Ägäis Delfine?

Ist Oúzo das Lieblingsgetränk der Griechen?

Seite 282

War Alexander der Große ein liebender Sohn?

Seite 186

Kann Maria wirklich Wunder wirken?

Seite 37

Wie halten's die Griechen mit dem Wandern?

Seite 195

Wann dürfen endlich Frauen auf den Berg Áthos?

Wie viele Olivenbäume wachsen auf der Chalkidikí?

Seite 71

Wie kocht man einen kafés ellinikós?

Seite 285

Wie leben die Griechen mit der Krise?

Seite 248

Schmeckt griechischer Wein?

Seite 211

Wie viel Ambrosia floss, wenn Göttervater Zeus und Co. auf dem Olymp feierten?

Was ist begehrenswerter – Gold oder eine saubere Umwelt?

Seite 240

* *Fragen über Fragen – aber Ihre ist nicht dabei? Dann schreiben Sie an info@dumontreise.de. Über Anregungen für die nächste Ausgabe freuen wir uns.*